本书的研究和出版得到了浙江大学平衡建筑研究中心自主立项科研项目（K横20212791、K横20203314）、住房和城乡建设部科技计划项目（2015-R2-061）、浙江省国土空间规划学会（城市管理与社区规划专业委员会）、2021年双一流-卓越研究生培养计划-研究生课程教材建设项目（2-2050205-21-005）、浙江大学建筑工程学院的资助，在此表示衷心的感谢！

TERRITORIAL SPACE RECTIFICATION

国土空间整治

华　晨　王纪武　李咏华　黄　杉◎编著

ZHEJIANG UNIVERSITY PRESS
浙江大学出版社
·杭州·

图书在版编目（CIP）数据

国土空间整治 / 华晨等编著.—杭州：浙江大学
出版社，2022.11
　　ISBN 978-7-308-23232-6

　　Ⅰ.①国… Ⅱ.①华… Ⅲ.①国土整治－研究－中国
Ⅳ.①F323.24

　　中国版本图书馆 CIP 数据核字（2022）第 205002 号

国土空间整治

华　晨　王纪武　李咏华　黄　杉　编著

责任编辑	许艺涛
责任校对	傅百荣
封面设计	雷建军
出版发行	浙江大学出版社
	（杭州市天目山路 148 号　邮政编码 310007）
	（网址：http://www.zjupress.com）
排　　版	浙江时代出版服务有限公司
印　　刷	广东虎彩云印刷有限公司绍兴分公司
开　　本	787mm×1092mm　1/16
印　　张	19
字　　数	463 千
版 印 次	2022 年 11 月第 1 版　2022 年 11 月第 1 次印刷
书　　号	ISBN 978-7-308-23232-6
定　　价	78.00 元

前　言

2018年3月，国务院公布了机构改革方案，组建了自然资源部，同时不再保留国土资源部、国家海洋局、国家测绘地理信息局，并调整了住房和城乡建设部在规划方面的职责范围。在这一背景之下，国土空间规划体系正式诞生，并成为城乡规划行业的首要工作目标，国土空间规划设计项目随后便在全国全面实施，规划设计项目的主要内容也从增量开发迅速转变为存量统筹与更新。国内各大高校、设计院也针对国土空间规划这一议题展开了多方面的研究，在3年的发展时间里，全国各地在学术论文、项目实践中都取得了丰富成果。

同时，在当前国土空间规划体系中，全域土地综合整治是非常重要的组成部分之一。2019年12月，自然资源部发布《关于开展全域土地综合整治试点工作的通知》，提出"全域土地综合整治"是在国土空间规划引领下，在特定区域内整体推进农用地整理、建设用地整理和乡村生态修复，对闲置低效、生态退化和环境破坏的区域实施全域全要素设计、一体化实施的行为。在此基础上，浙江省在国内率先提出开展"全域土地综合整治与生态修复工程三年行动计划"，并通过项目实施，探索出了全域土地综合整治"双浦模式""嘉善模式"等成功经验，为当地带来了不小的经济与生态收益。

综上所述，城乡规划行业在这两年内，工作目标与成果体系都发生了较大的转变。那么从高校的角度来讲，必须及时对教学板块做出调整与补充，在原先教学计划的基础上，及时为行业培养具有国土空间规划与全域土地综合整治相关知识的人才，这也是这本教材诞生的初衷。

教材共分11章。首先，第1—3章从概念内涵、理论基础、技术方法三个视角，论述了国土空间整治的总体理论框架；其次，第4—7章将国土空间整治分为矿山地质、流域湿地、山地丘陵、平原水乡四种环境，阐述了不同环境类型的国土空间整治工作的内容，并分别列举了各种环境最典型的实践案例；再次，第8章重点探讨了全域土地综合整治的详细内容，对其治理机制、政策演变以及规划设计全流程都进行了梳理，形成了一套方法论；而后，第9—10章从规划治理的角度出发，提出在新时期国土空间整治的工作中，应该如何做好持续管理与公众参与这两块内容；最后，编写组将组内在设计院工作的老师们所亲身经历的经典国土空间整治案例在第11章做了一个汇总，便于读者进一步了解当前项目实践的具体细节。

本教材在编写过程中得到了浙江大学建筑工程学院、浙江大学建筑设计研究院有限公司、浙江大学平衡建筑研究中心等单位的大力支持,浙江大学区域与城市规划系、浙江大学建筑设计研究院有限公司规划分院也都派出了优秀的老师与研究生来参与教材的编写。浙江大学建筑工程学院李咏华教授与研究生高欣芸、姚松、丁心仪负责第 1 章、第 2 章、第 5 章的编撰工作,浙江大学建筑工程学院王纪武教授与研究生胡雪薇、徐婷立、胡亚丽、沈慧琪负责第 3 章、第 4 章、第 6 章的编撰工作,浙江大学建筑工程学院章明宇副研究员、研究生王毓彬负责第 7 章编撰工作,浙江大学建筑工程学院研究生戴智妹、许书凝、许昊负责第 8 章编撰工作,浙大城市学院张佳副教授与浙江大学建筑工程学院研究生毛杨欢、温乃欣、靳宇升及张晓健负责第 9 章的编撰工作,浙江大学建筑设计研究院有限公司规划分院副院长黄杉及设计师朱云辰、程明骏、单如萍与浙江大学建筑工程学院研究生吾希洪、申玉洁负责第 10 章与第 11 章的编撰工作。另外,朱云辰、程明骏以及浙江大学建筑工程学院研究生魏健欣参与了教材的统稿工作。在此一并感谢!

本教材是在近两年国务院机构改革大背景下,对城乡规划专业学科转型的一种探索。若发现不足之处,敬请读者提出宝贵意见,以便我们在今后的修订工作中进一步完善,望不吝赐教!

华　晨

2022 年 3 月 24 日于浙江大学紫金港校区

目　录

第1章 国土空间整治的概念内涵

1.1 国土空间整治的基本概念

1.1.1 国土空间整治的背景

1.1.1.1 现实背景

当前我国宏观经济已从高速增长转入中低速增长,产能过剩,产业结构转型升级成为当务之急;国内市场和新兴中产阶级的现实需求对经济社会发展的影响力日增,新型城镇化建设则应势而变,即由快速扩张阶段转为内涵增长阶段。各级政府部门在各自的职权范围内采取相应手段进行土地整治、生态修复、城中村改造等国土空间整治工作。相关国土空间整治工作虽在各自领域取得一定成效,但是由于全域国土整治分区较为模糊,整治方向与整治重点不明确,其并未从整体上改变我国资源利用粗放、环境污染加剧、生境系统恶化、转型发展动力匮乏等局面。

1.1.1.2 政策背景

2015 年 5 月,中共中央、国务院印发《关于加快推进生态文明建设的意见》,要求"加快推进国土综合整治"。同年 9 月,中共中央、国务院印发了《生态文明体制改革总体方案》,明确要求以"尊重自然、顺应自然、保护自然""发展和保护相统一""绿水青山就是金山银山""自然价值和自然资本""空间均衡""山水林田湖是一个生命共同体"等理念为指导,全面系统推进生态文明体制改革工作,以体制改革为支点,撬动全社会参与到全域全类型国土空间综合整治工作中。2017 年 1 月,国务院印发《全国国土规划纲要(2016—2030 年)》,确定了"四区一带"国土空间整治格局,加大投入力度,完善多元化投入机制,实施国土空间整治重大工程,修复国土功能,提高国土开发利用的效率和质量。同年 10 月,党的十九大报告明确将全面发展土地调查评价、土地质量提升、土地生态修复、建设工程节地、土地立体开发等新技术,推动土地整治向国土空间整治转型发展列入今后重点工作,以"五个更加"为导向(更加主动地服务供给侧结构性改革,更加积极地融入区域协调发展和新型城镇化建设,更加扎实地推动乡村振兴战略,更加坚定地推进耕地"三位一体"保护,更加自觉地担负起生态文明建设使命责任),推进国土空间整治工作。2018 年 1 月,李克强总理对国土资源工作做出了重要批示,强调积极开展国土空间整治。同年 3 月,国务院批准组建自然资源部,并确定了以国土空间综合整治为重要平台,推进山水林田湖草系统治理。总体来看,国土空间整治已成为各级政府落实生态文明建设的重要抓手,是优化国土空间格局、理顺开发与保护工作、践行全域全类型土地用途管制的关键一环(于海波,2019)。

1.1.2 改革开放以来我国国土空间整治历程回顾

改革开放实现了经济、社会多方面体制机制变革,发达国家花费上百年走过的城镇化、工业化道路,中国在短时间内基本完成,但高速发展中的国土开发利用带来国土空间资源生态的诸多问题。此期间国土空间整治的发展,随国家机构变革、政策调整而呈现出诸多变化,但总体来看,国土空间整治已从考察、开发、利用、治理、保护五个方面相互关联的国土"整治"转变为处置国土"开发""利用"带来的国土环境"负外部性"问题,并对国土空间生态环境开展"治理""保护"的国土"整治"(王威等,2020)。

1.1.2.1 改革开放初期:全盘统筹、规划布局(1981—1997年)

(1)1981—1983年国土空间整治统筹国土资源管理

十一届三中全会后,党的工作重点转移到社会主义现代化建设上来,强调充分利用国土资源发展国民经济。"国土空间整治"是对我国领土领海领空全域内的一切资源包括人口劳动力资源和自然资源的整治开发保护,目的是正确处理经济发展与人口、资源、生态之间的关系。国土空间整治性质是计划经济理念影响下国土资源管理工作的抓手,是生产力布局的平台,是宏观资源的战略布局。

1981年中央书记处首次提出"国土整治"并作为国家的一项长远性和全局性任务。同年国家建委《关于开展国土整治工作的报告》明确,"国土整治包括对国土资源乃至整个国土环境进行考察、开发、利用、治理、保护这些相互关联的五个方面的工作"。1983年,组织、协调部门、地区国土整治工作,组织编制有关规划,研究政策法规条例等国土整治职能由国家计划委员会主导。"六五"计划首次将"国土开发与整治"单列一章。国土开发与整治包括国土立法、重点地区国土考察、加强国土保护和治理、搞好测绘工作等内容,确定编制部分地区国土开发整治规划。此时期,社会各界主要关注经济区划、环境保护,矿产、水、林草、滩涂等资源的利用,以及解决沙漠化、水土流失等国土生态破坏问题。

(2)1984—1990年国土开发整治依国土规划布局

随着对国土空间整治理念认知的逐渐深入,各界认识到国土规划是国土工作的龙头,是优化资源配置、进行生产力布局的理论依据与技术手段。此时期,"开发"作为"国土空间整治"五位一体的重要内容凸显出来,形成"国土开发整治"概念,对国土"保护"和"治理"两部分的认知更加细化,但是各地"重开发利用,轻治理保护"的问题凸显,导致开发利用与保护治理不够平衡。

1984年《全国国土总体规划纲要》编制办法明确"国土开发整治"的方案是"国土规划","国土规划"以解决国土资源综合开发布局、环境综合整治为目的。1988年4月,新的国家计委三定方案在保留原国土空间整治职能的基础上,成立国土综合开发规划司以组织研究全国和重点地区综合开发整治的方向、目标和重大问题,组织编制全国和区域的国土开发整治规划。国民经济"七五"计划与"六五"计划相比较,国土整治"五位一体"内容中的"保护"与"治理"部分更加细化。这一时期在国民经济计划关照下,水土保持、大江大河综合治理、防护林建设、土地沙漠化防治等活动相继开展。但是总体而言,国土开发整治仍存在资源开发、生产力布局不够合理以及国土生态环境遭到破坏等问题。

(3)1991—1997 年市场经济下国土开发整治搁浅

该时期是改革开放深化的关键阶段,市场经济热潮袭来,经济体制迎来大变革,重"地区经济发展战略"轻"资源开发利用布局"导致国土开发整治工作半途夭折。1991 年国家计划委员会进行机构调整,国土开发整治工作改由国土规划和地区经济司主导,"八五"计划里"国土开发整治和环境保护"章节明确国土开发整治规划编制要"合理确定重点经济开发区、各经济区的主体功能和生产力布局",国土规划开始转向以区域发展战略和发展规划为重点。1996 年"国土开发整治"概念不再出现在"九五"计划中,只是在"可持续发展战略"部分提到国土资源的保护和开发以及生态环境的保护。1997 年党的十五大明确建立社会主义市场经济体制,让市场在国家宏观调控下对资源的配置起基础性作用,"国土开发整治"这种计划经济思维影响下的国土资源考察、开发、利用、保护、治理的大统筹综合战略,一定程度上已不再适应社会主义市场经济的要求,国土空间整治侧重点开始转向助力可持续发展理念的国土"保护"和"治理"。

1.1.2.2　市场经济初确立:整治割裂、统筹难调(1998—2017 年)

国土整治"五位一体"搁浅后,作为"国土整治"实施方案的"国土规划"职能伴随机构改革从国家计划委员会转到国土资源部,2001 年"国土整治"再次出现在政策文件中,国土资源部制定了国土资源"十五"计划纲要,纲要提出国土综合整治的主要预期目标是:逐步开展国土整治,促进陆地、海洋生态建设和环境保护。但是全国统一的国土综合整治工作一直在探索阶段,统一部署和管理模式尚未形成。此外,国土资源部的职能不能涵盖国土综合整治的目标,水利、林业等各部门开展分属部门领域的专项国土整治活动,此时的国土空间整治可归纳为早期国土综合整治、生态保护建设、灾害污染治理三方面。

(1)早期国土空间整治

国土整治"五位一体"搁浅后,我国资源管理领域发生变革,原地质矿产部、国家海洋局、国家土地管理局和国家测绘局组成了原国土资源部。1998 年,国家机构改革"三定方案"明确"国土资源部是主管土地、矿产资源等自然资源的规划、管理、保护与合理利用的国土资源部门"。

国土空间整治在国土资源部以"国土综合整治"形式出现。国土资源"十五""十一五""十二五""十三五"四个规划启动并推进了国土综合整治和国土规划,其中国土资源"十一五"规划纲要提出开展国土综合整治试点,有差别地制定国土综合整治政策的构想,国土资源"十三五"规划纲要则提出"四区一带"国土综合整治格局。但是,多轮规划提出的"国土综合整治"一直在探索部署,全国性统一国土综合整治并未开展,但分属国土资源部门的专项国土空间整治却取得积极进展,其主要包括土地整治、矿山环境治理、海岸带海域治理三部分内容。

①以耕地保护、统筹城乡发展为主要目标的土地整治

为应对工业和房地产业发展带来耕地损失的外部性问题,1997 年,中共中央、国务院明确"实行占用耕地与开发、复垦挂钩",此后土地整治积极推进,以保护耕地总量,维护粮食安全。随后,国家于 1998 年 1 月组建"国土资源部土地整理中心",负责全国土地开发整理项目计划编制与实施监督。在《全国土地开发整理规划(2001—2010 年)》《全国土地整治规划

（2011—2015 年）《全国土地整治规划（2016—2020 年）》指导下，国家积极部署开发整理重大工程以补充耕地面积。

2008 年党的十七届三中全会提出："大规模实施土地整治，搞好规划、统筹安排、连片推进"，土地整治迎来综合发展阶段。此时期，城市低效用地再开发、城乡建设用地增减挂钩、农村建设用地整理、工矿废弃地复垦利用、低丘缓坡荒滩等未利用地开发利用、土地生态整治等进一步丰富了传统土地整理概念内涵，土地整理抬升到土地综合整治的新高度，并逐渐成为新农村建设、城乡统筹、乡村振兴、精准扶贫等目标战略的抓手，土地整治实施模式多样化、内容综合性等特点越来越鲜明。

②以实现矿产开发与环境保护协调为主要目标的矿山治理

在矿山环境治理方面，我国积极探索矿山生态环境恢复治理新机制，明确开展矿山分类治理，推动矿山环境保护和土地复垦履约保证金制度。国土资源部在《矿山环境保护条例》《全国矿山地质环境保护与治理规划（2009—2015 年）》的指导约束下，在多轮矿产资源规划确立的重点治理区之上开展了重点治理，实施了重大工程。此过程中，国家行业标准、技术规程相继推出，矿山治理取得明显成效。

③以提升海域资源环境品质为目标的海岸带海域治理

在海岸带海域治理方面，2010 年国家推出《全国海洋功能区划（2011—2020 年）》确立了海域海岸带整治修复目标。2011 年国家海洋局发布《关于开展海域海岛海岸带整治修复保护工作的若干意见》，对规划、计划、资金投入、项目配套工程提出明确要求，各省区市制定了诸多海岸带海岛整治修复规划，使海域海岸带整治修复走上正轨，相继开展"蓝色海湾""南红北柳""生态岛礁"等多类型整治修复工程。随着海陆统筹战略的开展，海洋生态红线逐渐与陆地生态红线对接，海洋整治修复进入新阶段。

（2）生态保护与建设

国土空间整治搁浅后，生态保护建设活动一直存在国家的统筹规划和系统化布局。在原国家计划委员会、国家发展和改革委员会的推动下，生态保护建设在林业、环保、农业、水利等部门的配合下开展实施，小流域治理、天然林保护工程、退耕还林还草、京津风沙源治理、生态屏障建设等生态工程均属于生态保护与建设内容，生态修复则是生态保护建设的重要内容，是生态保护建设的深化和发展，也是思路的重大战略调整。"九五""十五"期间生态保护建设格局在酝酿构想之中。1998 年，国家计委组织编制《全国生态环境建设规划（1998—2050 年）》，提出"通过重点工程的建设，把这些关系全局发展的重点地区的基本农田、优质草地、水源涵养林和防风固沙林建设起来，形成带片网结合、纵横交错、相互联结、结构合理的林草植被体系和水土流失防治体系"。其"生态分区＋主要方向＋重要工程"模式与"部际联席会议"制度在我国《全国水土保持规划（2015—2030 年）》《岩溶地区石漠化综合治理规划大纲（2006—2015 年）》等规划中显现，诸多生态建设治理工程延续至今。2000 年，国务院颁布了《全国生态环境保护纲要》，明确开展全国生态功能区划工作，"十五"期间全国生态功能区划工作陆续开展，此时期全国重点生态功能区建设构想开始形成。"十一五"期间国家生态保护理念发生转变，生态保护建设格局开始形成。"十一五"规划将"保护修复自然生态"单列一章，提出"生态保护和建设的重点要从事后治理向事前保护转变，从人工建设为主向自然恢复为主转变"，并且提出"建立生态功能区促进自然生态恢复"的重要论断。"十一五"期间构思多年的《全国生态功能区划》《国家重点生态功能保护区规划纲要》《全国生态脆弱区保护规划纲要》相继颁布,形成"三区推进"的生态保护战略构想。

"十二五""十三五"期间生态保护建设格局构想进一步完善细化,"保护优先"和"自然修复为主"成为重要原则。"十二五"规划提出,构建"以生态安全屏障为骨架,其他国家重点生态功能区为重要支撑,以点状分布的国家禁止开发区域为重要组成构建生态安全战略格局"。"十二五"期间,《全国生态保护与建设(2013—2020年)》提出构建以"两屏三带一区多点"为骨架的国家生态安全屏障以及针对森林、荒漠、草原、农田、城市、湿地与河湖、海洋七大生态系统开展的十二项建设任务,《推进生态文明建设规划纲要(2013—2020年)》也要求着力构建十种重大生态修复工程体系。"十三五"规划则将"加快改善生态环境"单列一篇,将四大生态文明战略举措融入其中,并提出了八种山水林田湖生态工程,以期推进自然生态系统保护与修复。

(3)环境污染与灾害治理

我国环境污染区域协调联动的格局逐渐形成,生态环境系统性统筹趋势明显,灾害治理注重重点地区重点突破、系统防治,这些特征或变化让区域层面系统地、有重点地开展污染灾害防治成为可能。

①生态环境区域性空间统筹和重点攻坚成为污染治理的新特点

"九五""十五"规划期间,国家污染治理主攻方向仍是工业污染控制和重点区域的重点工程,区域环境系统治理只是理念性倡议。"九五"计划着重关注工业和城市污染,提出"三河""三湖""两区"环境治理工程。"十五"期间,又陆续启动长江上游、三峡库区、黄河中游和松花江流域水污染综合治理工程以及南水北调(东线)治污工程、北京碧海蓝天工程等十项重点工程。

"十一五"时期区域性环境综合治理的雏形显现。"十一五"期间,主体功能区开始构想实施,重点生态功能区启动,《环境保护"十一五"规划》中明确,实施区域发展总体战略是保护生态环境基础性、长远性的根本措施,要对接主体功能区分类指导,逐步实行环境分类管理。"十二五"期间区域协调有重点开展的环境综合治理格局逐渐细化。"十二五"规划提出"以解决饮用水不安全和空气、土壤污染等损害群众健康的突出环境问题为重点,加强综合治理"。"十二五"期间,大气、水、土壤污染防治行动计划相继推出,打好大气、水、土壤污染防治三大战役政策引领布局正式形成。长三角、珠三角、京津冀等重点区域的大气污染联防联控机制建立起来了。《重点流域水污染防治规划(2011—2015年)》也创新机制,以"流域+控制区+控制单元"构建流域污染综合治理体系。土壤污染防治行动计划也确定"开展污染治理与修复,改善区域土壤环境质量"的硬任务。此外,全国40个城市的城市环境总体规划编制工作正式启动。总之,"十二五"时期区域性的环境综合治理开始形成。

"十三五"期间强化生态空间管控、区域绿色协调发展,成为环境治理强化源头防控,夯实绿色发展基础的重要内容。2016年11月,国务院印发《"十三五"生态环境保护规划》,首次将生态和环境统筹,"坚持空间管控、分类防治""坚持质量核心、系统施治"的原则首次确立,"规划"要求在主体功能区基础上制定落实"三线一单"的技术规范,强化"多规合一"的生态环境支持。省域、区域、城市群生态环境保护空间规划的研究也从2018年开始启动。上述一系列政策,助推区域性空间统筹、生态环境绿色协调的实现。

②以系统布局、重点区域重点防治为特点的灾害防治

我国灾害治理活动主要集中在国土资源部地质部门和水利部分别牵头的地质灾害、洪

涝灾害防治。

我国地质灾害防治系统性体系逐渐形成。我国依据 2003 年推出的《地质灾害防治条例》和 2011 年推出的《国务院关于加强地质灾害防治工作的决定》,先后制定了全国地质灾害防治"十一五""十二五""十三五"三轮规划,对崩塌、滑坡、泥石流、地面塌陷、地裂缝、地面沉降等与地质作用有关的灾害开展治理。此期间,国家区分地质灾害易发区、地质灾害重点防治区,开展一系列 1∶50000 地质灾害详细调查、布置地质灾害预警监测网络、搬迁防治等重大工程。

我国洪涝灾害治理取得积极成果。20 世纪 90 年代洪涝灾害频发,国家开展了黄河、淮河、珠江七大流域的大江大河治理,并制定流域整治规划。此后,《全国山洪灾害防治规划》《全国山洪灾害防治项目实施方案(2013—2015 年)》相继推出,编制重点地区洪水风险图,对山洪进行详查,并着重开展中小流域、山洪沟等治理。《全国中小河流治理和中小水库除险加固、山洪地质灾害防治、易灾地区生态环境综合治理总体规划(2011—2015 年)》出台,《全国中小河流治理项目和资金管理办法》《江河湖库水系综合整治资金使用管理暂行办法》相继颁布,助力我国水系疏浚、水库加固等山洪灾害防治工作。

1.1.2.3 生态文明新时代:生态优先、综合整治(2017 年至今)

党的十八大以后,生态文明理念不断丰富发展,此期间生态优先、绿色发展的生态文明理念逐渐渗入土地整治、生态建设修复、灾害污染治理各项活动中。2015 年《关于加快推进生态文明建设的意见》和《生态文明体制改革总体方案》要求"树立山水林田湖草是一个生命共同体理念,进行整体保护、系统修复、综合治理""编制实施全国国土规划纲要,加快推进国土综合整治"。

国土综合整治内容基本明确。2017 年《全国国土规划纲要(2016—2020 年)》明确"四区一带"国土综合整治格局,其内容基本涵盖了早期的国土综合整治、生态保护建设、环境污染灾害防治内容。纲要要求"分区域加快推进国土综合整治""实施综合整治重大工程",以修复国土功能,增强国土开发利用和资源环境承载能力的匹配程度。2018 年土地整治中心立足未来发展,颁布《土地整治术语》明确了"国土综合整治"的内涵:国土综合整治针对国土空间开发利用中产生的问题,遵循"山水林田湖草生命共同体"理念,综合采取工程、技术、生物等多种措施,修复国土空间功能,提升国土空间质量,促进国土空间有序开发活动,是统筹山水林田湖草系统治理、建设美丽生态国土的总平台。上述格局要求和内涵确定对国土综合整治开展极具指导意义。

国土空间整治的顶层构架有逐渐成形的趋势。2018 年 3 月自然资源部成立。新成立的自然资源部统一行使全民所有自然资源所有者角色,统一行使国土空间用途管制和生态保护修复职责,改变了"种树的只管种树、治水的只管治水、护田的单纯护田"而相互掣肘、顾此失彼、无法形成合力的局面,让国土空间生态修复尤其是"山水林田湖草"生命共同体的整体保护、系统修复、综合治理成为可能。"三定"方案也明确,国土空间生态修复司牵头组织编制国土空间生态修复规划,实施有关生态修复重大工程,负责国土空间综合整治、土地整理复垦等工作。2019 年初,原"自然资源部土地整治中心"更名为"自然资源部国土整治中心",预期将为我国国土整治事业提供主要支撑。2019 年 5 月,中共中央、国务院发布《关于建立国土空间规划体系并监督实施的若干意见》将全国国土空间规划定位为"全国国土空间保护、开发、利用、修复的政策和总纲"，以"五类三级"构架明确开展专项性规划。至此国土空间整治的国家机构统筹和规划体系指导的前景变得清晰起来。

机构和政策经上述一系列变革调整，让国土综合整治实质性统筹推动、统一谋划布局成为可能，以生态优先、综合整治为特点的国土综合整治跃然纸上。

1.1.3　国土空间整治的基本概念和重点方向

1.1.3.1　国土空间整治内涵的阶段演进

总体来看，国土空间整治的内涵经历了重规划、重协调、重工程与重统筹四个过程(见表1.1)(夏方舟等，2018)。在初始阶段，国土空间整治多关注国土区域规划，重点在于通过对自然资源的开发利用实现经济增长；在发展阶段，国土空间整治更为关注人地关系，重点在于实现经济与人口、资源、环境的均衡协调发展；在演变阶段，国土空间整治更注重整治工程的设立部署与项目机制的具体落实，多落实为具体的土地整治工程项目；在延拓阶段，国土空间整治的内涵拓展到全域国土资源整治，更注重山水林田湖草路村城等全要素整治和生命周期的全过程整治。

表 1.1　国土综合整治近 40 年内涵发展演变分析

时间	形成背景	内涵定义	阶段特征	关注重点
1981—1985 年(重规划)	缺乏科学的国土战略性规划，亟需推进"四化"建设，促进经济社会发展	对国土资源的开发、利用、治理和保护工作，是国土规划、区域规划、国土立法等内容的"大管理"	概念相较土地整治更宽泛，重点不突出	注重国土区域开发利用规划，力图通过对自然资源的开发利用实现经济增长
1986—1996 年(重协调)	资源消耗过快、生态环境恶化，经济发展无法与人口、资源和环境相互协调	通过对国土资源的开发、利用、治理和保护，促进区域经济系统和人地系统的协调发展	尤为强调经济、人口、资源和环境的协调可持续发展	注重人地关系，力求实现经济与人口、资源、环境的均衡协调发展
1997—2017 年(重工程)	耕地保护、建设用地节约集约利用等工作进一步被强调，土地整治在全国范围内全面开展	一定时期内对区域国土开发、利用、治理和保护行动的统一管理工程	重点强调综合性工程管理，在很大程度上落实为土地整治工程	注重整治工程的设立部署与项目机制的具体落实
2017 年至今(重统筹)	优化国土空间开发格局，健全国土空间开发、自然资源节约、生态环境保护的体制机制的新要求	人类采取综合措施对某一空间范围内国土资源进行开发、利用、整治、保护的全部活动，最终实现永续发展的过程	突出强调整治范围的全域性、整治对象全要素和整治过程全周期	注重全区域国土资源整治，注重山水林田湖草路村城等全要素整治，注重全生命周期整治

1.1.3.2　新时代国土空间整治的内涵与定位

国土空间整治是指为满足人类生产、生活和生态功能需要，依据国土空间规划，在一定区域范围内，通过综合运用相关政策，采取先进工程技术，调整土地利用结构、优化土地空间布局、保障土地可持续利用,实现粮食安全、现代农业、精准扶贫、生态修复等综合效应的治理活动,具有内容丰富、模式多样、目标多元、手段综合等特点,是推进乡村振兴和城市更新、促进生态环境保护、实现社会经济高质量发展的重要平台(何梅等,2021)。与过去土地整治相比,国土空间整治的内涵和外延有四个方面转变。一是定位由项目向平台转变。土地整治以工程实施为主;国土空间整治是构建土地、房屋、生态、文化等城乡要素流动的平台,促进整治工作由工程实施向要素资源统筹转向,放大土地整治效应。二是空间由分散向集中转变。土地整治项目类型多、空间分散;国土空间整治要求对某一区域进行整体设计、整体推进,集中优势资源重点打造。三是目标由单目标向多目标转变。土地整治主要目标是增加耕地面积、拓展建设空间等;国土空间整治拓展至乡村产业发展、价值发现、生态修复等综合目标。四是职能由单部门向多部门转变。土地整治由原国土资源部门负责;国土空间整治由自然资源部门牵头,其他相关部门共同参与、共同推进。

新时代国土空间整治定位体现在三个方面。一是保护耕地和节约集约利用土地的必然选择。我国人多地少的矛盾和农村建设用地利用粗放、闲置浪费的问题长期存在。通过国土空间整治,推进"三调"中"即可恢复和工程恢复地类"向耕地转化、增加耕地面积、提高耕地质量、提升农村建设用地节约集约利用水平,是落实最严格耕地保护制度和最严格节约用地制度的有效途径。二是促进乡村振兴和城乡融合发展的重要抓手。通过对田水路林村等全要素综合整治,提高国土空间开发利用质量和效益,加快形成"以城带乡、城乡互补、全面融合、共同繁荣"的新型城乡关系,着力构建农田集中连片、建设用地节约集约、空间形态科学合理的土地利用格局。三是聚合多方力量、实施国土空间规划的重要平台。以乡级国土空间总体规划和村庄规划为依据,按照"渠道不乱、用途不变、集中投入、各负其责、各记其功、形成合力"的原则,以国土空间整治为平台,以整治项目为载体,整合分散在各部门的涉农资金,发挥聚合效益,突出重点,集中力量办大事。

1.1.3.3 新时代国土空间整治的重点方向

(1)调整空间结构

空间结构调整是基于国土空间整治过程中的空间存在冲突产生的调节方法,主要是发挥结构的作用(李阳,2021)。优化国土空间分两部分进行:①国土空间整治需要先解决国土空间的布局问题。②根据国土结构进行合理调整。在整治过程中,需要针对国土空间做出明确规划,针对空间内的结构进行整治,调配好空间内要素之间的比重,并进行合理布局及优化调整。针对实际建设采取合理措施,通过退耕还林、用地开发等措施,实现对国土的优化治理,满足人们对环境的实际需求。

(2)提升资源利用率

提升资源利用率是针对国土空间优化等计划提出的,可以有效解决资源利用不合理的现象,促进城市土地节约利用。针对农村空心村、建筑危房进行改造,可提升农村空间利用率。

(3)加强生态系统保护修复

基于生态系统开展保护和修复工作时,需要根据土地受损程度进行区分,对于受损较轻的地段,采用封山育林等方法使自然生态系统自行恢复活力;对于区域、流域内受损严重的地段,针对矿山、荒地、海域等进行修复时,可以按照递进模式进行修复。

①地貌重塑是最基础的部分,包括对地面出现的塌陷、沉降等问题进行有效治理,科学改善地貌系统。还可以针对侵蚀沟渠进行治理,保护脆弱的生态水域,实现对海岸等地区的合理整治。

②土壤重构主要是针对土地污染和沙漠化土地等开展的整治修复。

③植被重建是通过生物技术对城市中有需要的地方开展绿地治理工作,植被重建可以有效缓解自然灾害带来的侵蚀,形成天然的绿色屏障。在海岸、海岛等区域开展植被重建工作,不但可以合理利用空间,而且能有效保障该地区的生态功能。

④景观重现是基于现有的山水地段进行重新构建,打造出绿色的城市和乡村,形成自然的景观格局。

(4)制定整治保护修复制度体系

国家实行国土空间整治的规划,需要以此为目标制定专项保护制度体系,以国土整治修复为基础,进行开发、修复等拓展工作;在财政方面,加强财政、金融等多方面的资金来源,开展多元化的保障制度。鼓励多方财政部门和单位创立绿色债券和基金;在全区域开展治理的背景下,实行统筹管理模式。建立多部门统一的推进机制;基于机制和体系的成立,还需要在实际工作中明确监管职能,做好管控工作。开展专项监督,创新管理机制;针对生态文明建设实行奖励制度,对于在修复项目中表现出色、做出重要贡献的个人或单位可以进行物质奖励;并根据不同地区的国土空间整治工作进行考评,构建统一的指标,衡量修复工作的实际效益。

(5)落实资金监管

从现有情况看,国土空间整治是一项十分复杂且全面的工作,涉及的内容众多,通过土地综合研究成果可以得出,在新时代的要求下,国土空间整治需要实现技术以及管理的创新来确保整治的最终效果。为攻克土地固有缺陷,彻底解决土地退化问题,通过有效的治理活动和改造手段,将国土空间整治推向全新的高度。除了上述有效措施外,落实资金监管不仅是一个关键环节,也是一项重要举措,不容忽视。在实际工作中,需要在规定范围内完成开支,确保相应核定总额的合理性,同时坚持完善审批流程,严把资金管理关,保证每一笔资金都清晰明了。坚持进行科目资金决算,将资金监管落到实处,重视资金审计,确保审计公开有效。

1.2　国土空间整治的层次类型

1.2.1　国土空间整治管控体系:各级国土空间规划的应对

从陆续出台的各级国土空间规划编制技术规程来看,国土空间规划通过目标、边界和规则等方式向下逐级传导,最终以村庄规划为抓手,指导国土空间整治。考虑到国家、省级国土空间规划侧重于体现规划的战略性与协调性,对国土空间综合整治的管控要求更多体现在战略和政策层面的引领上(闻海等,2021)。国土空间规划体系中市县、乡镇和村庄三级规划中有关国土空间整治的管控内容、重点及其上下传导的衔接关系见图1.1。

不同层级 国土空间规划		管控对象	管控内容	管控措施
市县 层面	国土空间 总体规划	县域及城镇开发边界外 的乡村空间	土地整治目标任务 与整治空间片区差 异化	指标管控 规则管控 空间分区管控
乡镇 层面	乡镇国土 空间规划	乡镇范围内的空间综合 整治片区	落实并分解整治目 标、任务，划定整 治片区边界	指标管控 边界管控
村庄 层面	村庄规划	实施空间综合整治的具 体地块	明确分类整治目标 分类划定整治地块 建立整治项目清单 制定实施时序计划	指标管控 边界管控 名录管控

图 1.1　不同层级国土空间规划对国土空间整治的管控要求

1.2.2　新时期国土空间整治分类

1.2.2.1　分类原则

国土空间整治的分类原则包括尺度性、独立性与综合性、稳定性与开放性。

尺度性。应在分类中区分不同尺度国土空间整治对象、目标、途径等的差异，不同尺度间整治类型应相互衔接。

独立性与综合性结合。体现国土空间整治的系统性、综合性，包括整治对象的综合、整治目标的综合、整治手段与措施的综合等，同时保持不同整治类型在某一特征上的相对独立。

稳定性与开放性结合。国土空间整治分类应适应不同时期、不同区域要求，以稳定的整治分类框架容纳不断变化的整治措施和手段。

1.2.2.2　新时期国土空间整治规划衔接

不同时期的空间规划确定了国土空间整治的目标导向和功能定位。《关于建立国土空间规划体系并监督实施的若干意见》提出了全国国土空间保护、开发、利用、修复的总体格局，国土空间整治作为解决国土空间利用问题的重要手段，是实现国土空间修复任务的主要抓手。

现有国土空间相关规划涵盖土地利用规划、主体功能区规划、生态保护与建设规划等（见表 1.2）。空间规划中国土空间整治具有以下特征：在不同时期国土空间整治都是优化国土空间开发利用的重要途径；解决新时期的国土空间利用关键问题是国土空间整治的重要任务；部门职责划分是国土空间整治的实施基础；构建有效的层级传导机制是国土空间整治顺利实施的重要保障。国土空间整治应在以下方面与国土空间规划进行衔接：①定位衔接。新时期国土空间整治与国土空间保护、开发、利用共同构成了国土空间规划格局，其中国土空间整治重点针对利用失序、功能退化的国土空间，通过资源改造、格局优化、功能提升等途径实现国土空间利用优化。②目标衔接。国土空间整治应以解决资源环境承载能力和国土空间开发适宜性评价明确的国土空间利用问题、实现空间发展蓝图为目标。③对象衔接。国土空间整治分类与国土空间规划中空间类型划分（如生态空间、农业空间、城镇空间等）及空间边界划定（如三线划定）相衔接，但也应符合国土空间整治具体实施的要求。

表 1.2　现有空间规划中国土空间整治定位梳理

规划名称	规划背景	基本定位	整治类型	整治目标	关键目标
全国土地利用总体规划纲要(1997—2010年)	人口增长、经济发展对土地资源的需求进一步加大,各类用地矛盾集中	土地开发、利用、整治、保护相结合,通过土地整理复垦保障耕地数量质量	土地整治、复垦和开发;土地退化防治	提高耕地质量,增加有效耕地面积,改善农业生产条件和生态环境	增加耕地面积;增加其他农用地面积;土地开发率
全国土地利用总体规划纲要(2006—2020年)	耕地数量质量快速下降;建设用地无序扩张;局部地区土地退化和破坏严重	通过土地整理复垦开发补充耕地数量;通过建设用地整理促进节约集约;通过国土空间整治改善土地生态环境	土地整理复垦开发;建设用地整理;国土空间整治	提升耕地数量质量节约集约建设用地,协调土地利用与生态建设,统筹区域土地利用	耕地保有量;补充耕地面积;生态退耕面积
全国主体功能区规划	工业化城镇化快速推进,空间结构急剧变动,亟需提出科学有序国土空间开发导向	构建优化开发、重点开发、限制开发、禁止开发的空间格局	空间开发利用格局优化	明晰空间开发格局,优化空间结构,提高空间利用效率,增强区域发展协调性,提升可持续发展能力	开发强度;城市空间面积;农村居民点面积;耕地保有量;林地保有量;森林覆盖率
全国生态保护与建设规划(2013—2020年)	工业化、信息化、城镇化、农业现代化加快发展时期,对自然生态系统形成了巨大压力,人口、经济、资源环境协调发展面临严峻挑战	以生态保护为前提,开展生态脆弱区整治、生态退化区修复	荒漠生态系统修复;草原生态系统治理;湿地与河湖生态系统恢复;农田生态系统改良;城市生态系统改善;海洋生态系统整治;水土流失防治;地下水超采治理与修复	提升森林草原生态功能,遏制自然湿地萎缩和河湖生态功能下降趋势,大幅提升近岸受损海域修复率,局部海域生态恶化趋势得到遏制	"三化"草原治理率;近岸受损海域修复率;水土流失治理率
全国土地规划纲要(2016—2030年)	资源约束加剧;生态环境压力加大;国土空间格局亟待优化;国土开发质量有待提升	国土聚集开发、分类保护与综合整治"三位一体"总体格局	城市化地区综合整治;农村土地综合整治;重点生态功能区综合整治;矿产资源开发集中区综合整治;海岸带和海岛综合整治	修复田土功能,增强国土开发利用与资源环境承载能力之间的匹配程度,提高国土开发利用的效率和质量	耕地保有量;高标准农田建设面积;新增治理水土流失面积

1.2.2.3　新时期国土空间整治分类体系

国土空间整治在国土空间规划体系中的作用定位为:针对当前国内资源环境承载压力增大、人地关系不匹配、生态环境恶化、能源资源面临挑战、自然灾害频发等重大问题,以山水林田湖草系统治理为理念,以实现生态修复、促进国土空间资源格局优化与功能提升为目标,确保宏观和微观落实相统一、目标一致性与区域差异性相结合,与国土空间开发、保护、利用共同构成国土空间优化格局。新时期国土空间整治分类体系依据广义国土空间整治分类框架确定实际整治类型划分,根据规划要求明确不同整治类型的定位,并明确可为层级间传导提供参考的控制指标,包括 5 个大类、11 个亚类及 23 个小类(韩博等,2019),如表 1.3 所示。

表 1.3　新时期国土空间整治分类体系

大类	亚类	小类	定位、目标与途径	参考指标
城镇空间国土空间整治	城镇系统格局优化型整治	城镇全域土地利用格局优化	针对部分城市无序蔓延、功能单一化、城市空间格局和土地利用结构需优化的问题,通过规划引导、城市生态网络建设、地类调整、用途转换等措施实现城镇空间功能复合、用地高效、生态友好	"退二进三"面积、城市生态用地面积、城市农用地面积、交通用地沿线治理面积
	城镇空间功能提升型整治	低效建设用地再开发	针对城市郊区、城中村建设用地利用效率低、生活品质差等问题,通过三旧改造、市场引导等手段,促进建设用地集约利用,盘活低效用地	低效建设用地再开发面积
		城市景观与环境综合整治	针对城市生活环境恶化、景观单一化等问题,通过完善城镇污水、垃圾处理等环保基础设施建设以及城市特色景观风貌设计等促进城市生活与景观功能提升	人均公共卫生设施数、特色风貌建设面积比*
		城市地质灾害防治型整治	针对部分城市的地质灾害风险问题,实施城市地质安全防治工程,开展地面沉降、地面塌陷和地裂缝治理,修复城市地质环境	地质灾害治理点数量
		城市生态修复型整治	针对城市水污染、土壤污染加剧、城市湿地退化等问题,通过污染土地修复、城市湿地修复、城市生态廊道建设、城郊绿地防护带建设、城市绿心建设等,建设多功能复合的城市绿色空间	人均绿地公园面积、褐地整治面积、城市生态廊道修复比例、城市湿地修复面积
工矿空间国土空间整治	废弃矿山用地功能提升型整治	工矿废弃地复垦利用	针对废弃工矿土地利用功能丧失、土地资源浪费等问题,通过土壤污染修复、工矿用地复垦实现基本农田再造,促进工矿废弃地生产功能恢复	工矿废弃地复垦面积
		工矿废弃地生态修复	针对废弃工矿造成土壤污染、地质灾害风险、水土流失风险等问题,通过工矿用地复绿、还湿等措施恢复工矿用地生态功能,增加生态源地面积	工矿废弃地复绿面积、工矿废弃地恢复湿地面积
	生产中矿山功能提升型整治	绿色矿山建设	针对部分矿山废气、废料污染严重导致水、土、大气污染,同时存在地质灾害风险等问题,通过工矿生产排放控制、废气废料处理设施建设等促进集约高效、生态优良的绿色矿业发展示范区建设	绿色矿业示范区建设个数

续表

大类	亚类	小类	定位、目标与途径	参考指标
乡村空间国土空间整治	乡村系统格局优化型整治	居民点空间布局优化型整治	针对快速城镇化背景下农村低效建设用地增多空心村增加等问题,采用拆村并点、土地复垦等措施,结合增减挂钩等政策,形成合理、有序、功能联系紧密的居民点体系	空心村治理面积、中心村建设个数、农村建设用地复垦面积
		农用地格局结构优化型整治	针对部分地区农用地结构失序、农业发展支撑性弱等问题,通过地类调整、农业结构调整等措施形成高效集约、生态友好、有助于激活乡村发展的农用地利用格局	粮经济作物面积比、设施农用地面积、特色农业面积、复种指数
	乡村空间功能提升型整治	农用地规模质量提升型整治	针对部分地区农用地质量低下、耕地破碎化严重、农业设施不完善等问题,通过地力提升、设施建设、权属调整等手段改善农用地生产能力,促进农用地高效集约利用	中低产田面积、高标准农田建设面积、耕地质量等别、耕地破碎度
		居民点景观与环境治理型整治	针对居民点环境恶劣生活垃圾污染严重、特色乡村风貌缺失等问题,通过乡村风貌治理、公共卫生设施建设、特色景观设计等促进美丽宜居乡村建设,保存乡土风情	传统村落个数、居民点环境治理个数、人均公共卫生设施比例
		污染治理与生态修复协同型整治	针对耕地利用强度过高、土壤污染、土壤退化、水质恶化、地下水超采严重等问题,通过土壤生态修复、节水灌溉设施建设、农业面源污染治理等措施促进乡村空间生态功能提升	盐碱化和酸化土地治理面积、污染土壤修复面积、黑土地退化治理面积*、节水灌溉面积*
生态空间国土空间整治	生态空间系统格局优化型整治	生态网络建设	针对生态格局无序、生态连通性差、缺乏多层级生态建设等问题,通过生态格局规划、生态廊道修复与连通、生态屏障建设、关键生态节点建设等构建安全保障、韧性高的生态网络安全格局	关键生态节点建设个数、集中连片生态源地面积、退化林地修复面积、"三化"草原治理面积、河流湖泊治理面积、湿地修复面积
	生态重要区功能提升型整治	生态源地规模质量提升型整治	针对草原、林地、水源地等重要生态源地生态功能退化、布局破碎化、生物多样性下降等问题,通过优化生态空间土地利用结构,促进生态用地发挥规模效应,通过退化草原林地修复、河流湖泊治理等促进生态源地质量提升	生态退耕退牧面积、集中连片生态源地面积、退化林地修复面积、"三化"草原治理面积、河流湖泊治理面积
	生态脆弱区功能提升型整治	土地荒漠化整治	针对土地荒漠化问题,通过实施包括造林种草、合理调配生态用水、增加林草植被、建设水土保持设施、沙地固定设施等的荒漠化治理工程,促进荒漠化治理,提升荒漠化土地生态功能	沙化土地治理面积
		土地石漠化整治	针对土地石漠化问题,通过加强林草植被保护与建设和退耕还林,合理开发利用林草资源,加强坡改梯、坡面水系和雨水集蓄利用工程建设等	土地石漠化治理面积
		水土流失治理	针对水土流失问题,通过水土保持工程、坡改梯工程等建设,结合小流域综合治理促进水土流失治理	水土流失治理面积
		地质灾害综合整治	针对部分地区滑坡、泥石流、地面沉降等地质灾害风险大的问题,通过实施山体边坡绿化工程、山洪沟治理等降低地质灾害风险	地质灾害治理面积

续表

大类	亚类	小类	定位、目标与途径	参考指标
海洋空间国土空间整治	海洋要素格局优化型整治	海岸带开发利用格局优化型整治	针对海岸带利用强度高导致海岸带生态功能破坏、海水污染等问题,通过建设用地退出、限制滩涂开发、恢复生态用地等措施促进海岸带开发利用格局优化	海岸带工业用地面积、海岸带生态用地面积、海岸带农用地面积
	海洋空间功能提升型整治	过度开发型海岛整治	针对部分海岛开发强度过大导致海岛生态环境破坏、海水污染加剧等问题通过海岛开发管制、海岛生态用地恢复等促进海岛生态功能提升	海岛整治个数、海岛整治面积
		特色海岛开发型整治	针对部分具有重要开发潜力海岛,在保障海岛生态功能前提下进行适度开发,通过海岛开发利用规划、基础设施建设等促进海岛合理有序开发,提升国土利用效率	特色海岛开发个数
		海岸带生态修复型整治	针对海岸带污染物排放严重,红树林、滨海湿地退化等问题,通过水污染治理、海岸带生态用地修复、退化湿地恢复等手段提升海洋生态灾害防范能力	整治修复海岸线公里数、海岸带重要生态用地面积、红树林修复面积*

注:*代表区域性指标。

1.2.2.4　新时期国土空间整治分类体系落实途径

按照国家、省/区域、市县的尺度分级可以确定不同层面整治分类的落实途径。由于不同尺度面对的国土空间与资源利用问题不同,对国土空间整治分类的目标与要求也不同。国家层面重点按照整治大类构建国土空间整治蓝图,在进行重点区域与重大工程选择时结合特定问题选择相应整治亚类与小类;省级/区域层面根据自身特征与国土空间规划选择区域性的整治大类与亚类,按照国家整治目标的总体要求制定不同类型的整治任务;市县层面须因地制宜选择与地方问题衔接的整治小类,完成整治任务,实现整治目标(见图1.2)。

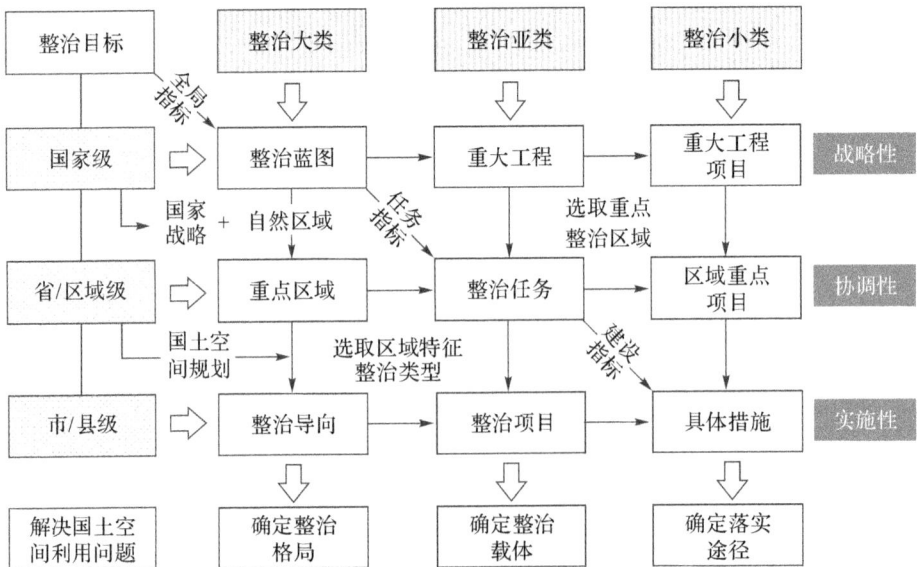

图1.2　国土空间整治分类体系落实途径

1.3　国土空间整治与生态修复

1.3.1　国土空间整治与生态修复的发展

1.3.1.1　国土空间整治与生态修复的历史发展

我国的国土整治最早是从土地开发整理开始的,从《土地管理法》颁布以来,主要经历了从目标较为单一的土地开发、土地整理、土地复垦,演变到目标较为综合的基本农田整理、城乡建设用地增减挂钩等多种功能于一体的土地整治。2018 年,随着自然资源部的成立,土地整治走向山水林田湖草所有国土空间的整治。而国内生态修复的内容和对象以污染水体、污染土壤、植被恢复、矿山修复为主,传统的环境污染治理、国土整治等都融入了生态修复的内容。我国的生态修复工作主要经历了从小规模单要素生态修复,到区域性大规模单要素生态修复,再到"生态修复、城市修补"(城市双修)多要素生态修复,2018 年国家机构改革以来,生态修复走向山水林田湖草生命共同体修复等全要素系统修复。

2018 年,国土空间整治、生态修复统一归为新成立的自然资源部国土空间生态修复司管理,强调统筹全域国土空间和全要素自然资源整治和修复,核心是修复国土空间功能、提升国土空间质量、提高国土空间利用效率,最终促进国土空间有序开发。但目前仍存在一些问题:一是整治修复的范围未覆盖全域国土空间。以往的国土整治范围以农业空间为主,聚焦农用地整治;生态修复以生态空间为主,聚焦生态环境的修复治理。整治和修复的部分工作虽然会涉及城镇空间,但未完全覆盖全域国土空间。二是整治修复对象仍以单一要素为主。以往的国土空间整治聚焦土地的整治,虽然部分工作会涉及水域、湖泊、矿山等,但未覆盖山水林田湖草全要素自然资源;生态修复聚焦生态环境的修复,但也未完全覆盖全要素自然资源。三是整治修复手段仍以工程措施为主,虽然部分工作会涉及其他非工程措施,但未涵盖生物、自然、人文等综合治理手段,无法体现生态文明建设关于"节约优先、保护优先、自然恢复为主"的方针(尹向东等,2020)。

1.3.1.2　国土空间整治与生态修复的相互支撑关系

首先,生态修复是国土空间整治的关键目标之一。国土空间整治的内容、手段、范围不断拓展,在不断提升国土资源利用效率和质量的同时,必然会对生态系统产生相应的影响,国土资源的可持续利用需要建立在生态系统完善的基础上,因此,国土空间整治必须将生态系统的改善作为关键目标之一,是"生态系统"和"山水林田湖草"生命共同体内在逻辑的统一。

其次,国土空间整治是生态修复的主要方法之一。生态修复的实现必须依靠国土空间整治的技术方法、工程手段和综合效益补偿,通过整治活动提升生态修复的效率,提升生态系统的服务与功能,提供生态产品,发挥生态价值(张侃等,2019)。

1.3.1.3 国土空间整治与生态修复的特征

（1）对象、目标的综合化

结合国土空间整治的主要内涵，其工作对象应重点着力于人居环境（城市存量空间、城市战略性空间）、特色文化空间、重要农产品生产空间、重要生态功能区等具有潜在价值的国土空间；生态修复则重点着力于生态重点及优先地区，特别是国家禁止开发区、生态环境敏感区和脆弱区等区域的保护与修复。城乡的国土价值和人居环境与自然生态系统密不可分，两者在山水林田湖草共同体等理念的指引下，呈现综合化的交织状态。同时，目标也更加综合，需要系统地构建起多目标、多手段的整治和修复格局，针对粮食安全、产业发展、人口脱贫、历史保护、人居品质与生态保护修复进行综合考虑与设计。

（2）方法、手段的多元化

新的形势要求国土空间整治与生态修复工作由原有的工程性手段向多元化手段转型。工程性的手段主要面向结果，以点状为主，需要大量的政府资金投入。新的实施途径转型为规划手段、工程手段、管理手段相结合的方式，由政府主导转型向"政府引导＋市场主导"的方式转变。其中，规划手段主要是发布导向性规划和计划，配合激励性政策，提升社会共识，拓展参与途径；管理手段主要包括指标考核、工程监督管理、典型推广等；最后是采用工程手段解决具体问题。不同层级国土空间规划对国土空间整治的管控要求如图1.3所示。

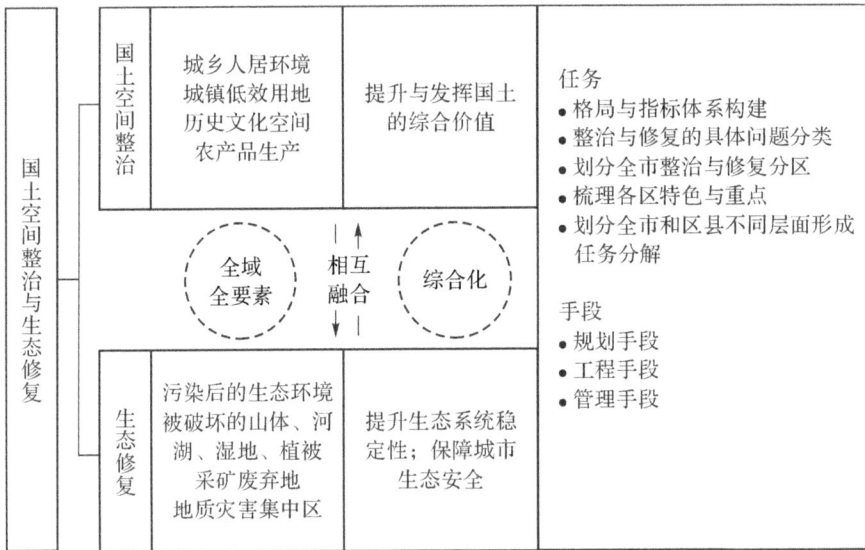

图 1.3　不同层级国土空间规划对国土空间整治的管控要求

1.3.2 国土空间规划语境下的新要求

国土空间规划强调对所有国土空间和全要素自然资源的用途管制和生态保护修复，通过整体保护、系统修复、综合治理，实现优化国土空间格局、提高资源利用效率、改善生态环境质量、提升国土空间品质的目标。国土空间整治与生态修复作为国土空间规划实施的重要抓手，要落实好国土空间规划的相关要求，需要强化三类思维、实施四种主要路径，以推动国土空间规划的有效和高效实施(尹向东等,2020)。

强化三类思维。一是强化整体思维。根据自然资源部门统一行使所有国土空间用途管制和生态保护修复的职责,国土空间整治与生态修复作为国土空间规划实施的重要抓手,要强化整体思维,其面临的对象包括农业空间、城镇空间、生态空间等全域国土空间的整体保护和生态修复,通过所有国土空间全覆盖的国土空间整治和生态修复实现建设美丽中国的长远目标。二是强化系统思维。根据自然资源部门统一行使全民所有自然资源资产所有者的职责,要强化系统思维,将所有自然要素看成一个有机整体,强调山水林田湖草全要素自然资源系统保护和生态修复。三是强化综合思维。国土空间整治与生态修复要改变以往的单纯注重工程技术整治和修复的思维,不是为了修复而修复,要从工程技术治理走向生物、自然、人文、工程等综合的整治修复,将工程措施与非工程措施有机结合,促进人与自然和谐共生。

实施四种路径。一是农业空间要加强乡村土地全域综合整治,对乡村全域空间开展包括高标准农田建设、农用地整治、农村建设用地整理等工作,加强系统修复,综合治理。二是城镇空间要加强城镇存量用地综合开发,对城镇存量和低效用地(主要是工业用地)进行综合开发,重点聚焦成片连片改造、棚户区改造、低效用地再开发等工作。三是生态空间要加强重要生态系统修复,优先针对生态环境脆弱地区和生态环境敏感地区,包括流域水环境治理、重要生态功能区修复、海洋生态修复等工作。四是资源型城市要加强工矿废弃地生态修复,对采矿塌陷地、废弃工业广场等进行整治和修复,包括塌陷地复垦整治、塌陷地村庄搬迁、存量采矿用地挖潜等。在国土空间规划语境下,国土空间整治与生态修复需要强化整体保护、系统修复、综合治理三大思维,以乡村土地全域综合整治、城镇存量用地综合开发、重要生态系统修复、工矿废弃地生态修复等为主要实施路径,进一步优化国土空间格局、提高资源利用效率、改善生态环境质量、提升国土空间品质。

1.3.3　各级国土空间规划中国土空间整治和生态修复的框架

1.3.3.1　国土空间规划中国土空间整治与生态修复的定位:一补充、一支撑

(1)对国土空间规划目标和方法的补充

从目标类型来看,国土空间规划的目标需要是面向全域全要素的整体构架,将会重点关注空间资源的远景状态的蓝图式表达,而国土空间整治与生态修复所具有的过程属性能极大地补充空间规划的目标体系,能对蓝图式目标从过程角度进行传承、分解与具体化。从规划方法来看,国土空间规划的目标导向性较强,规划方法偏重于分析综合需求并予以空间化落实;国土空间整治与生态修复则具有极强的问题导向性,规划方法偏重于发现问题并制定策略予以化解,是对前者的有效补充。

(2)对国土空间规划实施和管理的支撑

土地整治在土地利用总体规划中的实施和管理支持作用显著,实施和管理也是城乡总体规划一直面临的难题,新的国土空间规划在融合统筹原有各类规划的过程中,应充分吸收原有的优秀做法。

国土空间整治与生态修复在补充国土空间规划的目标和方法基础上,能进一步通过规划、管理和工程等手段,全面落实空间规划的设想与要求,并将其转换为可实施、可考核、可

管理的体系,是对国土空间规划实施和管理的重要支撑。

1.3.3.2 国土空间规划中空间整治与生态修复的内容

从"一补充、一支撑"的定位出发,国土空间整治与生态修复在国土空间规划中的主要内容包括以下几点。

(1)明确国土空间规划中空间整治与生态修复的整体格局

现有的国土空间规划中相对比较明确的整体格局包括"主体功能战略格局、空间保护格局和空间开发格局"。空间保护格局和空间开发格局分别承担着描述确立未来国土空间的保护和开发总体状态的职责,总体上偏重于蓝图式的格局描绘;主体功能战略格局则蕴含着战略导向,未来落实为管理格局。在此基础上加入国土空间整治与生态修复的格局,是对三大格局的补充完善,应重点明确"改造哪些国土资源、调整哪些开发方式、控制保护哪些资源要素、实现怎样的资源效益,达到生态环境系统与人类活动的何种状态"。

国土空间整治与生态修复的格局是方法和过程的格局,应配合其他三个格局,共同完善国土空间规划的总体架构。

(2)提出国土整治与生态修复的重点问题

国土空间整治与生态修复的内容涵盖山水林田湖草整治与修复、城镇地区低效用地与环境整治、农村地区综合整治、地质(矿区)环境整治与修复、海洋海岛整治与修复等各类问题,规划中应结合地方实际,采用基础数据分析、部门材料综合等多种方式,通过"问题分类、空间分区"的方式明确整治与修复重点。

首先是在保证上位要求可传递的前提下,采用符合地方实际的整治和修复的问题分类体系,体现地方特色;同时结合不同国土空间的开发和保护格局要求,划分特定的整治与修复分区,并确立不同分区应解决的重点问题。如城镇地区应重点关注人居环境提升、资源利用效率等问题,生态保护区域则重点关注生态安全、生态系统修复等问题。

(3)确立"横纵联动"的指标、任务和考核体系

国土空间规划要求更加全面和深入的多部门协同和上下级联动,因此,必须体现出指标、任务的可传导、可分解与可考核。需要从实施考核角度与各部门的职责、各层级的事权进行协调,构建一套包括"整治与修复内容、约束性指标、控制性指标、主要工程项目、主要规划编制任务"等共同组合形成的指标任务分解与考核系统。该系统向上可承接国家层面的宏观要求、区域性的重大项目,横向可推动部门联动考核、任务协同实施机制,向下可传递详细指标内容、具体工作任务和考核机制。

1.3.3.3 国土空间规划中空间整治与生态修复的架构

根据国土空间整治与生态修复在国土空间规划中的定位和内容要求,需要在不同层级的国土空间规划中,以不同的内容重点和组织形式存在,分别与对应层级的国土空间规划要求相契合;横向上则根据不同的规划深度,以专章、专项等规划形式分别组织,最终形成纵向分级、横向分类的整体架构(张侃等,2019)。

(1)纵向五级

纵向上结合国土空间规划分级方式形成五级体系,分别为国家、省、市、县和乡镇,不同层级解决对应问题。国家层面主要是明确全国的国土空间整治与生态修复格局,明确全国

不同地区的整治重点与分区,确立主要的整治和修复问题分类,明确对应的指标体系与关键的考核机制;省级层面首先是承接国家层面的总体要求,重点在于明确本省的主要问题分类和分区划定,结合各分区地市的情况分解整治和修复的指标与任务,并提出省级重大工程和示范项目、配套政策支撑;市级层面的重点应是进一步分解指标任务,细化实施方式与项目安排,并配套相应的考核与资金政策;县级层面则着重在于落实上位要求,是具体项目实施的重要主体;乡镇层面则重点在于配合支撑相关项目的实施。

(2)横向三类

横向上国土综合整治与生态修复主要采用国土空间规划专章专节专题、国土空间规划配套专项规划、国土空间规划详细规划设计等三个形式。国土空间规划专章专节专题是指在国土空间规划中采用专题研究的方式,并在说明书和文本中加入专章专节内容,此类形式主要在表达整治和修复格局、明确分类分区方式时适用;国土空间规划配套专项规划主要在细化指标体系、明确任务机制时适用;国土空间规划详细规划设计主要在具体的整治和修复项目时适用。

综合纵向分级、横向分类的要求后,形成如表1.4所示的构架。

表 1.4　各级国土空间规划对国土空间整治的有关要求

层级	主要内容	规划形式
国家	1.明确全国土地整治与生态修复格局; 2.明确不同地区的重点与分区; 3.确立主要的整治和修复问题分类; 4.明确核心指标体系与关键的考核机制	国土空间规划专章专节专题
省级	1.承接国家层面的总体要求; 2.明确本省的主要问题分类和分区划定; 3.分解整治和修复的指标与任务; 4.并提出省级重大工程和示范项目; 5.配套政策支撑	国土空间规划专章专节专题; 国土空间规划配套专项规划
市级	1.进一步分解指标任务; 2.细化实施方式与项目安排; 3.配套相应的考核与资金政策	国土空间规划专章专节专题; 国土空间规划配套专项规划; 重点项目的详细规划设计
县级	1.落实上位要求; 2.具体项目实施主体	国土空间规划专章专节; 国土空间规划配套专项规划; 各类项目的详细规划设计
乡镇级	配合支撑相关项目的实施	—

1.3.4　小　结

从生态文明建设出发,国土空间规划的目标、内容、方法与原有的城乡规划、土地利用规划相比,已发生巨大变化。国土空间整治和生态修复具备全域性、过程性、实施性、可传导、可考核等多种优势,是补充原有规划目标和技术框架的重要部分,其与提高资源效率、修复生态系统的功能及生态文明建设的要求高度契合。

在国土空间规划语境下,国土空间整治与生态修复需要强化整体保护、系统修复、综合治理三大思维,以乡村土地全域综合整治、城镇存量用地综合开发、重要生态系统修复(含海洋生态系统修复)、工矿废弃地生态修复等为主要实施路径,进一步优化国土空间格局、提高资源利用效率、改善生态环境质量、提升国土空间品质。

1.4 国土空间整治与国土空间规划

1.4.1 国土空间整治与国土空间规划的关系

国土空间整治作为国土空间规划重要的专项规划和实施工具,促进国土空间结构优化,对城乡生产、生活和生态空间进行全域优化布局,构建农田集中连片、建设用地规模集聚、空间形态高效集约、生态环境天蓝地绿、景观风貌健康美丽的国土空间新格局,是需要优先推进的重要战略。

本质上说,国土空间整治有利于明确一个区域的功能,改善特定地区国土空间利用的结构和布局,而国土空间规划决定了区域国土整治的功能和国土整治的选择方式,区域发展是其重要的逻辑向度。

1.4.2 国土空间规划视角下国土空间整治的转型态势

1.4.2.1 更强调提升国土空间品质

原有的土地整治的目标是土地的保护性开发,坚持"数量、质量和生态"三位一体,以粮食安全为引领,提升耕地数量质量。而国土空间综合整治的目标是提升国土空间品质,其含义是在以人为本的基础上,因地制宜调整空间布局,选择最优的国土空间要素比配,提高区域资源利用效率,打造宜居生活空间、宜业生产空间。

1.4.2.2 对象涉及国土空间全要素

国土空间整治和生态保护修复的对象由土地整治的未利用、不合理利用、损毁和退化土地扩展到国土空间全要素,其内涵是国家主权管理地域空间内土地及其上的资源综合。整治修复对象涵盖"山水林田湖草"生命共同体之下的土地、矿藏、水流、森林、山岭、草原、荒地、海域、滩涂各类自然资源,也包括耕作农田、村庄屋宅、废弃矿山、城市景观、道路设施等非自然要素。范围涵盖全地域、全流域,以"四区一带"为基础,推进全地域、全流域整治保护修复,协调时间空间、统筹陆地海域、兼顾地上地下,"山上山下同治、地上地下同治、流域上下游同治",形成纵向统一、横向联动、条块结合的格局。

1.4.2.3 更加注重整体施策、多措并举

国土空间整治破除了单一的工程思维,强调统筹兼顾、多措并举。在全域范围内以自然恢复为主、人工修复为辅,在保护优先前提下,充分尊重自然规律,封山育林、育沙育草、补水保湿,发挥自然恢复的潜力。同时,将自然恢复与人工修复相结合,系统运用工程技术、农艺技术、生物技术、生态技术等整治修复手段解决自然恢复力不能及等问题(王威等,2019)。

第2章 国土空间整治的理论基础

2.1 国土空间整治的理论逻辑

国土空间整治工作的高效实践有赖于对其必要性、目标、对象及关键议题的科学认知与设定。其中,必要性是对整治工作的价值判断,是在价值层面的意义论证,目标是整治工作的引领性指南,对象是整治工作的基本指向(彭建等,2020),关键议题则提供了国土空间整治的研究方向和实践重点,分别从为什么做(why)、做什么(what)、对谁做(who)及在哪儿做(where)等方面揭示了国土空间整治的理论逻辑。

2.1.1 国土空间整治的必要性

2.1.1.1 国土空间的价值

国土空间是人类生存与发展的载体,既满足了经济社会发展需要,又为人类生存提供了环境基础(郧文聚,2019)。如何在极其有限的国土空间前提下实现自然安定和谐与资源供给安全是我国自然资源管理的最大挑战(汤怀志,2020)。国土空间不仅为国民生存和社会经济发展提供了最基本的物质保障和资源供给,而且还为国民从事各种活动提供了必需的场所和环境。我国国土空间包括了约960万平方公里的陆地面积和473多万平方公里海域面积。随着人类社会的发展,国土空间的内涵也不断地演绎和进化,而国土空间也被人们意识到是社会、经济、政治、文化、生态在地理要素上的表达。土地是国家之脉、发展之基、民生之本、财富之源,美丽的中国梦是以美丽的国土空间作为载体。国土空间既是生态文明建设的物质基础和能量来源,又是其构成要素与空间载体。因此,每一寸国土空间都应该被珍惜、被高质量利用(魏超,2019)。

2.1.1.2 国土空间利用形势严峻

改革开放以来,我国社会经济呈现持续快速发展,国家综合实力稳步提升。据统计,1978—2018年,我国GDP总量由3624.1亿元增加至900309.5亿元,平均增幅达31.99%。此外,40年间,我国平均城镇化水平由17.9%上升至59.58%,年均城镇化增长率为1.03%,我国社会主义建设取得了举世瞩目的成就。然而,相较于西方发达国家的经济发展速度,我国这种"速成"发展模式也引发了多种现实问题,如环境污染、资源承载负荷增大、生态系统功能退化、空间扩张无序、资源利用效率低下等。首先,城镇空间无序扩张,建设用地需求与日俱增但利用粗放。据相关资料显示,当前我国大约有15%~30%的存量建设用地处于闲置或低效利用状态(杨俊,2015);2000—2018年全国城镇建成区面积增长了约118%,远高于同期城镇人口61%的增幅,我国城镇空间呈现"摊大饼"式扩张(杨俊等,2020;Xie等,2020)。同时,城镇空间利用过程中过分追求经济效益,往往忽视了其环境影响,工业废水、氮氧化物、粉尘、二氧化硫等大量排放,造成了严重的环境污染(于雪等,2016;梁建飞等,2020)。其次,伴随着快速的城镇化和工业化进程,城镇建设空间的持续扩张不断侵占蚕食大量农业生产空间和生态保育空间,对我国的粮食安全和生态安全带来严重威胁。还需要注意的是,一些生产资料如农药、化肥等过度使用或滥用导致了部分地区水质恶化、土壤板结、重金属污染、生物多样性减少等,区域生态系统结构和功能退化严重。以上问题表明传统主要以国土空间资源的消耗、粗放利用来带动城镇化发展、经济增长的模式注定是不可持续的(杨斌,2021)。

2.1.1.3 生态文明建设的政策要求

2018年5月,习近平总书记在全国生态环境保护大会上指出"生态文明建设是关系中华民族永续发展的根本大计"[①]。面对快速城镇化以来我国国土空间资源约束趋紧、环境污染严重及生态系统退化等一系列现实发展问题,生态文明建设已然成为新时期国土空间精细化、内涵式发展的核心议题和行动纲领。随着我国逐步进入城乡空间"后增长"时期,城乡关系逐渐迈入转型发展的关键阶段,国土空间整治与作为调控国土空间结构、提高国土资源利用效率与提升国土空间魅力品质的重要支撑手段,不仅是解决新时期国土空间资源保护、利用与提升之间矛盾问题的理性应对和实现精明增长的理想途径,更是新时期生态文明建设背景下践行"绿水青山就是金山银山"和"人与自然生命共同体"理念,系统推进乡村振兴、新型城镇化及城乡融合发展等国家战略的坚实举措(程功等,2020)。

2.1.2 国土空间整治的目标

2.1.2.1 完成《全国土地整治规划(2016—2020年)》的规划目标

《全国土地整治规划(2016—2020年)》根据《国民经济和社会发展第十三个五年规划纲要》《全国主体功能区规划(2011—2020年)》《全国土地利用总体规划纲要(2006—2020年)》《国家新型城镇化规划(2014—2020年)》《全国高标准农田建设总体规划(2011—2020年)》和《国土资源"十三五"规划纲要》等,提出规划期土地整治的主要目标:

①高标准农田建设加快推进。落实"藏粮于地"战略,积极推进高标准农田建设,确保"高标准建设、高标准管护、高标准利用"。在"十二五"期间建成4亿亩高标准农田的基础上,"十三五"时期全国共同确保建成4亿亩、力争建成6亿亩高标准农田,其中通过土地整治建成2.3亿~3.1亿亩,经整治的基本农田质量平均提高1个等级,国家粮食安全基础更加巩固。

②耕地数量质量保护全面提升。落实最严格的耕地保护制度,努力补充优质耕地,加强耕地质量建设。通过土地整治补充耕地2000万亩,其中农用地整理补充耕地900万亩,损毁土地复垦补充耕地360万亩,宜耕未利用地开发补充耕地510万亩,农村建设用地整理补

---

① 习近平:坚决打好污染防治攻坚战? 推动生态文明建设迈上新台阶[EB/OL].(2018-05-20)[2020-03-01].http://jhsjk.people.cn/article/30000992.

充耕地 230 万亩;通过农用地整理改造中低等耕地 2 亿亩左右,开展农田基础设施建设,建成排灌渠道 900 万公里,建成田间道路 600 万公里,耕地保护基础更加牢固。

③城乡建设用地整理取得积极成效。落实最严格的节约用地制度,稳妥规范推进城乡建设用地整理。有序开展城乡建设用地增减挂钩,整理农村建设用地 600 万亩,城乡土地利用格局不断优化,土地利用效率明显提高;稳步推进城镇建设用地整理,改造开发 600 万亩城镇低效用地,促进单位国内生产总值的建设用地使用面积降低 20%,节约集约用地水平进一步提高。

④土地复垦和土地生态整治力度加大。落实生态文明建设要求,切实加强土地修复和土地生态建设。按照宜耕则耕、宜林则林、宜草则草的原则,生产建设活动新损毁土地全面复垦,自然灾害损毁土地及时复垦,大力推进历史遗留损毁土地复垦,复垦率达到 45% 以上,努力做到"快还旧账、不欠新账";积极开展土地生态整治,加强农田生态建设,土地资源得到合理利用,生态环境得到明显改善。

⑤土地整治制度和能力建设进一步加强。落实全面依法治国战略,大力加强土地整治法律制度和基础能力建设。推动制定土地整治条例,完善土地整治规章制度,土地整治制度机制更加健全;加强技术规范标准和人才队伍建设,技术标准体系和人才队伍结构更加完善合理,基础能力明显增强,支撑作用更加有力。

2.1.2.2 以系统治理为目标,因地制宜确定国土空间整治途径

生态保护修复途径可以分为保育特定物种或栖息地、保护区域生态、修复受损生态系统、重建丧失自我恢复能力的生态系统等方式。在湿润和半湿润地区生态系统受损程度较低的情况下,通过保护区域生态空间阻止人为扰动,可以较快地达成自然恢复效果。但在干旱与半干旱地区,由于自然生态系统演替速度相对慢,往往需要采用人工辅助修复或生态重建的方式进行灌木、乔木或草本的种植。但值得警惕的是,山水林田湖草沙要素之间在景观尺度上是高度关联的(吴健生等,2020);干旱区林草植被的增加往往改变水循环,而旱区土壤水、地下水对生态系统稳定性的约束阈值尚具有不确定性。因此,需要意识到陆地生态系统并不是越"绿"越优。对国土空间的人工生态修复和重建应从自然地理规律出发,贯彻质量优先、稳定优先的原则,科学评判区域地带性植被的种植适宜性,在厘清自然资源要素相互作用关系及其资源环境效应的基础上,确定适于本地自然地域条件的恢复方式和山水林田湖草沙空间配置模式(傅伯杰,2021)。

不同尺度下,国土空间整治的核心目标不同,构建要点相应有异。国家尺度国土空间整治,需要按照生态环境基底与社会经济发展需求整合特征差异,明晰国土空间整治重点区域、关键环节。这里需要注意的是,自然生态安全边界往往与行政边界并不重合,尤其是发挥重要生态安全屏障功能的大型自然地域单元往往是跨省域的,这就需要国土空间整治对国家尺度生态安全战略格局有明确的把握。2011 年 6 月 8 日颁布的《全国主体功能区规划》提出了我国以"两屏三带"为主体的生态安全战略格局,即青藏高原生态屏障、黄土高原—川滇生态屏障和东北森林带、北方防沙带、南方丘陵山地带,形成了一个整体生态安全的基本轮廓。

省级尺度国土空间整治,在要素层面强调人—山水林田湖草生命共同体协同提升,空间层面则关注生态功能网络连通;相应地省域生态安全格局构建,重点在于生态廊道的网络化体系重构。县市尺度国土空间整治,则强化生态系统服务提升的工程措施及其重点区段识

别;相应的县市生态安全格局构建,强调区域生态源地、连通廊道及战略节点的识别。

相较而言,国家尺度更侧重国土空间整治的战略性指引;省级尺度起着重要的上下承接作用,关注国土空间整治的协调性部署;市县尺度则承担国土空间整治的具体实践,强调上级目标的落地性实施。国家、省级、市县三个尺度的国土空间生态安全格局互为依托、彼此协同,才能有效提升国土空间整治的系统性(彭建等,2020)。

2.1.2.3 以人地和谐为目标,全面落实生态文明建设

随着科技进步,人类对自然资源的攫取能力越来越强,由生态系统提供的粮食、蔬菜、水产品等供给服务持续增加,然而工农业化工产品的生产及使用带来了一系列水污染、大气污染、土壤污染问题,人类从生态系统中获得洁净水、新鲜空气等生态产品的质量日益下滑。党的十九大报告中明确指出,建设生态文明是关乎人类福祉的千年大计,国土空间生态修复是推进生态文明建设的重大举措(彭建等,2020)。

未来,在继续推进生态文明建设的基础上,有待强化乡村生态振兴中的农田生产和生态功能的提升,新型城镇化目标下的国土空间品质提高,推进能源革命趋势下的绿色矿山建设等生产、生活过程中的国土空间生态修复核心地位。从优化国土空间格局的角度出发,全面落实将生态文明建设融入政治、文化、经济和社会建设中(傅伯杰,2021)。

2.1.3 国土空间整治的对象:满足全域全要素全过程的管制要求

随着国务院机构改革完成,我国已迈向山、水、林、田、湖、草等全域全要统一管理的新阶段。之前部门分头管理下形成的涉及空间管理的分类体系,要么没有全域覆盖,要么仅重点聚焦部门事权范围内的要素,对事权范围外的要素考虑不足,不能适应新时期自然资源统一管理的要求。构建全域全要素分类体系是国土空间规划编制和自然资源统一管理的基础,也是国土空间整治的必然要求。

要素分类是行使自然资源统一管理的基础,贯穿和应用于自然资源调查、评价、规划、管制等全过程。在这样的背景下,构建适应山、水、田、林、湖、草系统治理的国土空间整理分类体系显得十分必要且迫切。需要满足全域、全要素、全过程的要求:全域,即地域范围覆盖陆地、水域、领空等,涵盖城镇空间、农业空间与生态空间,形成全域统一的管控框架。全要素,即围绕人与自然和谐共生、山水林田湖草是一个生命共同体的核心理念,统筹山、水、林、湖、草等自然资源,同时融合人、车、路、地、房等社会要素,形成全要素融合的管控基础。全过程,即围绕规划编制、实施、监测评估的全过程,形成统一国土空间规划、统一用途管制和开发利用、统一监测评估的全过程管控体系。

按区域范围大小和科层制等级,国土空间整治可分为全国国土综合整治,跨区域国土综合整治,省、市、县、乡国土综合整治等。按整治地区的功能特点和主要整治内容不同,国土空间整治可分为城市地区国土综合整治、流域国土综合整治、大型工矿业地区国土综合整治、大型水利枢纽和交通枢纽周围地区国土综合整治、海岸和海洋地区国土综合整治、以农林牧为主的农业区域国土综合整治、大型风景区和旅游区国土综合整治、国家公园和自然保护区国土综合整治等。根据现阶段的国家战略目标导向和国土资源开发利用保护的问题导向,国土空间整治的主要类型包括以下几个方面。

2.1.3.1 城市地区国土空间整治

主要整治内容应该包括通过盘活存量建设用地,优化空间结构和功能,建设紧凑型城

市,全面提升生态品质和环境质量,保障城市安全,激发社会文化活力,增强城市的吸引力和竞争力,实现城市的高质量发展和高品质生活。

2.1.3.2　乡村地区国土空间整治

主要整治方向是加快田水路林村综合整治,优化农村居民点用地布局,推进美丽乡村建设,保护自然人文景观和生态环境,推进高标准农田建设,实施土地污染防治行动,大规模建设高标准农田,巩固提升粮食综合生产能力,激活乡村振兴活力。

2.1.3.3　江河流域国土空间整治

江河流域作为一个完整的生态系统,国土综合整治需要以整个流域为研究对象,不仅着力于大江大河的治理以及防洪、发电、灌溉、航运等枢纽建筑物的配置,还要重视流域内社会、经济、生态和自然的统筹协调,充分考虑经济社会发展需要和水资源与水环境的承载能力,合理安排流域治理、开发和保护的重大项目布局。

2.1.3.4　重点生态功能区国土空间整治

一是重点水源涵养功能区综合整治。例如在大小兴安岭、长白山、阿尔泰山地、三江源地区、甘南地区、南岭山地、秦巴山区、六盘山、祁连山、太行山－燕山等重点水源涵养区,严格限制影响水源涵养功能的各类开发建设活动,实施湿地恢复重大工程,修复森林、草原、湿地等生态系统。二是重点水土流失区综合整治。例如在黄土高原、东北黑土区、西南岩溶区等重点水土流失地区,实施以小流域为单元的综合整治,对坡耕地相对集中区、侵蚀沟及崩岗相对密集区实施专项整治,遏制水土流失和石漠化扩展态势。

2.1.3.5　矿产资源开发集中区国土空间整治

据粗略估计,目前中国因矿产资源开发等生产建设活动,挖损、塌陷、压占等各种人为因素造成破坏的废弃土地约 1300 万公顷,约占耕地总面积的 10%,而全国土地复垦率约为15%;美国的土地复垦率达到了 85% 以上,德国超过了 90%。因此,矿产资源开发集中区的国土整治应该成为未来的重点之一。整治的重点内容主要是矿山废弃地的生态修复、矿产资源开发的生态环境监管和地质环境保护,实施矿山地质和生态环境综合整治,推进绿色矿山和矿山公园建设,引导各地将矿业开发与乡村振兴有机结合,积极开展工矿废弃地整治复垦。

2.1.3.6　海岸带和海岛地区国土空间整治

我国大陆海岸线北起中朝交界的鸭绿江口,南至中越交界的北仑河口,穿越辽宁、河北、天津、山东、江苏、上海、浙江、福建、广东、广西、海南 11 个省、自治区、直辖市,南北纬距跨度大,全长 18000 多 km;岛屿岸线长达 14000 km,合计总长 32000 多 km(张健等,2020)。我国的海岸带一般可分为河口岸、基岩岸、沙砾质岸、淤泥质岸、珊瑚礁岸和红树林岸 6 种基本类型(冯士筰等,1999)。我国海岸具有突出的海岬和深入的海湾,主要分布在辽东半岛和山东半岛,以及杭州湾以南的浙江、福建和广东沿岸。此外,我国海岸带拥有多样的生态系统类型,分布有红树林、珊瑚礁、滩涂湿地、海草床、海湾、入海河口等近海海洋生态系统。海岸带和海岛地区国土综合整治的主要方向包括:①推进渤海湾、苏北沿海、福建厦门－平潭沿海、广东珠江口等海岸带功能退化地区的综合整治,恢复海湾、河口海域生态环境。②推进近岸海域生态恢复,整治受损岸线,重点对自然景观受损严重、生态功能退化、防灾能力减弱、利用效率低下的海域海岸带进行综合修复整治。③重点推进有居民海岛整治、拟开发海岛与偏远海岛基础设施改善与整治,保护海岛自然资源和生态环境,治理海岛水土流失和污染。

2.1.3.7 特别地区或复合型国土综合整治

特别地区主要包括连片贫困地区、革命老区、民族地区、边疆地区、资源枯竭地区、城乡接合部地区、"一带一路"地区等需要采取特殊政策和特殊方式进行综合整治的区域。复合型国土综合整治主要指对山水林田湖草路村城海进行系统性和整体性的整治。

2.1.4 国土空间整治的核心议题

如何进行国土空间整治,不同学者会有不同的理解。但无论如何,作为一项成功的国土空间整治事业,至少需要解决以下核心议题:①如何确定不同类型国土空间的问题和政策措施。②为了实施国土空间整治,什么样的资源、参与者、合伙人和条件是必备的。③如何综合制定法律、制度、政策和措施,实现不同主题的利益整合。④如何推进国土空间整治修复技术的原创和集成创新。⑤如何建立更有效的动态监管、绩效考核与责任追责机制。⑥如何建立一个良性的资金运转机制,保障国土空间整治工作的良性循环(吴次芳等,2019)。

2.2 国土空间整治的理论基础

2.2.1 系统论

系统理论由贝塔朗菲创建,其将系统视为某种综合体,组成综合体的成分存在一定的相互关系,综合体的每个成分都与环境互相联系(Bertalanffy,1987)。钱学森认为系统为一个有机整体,组成成分紧密联系,每个系统都有不同的功能。更加庞大的系统是由许多具有不同功能的系统组成(钱学森,2007)。庞大系统里面有许多个子系统,并且全部是最好的状态,整个系统不一定能达到最优的状态,相互关联的子系统具有制约性,子系统之间相互影响并不独立发展,它们可能是此消彼长的关系,可能是相互成长的关系。基于此,只有子系统能够相互制衡,整个系统才会最优化(刘艳婷,2020)。

根据系统工程理论,任何系统都具有以下几个重要特征:系统性,强调整体效应大于各孤立部分之和,整体、系统地分析问题才能更为全面;关联性,系统内部各要素之间、要素与外部环境之间,彼此相互联系、相互作用;可控性,外部环境与系统内部的能量、物质、信息交换人为可控,并体现出系统的反馈功能和可调节特征(王思义,2013)。

人类赖以生存的"山水林田湖草"生命共同体是由具有高度开放性的各类自然生态系统间能量流动、物质循环和信息传递构成的有机整体,针对复合生态系统的管理,若仅对某一特定类型生态系统进行管控,或仅对全域系统各组成部分进行单独治理,都将难以实现全局的既定预期,甚至可能适得其反(王夏晖,2018)。与过去相对单一的生态修复工程相比,国土空间生态修复是一个庞大的系统工程,其对未来生态系统和社会经济系统的结构和组成将带来复杂的、难以预测的影响,任何一个简单或极端的生态修复行为均可能存在潜在的生态安全风险(MA等,2013),生态系统的恢复也并非各类技术手段或工程措施的简单累加,还会受到人类社会、经济、自然环境的多重影响和参与。

　　因此,国土空间生态修复需要系统整合不同学科理论与方法,综合交叉地理学、生态学、环境科学、资源科学、土壤学、水文学、保护生物学等自然科学以及相关的人文社会科学知识,通过对区域范围内生态要素的系统"优化"与全面"调理",从而提升整体生态系统服务及可持续性(曹宇,2019)。

2.2.2　地理学理论

2.2.2.1　人地关系理论

　　人地关系即地球表层人与自然的相互影响和反馈作用。对人地关系的认识,素来是地理学的研究核心,也是地理学理论研究的一项长期的任务,并始终贯彻在地理学的各个发展阶段(吴传钧,2008)。

　　人类活动和地理环境的关系并非一成不变,而是随着人类社会的进化而不断变化,向广度和深度发展。以往国内外对这一问题的研究多限于表态论述,不联系时代背景,因而提出的种种人地关系学说,或把自然摆在主宰地位,或强调人的主观能动性,大多失之偏颇。地理学的理论研究首先对人地关系要有全面的认识。从历史演变来看,人地关系经历了从萌芽到以土地为核心的一元化关系再到以土地、水、能、矿等资源为核心的无序多元化关系以及现如今重新探索的有序多元化人地关系的总体历程(李小云,2018)。

　　人地之间的客观关系是:第一,人对地具有依赖性,地是人赖以生存的物质基础和空间场所,地理环境经常影响人类活动的地域特性,制约着人类社会活动的深度、广度和速度。这种影响与制约作用随人对地的认识和利用能力而变化。一定的地理环境只能容纳一定数量的人及其一定形式的活动,而其人数和活动形式都是随人的质量而变化。第二,在人地关系中人居于主动地位,人具有能动功能,人是地的主人,地理环境是可被人类认识、利用、改变、保护的对象。人地关系是否协调抑或矛盾,不决定于地而取决于人。总之,人必须依赖所处的地为生存活动的基础,要主动地认识,并自觉地在地的规律下去利用和改变地,以达到使地更好地为人类服务的目的,这就是人和地的客观关系。这种关系将随着人类文化科学技术和生产力发展水平的不断提高,而变得日益密切,同时也随着地理环境在人类作用下产生的变化而不断地改变,这是人地关系变化的客观规律(吴传钧,2008)。

　　人地关系论强调"人"既是人地关系的核心组成要素,又是人地关系的创造和推动者,人类活动在人地关系演变中承担着重要且主动的角色。"人地协调论"是人地关系论中的一个重要理论,其认为人地关系应以谋求自然环境与人类生活之间的和谐统一为目标。现代社会中的国土空间退化过程绝大部分源于人类的负面干扰活动影响,而健康的国土空间本可以为人类提供各类服务,提升人类福祉(曹宇等,2019)。人地关系协同理论将是实现国土空间整治的另一重要理论支撑。

2.2.2.2　地域功能—结构的空间组织理论

　　地域功能—结构的空间组织是人地系统耦合研究的基本理论,也是开展国土空间规划、塑造可持续地理格局的理论遵循,地域功能理论是国土空间功能区划的重要基础(樊杰,2019)。地域功能识别需要从自然环境本身、自然环境现状水平下与各类开发活动的适宜匹配水平、现状地域功能区之间的空间组织等三个维度考虑。地域功能理论不但可为地域功能形成原因分析、演变特征认识、空间组织法则揭示等提供理论基础,而且可为地域功能的准确识别、范围界定等提供具体的技术方案。而空间结构有序化演进理论可解释各类受人类活动影响形成的功能空间、几何空间、行政空间等相互间的数量关系、尺度比例、结构模式等,具体到一个国家范围内就是国土空间功能的一种表达。

在地域功能演变及其空间结构的有序化过程中,有 4 个特点并存(樊杰,2019)。①承载人类生产和生活活动的地域表现出的功能类型越来越多样化,地域功能可以分类、体系化。生活空间可以进一步分为城、乡生活空间,乡可以再分为农、林、牧、渔等村落构成的不同类型的生活空间。同理,生产空间可以进一步分为第一、第二、第三产业生产空间,第二产业空间还可进一步细分为采掘、冶炼、化工、纺织等不同的生产空间。不同生产空间中人与自然的相互作用特征是不同的。从空间分辨率、特别是国土空间有序化管理而言,地域功能分类体系(称为地域功能谱系)可以同空间尺度建立对应关系。简单地说,随着空间尺度降低,地域功能分类就越细、功能类型就越多。②由于地表的非均质性(包括本底的差异导致的非均质性及结构化中衍生的非均质性),任何一个地域单元,无论如何细化,该地域单元承担的地域功能通常不是单一的,随着空间升尺度,其功能复合程度就增加。③由于不同地域功能之间的相互作用关系和冲突程度不同,地域功能在同一地域单元的复合产生的效应是有差别的。不同地域单元之间的空间组合因其地域功能影响所表现出来的效应差异,也是有所差异。因此,地域功能在一个地域单元中如何复合,以及不同地域功能的地域单元在空间上如何组合,因效应不同而具有治理、政策的价值。④随着时间推移,地域功能具有的生命周期及复杂化过程,导致功能复合与地域组合是动态变化的,存在着不确定性,短期内协调的地域功能空间结构未必长期是合理的,认知变化出现拐点,前瞻性地应对,以及适时进行动态适应性调整,成为解决不确定性的有效举措。因为不确定性而任由国土空间格局在非治理约束下进行演变,是人类对自身、对赖以生存的地球环境不负责任的态度。

地域功能—结构伴随着人类社会的发展,经历了由简单到复杂的基本演化过程,这种复杂性源于人类社会经济发展及需求的多样化和复杂化,也与人地关系的耦合状态及效应在不同尺度上的差异化有密切关系。尺度越小,地域功能—结构的动态性、发展驱动性、路径依赖性等越明显。不同地域上的功能组合形式与状态,造成了地域空间之间的差异,也意味着区域治理政策的问题针对性和具体对策的差异化,特别是涉及地域功能—结构上的冲突,则是国土空间整治的切入点之一。

2.2.3 生态学理论

2.2.3.1 景观生态学理论

有关景观的定义,有多种表述,但一般讲是指反映内陆地形地貌景色的图像,诸如草原、森林、山脉、湖泊等;或是某一地理区域的综合地形特征;或者是人们放眼所映获的自然景色。而生态学中,景观的定义可概括为狭义和广义两种。狭义景观是指几十公里至几百公里范围内,由不同生态系统类型组成的异质性地理单元(陈昌笃,1986;Forman 等,1986)。而反映气候、地理、生物、经济、社会和文化综合特征的景观复合体称为区域。狭义景观和区域可统称为宏观景观。广义景观则指出现在从微观到宏观不同尺度上的,具有异质性或缀块性的空间单元(Pickett 等,1995 ;Wu 等,1995)。显然,广义景观概念强调空间异质性,其空间尺度则随研究对象、方法和目的而变化,而且它突出了生态学系统中多尺度和等级结构的特征。这一概念越来越广泛地为生态学家所关注和采用。因此,概言之,景观生态学是研究景观单元的类型组成、空间格局及其与生态学过程相互作用的综合性学科。强调空间格局,生态学过程与尺度之间的相互作用是景观生态学研究的核心所在。

景观生态学的研究对象和内容可概括为三个基本方面。①景观结构,即景观组成单元的类型、多样性及其空间关系;②景观功能,即景观结构与生态学过程的相互作用,或景观结构单元之间的相互作用;③景观动态,即指景观在结构和功能方面随时间推移发生的变化(Forman,1995)。景观的结构,功能和动态是相互依赖、相互作用的。这正如其他生态学组织单元(如种群、群落、生态系统)的结构与功能是相辅相成的一样,结构在一定程度上决定功能,而结构的形成和发展又受到功能的影响。景观生态学研究的具体内容很广,而且常常涉及不同组织层次的格局和过程。比如,景观结构特征与生理生态过程、生物个体行为、种群动态、群落动态以及生态系统在不同时空尺度上的作用都属于景观生态学观察、研究的范畴(邬建国,2000)。

2.2.3.2　恢复生态学理论

恢复生态学是研究生态系统退化的原因、退化生态系统恢复与重建的技术与方法、生态学过程与机理的科学(余作岳等,1996)。它是现代生态学的年轻分支学科之一。恢复生态学最早是由西欧学者提出的。它的出现有着强烈的应用生态学背景,因为其研究对象是那些在自然灾变和人类活动压力下受到破坏的生态系统(章家恩和徐琪,1996)。

(1)退化生态系统

与健康生态系统(healthy ecosystem)相比,退化生态系统(degraded ecosystem)是一类病态的生态系统。它是指在一定的时空背景下,在自然因素、人为因素或二者的共同干扰下,导致生态要素和生态系统整体发生的不利于生物和人类生存的量变和质变。生态系统的结构和功能发生与其原有的平衡状态或进化方向相反的位移(displacement),具体表现为生态系统的基本结构和固有功能的破坏或丧失、生物多样性下降、稳定性和抗逆能力减弱、系统生产力下降。这类系统也被称为“受害或受损生态系统”(damaged ecosystem)(马世骏,1990;章家恩等,1996)。

(2)恢复与重建

目前,有关恢复(restoration)与重建(reconstruction)的科学术语很多,如修复(rehabilitation)、改造或改良(reclamation)、改进(enhancement)、修补(remedy)、更新(renewal)和再植(revegetation)等。这些术语从不同角度反映了恢复与重建的基本意图。所谓生态恢复与重建是指根据生态学原理,通过一定的生物、生态以及工程的技术与方法,人为地改变和切断生态系统退化的主导因子或过程,调整、配置和优化系统内部及其与外界的物质、能量和信息的流动过程及其时空秩序,使生态系统的结构、功能和生态学潜力尽快地成功地恢复到一定的或原有的乃至更高的水平。生态恢复过程一般是由人工设计和进行的,并是在生态系统层次上进行的。这里需要说明的是,生态系统或群落在遭受火灾、砍伐、弃耕等后而发生的次生演替实质上也属于一种生态恢复过程,也是一种自然恢复形式(章家恩等,1996)。

(3)生态系统恢复

SER 指出了恢复的生态系统必须具有的结构、功能和动态方面的 9 个特征,其中最主要还是考虑生态系统功能的恢复(SER,2004)。生态系统恢复过程中,地上部分与地下部分的联接与生态过程的恢复由植物、动物和微生物等生物组分功能特征谱决定。事实上，植物与土壤间的反馈作用随时间的变化会驱动乡土种恢复并控制恢复/演替过程，土壤的物理、化学和生态学结构对地下的能流和物流影响很大，但目前对地下生态学过程的研究远不如地上生态学过程研究，例如土壤中的无脊椎动物了解就不多。生态系统恢复更强调动态平衡、非线性、多样性与稳定性的关系、结构功能与动态的协调性，还要考虑冗余性和生态网络的恢复，因此，国际恢复生态学会提出恢复的生态系统应该具有复原性和复杂性。同时要考虑它在景观背景下与其他生态系统的边界、连接性、能量与物质流动态、物理环境等问题。在恢复生态系统时，系统内部要重点考虑营养、污染和能量的收支、输入的胁迫效应，食物网的结构，植物与传粉者间的网络关系、生态系统组分间的反馈作用、养分转移效率、初级生产力和系统分解率以及干扰体系(任海等，2014)。

2.2.4　城市规划理论

2.2.4.1　可持续发展

可持续发展(sustainable development)的概念的明确提出，最早可以追溯到1980年由世界自然保护联盟(IUCN)，联合国环境规划署(UNEP)，野生动物基金会(WWF)共同发表的《世界自然保护大纲》。1987年以布伦特兰夫人为首的世界环境与发展委员会(WCED)发表了报告《我们共同的未来》。这份报告正式使用了可持续发展概念，并对之做出了比较系统的阐述，产生了广泛的影响。有关可持续发展的定义有100多种，但被广泛接受、影响最大的仍是世界环境与发展委员会在《我们共同的未来》中的定义。该报告中，可持续发展被定义为："能满足当代人的需要，又不对后代人满足其需要的能力构成危害的发展。它包括两个重要概念：需要的概念，尤其是世界各国人民的基本需要，应将此放在特别优先的地位来考虑；限制的概念，技术状况和社会组织对环境满足眼前和将来需要的能力施加的限制。"涵盖范围包括国际、区域、地方及特定界别的层面，是科学发展观的基本要求之一。1980年国际自然保护同盟的《世界自然资源保护大纲》："必须研究自然的、社会的、生态的、经济的以及利用自然资源过程中的基本关系，以确保全球的可持续发展。"1981年，美国布朗(Lester R. Brown)出版《建设一个可持续发展的社会》，提出以控制人口增长、保护资源基础和开发再生能源来实现可持续发展。1992年6月，联合国在里约热内卢召开的"环境与发展大会"，通过了以可持续发展为核心的《里约环境与发展宣言》《21世纪议程》等文件。随后，中国政府编制了《中国21世纪人口、环境与发展白皮书》，首次把可持续发展战略纳入我国经济和社会发展的长远规划。1997年的党的十五大把可持续发展战略确定为我国"现代化建设中必须实施"的战略。可持续发展主要包括社会可持续发展、生态可持续发展、经济可持续发展。

2.2.4.2　倡导性规划

倡导性规划是由美国律师Daviddoff最先确立的。20世纪中叶以前，在很长一段时间内，"美术学院派"的城市规划始终是规划工作的主流，规划师被培养成为建筑师和设计师。针对工业化城市的混乱和肮脏，规划师们相信他们可以改变现状，而且认为只有掌握了专业知识的规划师才有可能设计出官员和政治家们实现不了的秩序。规划师们逐渐树立了高度的职业自信心和自负的价值观，他们不考虑政治层面的问题，以自己的价值观和职业技术设计一个终极的城市、静止的城市和完美的城市。但是,随着科学技术的飞速发展,城市规划开始应用计算机技术和系统分析的观点,科学逐渐主宰了城市土地规划,理性-综合模型开始登上规划的舞台。

针对理性规划产生社会生活混乱的现实,Daviddoff 首先作了分析,他认为:任何人都无法代表整个社会的需求,包括专家和规划师,理性规划并没有考虑到公共利益分化的问题;理性规划只代表了一部分人的价值取向,这种自上而下的规划为"贵族式"的规划,这种价值观在设计中得不到社会的认同,与社会发展不符。他认为规划应该具有的民主性、公正性和平等性,规划应是一个自下而上的过程,鼓励市民在规划过程中积极参与,规划者应该代表社会不同的利益集体,尤其是社会弱势群体。由于规划者也具有个人价值取向和偏见,因此,应该去掉技术权威的形象,不能再以自身的价值观为判断的标准,应该综合考虑社会、经济、文化等影响。规划师必须明确自身的服务对象,并要为受规划影响的所有团体辩论,同时不断地提出对方在规划设计中存在的不客观之处,平衡协调各种利益以达成社会共同遵守的契约。再通过舆论宣传、政府和立法干预,引导社会向新的社会价值准则和行为方式转移,从而达到改善整个社会环境质量的目的。由此可以看出,公民在多元化政治结构中争取更多的权利和更高的地位,从而完善一个民主政治体制,才是该理论的核心精神所在(陈方全,2007)。

倡导规划根本改变了城市规划从业者与规划服务对象的对立角色。规划师不再是坐在绘图桌旁、脱离现实的冷冰冰的方案制定者,而是充分尊重他人意见的善意的改良者,是各方利益最大获取的平衡者,是能达到政府追求经济发展与社会稳定相协调的策划者,是深入社会的社会活动者,这为规划理论提供了现实的基础。"城市规划人群"可以是指规划师、规划行政人员、城市规划专家、关心城市规划的专家、城市规划司法人员,也可以是指社区领袖、财团首脑、集团总裁、开发商,也可以是普通居民、有关与无关的关心者等等,可以说正是不同阶层和社区的参与,才使得规划能够平衡各方的利益,才有可能提供多种选择,才真正能够得以实现。

倡导规划也同时在一定程度上解决了规划实施难的问题。很多时候规划的实施不是因为没钱,而是因为扯皮、一窝蜂地争抢。如果采用倡导规划的方法,各利益集团都已充分表达了他们的愿望。规划一经确定便成为了社会各方的"契约"、这就极大地保证了规划实施的可能性。一旦有开发的要求时,规划能按预期顺利地实现。同时,任何对规划的修改就变得昭然若揭,而不是想怎么改就怎么改了。

倡导规划中规划师不仅是信息的提供者,也不仅是对未来发展的分析者、而且是有个体偏好的、反映雇主、团体利益的代言人,它给公众参与城市规划提供了制度基础。在共同的职业道德标准的基础上,不仅提供选择的目标和准则、也提供选择实施目标的行动方案。因此,倡导规划使公众参与达到决策阶段、从而使规划不再仅仅是政府行为,而成为政治行为(于泓,2000)。

2.2.5　山水林田湖草生命共同体理论

生命共同体理念强调山、水、林、田、湖、草等要素相互联系形成完整的生态系统,实施生态保护修复时需兼顾其整体性和系统性,系统治理是山水林田湖草生态保护修复的核心,是"山水林田湖草是一个生命共同体"的直观体现(彭建等,2019)。

山水林田湖草生态保护修复是以生命共同体理念为指导,依据国土空间规划和生态保护修复等专项规划,以保障国家生态屏障和重点生态功能区健康安全为目标,在景观尺度上,统筹考虑山上山下、地上地下、陆地海洋以及流域上下游,优化国土空间布局,调整土地利用结构和关系,对退化、受损和毁坏的生态系统进行恢复的活动。开展山水林田湖草生态保护修复工程,需要牢固树立山水林田湖草是一个生命共同体理念,坚持节约优先、保护优先、自然恢复为主的方针,以保障优化国家生态安全战略格局体系为目标,以改善区域生态环境质量为重点,按照生态系统的整体性、系统性及其变化规律,统筹考虑自然生态各要素、山上山下、地上地下、岸上岸下、流域上下游,进行整体保护、系统修复、综合治理(罗明等,2019)。

(1)生命共同体各要素之间是普遍联系和相互影响的,不能实施分割式管理

山水林田湖草生命共同体是由山、水、林、田、湖、草等多种要素构成的有机整体,是具有复杂结构和多重功能的生态系统。山水林田湖草生命共同体各要素之间是普遍联系和相互影响的,不能实施分割式管理。实施分割式管理很容易造成自然资源和生态系统破坏。生态系统具有外部性、不可逆性、不可替代性,这些性质是整体性和系统性的另一表现。人类开发利用一种资源时会对另外的资源及其生态环境产生影响。如果管理不当,这种影响就会是负面的,即表现为负外部性。资源开发不可逆性是指生态系统一旦破坏就难以恢复(成金华等,2019)。

(2)人类必须处理好人与自然、局部与整体、发展与保护的关系

山水林田湖草是生命共同体,人与自然也是生命共同体。山水林田湖草生态系统是人与自然、自然与自然普遍联系的有机整体。山水林田湖草生态系统既给人类提供物质产品和精神产品,又给人类提供生态产品。人类不仅需要更多的物质产品和精神产品,同时也需要更多的生态产品。人类如果只注重开发自然资源,从自然界获取物质产品,忽视了对自然界的保护,就会破坏山水林田湖草生命共同体。破坏了山水林田湖草生命共同体,也就破坏了我们生存和发展所需要的物质产品、精神产品和生态产品,也就破坏了人与自然这个生命共同体。人类可以通过社会实践活动有目的地利用自然、改造自然,但人类归根到底是自然的一部分,人类不能盲目地凌驾于自然之上,人类的行为方式必须符合自然规律。

人类必须处理好生态系统中局部与整体的关系。山水林田湖草生态系统是一个有机整体,山、水、林、田、湖、草等自然资源、自然要素是生态系统的子系统,是整体中的局部,而整个生态系统是多个局部组成的整体。人类开发利用山、水、林、田、湖、草其中一种资源时必须考虑对另一种资源和对整个生态系统的影响,要加强对各种自然资源的保护和对整个生态系统的保护。例如,在开发矿产资源时,就要处理好局部与整体的关系。如果不考虑开发一种资源对另一种资源的影响,不考虑资源开发对生态环境的影响,就会破坏伴生矿产、土地、水和其他动植物资源,破坏矿区周围的生态环境。

人类必须处理好发展与保护的关系。发展是人类永恒的主题,节约资源和保护生态环境是我国的基本国策。我们必须在开发利用自然资源时注意保护自然资源和生态环境,在不断推进社会经济发展的同时,推进自然资源节约集约利用和生态环境健康发展。发展不可避免会消耗资源和污染环境,会对山水林田湖草生态系统产生破坏,会影响山水林田湖草生命共同体的健康,所以我们在发展的同时要注重生态环境保护,要坚持生态优先、绿色发

展,要建立绿色低碳循环的现代经济体系(成金华等,2019)。

（3）要运用系统论的思想方法管理自然资源和生态系统

山水林田湖草生态系统,既具有山、水、林、田、湖、草等各类丰富的自然资源,又具有强大的调节气候、保持水土、涵养水源、保护生物多样性的生态环境功能。要根据生态系统的多种用途、人类开发利用保护自然资源和生态环境的多重目标和我们所处时代的约束条件,运用系统的、整体的、协调的、综合的方法做好山水林田湖草自然资源和生态环境的调查、评价、规划、保护、修复和治理等工作,保持和提升生态系统的规模、结构、质量和功能。运用系统论的思想方法管理自然资源和生态系统,需要改革自然资源和生态环境监管体制,完善自然资源和生态环境管理制度,统一行使全民所有自然资源资产所有者职责,统一行使所有国土空间用途管制和生态保护修复职责(严金明等,2018)。要把资源管理与资产管理、资源管理与生态环境管理结合起来,实现自然资源资产管理由多个部门的分散管理转到一个部门的统一管理,由单一资源管理转到多种资源和生态环境的综合管理,从资源开发利用的增量管理转到资源开发利用保护的增量存量结合管理,从保障资源供给的数量型速度型管理转到保障资源供给、环境健康、生态安全和国家利益最大化的质量型效益型管理(成金华等,2019)。

2.3　国土空间整治的国情依据

2.3.1　地形地貌复杂,气候类型多样

我国位于亚欧大陆东部,太平洋西岸,地理位置独特,地形地貌复杂,气候类型多样。

①地形:我国地势西高东低,自西向东呈现海拔差异明显的三大阶梯。地形种类多样,山地、高原、盆地、平原和丘陵均有分布。西部高山广布,以山地、高原和盆地为主;东部平坦低缓,以丘陵和平原为主。

②气候:我国受地形地貌和季风环流影响,既有热带、亚热带和温带季风气候,也有温带大陆性、高原山地和海洋性气候。由东南沿海向西北内陆,水热条件空间分异明显。青藏高原为高寒气候,热量不足;青藏高原以东地区为大陆性季风气候,雨热同期;青藏高原以北地区为干旱气候,降雨稀少。

③植被:我国植被类型丰富,有森林、灌丛、草原、草甸、荒漠和草本沼泽等。森林覆盖率较低,主要分布在南方和东北地区,草原主要分布在北方和青藏高原地区。

④灾害:我国自然灾害种类多,区域性、季节性和阶段性特征突出,并具有显著的共生性和伴生性。自然灾害发生频繁,除现代火山活动导致的灾害,其他自然灾害几乎每年都有发生。

⑤海洋:我国海域辽阔,跨越热带、亚热带和温带,大陆海岸线长达 1.8 万多公里。海洋资源种类繁多,海洋生物、石油天然气、固体矿产、可再生能源等资源丰富,开发潜力大。

2.3.2　国土空间总量丰富,但人均少

经对全国陆地国土空间土地资源、水资源、环境容量、生态系统脆弱性、生态系统重要性、自然灾害危险性、人口集聚度以及经济发展水平和交通优势度等因素的综合评价,从工

业化、城镇化开发角度看,我国国土空间具有以下特点。

①陆地国土空间辽阔,但适宜开发的面积少。我国陆地国土空间面积广大,居世界第三位,但山地多,平地少,约60%的陆地国土空间为山地和高原。适宜工业化城镇化开发的面积有180余万平方公里,但扣除必须保护的耕地和已有建设用地,今后可用于工业化城镇化开发及其他方面建设的面积只有28万平方公里左右,约占全国陆地国土总面积的3%。适宜开发的国土面积较少,决定了我国必须走空间节约集约的发展道路。

②水资源总量丰富,但空间分布不均。我国水资源总量为2.8万亿立方米,居世界第六位,但人均水资源量仅为世界人均占有量的28%。水资源空间分布不均,水资源分布与土地资源、经济布局不相匹配。南方地区水资源量占全国的81%,北方地区仅占19%;北方地区水资源供需紧张,水资源开发利用程度达到了48%。水体污染、水生态环境恶化问题突出,南方一些水资源充裕地区出现水质型缺水。水资源短缺,既影响着经济发展,又制约着人口和经济的均衡分布,还带来了许多生态问题。

③能源和矿产资源丰富,但总体上相对短缺。我国能源和矿产资源比较丰富,品种齐全,但主要化石能源和重要矿产资源的人均占有量大大低于世界平均水平,难以满足现代化建设需要。能源和矿产资源主要分布在生态脆弱或生态功能重要的地区,并与主要消费地呈逆向分布。能源结构以煤为主,优质化石能源资源严重不足,新能源和可再生能源开发潜力巨大。能源和矿产资源的总量、分布、结构与满足消费需求、保护生态环境、应对气候变化之间的矛盾十分突出。

④生态类型多样,但生态环境比较脆弱。我国生态类型多样,森林、湿地、草原、荒漠、海洋等生态系统均有分布。但生态脆弱区域面积广大,脆弱因素复杂。中度以上生态脆弱区域占全国陆地国土空间的55%,其中极度脆弱区域占9.7%,重度脆弱区域占19.8%,中度脆弱区域占25.5%。脆弱的生态环境,使大规模高强度的工业化城镇化开发只能在适宜开发的有限区域集中展开。

⑤自然灾害频繁,灾害威胁较大。我国受灾害影响的区域及人口较多,巨灾风险很大。部分县级行政区位于自然灾害威胁严重的区域范围内。频发的自然灾害,加大了工业化城镇化的成本,并给人民生命财产安全带来许多隐患。

2.3.3 国土空间开发问题突出

国土空间的开发利用,一方面有力地支撑了国民经济的快速发展和社会进步,另一方面也出现了一些必须高度重视和着力解决的突出问题。

①耕地减少过多过快,保障粮食安全压力大。全国耕地面积从1996年的19.51亿亩减少到2008年的18.26亿亩,人均耕地由1.59亩减少到1.37亩,逼近保障我国农产品供给安全的"红线"。

②生态损害严重,生态系统功能退化。全球气候变化以及一些地区不顾资源环境承载能力的肆意开发,导致部分地区森林破坏、湿地萎缩、河湖干涸、水土流失、沙漠化、石漠化和草原退化,近岸海域生态系统恶化,气象灾害、地质灾害和海洋灾害频发。

③资源开发强度大,环境问题凸显。一些地区粗放式、无节制地过度开发,导致水资源短缺、能源不足等问题越来越突出,大规模长距离调水、运煤、送电、输气的压力越来越大,也带来了交通拥挤、地面沉降、绿色生态空间锐减等问题。环境污染严重,大气与地表水环境

质量总体状况较差,许多地区主要污染物排放量超过环境容量。

④空间结构不合理,空间利用效率低。绿色生态空间减少过多,工矿建设占用空间偏多,开发区占地面积较多且过于分散。城市建设空间和工矿建设空间单位面积的产出较低,城市和建制镇建成区空间利用效率不高。

⑤城乡和区域发展不协调,公共服务和生活条件差距大。人口分布与经济布局失衡,劳动人口与赡养人口异地居住,城乡之间和不同区域之间的公共服务及人民生活水平的差距过大。

2.3.4　国土空间面临严峻挑战

今后一个时期是加快推进社会主义现代化的重要阶段,必须深刻认识并全面把握国土空间开发的趋势,妥善应对由此带来的严峻挑战。

①人民生活不断改善,满足居民生活的空间需求面临挑战。我国处于人口总量持续增加和居民消费结构快速升级的阶段,既对扩大居住等生活空间提出了新的需求,也因农产品需求增加等因素,对保护耕地提出了更高要求。

②城镇化水平不断提高,满足城市建设的空间需求面临挑战。我国正处于城镇化加快发展阶段。农村人口进入城市,既增加了扩大城市建设空间的需求,也带来了农村居住用地闲置等问题,优化城乡空间结构面临许多新课题。

③基础设施不断完善,满足基础设施建设的空间需求面临挑战。我国交通、能源等基础设施尚处于继续发展完善的阶段。基础设施的建设必然占用更多空间,甚至不可避免地占用一些耕地和绿色生态空间。

④经济增长趋于多极化,满足中西部地区的建设空间需求面临挑战。我国经济增长呈现多极化趋势。随着东部部分地区资源环境承载能力逐步饱和,经济增长加快向中西部适宜开发的区域拓展,这就需要继续扩大这些区域的工业建设和城市建设空间。

⑤水资源供求矛盾日益突出,满足水源涵养的空间需求面临挑战。我国将长期面临水资源严重短缺的局面。随着全球气候变化和用水需求增加,水资源短缺将更趋严重,生活、生产、生态用水都面临极大压力。满足用水需求,既要依靠水资源的节约和科学配置,又要恢复并扩大河流、湖泊、湿地、草原和森林等水源涵养的空间。

⑥全球气候变化影响不断加剧,保护和扩大绿色生态空间面临挑战。控制温室气体排放已成为全球共识。我国仍是发展中国家,既要进一步发展经济,又要为应对全球气候变化做出不懈努力和积极贡献。这就需要改变以往的开发模式,尽可能少地改变土地的自然状况,扩大绿色生态空间,增强固碳能力。

总之,我们既要满足人口增加、人民生活改善、经济增长、工业化城镇化发展、基础设施建设等对国土空间的巨大需求,又要为保障国家农产品供给安全而保护耕地,还要为保障生态安全和人民健康,应对水资源短缺、环境污染、气候变化等,保护并扩大绿色生态空间,可见,我国国土空间开发面临诸多两难挑战。

2.3.5　政策形势促进国土空间整治

2.3.5.1　经济新常态

2008 年国际金融危机以来,全球进入了以长期结构性调整转型为基础的经济增长减速期,似乎每个国家都未能独善其身。2009 年 4 万亿元投资对经济增长进行强刺激的措施,虽然避免了中国经济与世界经济同步震荡下行,但 2011 年以后,宏观经济增长速度还是呈持续下滑趋势。来自供给侧和需求侧的变化,共同塑造了我国经济发展的"新常态"。中国经济新常态的语境解析在速度上从高速增长转为中高速增长,在结构上不断优化产业升级,在动力上从要素驱动、投资驱动转向创新驱动。

2015 年 11 月,习近平在中央财经领导小组第十一次会议上强调,"在适度扩大总需求的同时,着力加强供给侧结构性改革,着力提高供给体系质量和效率,增强经济持续增长动力,推动我国社会生产力水平实现整体跃升"。[①] 国土空间是最基础的自然资源和经济要素。依据经济社会发展态势和资源需求变化,综合运用经济、行政、法律等手段开展国土空间整治,科学配置资源,是经济新常态下我国深化供给侧结构性改革的重要举措,也是提升国土资源治理水平和能力的具体体现(严金明等,2016)。

2.3.5.2　新型城镇化

自改革开放以来,中国的城镇化水平从 1978 年的 17.92% 剧增到 2014 年的 54.77%,在中国庞大的人口基数下依然实现了平均每年递增 1.02% 的高速城镇化进程。然而随着城镇化率的迅速提高,农民工人数也在逐年激增,从 2008 年的 2.25 亿到 2014 的 2.74 亿,占全国总人口的 20.03%,去除农民工城镇化率仅为 34.74%,伪城镇化问题突出。同时中国城镇化发展过程中资源利用方式较为粗放,单位 GDP 能耗和地耗远高于发达国家,水资源产出率仅为世界平均水平的 60% 左右,处于低效利用状态的城镇工矿建设用地约 5000 km^2,占全国城市建成区的 11%,土地城镇化速度高于人口城镇化速度。亟需进一步以人为核心,以解决"三个 1 亿人"问题为着力点,即促进 1 亿农业转移人口和其他常住人口在城镇有序稳妥落户,改造 1 亿人居住的城镇棚户区和城中村,引导 1 亿人在中西部地区就近城镇化,稳步提升城镇化水平和质量,优化城镇化布局,转向精细化高质量的新型城镇化发展模式,真正破除城乡二元结构,实现城乡一体化健康发展(严金明和刘杰,2012)。

2.3.5.3　生态文明建设

党的十八大从新的历史起点出发,做出"大力推进生态文明建设,建设美丽中国"的战略决策。当前中国资源环境承载能力已经达到或接近上限,环境污染、水土流失、土壤退化、景观破坏等问题日益突出:全国 202 个地级及以上城市 45.4% 的地下水污染较严重、16.1% 污染极严重,现有土壤侵蚀总面积 294.91×104 km^2,耕地土壤点位超标率为 19.4%,中度以上生态脆弱区域占全国陆地国土空间的 55.0%,约 60.0% 村庄乡村景观风光一般或差,约 80.0% 的村庄街道和田间道路绿化不足、沟路林渠破损严重(郧文聚等,2011),人文景观和自然景观构成类型单一、格局混乱、覆被稀松,缺乏特色和空间层次感,人居舒适感下降(刘黎明等,2006)。2015 年 9 月中共中央、国务院印发了《生态文明体制改革总体方案》,要求进一步树立"绿水青山就是金山银山""空间均衡""山水林田湖是一个生命共同体"等理念,构建由自然资源资产产权制度、国土空间开发保护制度、空间规划体系、资源总量管理和全面节约制度、资源有偿使用和生态补偿制度、环境治理体系、环境治理和生态保护市场体

---

① 习近平主持召开中央财经领导小组第十一次会议[EB/OL].(2015-11-10)[2016-02-03].http://jhsjk.people.cn/article/27799893.

系、生态文明绩效评价考核和责任追究制 8 项制度构成的生态文明制度体系,推进生态文明领域国家治理体系和治理能力现代化,努力走向社会主义生态文明新时代(严金明等,2016)。

2.3.5.4　乡村振兴战略

2020 年是中国脱贫攻坚目标任务完成年,也是中国乡村发展全面迈向乡村振兴阶段的转折年(欧阳竹等,2020;刘彦随,2020)。党的十九届五中全会明确提出,为了到 2035 年基本实现农业现代化,必须"优先发展农业农村,全面推进乡村振兴"。乡村振兴作为一项新的历史任务,在未来一段时期将是广大地理与资源领域研究者最重要的研究着力点(郝庆等,2019)。长期以来,乡村建设都是乡村发展的重要内容,而以土地资源开发、利用与改造为核心的国土整治活动也始终伴随乡村建设发展历程,并在提高资源利用效率、改善资源利用条件、促进乡村转型发展等方面发挥了重要作用(龙花楼等,2018;龙花楼,2013)。当前时期,乡村发展同时面临气候变化、全球粮食贸易波动、新冠疫情冲击等外部形势变化以及乡村活力不足、资源支撑发展能力弱化、生态环境持续恶化等内部矛盾问题,使得乡村振兴面临的形势更加复杂化(韩博等,2021),这对国土空间整治提出了新的目标要求。

2.4　国土空间整治重大战略回顾

我国作为一个拥有灿烂农耕文明的起源国,土地利用历史悠久,在不同的历史时期,国土空间整治也以不同形式存在着。我国最早的国土空间整治活动可追溯到西周时期的井田制度。西周的井田制、秦汉的屯田制、西晋的占田制和北魏隋唐的均田制等都可被认为是国土空间整治的雏形(王军和钟莉娜,2016)。近代,孙中山在《建国方略》中首次提出全国性的国土开发整治要求,是中国历史上第一个较为全面的国土开发与治理规划。但我国现代的国土空间整治起步较晚,进入 20 世纪 80 年代后才出现空间整治活动的雏形(甘藏春,2014)。早期主要是吴传钧、陈传康、陆大道、胡序威等一批地理学家对国土空间整治进行了深入的探索。2017 年,我国进入生态文明新时代,对国土空间整治提出了新的要求。

总的来看,新中国成立至今,中国国土空间整治工作的开展及其成效,与中国实行的经济体制、管理体制、经济发展速度以及国家层面的重大战略密不可分。就整体进展情况来看,大致可分为四个时期。

2.4.1　1949—1978 年

在这一时期,国土整治的主要目标是经济建设,主要表现为对国土资源的所有制改造、对国土资源的开发利用和水利工程基础设施建设。

①大规模组织开荒运动。土地改革极大地调动了农民的生产积极性,同时在各地组织国营农场:大量开发荒地。1950 年至 1952 年,全国开垦荒地和恢复荒地扩大耕地面积达1003.7 万公顷(1.5 亿亩),其中,国营农场开荒 37.6 万公顷(564 万亩)。1953 年至 1957 年累计开荒 550.1 万公顷(8250 万亩),平均每年递增 110 万公顷(1650 万亩)。其中,国营农场开荒 153.6 万公顷(2304 万亩),占比 27.9%;移民开荒 63.2 万公顷(948 万亩),占比11.5%;农民开荒 333.3 万公顷(4999.5 万亩),占比 60.6%。这些使全国耕地由新中国成

立时的 9800 万公顷(14.7 亿亩)增加到 1957 年的 11199.7 万公顷(16.80 亿亩)。

②大搞农田水利基本建设。"一五"期间,国家把基本建设总投资的 7.1% 用于农业基本建设,其中 63.8% 投入防洪灌溉等水利工程,集中力量治理淮河,先后建成官厅、梅山、佛子岭等 7 座大型水库。耕地中的有效灌溉面积达到 2734 万公顷(4.1 亿亩),占耕地总面积的 24.4%;而水灾成灾率则减少了 3 个百分点。

③开展了其他一些国土整治相关工作。如在陕北绥德、米脂和甘肃西峰等地开展的黄河中游黄土高原水土流失和水土保持的调查研究与水土保持措施区划工作,黄河三门峡、长江葛洲坝、汉江丹江口等大型水利枢纽工程勘察与建设,上海市地面沉降的研究与防治(严金明等,2019)。

2.4.2 1979—1997 年

2.4.2.1 1979—1983 年国土整治统筹国土资源管理

在党的十一届三中全会后,党的工作重点转移到社会主义现代化建设上来,强调充分利用国土资源发展国民经济。"国土整治"是对我国领土领海领空全域内的一切资源包括劳动力人口资源和自然资源的整治开发保护,目的是正确处理经济发展与人口、资源、生态之间的关系。国土整治性质是计划经济理念影响下国土资源管理工作的抓手,是生产力布局的平台,是宏观资源战略布局。

1981 年中央书记处首次提出"国土整治"并作为一项长远性和全局性任务。同年国家建委《关于开展国土整治工作的报告》明确,"国土整治包括对国土资源乃至整个国土环境进行考察、开发、利用、治理、保护这些相互关联的五个方面的工作。"1983 年,组织、协调门、地区国土整治工作,组织编制有关规划,研究政策法规条例等国土整治职能由国家计划委员会主导。国民经济与社会发展"六五"计划首次将"国土开发与整治"单列一章,国土开发与整治内容包括国土立法、重点地区国土考察、加强国土保护和治理、搞好测绘工作等,确定编制部分地区国土开发整治规划。此时期,社会各界主要关注经济区划、环境保护,矿产、水、林草、滩涂等资源的利用,以及解决沙漠化、水土流失等国土生态破坏问题。

2.4.2.2 1984—1990 年国土开发整治依照国土规划布局

随着国土整治理念认知逐渐深入,各界认识到国土规划是国土工作的龙头,是优化资源配置、进行生产力布局的理论依据与技术手段。此时期,"开发"作为国土整治"五位一体"的重要内容突显出来,形成"国土开发整治"概念,对国土"保护"和"治理"两部分的认知更加细化,但是"重开发利用,轻治理保护"的问题突显,开发利用与保护治理不够平衡。

1984 年《全国国土总体规划纲要》编制办法明确"国土开发整治"的方案是"国土规划","国土规划"以解决国土资源综合开发布局、环境综合整治为目的。1986 年我国耕地资源持续减少,中央提出"十分珍惜和合理利用每寸土地、切实保护耕地"的基本国策,同年《土地管理法》将"合理利用土地,切实保护耕地"作为主要目标,各地陆续开展了不同模式的土地整治实践探索。1988 年 4 月,新的国家计委三定方案在保留原有国土整治职能的基础上,成立国土综合开发规划司以组织研究全国和重点地区综合开发整治的方向、目标和重大问题,组织编制全国和区域的国土开发整治规划。

国民经济"七五"计划与"六五"计划相比较,国土整治"五位一体"内容中的"保护"与"治理"部分更加细化。这一时期在国民经济计划关照下,水土保持、大江大河综合治理、防护林建设、土地沙漠化防治等活动相继开展。但是总体而言,国土开发整治仍存在资源开发、生产力布局不够合理以及国土生态环境遭到破坏等问题。

2.4.2.3　1991—1997 年市场经济下国土开发整治搁浅

此时期是改革开放深化的关键阶段,市场经济热潮袭来,经济体制迎来大变革,重"地区经济发展战略"轻"资源开发利用布局"导致国土开发整治工作半途夭折。1991 年国家计划委员会进行机构调整,国土开发整治工作改由国土规划和地区经济司主导,"八五"计划里"国土开发整治和环境保护"章节明确国土开发整治规划编制要"合理确定重点经济开发区、各经济区的主体功能和生产力布局",国土规划开始转向以区域发展战略和发展规划为重点。1996 年"国土开发整治"概念不再出现在"九五"计划中,只是在报告"可持续发展战略"部分提到国土资源的保护和开发以及生态环境的保护。1997 年党的十五大明确建立社会主义市场经济体制,让市场在国家宏观调控下对资源的配置起基础性作用,"国土开发整治"这种计划思维影响下的国土资源考察、开发、利用、保护、治理的大统筹综合战略,一定程度上不再适应社会主义市场经济的要求,国土整治侧重点开始转向助力于可持续发展理念的国土"保护"和"治理"。同年,中共中央、国务院印发《关于进一步加强土地管理切实保护耕地的通知》首次从政策层面要求"积极推进土地整理"(王威等,2020)。

2.4.3　1998—2017 年

国土整治"五位一体"搁浅后,作为"国土整治"实施方案的"国土规划"职能伴随机构改革从国家计划委员会转到国土资源部,2001 年"国土整治"再次出现在政策文件中,原国土资源部制定了《国土资源"十五"计划纲要》,该《纲要》提出国土综合整治的主要预期目标是:逐步开展国土整治,促进陆地、海洋生态建设和环境保护。但是全国统一的国土综合整治工作一直处在探索阶段,统一部署和管理尚未形成。此外,国土资源部的职能不能涵盖国土综合整治的目标,水利、林业等各部门开展分属部门领域的专项国土整治活动。本书将国土整治归纳为早期国土综合整治、生态保护建设、灾害污染治理三方面,以回顾此时期分散的专项国土整治,具体如下。

(1)以耕地保护、统筹城乡发展为主要目标的土地整治

为应对工业和房地产业发展带来耕地损失的外部性问题,1997 年,中共中央、国务院明确"实行占用耕地与开发、复垦挂钩",此后土地整理积极推进,以保护耕地总量,维护粮食安全。随后,国家于 1998 年 1 月组建"国土资源部土地整理中心",负责全国土地开发整理项目计划编制与实施监督。在《全国土地开发整理规划(2001—2010 年)》《全国土地整治规划(2011—2015 年)》《全国土地整治规划(2016—2020 年)》指导下,国家积极部署开发整理重大工程补充耕地。2008 年党十七届三中全会提出:"大规模实施土地整治,搞好规划、统筹安排、连片推进",土地整治也迎来综合发展阶段。此时期,城市低效用地再开发、城乡建设用地增减挂钩、农村建设用地整理、工矿废弃地复垦利用、低丘缓坡荒滩等未利用地开发利用、土地生态整治等进一步丰富了传统土地整理概念内涵,土地整理抬升到土地综合整治的新高度,并逐渐成为新农村建设、城乡统筹、乡村振兴、精准扶贫等目标战略的抓手,土地整治实施模式多样化、内容综合性等特点越来越鲜明。

（2）以实现矿产开发与环境保护协调为主要目标的矿山治理

在矿山环境治理方面，我国积极探索矿山生态环境恢复治理新机制，明确开展矿山分类治理，推动矿山环境保护和土地复垦履约保证金制度。国土资源部在《矿山环境保护条例》《全国矿山地质环境保护与治理规划（2009—2015 年）》的指导约束下，在多轮矿产资源规划确立的重点治理区之上开展了重点治理，实施了重大工程。此过程中，国家行业标准、技术规程相继推出，矿山治理取得明显成效。

（3）以提升海域资源环境品质为目标的海岸带海域治理

在海岸带海域治理方面，2012 年国家推出《全国海洋功能区划（2011—2020 年）》确立了海域海岸带整治修复目标。2011 年国家海洋局发布《关于开展海域海岛海岸带整治修复保护工作的若干意见》，对规划、计划、资金投入、项目配套工程提出明确要求，各省市制定了诸多海岸带海岛整治修复规划，海域海岸带整治修复走上正轨，"蓝色海湾""南红北柳""生态岛礁"等多类型整治修复工程相继开展。随着海陆统筹战略开展，海洋生态红线逐渐与陆地生态红线对接，海洋整治修复进入新阶段。

2.4.3.1　早期国土综合整治

国土整治"五位一体"搁浅后，我国资源管理领域发生变革，地质矿产部、国家海洋局、国家土地管理局和国家测绘局组成了国土资源部。1998 年，国家机构改革"三定方案"明确"国土资源部是主管土地、矿产资源等自然资源的规划、管理、保护与合理利用的国土资源部门"。

国土整治在国土资源部以"国土综合整治"形式出现。国土资源"十五""十一五""十二五""十三五"四个规划启动并推进了国土综合整治和国土规划，其中《国土资源"十一五"规划纲要》提出开展国土综合整治试点，有差别地制定国土综合整治政策的构想，《国土资源"十三五"规划纲要》则提出"四区一带"国土综合整治格局。多轮规划提出的"国土综合整治"一直在探索部署，全国性统一国土综合整治并未开展，但分属国土资源部门的专项国土整治取得积极进展，其主要包括土地整治、矿山环境治理、海岸带海域治理三部分内容。

2.4.3.2　生态保护与建设

国土整治搁浅后，生态保护建设活动一直由国家统筹规划和系统化布局。在国家计划委员会、国家发展和改革委员会的推动下，生态保护建设在林业、环保、农业、水利等部门的配合下具体开展实施，小流域治理、天然林保护工程、退耕还林还草、京津风沙源治理、生态屏障建设等生态工程均属于生态保护与建设内容，生态修复则是生态保护建设的重要内容，是生态保护建设的深化和发展，也是思路的重大战略调整。

"九五""十五"期间生态保护建设格局在酝酿构想之中。1998 年国家计委组织编制《全国生态环境建设规划（1998—2050 年）》，提出"通过重点工程的建设，把这些关系全局发展的重点地区的基本农田、优质草地、水源涵养林和防风固沙林建设起来，形成带网片结合、纵横交错、相互联结、结构合理的林草植被体系和水土流失防治体系"。其"生态分区＋主要方向＋重要工程"模式与"部际联席会议"制度在我国《全国水土保持规划（2015—2030 年）》《岩溶地区石漠化综合治理规划大纲（2006—2015 年）》等规划中显现，诸多生态建设治理工程延续至今。2000 年国务院颁布了《全国生态环境保护纲要》，明确开展全国生态功能区划工作，"十五"期间全国生态功能区划工作陆续开展，此时期全国重点生态功能区建设构想开始形成。

"十一五"期间国家生态保护理念发生转变,生态保护建设格局开始形成。国民经济"十一五"规划将"保护修复自然生态"单列一章,提出"生态保护和建设的重点要从事后治理向事前保护转变,从人工建设为主向自然恢复为主转变",并且提出"建立生态功能区促进自然生态恢复"的重要论断。"十一五"期间构思多年的《全国生态功能区划》《国家重点生态功能保护区规划纲要》《全国生态脆弱区保护规划纲要》相继颁布,"三区推进"的生态保护战略构想形成。

"十二五""十三五"期间生态保护建设格局构想进一步完善细化,"保护优先"和"自然修复为主"成为重要原则。国民经济与社会发展"十二五"规划提出,构建"以生态安全屏障为骨架,其他国家重点生态功能区为重要支撑,以点状分布的国家禁止开发区域为重要组成构建生态安全战略格局"。"十二五"期间,《全国生态保护与建设(2013—2020 年)》提出构建"两屏三带一区多点"为骨架的国家生态安全屏障以及针对森林、荒漠、草原、农田、城市、湿地与河湖、海洋七大生态系统开展的十二项建设任务,《推进生态文明建设规划纲要(2013—2020 年)》也要求着力构建十种重大生态修复工程体系。国民经济"十三五"规划则将"加快改善生态环境"单列一篇,将四大生态文明战略举措融入其中,并提出了八种山水林田湖生态工程,以期推进自然生态系统保护与修复。

2.4.3.3　环境污染与灾害治理

我国环境污染区域协调联动的格局逐渐形成,生态环境系统性统筹趋势明显,灾害治理注重重点地区重点突破、系统防治,这些特征或变化让区域层面系统地、有重点地开展污染灾害防治成为可能。

(1)生态环境区域性空间统筹和重点攻坚成为污染治理的新特点

"九五""十五"规划期间,国家污染治理主攻方向仍是工业污染控制和重点区域的重点工程,区域环境系统治理只是理念性倡议。国民经济与社会发展"九五"计划着重关注工业和城市污染,提出"三河""三湖""两区"环境治理工程。"十五"期间,又陆续启动长江上游、三峡库区、黄河中游和松花江流域水污染综合治理工程以及南水北调(东线)治污工程、北京碧海蓝天工程等十项重点工程。

"十一五"时期区域性环境综合治理的雏形显现。"十一五"期间,主体功能区开始构想实施,重点生态功能区启动,《环境保护"十一五"规划》中明确,实施区域发展总体战略是保护生态环境基础性、长远性根本措施,要对接主体功能区分类指导,逐步实行环境分类管理。

"十二五"期间区域协调有重点开展的环境综合治理格局逐渐细化。国民经济与社会发展"十二五"规划提出"以解决饮用水不安全和空气、土壤污染等损害群众健康的突出环境问题为重点,加强综合治理"。"十二五"期间,大气、水、土壤污染防治行动计划相继推出,打好大气、水、土壤污染防治三大战役政策引领布局正式形成。长三角、珠三角、京津冀等重点区域的大气污染联防联控机制建立起来。《重点流域水污染防治规划(2011—2015 年)》也创新机制,以"流域＋控制区＋控制单元"构建流域污染综合治理体系。土壤污染防治行动计划也确定"开展污染治理与修复,改善区域土壤环境质量"的硬任务。此外,全国 40 个主要城市的城市环境总体规划编制工作正式启动。总之,"十二五"时期区域性的环境综合治理开始形成。

"十三五"期间强化生态空间管控、区域绿色协调发展,成为环境治理强化源头防控,夯实绿色发展基础的重要内容。2016 年 11 月,国务院印发《"十三五"生态环境保护规划》,首次将生态和环境统筹,"坚持空间管控、分类防治""坚持质量核心、系统施治"的原则首次确立,该《规划》要求在主体功能区基础上制定落实"三线一单"的技术规范,强化"多规合一"的生态环境支持。省域、区域、城市群生态环境保护空间规划的研究也从 2018 年开始启动。上述一系列政策,助推区域空间统筹、生态环境绿色协调发展的实现。

(2)以系统布局、重点区域重点防治为特点的灾害防治

我国灾害治理活动主要集中在国土资源部地质部门和水利部分别牵头的地质灾害、洪涝灾害防治。我国地质灾害防治系统性体系逐渐形成。

我国依据 2003 年推出的《地质灾害防治条例》和 2011 年推出的《国务院关于加强地质灾害防治工作的决定》,先后制定了全国地质灾害防治"十一五""十二五""十三五"三轮规划,对崩塌、滑坡、泥石流、地面塌陷、地裂缝、地面沉降等与地质作用有关的灾害开展治理。此期间,国家区分地质灾害易发区、地质灾害重点防治区,开展一系列 1∶50000 地质灾害详细调查、布置地质灾害预警监测网络、搬迁防治重大工程。

我国洪涝灾害治理取得积极成果。20 世纪 90 年代洪涝灾害频发,国家开展了黄河、淮河、珠江七大流域的大江大河治理,并制定流域整治规划。此后,《全国山洪灾害防治规划》《全国山洪灾害防治项目实施方案(2013—2015 年)》相继推出,编制重点地区洪水风险图,对山洪进行详查,并着重开展中小流域、山洪沟等治理。《全国中小河流治理和中小水库除险加固、山洪地质灾害防治、易灾地区生态环境综合治理总体规划(2011—2015 年)》出台,《全国中小河流治理项目和资金管理办法》和《江河湖库水系综合整治资金使用管理暂行办法》的相继颁布,助力了我国水系疏浚、水库加固等山洪灾害防治工作(王威等,2020)。

2.4.4 2017 年至今

党的十八大以后,生态文明理念不断丰富发展,此期间生态优先、绿色发展的生态文明理念逐渐渗入到土地整治、生态建设修复、灾害污染治理各项活动中。

2.4.4.1 国土综合整治内容基本明确

2017 年《全国国土规划纲要(2016—2020 年)》明确"四区一带"国土综合整治格局,其内容基本涵盖了早期的国土综合整治、生态保护建设、环境污染灾害防治内容。该《纲要》要求"分区域加快推进国土综合整治""实施综合整治重大工程",以修复国土功能,增强国土开发利用和资源环境承载能力的匹配程度。2018 年土地整治中心立足未来发展,颁布《土地整治术语》明确了"国土综合整治"的内涵:国土综合整治针对国土空间开发利用中产生的问题,遵循"山水林田湖草生命共同体"理念,综合采取工程、技术、生物等多种措施,修复国土空间功能,提升国土空间质量,促进国土空间有序开发活动,是统筹山水林田湖草系统治理、建设美丽生态国土的总平台。上述格局要求和内涵的确定对国土综合整治开展极具指导意义。

2.4.4.2 国土整治的顶层构架有逐渐形成的趋势

2018 年 3 月自然资源部成立,新成立的自然资源部统一行使全民所有自然资源所有者角色,统一行使国土空间用途管制和生态保护修复职责,改变了"种树的只管种树、治水的只

管治水、护田的单纯护田"而相互掣肘、顾此失彼、无法形成合力的局面,让国土空间生态修复尤其是山水林田湖草生命共同体的整体保护、系统修复、综合治理成为可能。三定方案也明确,国土空间生态修复司牵头组织编制国土空间生态修复规划,实施有关生态修复重大工程,负责国土空间综合整治、土地整理复垦等工作。2019 年初,"自然资源部土地整治中心"更名为"自然资源部国土整治中心",预期将为我国国土整治事业提供主要支撑。2019 年 5 月,中共中央、国务院发布《关于建立国土空间规划体系并监督实施的若干意见》将全国国土空间规划定位为"全国国土空间保护、开发、利用、修复的政策和总纲",以"五类三级"构架明确开展专项性规划。至此,国土整治的国家机构统筹和规划体系指导的前景变得清晰起来。

综上,机构和政策经上述一系列变革调整,让国土整治实质性统筹推动、统一谋划布局成为可能,以生态优先、综合整治为特点的国土整治跃然纸上(王威等,2020)。

第3章　国土空间整治的技术方法

3.1　国土空间整治的技术体系与程序

3.1.1　国土空间整治的技术体系的转变

3.1.1.1　传统的土地整治技术体系难以适应时代需求

我国的土地整治经历了较长的发展历程,可以追溯到 20 世纪 80 年代。土地整治工作,主要以提升土地利用效率、协调城乡发展为首要目标,在节约土地资源、改善国土质量、促进土地复垦等方面发挥了巨大的作用。但与此同时,传统的土地整治技术体系在新时期生态文明建设和高质量发展的时代背景下也暴露出了一些不足。

(1)与其他规划缺少协调或衔接

在原土地利用规划体系及相关语境中,土地整治是调整土地利用的工具,一般在土地利用总体规划的框架下,以整治专项规划或在单独建设项目中出现。这一时期,土地整治规划易出现缺少与其他规划协调和衔接的问题,如部分土地整治规划与生态修复相关规划出现范围交叉、目标冲突(陈俊杰等,2021),土地整治规划与乡镇级规划与村级规划之间传导不顺畅的问题。

(2)规划要素单一、项目碎片化

传统的土地整治规划往往呈现出要素单一、项目碎片化的特点,存在战略目标、重点任务与工作框架不突出的现实难题(汤怀志等,2020)。在规划内容上更加关注农用地的数量和质量控制,尤其是耕地和永久基本农田的保护(袁源等,2020),缺少对整治修复对象整体性和系统性的考虑。虽然目前关于土地整治已经颁布了许多的规程、规范标准,如 2016 年8 月国土资源部发布实施的《土地整治项目规划设计规范》(TD/T 1012—2016),但以生态优先为导向,关于土地整治生态工程设计的研究并未深入开展(孙彦伟等,2020)。

(3)调查评价与监测标准待完善

目前开展的国土整治与生态修复往往忽视监测评价环节,同时相关技术能力缺乏。调查评价方面,国土整治与生态修复调查评价中亟须的双评价、自然资源资产负债表等基础工作尚不完善(王军等,2020)。监测方面,土地整治工程往往更关注施工进度和资金使用率等简单的整体工程指标,忽略体现工程本质目的的生态系统及其恢复状况的评价。从技术上来说,出现这类问题,一方面是没能充分应用 3S、物联网等技术装备,缺少长期科学的地面监测,另一方面是没能基于监测数据研发出科学合理的技术标准。

3.1.1.2 新时期国土空间整治技术体系的转变

《全国国土规划纲要(2016—2030 年)》指出:当前,我国国土空间面临资源环境约束加剧、生态环境压力加大、国土空间开发格局亟需优化、国土开发质量有待提升等多方位的挑战。生态文明建设战略地位提升,对统筹推进国土开发、利用、保护和整治提出了明确要求。《全国国土规划纲要(2016—2030 年)》提出将国土综合整治作为国土开发和保护的核心内容之一,落实生态文明建设的重要举措。

在此背景下,传统的土地整治模式已经难以完全解决综合问题。在规划体制结构化变革的时代机遇下,我国的土地整治工作进入了国土空间整治的新阶段,面临重构和转型的挑战。这一阶段的整治工作,一方面继承了传统土地整治以问题为导向的"重点区域—重大工程—保障机制"主线,另一方面不断探索着适应新环境的技术体系路径:融入国土空间规划体系,明确国土空间整治的定位;探索覆盖全域全要素、系统性的国土空间整治规划设计方法;重视调查评价与检测环节,与快速发展的新技术接轨。国土空间整治技术体系的逐步完善,为实现生态环境有效保护、国土空间格局优化、乡土文明价值提升等新阶段的国土空间开发和保护目标提供有力支撑。

(1)明确国土空间整治在国土空间规划体系中的定位

在国土空间规划的语境下,如何将国土综合整治规划纳入国土空间规划体系,明确其法定地位,厘清编制要点,是国土空间整治规划面临的首要挑战。

从国土空间规划的整体框架来说,国土空间规划是各类保护修复和开发建设活动的基本依据。国土空间整治规划是一项专项规划,是落实国土空间总体规划的重要技术支撑,其可以作为国土空间规划的一部分,也可以独立于国土空间规划存在(见图 3.1)。

例如:乡镇国土总体规划和村庄规划是实施同级国土综合整治的规划依据,决定了国土空间整治的功能和整治方式。如在乡镇级国土空间总体规划编制中明确村庄布局和村庄类型,在"多规合一"实用性村庄规划编制中结合县域乡村建设规划、村庄布点规划、水土保持规划等,划定农业生产、村庄建设、产业发展和生态保护等功能分区,将整治任务指标和布局落实到具体地块,并作为申报土地整治工程的准入条件,纳入乡镇级国土空间总体规划和"一张图"系统。

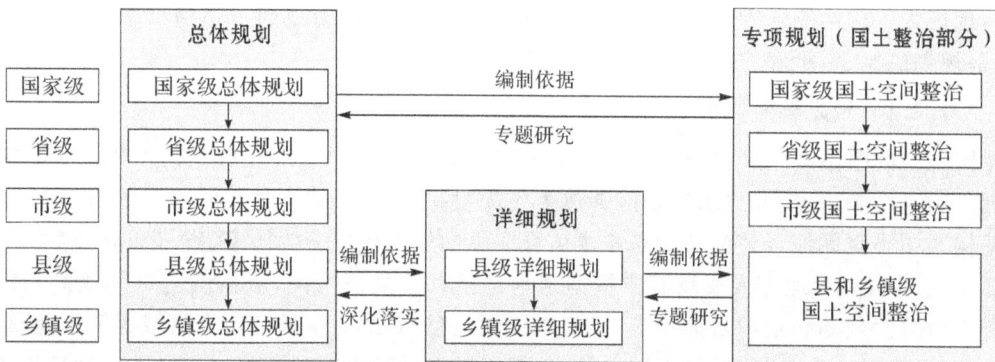

图 3.1　国土空间整治在国土空间规划体系中的定位

（2）探索系统的国土空间整治规划设计方法体系

国土空间整治规划应当探索从单一要素、分部门的土地用地管制向全域全要素统筹的国土空间用地管制转型（陈凯，2021）。国土空间整治规划中应当包括全域整治潜力调查和生态状况评价，功能区及整治分区划分，按照山水林田湖草沙系统治理的要求，编制道路水系林带整治提升、生态廊道建设、乡村存量建设用地整治、三产融合发展等工程实施方案。

规划方案应当与工程项目建立有效且同步的传导，工程设计内容应包括农业空间工程设计、生活空间工程设计和生态空间工程设计。其中，农业空间工程设计包括垦造农田建设、生态农田建设、农田功能恢复建设、农田质量提升建设等子项；生活空间工程设计包括旧村建筑风貌整治、新民居及田园综合体、绿化园林及景观、道路与市政等子项；生态空间工程设计包括湿地及流域生态修复、矿山及废弃土地生态修复、生态水利等子项。

（3）建构全域全要素的调查评价与全周期监测管理

因地制宜地选择合适的指标体系，对各类自然资源本身及组合的价值潜力进行评估，形成"自然资源资产负债表"，为农用地、建设用地等不同地类的调入、调出、流转提供依据，并可发展为动态考核整治单元总体和分项绩效的技术平台，为指标与资金奖励提供信息支撑（余建忠等，2021）。检测方面，建立科学的综合评价标准和方法，加强对规划实施的监督管理，按照全生命周期"闭环"的管理思路，完善相关管理制度，明确国土空间整治项目立项、施工、变更、竣工、验收等环节的工作流程及任务要求，规范国土空间整治项目运行；依托国土空间基础信息平台，搭建"全国—省—市—县"互联互通的国土空间整治项目信息系统，实行全生命周期监测与信息化管理，实现数据共享与信息交互（何梅等，2021）。

3.1.2　国土空间整治的技术体系框架

在我国土地整治专项规划的发展历程中，逐步树立了资源保护、资源节约和生态优先的目标任务体系，建立了层级分明的"全国—省—市—县"四级规划体系及"土地整治分区—重点区域—重大工程（项目）"的管控体系（汤怀志等，2020）。借鉴我国国土空间规划"五级三类四体系"的顶层设计，结合地方实际建立"分级分类"的国土综合整治规划体系，具体包括规划编制、实施监督、法规政策、技术标准四个子体系。其中规划编制和实施监督两个子体系体现规划工作的全流程，法规政策和技术标准两个子体系为规划工作提供法源和技术依据，是规划编制、审批和实施监督顺利进行的保障。

3.1.2.1　规划编制体系

国土空间整治在不同层级规划之中的重点内容与组织形式存在明显的差别，纵向要求规划之间高度契合，横向要求规划能够覆盖各级组织，最终形成立体化的综合整治与生态修复架构。国土空间综合整治与生态修复体系在纵向层面可以分为国家、省、市、县和乡镇（见表3.1）。县级以上地方人民政府应根据当地经济社会发展情况，依据国土空间规划，按照上级土地整治规划确定的目标要求，编制本级土地整治规划，统筹确定本区域各项土地整治活动和年度安排，乡（镇）、村可根据需要，组织编制乡（镇）土地整治规划和村土地利用规划，统筹安排生产、生活、生态用地，整体推进农村土地综合整治。

表 3.1　不同层级国土空间整治内容及目标

规划层级	规划主要内容	特性
国家级国土空间整治	明确国土综合整治和生态修复重点区域和重大工程;建立国土综合整治和生态修复工作实施保障措施及相关考核机制;制定全国规划近期目标年国土综合整治和生态修复具体战略部署等	战略性
省级或区域级国土空间整治	分解新增国土综合整治和生态修复的面积指标;明确本行政区内国土综合整治和生态修复的重点区域和重大项目;确定国土综合整治和生态修复投资方向及规划保障措施等	协调性
市级国土空间整治	提出国土综合整治和生态修复的规模、结构和布局方案;确定重点项目和资金安排;制定本行政区规划近期目标年国土综合整治和生态修复具体实施时序等	实施性
县和乡镇级国土空间整治	明确功能定位、建设目标、产业发展、用地布局、生态修复、乡村风貌、资金需求、时序安排等	

　　国家层面的国土整治规划侧重战略性,明确全国国土综合整治与生态修复的指导思想、基本原则、目标任务、指标体系和方针政策;确定全国不同地区国土综合整治重点空间类型及生态修复重点生态要素;明确国土综合整治和生态修复重点区域和重大工程;建立国土综合整治和生态修复工作实施保障措施及相关考核机制;制定全国规划近期目标年国土综合整治和生态修复具体战略部署。

　　省级或区域层面的国土整治规划侧重协调性,落实全国国土空间规划中确定的国土综合整治和生态修复的目标任务及重点方向;根据"省域空间双评价"结论,结合全国国土空间规划中针对本行政区确定的国土综合整治重点空间类型及生态修复重要生态要素,分解新增国土综合整治和生态修复的面积指标;明确本行政区内国土综合整治和生态修复的重点区域和重大项目;确定国土综合整治和生态修复投资方向及规划保障措施;制定本行政区规划近期目标年国土综合整治和生态修复具体行动指南。

　　市级层面的国土整治规划侧重实施性。根据"市域空间双评价"结论,在省级空间规划的控制和指导下,分解和落实省级空间规划下达的新增国土综合整治和生态修复面积指标;明确本行政区国土综合整治和生态修复的目标任务、策略途径及重点方向;提出国土综合整治和生态修复的规模、结构和布局方案;确定重点项目和资金安排;制定本行政区规划近期目标年国土综合整治和生态修复具体实施时序。

　　县和乡镇层面的国土整治规划侧重实施性,是同级国土空间总体规划的深化,是"产业—规划—实施"一体化运作的实施性村庄规划。规划主要内容是明确功能定位、建设目标、产业发展、用地布局、生态修复、乡村风貌、资金需求、时序安排等,为整治单元和乡村发展实施提供前瞻性、系统性指引(张海军等,2021)。

　　实施性国土整治规划应当与项目工程规划协同。项目工程规划是指为指导具体项目建设而编制的相关规划、设计、方案等,如城乡建设用地增减挂钩项目实施方案、高标准农田项目规划设计、还建区规划方案设计、绿化建设方案等。

3.1.2.2　实施监督体系

　　国土空间整治规划的实施监督体系包括土地整治规划实施监管,土地整治项目资金管理、经整治耕地的后期管护三大方面。

土地整治规划实施监管方面,依托国土资源监管系统,建设土地整治规划数据库,将土地整治规划成果数据及时入库进行信息化管理,为规划有效实施提供依据。依据土地整治规划对土地整治项目进行立项审批,各类土地整治活动必须符合土地整治规划。实行规划实施定期评估制度,对土地整治规划确定的目标任务落实情况进行考核评价,确保规划有效实施。依托国土资源遥感监测"一张图"和综合监管平台,将建成的高标准农田统一上图入库,实行统一监管考核。

土地整治项目资金管理方面,制定完善土地整治项目管理办法,规范土地整治项目管理,严格执行项目法人制、招投标制、合同制、工程监理制、公告和审计制等制度,确保土地整治活动依法依规开展。制定完善土地整治资金管理办法,加强各类土地整治资金收缴使用管理,确保资金按时到位、合理使用、有效监管。建立健全土地整治年度稽查、例行检查和重点督察三位一体的监管体系,实行专项检查与日常督察相结合,确保土地整治规范开展,提高项目工程质量。

经整治耕地的后期管护方面。建立健全土地整治项目建后日常管护制度,明确管护主体,落实管护责任;建立奖补机制,引导和激励农户、村集体经济组织和农民专业合作社参与管护;结合实际积极筹措和安排管护资金,提高资金使用效率,确保经整治耕地高效可持续利用。

3.1.2.3 法规政策体系

国土空间整治的编制和实施监督必须基于法制。《全国土地整治规划(2016—2020年)》提出:"按照全面推进依法治国要求,全面总结土地整治实践,充分借鉴国内外土地整治法制建设有益经验,研究制定《土地整治条例》,从土地整治定位、规划编制实施、群众权益保障、项目资金管理等方面进行规定,促进土地整治法制化、制度化、规范化,确保土地整治活动依法依规推进。"

在土地整治规章制度方面,也需要进一步建立完善土地整治规划管理、项目管理、资金管理、验收管理等制度,全面规范土地整治各环节工作;并做好资金整合、政策手段整合、社会资本参与和群众自主开展土地整治相关政策的探索和保障。

在新的立法工作完成前的过渡期,既有的土地整治法规政策体系依然有效。法规政策体系主要由法律、行政法规、政府文件、部门规章、地方性法规规章等构成。

法律部分主要包括各项法律中涉及土地整治工作的相关规定和要求;行政法规是指以国务院令形式颁布的涉及土地整治的各项条例或实施细则;政府文件即由各级各部门印发的引导土地整治事业发展、加强土地整治规范化管理的规范性文件和相关规划;部门规章是指由国土资源部、财政部等部委根据相关法律和国务院的行政法规、决定、命令而制定的涉及耕地保护、闲置地及废弃地复垦利用等方面的相关规定;地方性法规规章是指各地在推进土地整治工作中颁布实施的各项地方性政策法规(国土资源部土地整治中心,2014)。

3.1.2.4 技术标准体系

从工程建设来看,当前的土地整治工程内容主要是田、水、路、林、村等五个要素的综合整治,因此土地整治标准在研制过程中参考引用了大量的农、水、路、林等方面的标准。水利,公路等均已建立并发布了较为成熟的标准体系,土地整治领域起步较晚,以2000年颁布的《土地开发整理标准》等三项行业标准为起步标志(龙腾等,2020)。

经过多年建设,我国初步形成了土地整治标准体系,覆盖国家、行业、地方和企业四个标准层级,涵盖调查、规划、建设等业务流程。这些标准也存在一些问题,一是土地整治内涵和外延变化较大,标准化对象的改变给标准化工作带来了新的挑战;二是未建立系统的标准体系,标准化工作缺少计划性(过广华等,2017)。为适应新时期国土综合整治需要,应对现有涉及土地整治的国家标准、行业标准、地方标准等技术标准进行评估,及时优化提升。构建统一的国土空间整治技术标准体系,包括国土空间规划编制方法和技术规程,规划入库标准以及实施监管的规范性要求等,涵盖规划编制、实施、监管的全过程。建议国家标准或者行业标准中增加生态型整治技术、工艺、材料、设备等内容,推动土地整治生态转型。

3.1.3　国土空间整治的实施程序

3.1.3.1　组织准备工作

编制国土空间整治规划,首先应当由项目申报单位进行立项申请,并对可行性和必要性进行论证。立项申请通过后,成立领导协调机构和规划编制小组,并组织相关各学科专家和公众积极参与,按照"政府主导、部门协同、上下联动、社会参与"的框架,在充分的公共参与和协商中共同推进国土空间整治规划。

在此基础上,由规划编制小组制定工作方案。工作方案是对国土空间整治工作的目的意义、总体思路、工作内容、进度计划、组织保障、经费预算、人员安排、预期成果等进行统筹与安排,理论上需要从不同角度设计出多种工作方案,供领导选择。此外,准备工作还包括技术培训和人员动员。

3.1.3.2　调查基础信息

调查信息是规划编制的基础工作,调查信息应当包括整治区域内自然地理状况、社会经济条件、产业发展现状及方向、基础设施建设情况、生态环境状况等。其调查重点为整治区域的土地利用情况,包括历年土地整治规划、最新土地变更调查、最新耕地质量分等、生态保护红线、上级下达指标分解表等。调查方式往往是召开座谈会、文件资料收集等。

3.1.3.3　自然资源潜力评估

在最新年度土地利用变更调查数据的基础上,进行问卷调查、实地踏勘、走访农户,全面调查高标准农田建设、土地复垦、宜耕土地后备资源开发、耕地质量提升等适宜开展土地综合整治与生态修复的潜力面积、区域分布情况等基础信息,同步调查村、群众的工作意愿和需求情况,将调查区块上报自然资源部门。自然资源局根据潜力资源情况和上报的区块,建立土地综合整治与生态修复项目储备库,夯实全域土地综合整治工程选址、实施等工作基础。

3.1.3.4　总体规划布局

国土空间整治总体布局的主要任务为确定土地整治综合目标、划定土地整治分区,形成多个空间结构调整和布局优化方案。农用地整理方面,调整优化农田结构布局,形成集中连片、设施配套的基本农田布局;因地制宜进行合理分区,如粮食主产区、城市近郊区、生态脆弱区等,并配合不同的土地整治措施。建设用地整理方面,调整建设用地结构,优化布局,促进建设用地使用效益和集约化水平,支持农村新产业新业态融合发展用地;开展农村宅基地、工矿废弃地及其他低效闲置建设用地整理。生态修复方面,统筹修复提升山水林田湖草生态系统,优化水系、林网、绿道等生态空间格局安排,着力农田生态系统保护修复、生态网络连通、水系修复、绿色基础设施和生态廊道建设等方面。

3.1.3.5 落实项目安排

根据潜力调查情况和总体布局,在满足上级下达指标的条件下,合理安排土地整治和生态修复项目(见表 3.2)。根据实施期限,安排整治区域内分年度的项目实施,并进行分年度实施计划、分解计划安排。

表 3.2 域土地综合整治试点项目安排

序号	项目名称	主管部门	申请立项部门	批复部门	项目位置	地块编号	建设规模	主要内容	计划投资			计划开工年度	计划验收年度	备注
									小计	财政资金	社会资本			
1														
2														
3														
…														

注:1.项目位置具体到村名;2.主要内容填写项目中重点实施的工程;3.本表不涉及军事国防、交通、能源等重大建设项目。

3.1.3.6 投资估算和资金平衡

该阶段需要完成投资估算、资金筹措和资金平衡分析。投资估算方面,需要明确项目投资估算的依据、标准等,并编制投资估算表。资金筹措方面,提出资金筹措的原则,明确资金来源、路径、额度等资金筹措方案,分类说明政府资金直接投入、涉农资金整合、引入社会资本等情况。资金平衡分析需要界定项目期限、投资回报机制等财务测算边界条件,说明项目预期产出,明确项目预期收益,包括导入多元产业增加收入、专项资金、土地资源收益、盘活经营性资产、资产转让等来源和路径。说明项目支出的内容,包括建设投资、运营维护费用、经营成本、财务成本等,开展财务测算和效益分析,编制资金平衡方案。

3.1.3.7 专家论证与审核

国土空间整治规划的初步方案应当进行公告,征求公众意见,并由相应政府部门组织相关单位和专家对规划设计进行评审,对整治区域、整治任务、指标和布局等的科学性、合理性和可实施性进行充分论证;对耕地和永久基本农田要重点审查调整是否必要、合理,集中连片程度有无提高,零星分散图斑是否减少,增加面积是否达标,质量能否提高;对村庄建设用地要重点审查用地结构调整和布局优化情况、有无努力盘活存量建设用地,实现规模减量化;对生态空间要关注布局是否更加优化,生态保护红线和历史文脉能否得到有效保护;试点能否实现资金平衡等。另外还应当对涉及利益的各方意见、项目实施及年度安排的可操作性等进行把关。对于存在问题的,设计单位需要进行修改,直至通过评审。

3.1.3.8 建立数据库,进行动态监测

依据项目布局,采用相关规范要求,建立全域土地综合整治信息系统,并与国土空间规划"一张图"实施监督信息系统、永久基本农田监测监管系统、耕地占补平衡动态监管系统、城乡建设用地增减挂钩在线监管系统等进行数据共享和更新。自然资源主管部门应当定期

开展评估,对整治区域的整体产出、效益、满意度等进行全方位评估,根据评估情况及时优化完善政策,建立健全制度体系。

3.2　国土空间整治的调查评价与监测

3.2.1　国土空间整治调查评价

3.2.1.1　国土空间整治调查评价对象

国土空间整治的调查分析主要包括三个方面:整治区域基本情况及特点;上一轮土地整治规划实施及相关工作情况的评价;土地整治潜力评价。

(1)整治区域基本情况及特点

国土空间整治首先应当调查整治区域基本情况及特点,如自然地理状况、社会经济条件、产业发展现状及方向、基础设施建设情况、生态环境状况等。在历史保护和生态修复的新时期要求下,国土空间整治调查应当明确整治区域内的村庄类型,以及整治区域内乡村历史文化资源、乡村历史文化保护的现状;明确试点区域的自然资源状况和整治区域的生态状况、生态网络连通、水资源及水系网络分布、生物多样性保护等情况。

基本情况中,应当重点关注整治区域的土地利用情况。按照第三次全国国土调查要求和结果,统计耕地和永久基本农田的布局、集中连片程度,数量、质量(坡度等)、生态等情况,并落实到具体地块。

(2)上一轮土地整治规划的评价

分析上一轮土地整治规划编制实施及有关工作的经验与不足,分析问题存在原因,并提出改进规划编制和实施管理的建议。

其评价主要从三个方面展开:一是上一轮规划实施情况分析,分析土地整治重点区域和重点项目的实施情况;分析高标准基本农田建设、农村土地综合整治、补充耕地及耕地占补平衡落实情况;分析总结土地整治潜力挖掘情况、补充耕地主要途径、面临问题及困难;分析总结规划实施的相关工作经验。二是上一轮规划效益评价分析,分析上一轮土地整治规划实施产生的经济、社会和生态效益。三是保障措施及政策落实情况分析,总结现行规划保障措施及有关政策和资金执行情况。

(3)土地整治潜力评价

整治潜力评价是国土空间整治中承上启下的一环,向上衔接现状分析,向下承接识别重点整治区域。通过把现状问题与其他各种限制条件相结合找出研究区既存在问题又可实施整治的区域,按照问题的轻重缓急将潜力划分为不同的等级,并根据分区等级判断重点整治区域。一般分为农用地整治潜力、建设用地整治潜力和工矿用地综合整治潜力(于沣玉,2021)。在国土空间规划的背景下,国土空间整治潜力调查可以分为农用地整治潜力调查、建设用地潜力调查、生态修复潜力调查,其中每项又含有不同子项调查内容,如农用地整治潜力调查中使用较多、较为成熟的有宜耕后备土地资源开发潜力调查、耕地质量提升潜力调查等。根据整治区域基础条件不同,可以有的放矢地选择和增加土地整治潜力调查与评价的内容。

3.2.1.2 土地整治潜力调查评价的原则

(1)重视生态安全

在国土空间规划的背景下,国土空间整治必须始终坚持"绿水青山就是金山银山"理念,潜力调查评价指标的选取,主要依据影响农业生产的土地因素,确保土地整治推进"山水林田湖草"系统整体保护和生态修复(赵建强等,2019)。

(2)与土地利用现状相结合

在进行土地潜力评估时,必须充分考虑土地利用现状,不能因为局部环境条件较好,而与周围的土地利用现状相悖。如在生态建设区内,不能因为个别图斑地块的立地条件较好,而确定为耕地后备资源。

(3)因地制宜切实可行

根据整治区域的地形地貌、土地类型等自然地理特征,有针对性地选择合理的调研和评估方法、确定重点区域,按照实际调查情况进行评价和分析,确定整治潜力的类型、整治的难易程度和实施的可行性。

3.2.1.3 土地整治潜力调查评价的方法和程序

表 3.3 归纳了土地整治潜力调查评价的技术方法。

表 3.3 土地整治项目综合监测方法集

监测方法	说明	特点
现场监察	对施工过程进行现场查看、抽检、安全监督等	针对性较强、效率较高
资料审查	细查或抽查工程建设、资金使用、项目管理等中形成的文件、台账、日志、清单、报告等	专业要求较高、调查面较宽
听取汇报	听取实施单位和相关人员的工作汇报	效率较高、信息准确性不易辨别
实地调研	对项目区及相关机构进行实地调研、勘测	针对性较强、成本较高
问卷访谈	通过调查问卷或访谈范式进行调查	工作量较大、结果易受主观影响
试验分析	实地采集样本,在实验室进行检测分析	专业要求较高、成本较高
遥感监测	利用遥感、航测等手段监测工程建设、土地利用变化等情况	专业要求较高、成本较低、效率较高

土地整治潜力调查评价的程序如下:

(1)确定调查评价对象图层

在土地调查及年度土地变更调查数据库的基础上,应用地形地貌、土地利用总体规划、生态环境保护规划、地质灾害防治规划、林地保护利用规划、水环境功能区划分方案、历史文化遗产保护等相关成果,剔除不适合进行土地整治的区域,确定农用地整理潜力、建设用地整治潜力、生态修复潜力三种类型的调查评价对象图层。

(2)建立评价指标图层

系统构建国土综合整治潜力评价指标体系,通常包含了城镇自然环境、社会经济和土地利用等多维因子。根据调查评价对象图层矢量范围,应用土壤普查、农业普查、坡度图、土地利用总体规划、耕地质量分等成果,获取生态环境、立地条件、灌排条件、土壤 pH 值、地形坡度、耕作便利度等土地整治潜力评价指标属性数据。利用实地调查工作底图、调查表格,实地逐个调查评价单元的指标值,形成评价指标图层数据。

（3）潜力评价与分级

通过前期资料收集、实地调查等,分析和计算各调查评价单元的相关指标结果,采用多因素综合评价法对各评价单元进行综合评判。潜力评价等级划分为两级,即适宜、不适宜。并对农用地整理、建设用地整治、生态修复潜力分析测算得出的各类潜力类型、等级、面积、分布等成果进行整理汇总,形成潜力汇总表。需要注意的是,土地潜力评估需要考虑到同一用地在不同用地潜力评估中重复计算的问题,预先设立优先级。

（4）土地整治潜力评价结果应用

根据以上调查评价方法、评价过程,以国土空间整治潜力的集成评价为基础,借助聚类分析、叠加分析等分区方法,提出以城镇、农业、生态等为主体功能的国土空间整治分区和发展模式,明确国土空间开发利用格局。同时,识别各国土低效用地的具体类型、规模及其分布情况,以国土资源高效利用为目标,提出以城乡建设用地、工矿用地、农业用地和生态用地等为核心的国土分类整治措施,优化国土资源开发利用的功能结构。

3.2.1.4　土地整治潜力调查评价的内容

（1）农用地整治潜力

农用地整治潜力调查流程具体如图 3.2 所示。

①宜耕后备土地资源开发潜力调查

在 GIS 工具的支持下,从整治区规划基期的土地利用变化调查矢量数据中,提取水域、自然保留地、废弃园地、林地、其他农用地等图斑。根据当地的地理环境、DEM 数据计算出的坡度数据、生态保护红线、生态公益林的数据,剔除生态保护红线和法律法规禁止农业发展建设的区域,得到初步的获取储备资源潜力数据。使用储备资源潜力数据与最新的遥感影像数据相结合,制成调查底图,并结合实地调查和评估,确定适合的农业后备潜力范围。

②旱地改水田提升潜力调查

从土地利用现状变更调查数据库提取旱地和可调整地类图斑,叠加耕地质量等级评价结果、农用土地定级结果数据和新增的旱地土地整治项目用地,考虑水源条件、坡度数据,剔除上位规划和法律法规规定的不能改造提升的图斑,形成初步调查图层。开展实地调查等,评价可改造为水田的面积及相应可提升质量等级。

③耕地质量提升潜力调查

从土地利用现状变更调查数据库中提取耕地图斑,与耕地质量等别的成果数据库叠加,剔除耕地最高质量等级的图斑;结合坡度、土地利用总体规划,剔除不适合进行质量提升的图斑;重点从灌溉、排水条件调查因子中选取具有提升空间的图斑,开展实地调查,确定可提升的潜力和等级。在调查评价过程中,需要与高标准基本农田建设、粮食生产功能区建设等规划进行充分的衔接。

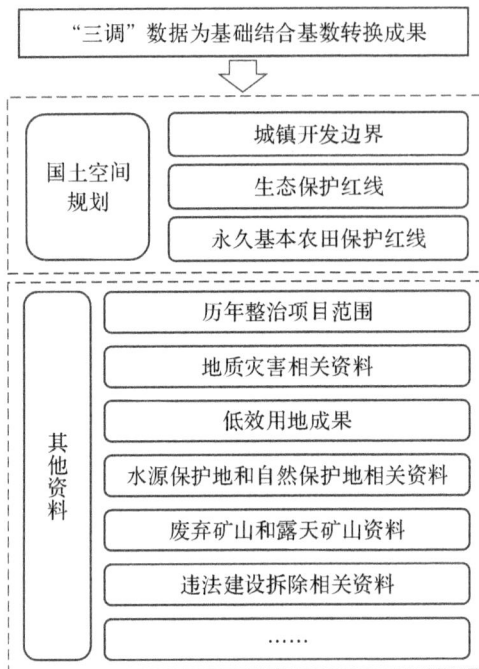

图 3.2　农用地整治潜力调查流程

（2）建设用地整治潜力

①农村建设用地潜力调查

农村建设用地潜力调查是指结合国土空间规划的村庄分类引导,对现有农村建设用地进行分类整治的潜力。其中,对零星布点的"空心村"或低效利用的居民点进行复垦,增加生态农业空间;对基础设施和公共设施配套不全、环境品质较差的规划保留村,进行治理提升,优化乡村环境;对城镇开发边界内规划期内需城镇化的村庄,进行城镇化改造,提升居住环境和市政设施配套水平。

调查对象:农村建设用地,包括零星布点的"空心村",低效利用的居民点,基础设施和公共设施配套不全、环境品质较差的规划保留村,列入改造计划的城中村等。

调查内容:可腾退复垦、治理提升或城镇化转型的潜力。

调查方法:结合乡村振兴规划和国土空间规划,在数据分析的基础上,通过座谈问询和实地调查,逐一判断地块的生态适应性、规划符合性、土地集约节约利用程度、违法闲置情况、历史文化遗存情况、灾害隐患情况、镇乡(街道)整治思路、村民意愿等,综合确定整治潜力地块及方向。

②工业用地整治潜力

工业用地整治潜力是指对低效利用、零散分布、环境杂乱的工业用地进行分类整治的潜力。其中,对需要清理退出的进行复垦,增加生态农业空间;对土地利用效率较低的,进行改造提升,在功能、环境与周边协调适应的前提下,提高利用效率;对不宜保留为工业用途的,通过调整土地用途实现转型利用。

调查对象:工业用地中的低散乱污工业用地、老旧低效工业区块、需整治提质的各类开发区和工业园区、需转型升级的城镇村工业用地等。

调查内容:可整治清退、转型升级潜力。

调查方法:结合国土空间规划和产业发展区划,在数据分析的基础上,通过座谈问询和实地调查,逐一判断地块的生态适应性、规划符合性、土地集约节约利用程度、违法闲置情况、镇乡(街道)整治思路、发展趋势等,综合确定整治潜力地块及方向。

③其他存量建设用地整治潜力

其他存量建设用地整治潜力是指对其他闲置低效的存量建设用地,如老旧小区、老旧楼宇或市场、闲置地、废弃地、边角地、夹心地等,通过整治加以改造利用或复绿,提高土地利用效率、提升城市宜居环境的潜力。

调查对象:其他闲置低效的存量建设用地,包括老旧小区、老旧楼宇或市场、闲置地、废弃地、边角地、夹心地等。

调查内容:可整治清退、改造提升或转型利用潜力。

调查方法:结合国土空间规划和控制性详细规划,在数据分析的基础上,通过座谈问询和实地调查,逐一判断地块的生态适应性、规划符合性、土地集约节约利用程度、镇乡(街道)整治思路、发展趋势等,综合确定整治潜力地块及方向。

④采矿用地整治潜力

采矿用地整治潜力是指对废弃的和规划期内采矿权到期的采矿用地结合实际情况进行分类整治的潜力。其中,具备宜耕条件的应优先复耕;位于重要生态区域内或地质灾害中高风险区的应修复还林;适宜建设并符合国土空间规划的,可进行建设开发。

调查对象:采矿用地。

调查内容:可复耕、还林、建设开发再利用的潜力。

调查方法:结合国土空间规划,在城镇开发边界和生态保护红线以外,选取坡度 25°以下地块,宜耕的优先复垦为耕地,宜建并符合国土空间规划的,可作为建设开发潜力;生态保护红线内,宜优先修复为林地,经镇乡(街道)对接和实地核实后确定最终整治修复方向(五色金土,2021)。

(3)生态修复潜力

目前,生态修复的重要性日益凸显,尤其是在自然资源同样被视为自然资产的当下,生态修复同样具有经济、社会、生态多维度的效益产出潜力,但生态修复潜力评估方法体系以及对生态修复项目传导的工作机制还不成熟。生态修复重点区一般识别的面积较大,基本把生态价值高的要素都作为生态修复重点区。如某一湖泊生态地位重要,但并不是整个湖泊都需要生态修复,且开展大规模的生态修复项目也难以实现。因此,生态修复重点区仅能为生态修复项目选址提供大方向上的参考,落地性有待提高。

生态修复潜力主要包括两部分的内容:一部分是以目标为导向的生态安全格局构建;另一部分是以问题为导向的生态修复分区。生态安全格局的构建研究已形成"源地—阻力面—生态廊道"的研究范式(于沣玉,2021)。生态修复潜力调查和评价应当根据国土空间类型和生态系统整体性,制定生态修复分区导引,重点改善或治理中观、宏观尺度上受损的、结构与功能紊乱或遭受一定程度生态风险的生态系统(程功等,2020)。

3.2.2　国土空间整治监测

3.2.2.1　国土空间整治监测的内涵和意义

国土空间整治的监测内容主要是现行国土空间整治规划的实施情况、综合效益、重大工程实施情况、规划保障措施落实情况等。对土地整治项目进行有效监测有助于土地管理部门准确把握区域土地整治项目工程进度，及时发现项目建设与预期规划目标的偏差，提高土地整治项目管理的科学化、信息化水平，为区域落实耕地"占补平衡"提供依据；在此基础上，可以提高利用土地整治基础信息进行统计分析和辅助决策的能力，为制定差别化土地整治决策和保障区域经济社会发展提供服务（韦俊敏，2015）。

实时、精细、高效的土地整治项目综合监测，可避免"重申报、轻管理、重设计、轻实施、重宏观、轻微观"等不良现象，从而促进土地整治项目综合监测方式由"重事后查处、轻事前防范"向"加强事前防范、事中监督和事后查处相结合"全方位转型升级。

3.2.2.2　国土空间整治监测的原则

（1）实现全生命周期全覆盖监测

现阶段，围绕土地资源管理和土地整治项目管理的需要已形成了包括土地利用动态监测、农用地质量动态监测、农村土地整治项目监测管理、土地整治项目施工监理等监测活动，各类监测活动的目标与任务不同，相应的监测内容、监测时点、监测方法也存在差异。

国土空间整治调查评价与监测需要覆盖土地整治项目的全生命周期过程。在调查评价和监测过程中，应当围绕土地整治项目各阶段，规范监测对象、明确监测时点、统一监测方法，增加监测覆盖面和过程性，提高监测效率和有效性，为考核建设任务完成情况、评价项目管理水平、分析规划目标实现状态等提供基础数据。

通过全面监测，为各阶段项目管理提供信息支持。在前期准备阶段，为项目可行性研究等技术材料编制提供数据支撑；在工程建设阶段，及时掌握资金使用、工程进度和质量等信息，保障项目有序推进；在竣工验收阶段，汇总项目建设的全面信息，为质量评定、竣工验收、绩效评价等提供可靠的数据；在效益发挥阶段，定期提供工程运行和使用情况，统计项目成效，反馈存在问题。同时应加强与土地利用动态监测和农田质量动态监测数据的衔接，拓展数据来源渠道，提高数据利用效率。

（2）评价指标的可度量性和层次性

为实现对土地整治项目综合监测结果的定量化，选取的监测指标应具备可度量性，以便直观反映土地整治项目实施实际情况及存在的问题，也有利于定量度量单项指标和综合监测结果。另外，由于土地整治项目综合监测的内容和因素较多，因此须从不同角度、不同层面选取监测指标，从而形成具有层次性和结构性的指标体系。指标之间也应相互协调、体现明确的结构层次性。

国土空间整治调查评价与监测的方法主要有现场监察、资料审查、听取汇报、实地调研、问卷访谈、实验分析、遥感监测等，但评价和监测内容单一，结果多为定性。通过专家访谈、公众参与、已有较成熟的案例参考等方式建构总体评价指标体系并进行定期评估，实现动态监测，可以将国土空间整治评价各方面的重要性和评价结果进行量化，提升评价结果科学性和综合性，为全域土地综合整治本底调查、国土空间整治方案、实施情况及成效评价等多环节提供依据。

（3）全面获取自然资源要素数据

国土空间整治不仅仅关注土地单一要素，对全域全要素的自然资源全面监测提出了要求。因此，掌握生态修复本底状况、诊断生态问题、模拟工程生态环境效应、监测工程实施进展和开展生态修复监督考核均需要建立在全面、动态的自然资源要素数据基础上。为提升生态修复的精细化水平，必须面向自然资源管理建立"空天体"一体化的自然资源要素观测监测体系，不断获取立体多元、连续稳定的基础数据，推动自然资源认识能力、分析预判能力和监测监管能力的持续提升（汤怀志等，2020）。

3.2.2.3　大数据驱动国土空间整治评估思路与转变

（1）大数据驱动下的评估理念转变

受数据获取方式的限制，用于土地整治评估的传统数据主要采用区域土地利用调查、农户调查、统计年鉴（报）等数据，重点评估不同类型土地整治潜力、对比分析土地整治前后各类用地增减、土地利用结构和布局、区域总体社会经济水平、基础设施条件等的变化情况，以强制性实施成效评估为主，缺乏对土地、人口、产业等要素流动实时动态数据的获取以及对整治区域经济活力、发展质量、环境变化等体现整治长效性的评估，也缺少对整治过程中涉及的政府、企业、农户等多元主体满意度的评估，公共政策属性体现不足（范业婷等，2021）。

大数据时代的到来，为引导全域国土空间整治从以"用地指标"为核心的静态方案评估向以"要素流动"为核心的动态监测评估转变提供数据和方法支撑。大数据的动态可获取性，有助于实现对国土空间整治区域的动态监测与评估，通过实时采集区域土地利用、基础设施、主体活动、企业生产、生态环境等要素的信息，实时掌握整治区域工程实施和建设的动态情况。各种传感器、手机信令、应用程序、电子地图、社交网络、智能交通等集合而成的大数据均提供了反映土地利用实体和个体行为的时空信息，这些信息现势性强、互动性高，能够更好地实时掌握整治区域土地利用现状、居民时空行为、产业配置与发展等，促进国土空间综合整治评估从以传统数据为支撑的片面性评估走向以大数据为支撑的综合性评估。

（2）大数据驱动下的评估框架与思路

大数据驱动下的国土空间整治调查评价和监测主要是针对整治前、整治中、整治后不同阶段具体展开。其中，整治前，重点围绕整治试点乡镇（或者村庄）选择的适宜性、建设任务安排的合理性、整治潜力等开展可行性评估，分析试点区域全域土地综合整治对空间格局优化、促进区域协调发展的作用。整治中，重点围绕整治任务实施的合规性及进展、整治措施的合理性、社会参与度以及整治对农业生产、居民生活、生态环境的影响等方面展开监测评估。整治后，重点从社会、经济、生态、文化等维度，围绕全域土地综合整治的目标要求，开展试点建设后约束性指标执行情况、用地布局、产业发展、农业生产、社会、环境等方面的效益评估（见图 3.3）。

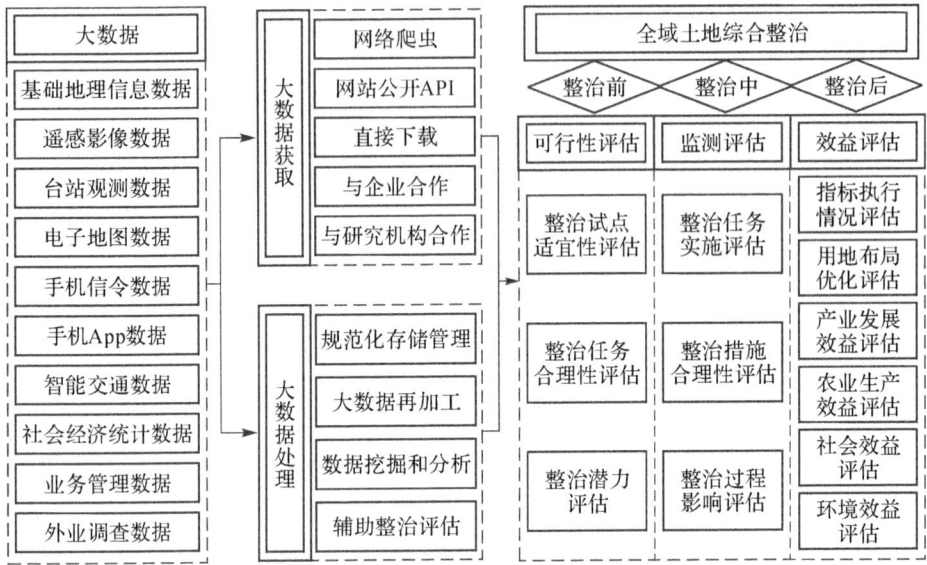

图 3.3　大数据驱动下的国土空间整治总体框架

3.2.2.4　国土空间整治监测内容

系统的土地整治项目综合监测,一方面需监测项目是否有效执行,另一方面还要对土地整治项目实施后的效果进行监测,以评判项目执行的价值。

(1)项目实施监测

土地整治项目实施情况监测,包括基本信息、工程进度、工程质量、资金管理 4 个方面。土地整治项目实施情况监测,可掌握以上 4 个方面相对于监测基线实现或偏差的程度,有利于掌握项目实施动态,规范运行方向。其中,项目基本信息监测是开展土地整治项目工程建设的基础,其主要检验项目实施规模、空间位置是否与规划设计一致及偏差程度;工程进度和质量如何,是检验工程实施和建设成效的标准;工程进度监测主要监测工程实施进度与规划设计是否一致、各项工程间进度是否协调及偏差程度;工程质量监测主要检查工程质量是否达到了设计和建设要求;资金管理是工程建设和整治活动有序开展的保障,是确保资金合理支配、规范项目建设的重要环节,其主要监测资金使用进度与预期规划安排是否一致及偏差程度如何。

(2)土地整治效果监测

项目区及项目所在行政区域整治效果监测,包括社会影响、经济建设、生态环境 3 个方面。其中,社会影响监测反映了通过土地整治项目实施,对保障粮食安全和社会经济建设的功效性及与预期规划目标的偏差性;经济建设状况监测,可反映土地整治项目对促进农民增收、农业增效、农村发展的功效性及其与预期规划目标的偏差性;生态环境监测反映了土地整治项目对生态系统的干扰程度,对促进生态文明建设的功效性及与预期规划目标的偏差性。以上 3 方面的监测有助于管理部门评判项目的可行性,提高项目决策的科学性。

3.2.2.5　国土空间整治监测方法和程序

（1）执行指标的测度方法

执行指标是指在土地整治项目实施过程中关键预期指标的落实完成情况，可用现实监测指标值与预期目标值的偏差率来衡量。偏差率越小，项目有效执行效果越好。

执行指标的测度可以通过与基准数据或规划目标的比较，来反映监测指标变化的性质、方向和速率，即采用［土地整治项目监测时点值/监测基点值（或规划目标值）－1］的计算方法，一方面可反映监测指标变化的方向（正或负），另一方面反映指标变化的幅度（大小）。

（2）效果指标的测度方法

效果指标是指土地整治项目实施后所带来的社会影响、经济发展和生态环境的变化，包括正效应和负效应两方面，可用现实监测指标值与监测基点指标值的变化率来衡量。正效应效果变化率越大，项目的积极影响越大。

①经济效益

评价内容：土地整治的投入与产出分析等。

评价方法：经济效益分析评价一般采用静态分析法，也可在此基础上进一步作财务评价和国民经济评价。静态分析评价指标主要测算投入量、预期净产出和投资回收期等。

②社会效益

评价内容：从增加耕地扩大农村剩余劳动力就业、增加粮食产能、农田集中连片便于规模经营、改善农业基础条件、推广现代农业技术、降低生产成本、增加农民收入、改造村庄、改善生活环境、实现农村居民点和村镇企业集约用地，促进农村现代化建设、优化土地利用结构，提高土地利用水平等方面对社会效益进行评价。

评价方法：可依据评价内容，结合实际，选择适当的评价指标，采用定量与定性分析相结合的方法进行评价。

③生态环境效益

评价内容：山区主要选择森林覆盖率（或植被覆盖率），保护水源地、治理土地荒漠化和水土流失面积等指标；平原地区主要选取农田防护林网密度、农田污染改善程度、防洪排涝改善程度、复垦损毁废弃地、保护湿地、改善生态环境所取得的效益等指标；结合土地整治可能产生的其他预期影响，分析对环境产生的综合效益。

评价方法：可依据评价内容，结合实际，选择适当的评价指标，采用定量与定性分析相结合的方法进行评价。

3.3　国土空间整治的规划设计

国土空间整治规划设计是指根据整治区域调查评价的结果，分析该区域主要问题，明确项目区域土地整治的整治分区和重大工程布局、各要素空间布局，并提出规划设计的支撑和保障措施。

3.3.1　国土空间整治战略定位

3.3.1.1　国土空间整治目标和政策导向的确定

国土空间整治是贯彻习近平生态文明思想,实施乡村振兴战略、实现区域协调发展的重要手段,是履行自然资源部统一国土空间用途管制和生态保护修复职责、实施国土空间规划的平台抓手。国土空间整治强调全域全要素的系统思维和自然资源全周期管理的可持续理念。具体而言,国土空间整治的目标主要有实现生态修复、保障粮食安全、提升用地效率、优化用地结构与布局等,进而实现促进乡村振兴、推动城乡统筹、构建和谐人地关系。需要注意的是,国土空间整治的目标具有综合性和复合性,往往相互交织、相互作用。

国土空间整治目标和政策导向的确定,首先需要分析国土空间整治面临的形势,即在"二调"数据基础上,理清研究区域的农用地、农村建设用地、土地复垦、土地开发现状。对照经济社会和环境发展要求,分析重大国土空间整治问题及其成因,明确规划修编需要重点研究解决的问题。在此基础上,确立土地整治目标和政策导向,具体的方法和措施为围绕土地整治基本战略,提出规划期内土地整治的主要目标及调控指标,针对补充耕地资源与土地整治资金匹配、重大项目规划布局、城乡建设用地增减挂钩、农村土地整治示范工程规划布局等关键问题,提出规划期内土地整治的基本政策导向。

3.3.1.2　国土空间整治的重点问题

针对不同的地域特性、不同的发展时期,以及不同的规划层面,国土空间整治工作重点有所不同。从地域特性出发,矿山地质环境下的国土整治,侧重于废弃矿坑的生态修复与再利用;流域与湿地环境下的国土整治,侧重于生态功能的恢复和生态网络的建设;山地丘陵地区环境下的国土整治,侧重于土地整理,优化用地结构与布局,以应对用地碎片化的普遍问题。

国土空间整治的工作重点,也要考虑城市发展的阶段。经济相对发达地区,侧重城乡融合发展,保障农村新产业新业态发展用地,统筹产业发展空间;一般地区侧重助推乡村振兴战略实施,着重解决现代农业发展、空心村整治问题。贫困地区侧重服务国家脱贫攻坚战略,能够较好解决耕地保护、易地扶贫搬迁、农村基础设施建设、产业扶贫用地等问题。

3.3.2　国土空间整治分区与重大项目布局

3.3.2.1　整治分区与重点区域确定

土地整治分区划定是指根据地貌类型、水热组合条件和社会经济条件的相对一致性、土地整治方向、重点和整治措施的相对一致性,将规划区内整治条件相近的区域划分在一起的举措。土地整治分区最直接的目的是明确各区土地整治方向和重点,在阐明各区的自然条件、经济社会条件和土地资源优势的基础上,确定区域土地整治的现状、特点、经验及问题,揭示各区土地整治的发展方向和重点内容,实行差别化管理。国土空间整治分区划定是有效落实国土空间整治的重要抓手。

在国土空间整治分区的规划实践中,应当根据本级国土空间规划确定的耕地与基本农田保护面积、建设用地空间管制和生态环境保护等要求,结合土地整治潜力调查评价结果,划定农用地整理区、建设用地整理区、宜耕后备土地资源开发区、生态保护修复区等整治区域,并提出不同的规划策略。

在土地整治分区中,一般选取土地整治潜力较大、分布相对集中、土地整治基础条件较好、有利于保护和改善区域生态环境、不打破行政界限的分区为重点区域。

3.3.2.2　国土空间整治分区原则

(1)地域间相似相异

土地整治分区应将自然资源条件、整治目标和发展趋势相近的土地单元划为同一整治分区,充分体现区域内整治单元差别最小化;同时,扩大不同整治分区土地单元间的差异性,实现不同分区整治单元差别最大化。明确不同整治分区发展特点,确定各分区的土地整治重点和具体措施。

(2)综合分析和重点分析相结合

土地整治是一个复杂的系统工程,影响土地利用方向的因素是多种多样的,由于各评价单元的差异性,在评价各土地单元特性的过程中不可能将所有的因素包括其中。因此,在分析土地单元的特性时,应抓住其本质内容,重点分析影响整治分区的主导因素,在此基础上综合分析各评价单元,提出科学合理的整治分区方案。

(3)地域完整性原则

国土空间整治需要明确整治主体,以确保土地整治工作的有序推进。在进行土地整治分区研究时应保持一定尺度的自然地理单元的完整性与一定级别行政区划单位的完整性。

3.3.2.3　重大项目布局

重大项目主要在重点区域内安排。重大项目规划布局应包括重大项目目标、主要建设任务、项目投资、项目效益分析和保障重大项目实施的措施几部分。重大项目选定应符合以下要求:土地整治潜力较大、基础条件好、有较强的示范带动作用、有一定规模、预期投资效益明显或国家规定的其他要求。

3.3.3　国土空间整治空间格局优化

国土空间整治空间格局优化是规划过程的重要阶段,是继土地整治战略研究、土地整治潜力测算、土地整治分区划分等基础研究之后,对调研、分析得到的信息的有条理的组织,充分传递规划意图,辅助规划决策的过程。为表达规划的总体构想,土地整治规划方案应该包含基础研究阶段的成果采纳、方案陈述、实施策略、规划方案图件等关键要素。

国土空间格局是由各类土地的使用规模、土地利用结构和布局有机组合在一起形成的,或者说多层次的土地利用类型有机组合形成了土地利用空间格局。土地利用的不合理会使生态环境不断恶化甚至破坏,并且可能会导致很多资源和环境问题,诸如水土流失、地质灾害、土壤沙化、自然灾害等,而这些问题又会衍生出耕地质量下降、农业生产环境的下降和灌溉水源的污染,城乡生产和生活环境的恶化。所以以生态屏障和生态景观优先的土地利用空间格局优化不仅要关注城乡用地和耕地数量,更要重视土地合理的空间格局,以及土地利用生态安全给人类带来的长期效益。同时,土地利用空间格局优化要以现状为基础的土地利用用途分区为基础,提出新的更加合理的空间格局。土地利用空间格局优化的中心任务就是构建一个可持续发展的土地利用景观风貌。

国土空间整治是包含"三生空间"的全域土地整治,主要内容是各类土地整治活动安排及其空间布局。针对每一类用地,都需要明确相应指标、空间分布、资金需求、时间安排与具体措施。

3.3.3.3.1 空间格局优化目标

传统土地整治工程包括田块归并、水系改造、田间道路调整等,在一定程度上改变了当地的国土空间利用格局,在规划设计阶段关注不足,很可能对当地生态环境产生负面影响。土地整治除了能够提升农业生产效率,还应注重改善生态环境质量,达到提高生物多样性,提升生态系统服务功能等目标,因此在空间布局方面,提出将农田、水系、道路、林网等土地整治工程要素均纳入规划设计中,增加"生态安全"和"景观多样性"的导向目标,引导农用地空间功能复合利用。

(1)生态保护修复方面

生态保护修复中,要将国土空间整治同生态保护修复相结合,按照山水林田湖草整体保护、系统修复、综合整治的要求,结合农村人居环境整治,优化调整生态用地布局,保护和恢复乡村生态功能,维护生物多样性,提高防御自然灾害能力,保持乡村自然景观。

(2)农用地方面

农用地整治中,需要统筹推进低效林草地和园地整理、农田基础设施建设、现有耕地提质改造等,传承传统农耕文化,增加耕地数量,提高耕地质量,改善农田生态。

(3)建设用地方面

建设用地整治中,需要统筹农民住宅建设、产业发展、公共服务、基础设施等各类建设用地,有序开展农村宅基地、工矿废弃地以及其他低效闲置建设用地整理,优化农村建设用地结构,提升农村建设用地使用效益和集约化水平,支持农村新产业新业态融合发展。

3.3.3.3.2 空间格局优化的方法和步骤

(1)优先保护国土生态屏障用地

应当全面收集研究区生态环境相关资料,分析研究区生态环境现状,评价研究区生态服务功能,提出研究区生态环境存在的问题和潜在隐患。借鉴国际土地整治生态化新动向,提出生态基础设施重点实施战略、重点方向和内容,提取研究区生态安全关键点,恢复退化生态系统,构建集水网络、林地网络、农田网络、自然保护区以及文化游憩网络于一体的生态基础设施,提出生态环境整治重大工程,构建适宜研究区的生态友好型土地整治模式,提出恢复、维护生态屏障和构建消减生态问题的政策保障措施。

首先,应确定林地、牧草地、河流水域基础性生态用地,保持山水连续,呈现具有自然性和连续性的山水格局。具体措施有:对于生态用地中零星地物进行用途调整;对于存在地质灾害隐患的区域变更为生态用地,提高水源涵养能力;加大荒山绿化力度;等等。

其次,河流水域具有区别于其他土地利用的独特功能,如旱灌涝排、提供人类和牲畜饮水、防止洪涝灾害,同时还能净化空气和气候、保护生物多样性的功能。目前来看,河流水域的质量环境已成为人类是否选择生活场所的一个重要指标,良好的河流水域质量和生态景观可以使居民体验到舒适的休闲和娱乐。因此,在土地利用空间格局优化中要充分考虑河流水域与城乡建设用地的空间格局关系,应使城乡用地格局与河流水域保持一定的距离,避免河流水域受到污染。

（2）保护耕地、提高耕地质量

根据城市化、工业化、农业现代化发展的实际需要,依据国土空间规划的相关目标任务以及社会经济发展态势,分析农用地整治潜力及空间分布,研究农用地质量及存在的问题,确定规划期末耕地整治规模、质量提升等目标,划定农用地整治重点区域,研究确立农用地整治的激励制度和政策措施。

严格控制非农业建设占用耕地,新布局的建设用地应少占耕地,若确需占用耕地则尽量占用质量较差的坡耕地;对于大于 25°的坡耕地,逐步有序地推进生态退耕,充分发挥耕地的生态价值;对于山大坡陡的区域,应控制耕地的过度垦殖,协调好耕地与生态用地关系,使生态用地与耕地有机地联系在一起;对于 25°以下的坡耕地,进行土地整治,减小田地坎系数,完善农业基础设施;对于集中连片的耕地和良好水利与水土保持的耕地实施永久保护。

（3）优化城乡建设用地布局

分析研究区域建设用地发展态势与用地需求,调研建设用地利用现状,探讨研究区各类建设用地集约利用的标准,分类型、分区域测算城乡建设用地潜力,分析其分布与释放办法;进而依据区域城市化战略、主体功能定位,城河城镇体系关系,提出资源承载力、相关政策、资金约束下的城乡建设用地整治目标,分类型划定整治重点区域,提出城乡增减挂钩方案,提出相关保障措施。

城乡建设用地布局应按照节约集约用地的要求更新退出机制,对于不合理的零散的农村居民点、存在地质灾害的城乡建设用地,要根据增减挂钩的要求及时复垦;新的城乡建设用地布局应按照点轴发展规律,形成较为紧凑的用地模式,农村居民点集聚、城乡用地连续的土地利用格局,控制自然村落无序发展,使农村居民点适度集中;优化城乡建设用地内部结构与布局,协调内部生产用地、生活用地和生态用地的关系,实现生态用地空间不断扩大、生产用地空间适当控制、生活用地稳步保障的用地格局。

3.3.3.3　国土整治空间格局指导工程项目设计

土地整治工程项目,主要包括农田生态工程、水系生态工程、道路生态工程、缓冲带生态工程和生物保育工程,它是在农田、水系、道路、林网等要素规划布局基础上的各类工程措施集合,在国土空间整治系统化的空间格局优化基础上,进行工程项目的落点、规模和具体技术设计。

农田生态工程设计注重提升农田土地质量,增强农田的生态服务功能。主要包括土地平整、生态田埂、地力生态恢复三个部分。采取局部平整,减少对农田生态的扰动,建设生态田块,提升农田地力。

水系生态工程设计采取生态化工程措施改造现有水系、灌排沟渠,提升农田灌排水水质,改善区域水系生态环境,营造水生动植物栖息地。在不占用耕地的前提下,从引排水河道、灌排沟渠、生态净化措施及水系生态工程的辅助技术措施四个方面做出了规定。结合土地整治工程对现状用地进行适当调整,充分利用农田耕作区域现有的水塘、缓冲带、林地等生态用地,沟渠、河浜、田间道路等农田水利附属设施,以及部分复垦建设用地,形成生态净化设施区域。

道路生态工程设计落实道路布局要求,设计路面、路基和路肩的生态化结构形式。主要从田间道和生产道、生物通道两个方面进行了规定。田间道路结构设计应进行生态化设计，考虑地块内动物的栖息地和通行廊道，以及植物种子传播的通道，减少对生物栖息地的破坏。尽量利用原有道路，根据项目区具体情况补充、增加生态化道路。新建道路应避免破坏生物栖息地和切断生物廊道。缓冲带工程设计结合农业生产和农田林网建设，采取乔木、灌木、草地等多种形式，起到净化农业面源污染、控制氮磷流失作用。通过缓冲带营造生态廊道，提供生物多样性保护、自然授粉等生态服务功能。

生物保育工程设计识别与保留整治区内的生物栖息地，农田生物栖息地主要有田间林地、草地、水塘、湿地、自然沟渠等，在土地整治区内生物栖息地占比宜为5%以上。生物保育工程应在区域生物栖息地识别的基础上，针对项目区主要生态问题和农田关键物种，实施栖息地营造和斑块连通等工程。

3.3.4　国土空间整治规划的支撑措施

3.3.4.1　资金平衡方案

(1)全面调研已开展的土地整治项目情况，测算整治成本，分析资金来源

在考虑到社会经济发展的基础上，分类型测算完成规划目标、重点工程和重点项目任务所需投资。

(2)测算土地整治资金供给量，提出保障资金供给的激励措施和路径

土地整治资金来源渠道可能有新增建设用地土地有偿使用费；耕地开垦费、土地复垦费；耕地中用税、农发基金等；企业、个人投资；农民个人投资；其他投资等。

3.3.4.2　城乡建设用地增减挂钩方案

(1)城乡建设用地增减挂钩区域划定原则

①有利于节约和集约利用土地，提高土地利用率和产出率。

②符合土地利用总体规划规定的用途，安置建新用地应尽量避让基本农田。

③综合考虑农村建设用地整治的社会效益、经济效益和环境效益。

④因地制宜，统筹安排，先易后难，突出重点，分步实施。

⑤坚持自愿、合法、有偿原则。

(2)城乡建设用地增减挂钩方案的内容

①确定农村建设用地整治模式。工矿企业用地整治主要针对废弃、闲置工矿企业用地进行整治，即拆除原有废弃企业用房及附属设施，然后复垦成耕地，模式相对单一。农村居民点用地复杂，各村自然、社会和经济条件不同，其采用的模式也应不同。

②确定复垦原有村庄占地的原则。

③提出新补充建设用地指标流转的方式、方法和管理措施。

(3)城乡建设用地增减挂钩政策创新案例

以浙江省全域土地综合整治为例，在确保县域内耕地数量和质量平衡的前提下，项目区增减挂钩指标，可在土地利用总体规划确定的扩展边界范围内等面积(含规划建设用地规模)使用；在满足当地村庄建设和农村发展用地需要后，节余指标可在全省范围内调剂使用，其收益用于支持乡村振兴战略实施。

3.4　国土空间整治的工程技术

在空间治理背景下,国土空间整治是关于土地资源、生态环境、城乡建设等全域、全要素、多功能、全流程的综合治理集成,通过综合治理闲置、低效和生态退化国土资源,改变国土空间结构与布局,从而对生态系统功能产生影响(周子康等,2021)。因而,国土空间整治工程可以理解为运用工程手段解决国土空间要素问题,把未利用的国土空间变为可利用的国土空间或把已利用的国土空间进行高效利用。同时,这项工程活动需要按照自然、社会、经济、生态、文化规律的要求,通过协调人地关系、优化空调空间结构、统筹区域发展、保证生态安全及综合运用开发、整理、复垦、修复和防护等措施,改善优化山水林湖草路村城全要素的国土空间结构及功能的和谐发展,以此提高国土空间的效率、品质和整体功能。其中主要涵盖由非农用地转化为农业用地工程技术、建设用地整备工程技术、污损土地土体重构工程技术、低标准土地提升工程技术和土地工程信息化技术。

3.4.1　非农用地转化为农业用地工程技术

非农用地包括荒地、黄陂、废弃宅基地和废弃矿山等。利用土地工程,通过开垦、整理和复垦等多种方式,增加农业用地面积,如:补充耕地、拆旧复垦、增减挂钩、临时用地复垦等。其主要涉及的基本工程技术为土方施工工程技术。

国土空间整治中的土方施工主要是指消除地质灾害隐患的削坡工程、农田平整工程、道路与沟渠等配套设施的土方开挖等涉及土方挖填的地貌重塑施工。在土方施工中,首先要进行土方量计算,可以采用方格网法计算所需土方量。在确定土方量之后,要进行土方调配的方案设计,以确定挖、填方区土方的调配方向、调配量及运输距离,通过多方案的比较,从中选出经济效率较优的土方调配方案。农田、道路、沟渠的土方施工要结合工程量、工程进度要求、工程预算等选择适宜的施工方法,如人工土方挖运和机械土方挖运。同时,土方施工方案应初步拟定生态环境防护措施,防止挖填土方对生态完整性的破坏,以及防止土方废弃物随意堆占破坏生态环境。

3.4.2　建设用地整备工程技术

通过合理的土地规划和有效的土地工程技术方法生产出"成品"土地,从而提高建设用地的开发程度,便于土地节约化高效利用,减少占用耕地面积。如:地表清理、耕作层剥离再利用、填海造地、平山造地、削山造城、三通一平等。其主要涉及的工程技术有土方施工工程技术和污染修复工程技术。

国土空间整治中要加强对土壤污染的修复,积极实施土壤改良工程和污染修复工程。在全面查清区域污染源和土壤污染状况的基础上,重点做好土壤污染源防控,有效治理点源污染,控制面源污染,防止污染物进一步扩散及耕地质量连片下降。对于已污染的土壤,按污染物质成分和组合关系,有针对性地采用工程措施、化学措施、生物措施,如污染土壤的剥离深埋,或采用土层深翻,或通过化学物质来消除、降低污染土壤的污染程度;各种污染防治措施的施工工艺和要求也不同,应加强研究和总结、推广实践经验。污染防治工程竣工后还应注重土壤质量动态、连续检测,防止出现二次污染。同时,结合地方实际,开展耕作层剥离再利用工程,减少建设项目对耕作土壤的占用和破坏,保护和再利用优质土壤,实现高质量土壤的空间转移。

3.4.3 污损土地土体重构工程技术

污损土地是指人类活动或者自然因素造成的土地污染和损毁,使土地完全失去或者部分失去原来的使用价值和建设功能,包括污染土地和损毁土地。利用工程技术手段对污损土地进行土体有机重构,如:污染土壤修复、矿山土地复垦、退化耕地(酸化、盐碱化)治理、灾毁土地修复等。除污染修复工程技术,还主要涉及地力修复工程技术、水土流失修复工程技术、矿区土地修复工程技术等。

3.4.3.1 地力修复工程技术

对于国土空间整治中的农用地整治内容,要加强农地肥力的培育、保护和修复。地力修复技术应优先采取生态化修复技术,按照土壤理化性状和培肥特点,采用物理和生物手段,保护土壤耕作层,并逐步用绿色化、生态化的育肥和种植模式代替化肥使用。提高土壤有机质含量,大力推广绿肥,通过适宜的作物种植还田,改善土壤结构,增加土壤养分含量,增强农地的生产能力。

3.4.3.2 水土流失修复工程技术

对于生态脆弱地区,尤其是降水频繁、自然灾害频发的区域,国土空间整治要特别注重水土流失防治技术的应用。结合区域地形、降水以及历史记载资料,综合分析水土流失易发的区域,划分水土流失严重区、重点防范区、重点治理区,在多功能土地整治的规划设计以及工程实施中做好水土流失的重点预防。对不同的区域和工程建设项目,采取针对性的水土流失防治技术,适度提高水土流失防治的标准及水土保持等级,加强防范应急措施。

3.4.3.3 矿区土地修复工程技术

矿区土地修复工程技术相对复杂常见的技术方法主要包括采复一体化(边采边复)理念与技术、土壤重构原理与方法、采煤沉陷地治理技术、煤矸石山生态修复技术、露天矿复垦技术、金属矿山生态修复技术。具体还涉及自然修复技术、生物修复技术、土壤修复技术、化学修复技术、物理一化学组合修复技术等。施工者可以根据矿区土地的具体问题采用适当的技术方法。

3.4.4 低标准土地提升工程技术

提高土地利用效率和土地生产力,保证低标准农用地及低标准建设用地的高效和可持续发展,包括低标准农业用地提升和低标准建设用地提升。如:高标准农田建设、耕地提质改造、垦造水田、田园综合体、鱼塘整治、三旧改造、人居环境整治、水环境整治、水系综合整治、美丽乡村建设、碧道绿道建设、口袋公园等。主要的工程技术有村庄生态修复工程技术、城市生态修复工程技术等。

3.4.4.1 村庄生态修复工程技术

村庄生态修复包括田园、沟渠、道路、森林、湿地、河流、村落等生态系统的修复。其工程技术主要包括乡村景观生态修复工程技术、田园景观生态修复工程技术、森林生态系统修复工程技术、生物栖息地生态修复工程技术、河流水系生态修复工程技术等。

3.4.4.2　城市生态修复工程技术

城市生态系统由于自然要素所占的比例很低,而且由于人类在生产活动和日常生活中所产生的大量废弃物不能完全在本系统内分解和再利用,因此城市通常会造成热岛效应、湿地面积减少、地下水水位下降、污染严重等一系列生态问题。城市生态修复工程技术重点围绕水系、森林和生态网络的修复而展开。

3.4.5　国土空间整治工程信息技术

国土空间整治工程信息技术主要包括国土空间整治工程建设仿真、质量实时在线监控、智能控制、国土空间工程信息服务综合集成平台建设。具体涉及技术如下:

3.4.5.1　空间分析 3S 技术集成

空间分析技术集成主要是将遥感技术(remote sensing,RS)、地理信息系统(geographic information system,GIS)和全球导航卫星系统(global positioning system,GPS)(合称为"3S"技术)集成一个统一的有机体,是国土空间整治工程的基本技能。GIS、RS 和 GPS 三者都是关于空间信息获取和处理分析的技术,其中 RS、GPS 技术主要是针对地理空间数据的获取,以及对其变化的动态监测,而 GIS 针对的是地理信息和空间数据的存储、分析和处理。三者分开来看,均有自身独特的空间分析特点,实际上三者之间存在着明显的相辅相成、相互促进的关系(刘咏梅等,2009),随着空间分析技术的不断发展,相互独立地使用 3S 技术已经逐渐不能满足现实的需求,因此需要将它们集成在一个统一的平台中,不仅能发挥它们各自优势,并且可以做到空间分析技术的集成利用,解决现实中遇到的复杂问题。

建立国土空间利用系统,来进行规划的编制、建设项目的审批监管、实时动态检测和执法监督等活动,实现新背景下的空间分析技术多元化集成。此外,3S 技术再集成是指通过 3S 技术与通信技术集成,进行空间数据的采集、测量、分析、存储、管理、显示、传播和应用等,可以大大提高国土空间规划信息的时效性和控制性,同时也可极大地提高 3S 应用的功效,可以大大丰富国土空间规划基础数据、提高国土空间规划表现能力和加快国土空间规划基础数据的更新频率。

3.4.5.2　国土空间大数据采集和处理技术

大数据是一个宽泛的概念,具有丰富的内涵,目前尚无统一定义,但这并不影响人们对其研究与应用的热情。国际数据公司(international data corporation,IDC)从大数据的 4V 特征来定义,即海量的数据规模(volume)、快速的数据流转和动态的数据体系(velocity)、多样的数据类型(variety)以及巨大的数据价值(value)。随着科学技术的发展,大数据在国土空间领域也有着越来越多的运用。研究国土空间整治大数据的关键技术中,最为基本的也是次序最先的技术是大数据采集技术。常用的大数据采集技术工具有 Hadoop、网络爬虫、API 或者 DPI 等技术(甘云燕,2015)。

国土空间整治大数据的清理与整合的目标是使用合理的方式,将各种结构类型的国土空间整治数据处理并形成可以利用的数据库和数据集。主要步骤有:数据抽取—数据清洗—数据筛选—数据过滤—有效数据提取—分类储存和管理—数据库(数据集)—数据分析—处理建模—数据挖掘⋯⋯

3.4.5.3 城市信息模型(city information modeling,CIM)

当前,随着新基建的不断推进,城市信息模型建设被纳入我国"十四五"规划纲要,各地紧跟国家试点城市的步伐纷纷开展城市信息模型建设。CIM 是信息化浪潮在城市规划建设及城市管理领域引发的技术和理念变革,以三维模型为载体,用以对空间规划、城市设计空间要素的模拟以及对工程建设项目信息的录入、管理和应用,实现国土空间规划、城市设计以及工程建设项目全生命周期内的数字化信息应用和统一,从而实现国土空间规划建设精细化空间治理和高效管理。

目前对于 CIM 学界处于探索阶段,尚未形成统一的概念定义和体系结构,其机制和应用模型有待进一步研究。但其基本特征和建设目标相对明确,即依托建筑信息模型(BIM)、地理信息系统(GIS)、物联网(IOT)、人工智能(AI)等技术,建立一个城市信息和数据汇集的基础平台,在城市基础地理信息的基础上,建立建筑物及基础设施等 BIM 和三维数字模型,表达和管理城市三维空间,以支撑国土空间规划建设、管理运行的数字化、立体化、精细化、智慧化以及支撑智慧城市的建设和运行。

3.5 国土空间整治的材料与设备

长期以来,为最大化利用土地、矿产、水等自然资源,在规划和建设时,大多数采用粗放式的开发利用,对生态环境和建成环境产生了较为严重的负外部性影响。这与新时代中国特色社会主义倡导的生命共同体意识和生态型新材料新装备供给能力密切相关。随着生态文明建设的持续深入推进,国土空间整治也由单一技术向多目标综合技术发展,由项目工程向系统协同发展,然而,中国目前国土空间整治的相关材料和设备还处在零散研究探索阶段,新材料和新工艺的应用较少。因此,对绿色环保材料和新型技术设备工艺的需求日益迫切。

3.5.1 国土空间整治的材料

国土空间整治领域的材料主要用于土地生态系统结构和功能的提升,包括自然界中既有的材料和新开发的材料。大体可以分为有机材料、无机材料、纳米材料、人工复合材料和生物材料等。

3.5.1.1 有机材料

常见的有机材料有生物炭、土壤保水剂等。其中生物炭可以提高土壤颗粒对重金属阳离子的交换作用和静电吸附作用,受 pH 值影响有利于重金属污染土地的修复。同时,生物炭对有机氯、氨基甲酸酯、氯苯氧基酸化合物等有机污染物的吸附治理效果较明显,利于有机污染土地的修复。而在沙化土地整治材料应用中最重要的是土壤保水剂。土壤保水剂又称农林保水剂,号称植物微型水库,是一种独具三维网状结构的有机高分子聚合物,被作为一种保水保肥剂广泛使用。

3.5.1.2 无机材料

常见的无机材料有磷灰石、沸石、天然蛭石、碳酸盐和黏土矿物等。应用无机材料处理有机污染物具有来源广、成本低、方法简单和效果好等优点,其应用前景十分广阔。

3.5.1.3　纳米材料

纳米 TiO_2、纳米氧化物等作为一种光催化物质,对于有机污染物的去除和降解效果显著,因此,运用纳米材料在修复研究和重污染土壤的原位修复方面越来越受到重视。

3.5.1.4　人工复合材料

把有机材料生物炭和纳米材料结合,可以制备新型复合材料,这种新型材料可以显著增强土壤肥力。目前研究较多的生物炭-纳米复合材料主要有碳纳米管、石墨烯、纳米零价铁和纳米氧化物。将生物炭与无机材料复合后,不仅可以增加生物炭表面与污染物作用的基团数量,还可以为无机基团提供附着点位,增强对污染物的吸附作用。

3.5.1.5　生物材料

科学家发现,目前大约有 400 种植物可以用来清除农田中的重金属污染。例如玉米、黑麦草等根际植物与蚯蚓联用对污染土壤的修复效果(邵承斌等,2016)。土体中的根际细菌可以充当生物肥料的供给者,如固氮根癌菌和慢生根癌菌可以在豆科植物的根系形成根瘤,通过固定大气中的氮气,为植物提供氮元素。

3.5.2　国土空间整治的设备

针对国土空间整治的工程要求和不同技术要求,需要建立不同的设计方法,确定精细化的整治工艺流程和方法。量身定做高精度的国土空间整治设备有助于提升我国国土空间整治的工程技术水平,是未来具有重要需求的发展方向。目前常用的国土空间整治的设备有大型建筑机械、大型农田水利设施、铲土机、推土机、激光平整仪、激光探头仪等成品机械设备。此外,已有项目还采用过装配式建筑物和构筑物、废旧建材资源化利用装备、沟渠一体化成型技术与装备、自动化灌溉方式装备、表土剥离利用绿色装备、土地污染生态修复装备等。

第4章 矿山地质环境的国土整治

4.1 矿山地质环境国土整治的整体情况

4.1.1 矿山地质环境国土整治的基本概念与现状问题

4.1.1.1 矿山地质环境国土整治的基本概念

国土综合整治是为优化国土空间开发格局,健全国土空间开发、自然资源节约、生态环境保护的体制机制新要求,是人类采取综合措施对某一空间范围内国土资源进行开发、利用、整治、保护的全部活动,为国土空间规划的编制与实施提供重要的支撑,是贯穿国土空间规划的重要脉络(李葛,2021)。

矿山地质环境国土整治,主要指针对矿山占用及废弃土地、矿山地形地貌景观破坏、矿山地下水含水层破坏、矿山地质灾害频发等方面的问题,通过国土综合整治中的技术、工程等措施,使矿山地质资源得到恢复和利用、地质环境得到改善的一项长期且复杂的过程。

4.1.1.2 矿山地质环境国土整治的现状问题

(1)生态压力:国土开发强度过大,资源开发与生态保护矛盾日渐凸显

矿产开发区大都独立选址、需地量大,且大多数位于城市集中建成区之外。由于疏于管控、缺乏规划统筹,矿产资源开发区域资源开发利用强度过大、资源综合利用水平低。同时高耗能、高污染、高排放项目低水平重复建设,资源开发与经济社会发展、生态环境保护之间不平衡、不协调的矛盾突出(冯靖仪等,2021)。

矿山地质环境下,资源型城市主要依靠矿产资源开发带动城市发展,而资源无序、掠夺式开发往往会带来土地压占损毁、植被破坏、水土流失等极其严重的生态环境问题。此外,城市长期粗放式发展带来诸多历史遗留问题,使得国土整治过程中资源开发与生态保护协调难度加大。

(2)空间利用:人地诉求矛盾分化,城乡空间分异,碎片式空间管理困难

目前,矿山地质环境下人地诉求矛盾逐渐分化。一方面,矿山地质环境下采矿塌陷区造成城市发展空间受限,大量村庄损毁严重,不少村民不能及时得到安置,引发社会风险。另一方面,再次耕地保护压力大,采矿区耕地持续损毁,而且复垦后耕地还会造成二次塌陷,造成耕地反复治理。

对于正在积极发展的矿产资源型城市,城市的"矿、城、乡"三元结构较为突出,往往呈现

出"矿区独立、城乡分离"的空间结构特征,且采矿塌陷区空间造成城市组团分割,镇村阻断,城乡之间破碎化,时间和空间的不确定性也制约了城乡一体化发展,造成了碎片式空间整治和管理难度较大的局面。

(3)城市发展:产业结构和空间布局不合理,城市转型发展存在较大风险

受矿产资源开发的影响,矿山地质环境下城市发展往往会过度依赖资源产业,三次产业结构比例不合理,新动能产业比例低、增长慢,工业发展新旧动能转换断档;同时伴随着机械化对劳动力的替代和矿产资源的枯竭,容易造成大量劳动力结构性失业,社会经济转型发展面临潜在风险(王玉等,2021)。

城市空间分布一般由矿产资源的分布决定,造成城市组团之间空间距离较大,且由于大型企业主导城市发展的消极影响,许多城市功能按照矿企企业的需求进行配置,导致城市空间布局分散、生态空间破碎,各组团之间功能联系较弱。由此,矿产资源开发与本地产业在经济上的联系微弱,就业高度集中于资源挖掘开发等相关产业,城市转型困难。

(4)实践困境:国土综合整治与生态修复关系较为割裂

在边界界定方面,国土综合整治与生态修复秉持"山水林田湖草为有机整体"的理念,但两个概念的边界尚不够清晰。综合整治和生态修复都认为全域全要素均可纳入"综合整治或生态修复"。一般处理方式是将"山、田和城"划入国土综合整治的研究范畴,其余要素纳入生态修复的范畴,人为划分的方式一定程度上违背了全域要素统筹考虑的理念(于沣玉,2021)。

此外,国土综合整治与生态修复是一个专题,但在实际工作开展过程中一般将其分为两个独立的部分,即国土综合整治规划与生态修复规划。这难以真正统筹考虑综合整治与生态修复的实际问题、有效构建两者沟通桥梁,更难以实现在国土整治工作开展中关注生态修复问题,生态修复工程实施时也应考虑国土整治实际问题的目标。

4.1.2　矿山地质环境国土整治的意义与目的

4.1.2.1　推动国土用地变更调整,支撑国土空间格局优化

新时代发展背景下,国土综合整治是土地整治的新阶段,生态系统保护修复是国土综合整治的实施内容和重要手段之一。我国是重要的矿产资源生产国与消费国,矿产资源的开发与利用不可避免地会对土地、生态、环境带来负面影响。如煤矸石压占土地、地貌景观破坏、有毒气体排放和土地资源损毁等。矿山地质环境生态系统在采矿活动中存在不可避免的生态损伤,并对矿山地质环境所处的生产系统、生活系统和其他复合系统也产生一定影响。因此,矿山地质环境作为国土空间"山水林田湖草"生态系统的重要组成部分,是国土综合整治的重点之一。

国土综合整治一般包括农用地整治、建设用地整治、建设用地增减挂钩、土壤污染治理等 4 个部分,其综合整治的重要手段即各类用地性质的变更。采矿用地是矿山地质环境国土整治的重要对象,也是国土用地变更的重要来源。根据不同的用地功能与特性,采矿用地的整治腾退一般去向包括:复垦为耕地、通过建设用地增减挂钩重新利用为建设用地、复绿为林地。因此,矿山地质环境国土整治不仅推动了国土用地的变更调整,也为国土空间格局优化的采矿用地整治等提供了有力支撑。

4.1.2.2 促进国土空间生态修复,改善矿山地质环境问题

矿产资源的开发对国民经济建设起到了支柱作用,但在开发的过程中也引发了一系列生态环境问题。矿山开采造成的环境问题多种多样,不同的矿种、开采方式、管理水平等对地质环境造成的损害各不相同,其既是地形地貌景观破坏、土地资源破坏、水土污染、地质灾害的源头,也是土壤污染治理的重要组成部分。在"生态文明建设"和"山水林田湖草系统修复"的大背景下,矿产资源开采对生态环境造成的影响备受关注。因此,矿山地质环境国土整治中对矿山环境的修复变得尤为关键和紧迫。

国土综合整治的核心是改造建设,按照自然、社会、经济、生态、文化规律的要求,综合运用开发、整理、复垦、修复和防护等措施,对国土空间进行结构优化和改造建设,以期达到调整人地关系、治理国土空间环境、建设山水林田湖草生命共同体等目标。在矿山地质环境国土整治中,加大采空塌陷区与废弃矿山的治理、修复敏感矿山山体,加强绿色矿山建设等,是矿山地质环境生态修复中极为重要的一环。因此,矿山地质环境国土整治不仅推动了其生态修复,也为改善矿山地质环境问题提供了有力抓手,是促进区域可持续发展的重要路径之一。

4.1.2.3 加强自然资源保护利用,推动各类要素布局统筹

由于废弃矿山占用大量土地资源,在保护优先前提下,国土综合整治要统筹生态环境保护与社会经济发展,对矿山进行科学、合理、高效地再次利用。从"矿山地质环境恢复治理"提升到"矿山地质环境国土整治",要突出"生命共同体"理念,强调全要素统筹、系统性治理,以实现生态环境的保护、改善及矿山地质环境下各项生命系统的可持续发展。由此,矿山地质环境的国土整治是一项长期而复杂的系统工程,不仅关系到我国国土资源的再利用,也关系到经济发展、社会发展以及生态环境优化等诸多方面。

矿山地质环境国土整治需要综合考虑生态环境保护与城市发展诉求。一方面,对矿山区域水体生态环境、土壤生态环境、大气生态环境、植被生态环境、地质环境等与矿区生态系统关系密切的自然资源要素进行保护;另一方面,也要统筹考虑"山水林田湖"各类自然要素保障能力,为产业发展、基础设施、公共服务、生态保护、公益事业、农房建设等提供用地保障。因此,矿山地质环境国土整治既加强了对自然资源的保护和高效利用,也为推动各类要素布局统筹提供了重要路径。

4.1.3 矿山地质环境国土整治的基本原则

4.1.3.1 坚持统筹规划、整体推进

矿山地质环境国土整治对上具有承接性,是国土空间总体规划、国土空间综合整治的重要组成部分,需在规划目标、整治区域划定等方面进行一定的衔接及横向统筹。对下具有引领性,从土地空间优化、再利用及生态修复策略等方面,对绿色矿山建设发展规划、矿山地质环境保护与土地复垦方案进行规划指引。在统筹规划的基础上,全面调查矿山国土空间现状、未来国土空间适宜性和产业发展需求,整体推进历史遗留矿山和生产矿山的国土整治工作,重点解决"三区三线"可视范围内历史遗留矿山地质环境问题中的历史欠账多、安全隐患大、景观形象差、土地破碎化等突出问题。

4.1.3.2 坚持因地制宜、因矿制宜

以矿山所在区域现状调查为基础,以问题为导向,立足"矿山资源利用、地质安全、土地空间、修复用途、生态本底"等一系列差异化特征,结合地方特色、每矿单独施策的整治思路,做到"一矿一策、精准整治"。坚持因地制宜、因矿制宜,对矿山地质环境的国土整治模式要多样化。一方面,对已闭坑或废弃的矿山,应当积极探索市场经济管理办法,分类转换矿山土地用途,探索矿山土地的资源化管理,推动和加快矿山地质环境的国土整治工程。另一方面,对矿山地质环境的生态保护侧重于植物多样性保护,因地制宜将整治工程融入城市规划和景观建设中,如利用废弃矿山的采选、冶炼设施等建设矿山公园、利用矿山开采遗留的矿房建成集旅游、休闲、疗养为一体的旅游度假区等,优化国土空间布局、结构和功能。

4.1.3.3 坚持生态优先、绿色发展

坚持生态优先、节约优先、保护优先、绿色发展的方针,兼顾生态效益、社会效益和经济效益。通过整体保护、系统修复、综合治理等方式,提高生态系统的质量和稳定性;推进矿山地质环境的山、水、林、田、湖综合整治工程,宜留则留、宜农则农、宜建则建、宜林则林,尽快恢复矿山地质环境的青山绿水;尽可能利用矿山现有资源及自然的特性和机理,保护水土资源空间,发展绿色矿业,建设绿色矿山,构建矿山地质环境保护新格局。

4.1.3.4 坚持政府主导、市场运作

发挥政府主导作用,综合运用行政、经济、法律、科技、社会等手段,建立合理的利益导向机制,加强政策引导和激励,激发市场主体活力。按照"谁投资、谁受益""谁破坏、谁修复"的原则,通过赋予一定期限的自然资源资产使用权等激励机制,积极开展市场化运作,鼓励社会资本参与矿山地质环境的国土空间生态修复治理,健全和完善生态保护补偿及自然资源开发经济补偿机制。

4.2 矿山地质环境破坏的类型与特征

4.2.1 矿山地质环境破坏的类型

4.2.1.1 矿山开发对矿山地质环境的影响分析

矿山地质环境是由曾经开采、正在开采或准备开采的矿山及其邻近地区的岩石圈表层与大气圈、水圈、生物圈组分之间不断进行物质交换和能量流动的一个相对独立的环境系统。其以岩石圈为依托,矿产资源开发为主导,不断改变着地球表面岩石圈自然环境平衡的地质环境。矿山开发过程中,通过排放有害废气废水、固体废弃物等污染物,对矿山地质环境造成一系列不良影响,包括空气质量恶化、水质恶化、土壤质量恶化、土地损毁、生物多样性减少等(见表4.1)。

表 4.1　矿山开发对矿山地质环境的影响

影响对象	影响模式	影响结果
大气圈	从露天采矿场、废石堆和加工厂排出的尘埃和有害气体	矿区周围的空气质量恶化
水圈	矿坑排水、矿石加工所产生的废水排放、废石废渣淋滤水渗入地下、矿区生活废水排放	区域的水文和水文地质动态破坏地下水和地表水储量衰竭,水质恶化
岩石圈	修筑矿山井巷、露天开挖、矿坑排水、采掘矿石、固体废弃物堆放、尾矿库修建、建筑物与交通线的修建等,地形景观破坏,地面变形	岩体天然应力——应变状态的改变引发地质灾害,土地占用破坏及土地总量减少,土壤质量恶化
生物圈	矿坑水和污水排入地表水体,尘埃和有害气体充满大气,地面变形,植被破坏,相当规模的挖方与填方的形成,建筑物与交通线的修建,生产噪声等	水体和土壤遭受有害物质污染,森林与耕地范围减少,栖息条件恶化,野生动物数量减少,农作物收获量和林业产量下降,畜牧业和渔业产量减少

4.2.1.2　矿山地质环境破坏种类

(1)矿山地质灾害

矿山地质灾害是由各种动力条件共同作用形成,其影响因素和形成条件错综复杂,既受地形地貌、地层岩性等自然环境的影响,也与气候条件、人类活动等因素息息相关。矿山开采、排渣等工程活动通常会诱发采空地面塌陷、岩溶地面塌陷,以及崩塌、滑坡、泥石流等地质灾害。其中,采空地面塌陷主要受区域地质环境、矿种、采矿规模、埋藏条件、开采方式等因素的控制;岩溶塌陷地质灾害隐蔽性强,危害性大,多呈数量不等的群体或串珠状出现,少则数个,多则数十个,甚至上百个,塌陷坑平面形态各异,塌陷周围常出现伴生的环状拉张裂缝;崩塌、滑坡、泥石流等地质灾害大多由露天矿山的"崩落法"采矿、废弃物堆积、暴雨及矿山不当排水等因素诱发。

(2)土地土壤资源损毁

矿产资源开发利用必然占用和破坏土地,露天采矿剥离的表土、地下采矿后的塌陷,以及选矿后的尾矿都将导致对矿区土地资源的极大破坏,致使土地原有功能丧失、土壤质量下降等现象出现。土地资源损毁主要表现在矿山地面塌陷破坏土地、矿区修路及修建厂房占用破坏土地、废渣(煤矸石、弃土)等固体废弃物压占土地、露天开采剥离挖损土地等方面,破坏类型主要以耕地和林地为主。矿山开采对土壤资源的破坏主要体现在土壤层破坏、土壤侵蚀,以及矿区环境条件改变引发的土壤退化。矿山土壤在开采之前就近堆积,使得土壤各种特性受到一定影响,造成土壤结构及微生物的损害、土壤板结、有机质含量下降等,导致土壤肥力退化,影响农作物生长。

(3)地貌景观及植被破坏

无论是露天开采还是地下开采,矿山的开采活动都会对地貌景观造成一定程度的破坏。其破坏形式主要表现为矿山开采活动使原有的地形地貌特征发生改变,产生山体破损、岩石裸露、植被破坏等现象,不仅影响了自然风光,也破坏了生态环境,造成水土流失、诱发地质灾害等。露天开采以剥离挖损土地为主,矿山开采前大多为森林、草地等自然植被覆盖的山体,开采后矿区植被损毁,山体正地形转为负地形,形成凹陷,废石(土、渣)或尾矿堆置,严重破坏了地表自然景观。地下开采矿山则将地下矿体(夹石)取出,地表形成塌陷、产生地裂缝、积水成塘等,造成区域地貌景观和植被破坏。

(4)水资源破坏

矿山开采对水资源的破坏包括地表水资源和地下水资源,对地表水资源的破坏体现在取水及改变河道流向等方面,对地下水的破坏表现为过度采水或疏干地下水导致水位下降、供水发生困难、地面沉降等。大部分矿体位于当地侵蚀基准面之下的矿山,在开采时均需要大幅度降水,特别是地下开采矿山,其大幅降水可能导致区域地下水位下降,对含矿岩系的含水层直接造成破坏。一方面,会使矿体顶板岩层发生碎裂、崩落等问题,并导致上覆含水层弯曲变形,改变原有水文地质条件;另一方面,致使矿区周边泉水量、井水量明显减少或枯竭,造成当地供水困难,并出现地面沉降地质灾害。在干旱地区,矿山开发和矿区城镇兴起可能将大量水资源由农田转为工矿业或城镇使用,或因过量开采地下水,造成区域内生态环境破坏。

(5)水土环境污染

矿山水土环境污染通常包括土壤污染、水污染和大气污染。其中,矿山土壤污染的主要污染源是重金属和酸性废水,以重金属危害最为突出。矿山土壤被重金属污染后,会降低土壤的生态功能,影响土壤的理化性质,进而降低土壤微生物量和活性细菌量,减少土壤系统中的生物多样性,从而影响土壤生态结构和功能的稳定,失去土壤的利用价值;矿山水污染通常包括地表水资源污染和地下水资源污染,以地表水资源污染最为突出,主要指选矿水和选矿废水排入地表水体所造成的污染;矿山大气污染物是在采矿、选矿、冶炼过程中产生的常温常压下呈气态的污染物,它们以分子状态分散在空气中,并向空间的各个方向扩散,主要有含硫化合物、含氮氧化物,以及含碳氧化物等。

(6)生物资源破坏

矿山开采对生物资源的破坏主要表现在:采矿活动引起的生态环境问题导致了土地碎片化、栖息地破坏、生物多样性损失等。地貌景观破坏、土地土壤破坏、地质灾害、水土环境污染等,这些生态环境问题的出现对矿区生物多样性的维持都是致命打击,特别是环境敏感区内矿山开采对生物多样性的影响是难以恢复的。此外,采矿形成的污染物经由大气、水体、土壤进入生物体内,会导致生物死亡、病变。矿区污水中含有大量的氮、磷、钾等微量元素,造成水体富营养化,形成水华、赤潮,致使水体恶化,最终可造成水生生物绝迹。由此,矿区内的生态系统逐步遭到破坏,外围生态系统也因动植物资源量的减少而逐渐改变其组成,原有生态系统功能减弱或丧失,生物多样性受到严重威胁。

4.2.2　矿山地质环境破坏的总体特征

矿山地质环境问题与开发的矿产类型或种类、开发方式、开发强度、区域地质与自然条件,以及矿山规模、性质、矿山经济技术水平等诸多因素紧密相关,其破坏的总体特征包括复杂性、多因性与复发性,地域性,集中性与严重性,群发性与共生性(徐友宁等,2003)。

4.2.2.1　复杂性、多因性与复发性

矿山地质环境问题的类型和表现形式、严重程度、直接结果,不但与矿区地质地形条件、

水文、气象、植被等区域环境条件有关,而且与矿床工业类型、开发方式、开发规模、经济活动特征等密切相关。矿山地质环境问题通常是由采矿、选矿甚至冶炼的多种活动过程共同作用的结果,其产生与诱发因素较多。某些地质环境问题还具有多次原地的复发特征,如煤层的采动或复采会导致地表发生反复塌陷。

4.2.2.2 地域性

矿山地质环境问题的类型、严重程度与矿山所处的自然地理环境密切相关。不同的自然地理环境区往往是某些地质环境问题的频发区,即在该区内的矿业开发会加剧这些地质环境问题的发生和发展。因而,这类矿区地质环境问题的危害性更大,其矿山地质环境问题的地域性特点十分明显。如山地地区是滑坡、崩塌、泥石流、水土流失的主要发生地,山地矿山开发必然会加重地质环境问题频发与危害程度;土地沙化、煤层自燃主要发生在干旱或极干旱的地区等,这些都是地质环境问题具有地域性特征的表现。

4.2.2.3 集中性与严重性

由于矿山地质环境问题主要是矿业开发直接产生、诱发和加剧的结果,因此,矿山地质环境问题主要发生于矿山生产现场以及影响到的周边地区,范围有限,直接威胁采矿作业现场生产、工矿设施和周边居民的生命财产安全。矿山地质环境问题不仅发生在采矿过程中,即使在矿山闭坑后相当长的时间内,仍会对矿区及其周边地区的环境产生不利影响。矿山环境污染危害人体健康的滞后性和累积性影响当代人甚至后代的健康安全,造成较为严重的社会后果。

4.2.2.4 群发性与共生性

矿山地质环境问题往往不是孤立发生或存在的,而是存在着矿山地质环境问题链。前一种矿山地质环境问题的结果通常是后一种矿山地质环境问题的诱发因素。如地下采空区诱发的地面塌陷、地表裂缝等,往往导致地表河流水沿裂隙下灌,引发矿井突水灾害以及土地完整性和功能退化,或导致山体开裂诱发崩塌、滑坡等地质灾害。由于诱发条件类似,某几种矿山地质环境问题往往同时发生,呈现共生性,如崩塌、滑坡与泥石流共生,地面塌陷与地裂缝共生等。

4.2.3 矿山地质环境下的城镇空间发展与转型趋势

4.2.3.1 城镇空间结构演变过程——以淮南市和金昌市为例

(1)安徽省淮南市

淮南市是安徽省重要的煤矿工业城市,由多个城镇形成多中心、分散的城市空间结构,具有典型的矿山地质环境条件。纵观淮南市的城市空间发展,受煤矿资源开采的影响,形成了淮南"城随矿建"的空间发展过程。其空间演化过程可以分为散点城市形成阶段、城镇群拓展阶段、蛙跳式演化阶段和再度集聚发展阶段(李荣等,2005;樊家龙,2007;宋飏,2008)(见图4.1)。总体来看,淮南市城乡空间结构演变本质是由分散到集中、由分离到一体的过程。

①散点城市形成阶段

在缘矿建镇的初期,以据点开发的方式,以各煤矿工业矿用地为中心,就近新建工人村,并配套建设相应的生产、生活服务设施,形成空间分散、规模较小的点状工矿城镇。新中国成立初期,淮南市仅有田家庵、九龙岗、大通 3 个小集镇,城镇总人口不到 2 万人,总面积 3 平方公里,城市形态呈散点状分布,空间结构简单。

②城镇群拓展阶段

改革开放以来,淮南市经济得到高速发展,产业结构也由原来的第二产业占绝对优势逐渐向二、三产业并重发展,城市空间结构也发生了巨大变化。随着煤田的开发,原有的散点分布式的城市空间结构已经不能满足城市发展的需求,城市空间逐步拓展,形成以田家庵和洞山两个城镇为核心、其他片区为次级中心的城镇群式基本骨架。

③蛙跳式演化阶段

当较早的矿井衰退或因扩大生产规模的需要,新矿的建设产生了新的聚居中心。城市空间开始"蛙跳式"扩张,这一阶段城市空间以离心分散为主。随着大通煤矿的关闭,大通区的人口逐渐减少,人口密度也逐渐降低。之后,李一、李二、谢一、谢二等矿井先后建设并投产,各矿区居民点逐渐发展成为城镇空间,由此形成新的城市发展空间。

④再度集聚发展阶段

当城市的煤矿资源趋于枯竭时,其他工业部门成为新的支柱产业,城市工业职能发生改变。"蛙跳式"地域扩展基本停止,主要进入城市空间的填充拓展阶段。此时相邻居民点的相向发展,最终可能导致相互连接,形成较大的带状或块状中心区,使整个城市形态的紧凑程度提高。随着第三产业比重的不断上升,淮南市呈现出以田家庵为中心的向心型扩张,各分散组团呈现主沿线建设、轴向扩张的态势,谢家集、八公山等各个组团之间的联系道路两侧已逐渐连接成片,发展成紧凑的城市空间。

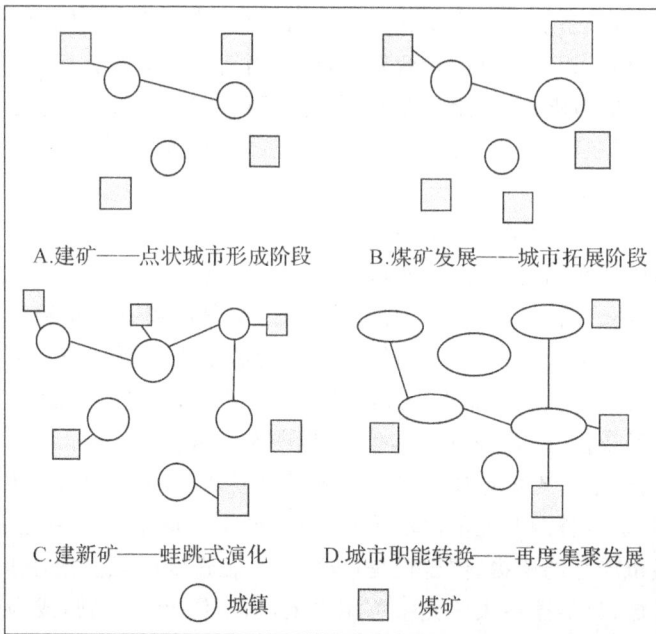

A.建矿——点状城市形成阶段　　B.煤矿发展——城市拓展阶段

C.建新矿——蛙跳式演化　　D.城市职能转换——再度集聚发展

○ 城镇　　□ 煤矿

图 4.1　淮南市城市空间演化过程

资料来源:李荣(2004)。

（2）甘肃省金昌市

金昌市地处中国西北地区、甘肃省河西走廊中段、祁连山北麓,因盛产镍被誉为"祖国的镍都",是缘矿兴企、因企设市的戈壁资源型城市。因金属矿山等资源条件、地理环境、社会大背景的特殊性,其产生、形成和发展都存在独特的内在空间秩序和特定的空间发展范式,城市空间发展大致可以划分为四个阶段(宋飏,2008;刘涛,2007;唐笑,2017)。

①围绕主矿区点状发展阶段

自1958年金川镍矿的发现到1966年金昌镍工业生产基地的初步建成,金昌城市用地以工矿基地为主,城市空间形态主要围绕主矿区呈点状式蔓延发展。受限于当时开采技术条件和交通条件,生产加工企业和工人居住紧紧围绕在主矿区周围,职工居民大都因山就势。城市沿山路(铜川路)发展,道路两侧既有企业工矿,也有大量的居民点,生产、生活合一。

②空间跳跃性发展阶段

1967年至1980年,金昌工业生产体系初步形成,一座以矿产资源开发为核心的工业城市雏形渐渐形成。在城市用地空间发展方向上,没有完全依托上一阶段的建成区蔓延式发展。受限于城市地形,总体布局避开白家咀村向东拓展,呈现出一定的空间跳跃性,即在原有城市范围外新增城市用地的过程中,新增城市用地斑块与已有城市用地斑块之间无公共边界。由于城市是随企业发展平地新建,没有可依靠的先天城市资源,企业功能与城市功能同构和混合,工矿企业与居民生活相混杂的"单位大院"是该阶段城市空间结构的典型特征。

③工业用地持续拓展阶段

1981年至1996年,金昌市成立,城市功能逐步完善,城市职能开始由工矿生产基地向综合性城市转化,城市形态发生急剧变化。一方面,金昌的公共服务机构开始从无到有逐步完善,并在城市北部形成相对独立的行政新区,展现出新的城市面貌和空间形态;另一方面,随着产业多元化发展的需求,位于金昌东北部的高新技术开发区逐步建成,其在城市空间整体形态上自成一体,但在运作、发展过程中又与其他部分紧密联系。

④城市空间填充式增长阶段

1996年以来,金昌由生产性城市向生活性城市转型发展,并在城市用地功能上发生巨大变化。其以城市内部空间为基准,以非城市用地为对象,对其进行不断填充。此阶段的城市空间布局呈现"一心、三轴、三区","一心"指以人民文化广场及新华路—建设路(天津路)为中心的政治、经济、文化中心;"三轴"指城市东西发展轴线(新华路)、斜向轴线(北京路)、河雅公路轴线;"三区"指老城区、新城区、高新技术产业区。城市形态的总体变化,体现出"生活区北移,工业区东扩"的趋势,城市空间逐步进入快速发展阶段。

总体来看,作为受金属矿山地质环境影响的资源型城市,金昌的城市发展与其主导企业的发展息息相关,与矿产资源开发的阶段紧密相连,城市布局也紧紧围绕主体企业的建设。资源优势是金昌城市产生的前提,但也正是这个原因,在选址时无法选择水土条件更好的河西走廊绿洲河谷区域,只能建在大片戈壁荒滩之上,水资源严重短缺,成为制约城市发展的约束条件。产业结构的调整、经济的发展和人口的增加是金昌城市空间扩展的重要动力。而随着矿产资源的衰竭,城市扩展不再受制于矿山位置的约束,并向其他自然条件更好的方向扩展。

4.2.3.2　城市空间结构的一般特征

（1）城市形态大多呈现明显的分散性

矿山地质环境下城市空间格局大多呈现分散状态，紧凑度不高。小型的县级市由于矿区分散在各乡村中，矿区未包含在城区范围内，空间结构的松散性不明显；大中型城市由于受矿产资源空间分布的影响，大多数是因矿设镇，连镇成市，进而形成一城多镇或分散型布局机构。由于城市矿产资源分布范围较广，矿井布点相对分散，用工数量较大，由此导致了居民点分布较为分散。由于受通勤条件和时间的限制，矿区中心居民点的服务范围有一定的限度，因此整个城镇都必须由若干个矿区中心居民点构成，不同的中心居民点之间还存在着农田、水域、村庄等乡村景观。此外，分散的城市空间形态导致城市空间就业和建设密度较低，空间利用率往往也较低。

（2）职能空间凸现"双二元"结构

城市与区域职能分割造成的"城乡二元"，以及城市其他职能与矿业职能分割造成的"城矿二元"，引发了城市空间结构的"双二元"，这种独特的"双二元"结构是矿山地质环境下城市最重要的空间特征之一。一方面，在城市开发初期，城市与区域的分割通常较为明显，独立的矿业职能更为突出，由此导致了城市与乡村以及周边城市在空间联系上的分割和相互独立，使得"双二元"结构中的"城乡"空间关系矛盾多于协作；另一方面，城市内部也呈现一定的"二元"结构，即资源职能空间与其他城市职能空间的分割，这种空间分割直接影响到城市的空间结构和形态。

（3）城市空间拓展"偏居""偏工"

矿山地质环境下的资源型城市大都地广人稀，在用地构成方面，居住用地和工业用地（部分资源产业用地、资源加工业用地和其他制造业用地）是其比例较大的用地类型。一方面，这类城市受矿产资源开发的影响，大都因矿而建，居民聚集是城市重要的功能之一。借助矿产资源的先天优势，逐步形成相应的工业体系和产业链，导致城市工业用地的比重较大，是这类城市发展的典型特征之一。另一方面，城市公共绿地和道路广场用地都属于公益性质的空间类型，而此类用地受制于矿山地质环境的限制明显匮乏。此外，土地作为城市空间变化的基地依托，城市空间扩展通常会引起建成区内、外土地利用结构、数量及利用程度的综合变化，如将部分未利用地或其他类型用地转化为城市建设用地等。

（4）转型期构筑组团式空间格局

在已有"矿区、城区"的基础上，"新开发区""新工业区"等成为转型载体，其建设使诸多受限于矿山地质环境的资源型城市空间呈现出新的空间格局，如"三区——矿区、城区、新区"等组团式布局。矿区大多成为老城区，是城市建设的旧有中心；城区一般是城市的行政职能和中心职能所在；新区通常以开发区的形式存在，以作为转型期工业发展的载体。从空间格局上来看，各组团之间，通过道路相隔以加强各组团之间的联系，或相距一定距离，中间多为城市的采空区、生活保护区等，进而形成有机分散的空间布局。如金昌市"老城区、新城区、高新技术产业区"三大组团；淮南市谢家集、八公山、田家庵等多个组团共存的空间格局。

4.2.3.3 城市转型发展

(1)国外城市转型发展

目前,矿山地质环境下城市转型的模式在国外大体可分为两类,即"弃矿型"和"拓展型"(朱训,2012)。在转型方式上,大都通过生态转型和产业转型等路径,进一步实现城市的转型发展。

采取"弃矿型"转型模式,即实行放弃传统产业,另走一条新路支撑城市发展,实现完全转型。例如,澳大利亚墨尔本附近的小金山市,利用原有矿山遗址建设了一个矿山博物馆,进而发展旅游产业,使城市重获新生。波兰克拉克夫和哥伦比亚首都附近的盐矿均已不再开采,而是利用废弃矿址建成地下盐矿博物馆和盐矿艺术馆,使旅游业成为城市的支柱产业。法国的洛林地区采取了一系列措施,包括关闭高耗能、高污染和高成本的丧失市场竞争力的煤矿、普通钢铁厂,将财力用于新兴产业:立足全球市场需要,重点发展核电、环保装备业、电子、医药等高新技术产业;成立专门的国土整治部门,重新整治和规划老矿区的土地,营造宜居环境等,从污染严重的衰退工业区转型成为高新技术产业发达、环境优美的新兴工业区。

采取"拓展型"转型模式,即继续挖掘资源潜力发展矿业,通过对传统产业的改造促使其转型升级,同时大力发展新兴产业,通过培育创新能力,推动地区转型发展。例如,美国休斯敦在利用矿产资源的基础上,通过逐步发展高新技术产业使得城市获得新的发展。德国鲁尔地区在转型过程中,对于传统产业,重在促进其转型升级,且在发展新产业时也充分利用原有的产业基础,如利用其在废水的收集和循环利用、危险废弃物的运输、煤矿通风系统的建设等方面的丰富经验和知识积累,发展为全球服务的环保产业。在此基础上,鲁尔地区大力发展非煤炭相关的新兴产业,包括信息技术、汽车、电子、精密机械和仪表、纺织服装消费行业等接续产业,通过新产业的发展实现整个鲁尔地区经济格局的实质性优化(周志强等,2021)。

(2)国内城市转型发展

在中国,矿山地质环境下城市的转型大都通过生态、产业、城市、社会等多种要素转型,使城市重获新生,以实现城市的可持续发展。江苏省徐州市贾汪区和湖北省黄石市是国内较为转型成功的典型案例。

贾汪区是一座百年煤城,近年来围绕"建设全国资源枯竭城市可持续发展示范区"目标,大力实施"生态立区、产业强区、旅游旺区、文明兴区"战略,逐步实现了从"一城煤灰半城土"到"一城青山半城湖"的华丽转型。通过积极抢抓资源枯竭城市转型发展和采煤沉陷区治理等政策机遇,采取因地制宜,创新模式,大力推进采煤塌陷地复垦工作、加强土地综合整治等措施,拓展生存空间;秉持塌陷地治理与生态修复有机融合的理念,先后完成了潘安湖、小南湖、商湖等地区的生态再造,首创"基本农田整理、采煤塌陷地复垦、生态环境修复、湿地景观开发"四位一体新模式,以因地制宜、综合治理、生态优先、绿色共享等多元化方式开展塌陷地治理,成为国内资源型城市成功转型的最新标杆。

黄石坚持生态立市,推动工业从高碳向低碳、从黑色向绿色、从制造向创造发展,在工业遗址催生发展新动能,用绿色指挥棒引领了城市转型之路。主要措施包括:关停多座非法矿山和多家无序发展的模具钢企业、拆除黄石市长江岸线多个非法码头泊位、投入近百亿元资金开展生态修复工作,逐步抚平生态伤痕;通过技术改造、新产品研发、厚植传统支柱产业新优势,稳住黄石工业绿色转型的底盘;从传统产业向新兴产业、从企业单打独斗向产业集群发展、从原材料产品向中高端产品、从要素驱动向创新驱动转型,绿色立市倒逼工业升级;从工业遗址出发,以工业文化旅游为主题,先后举办两届国际矿业文化旅游节、两届矿博会,由工业遗址催生发展新动能。黄石通过不断创新模式,打响工业文化品牌,创造工业旅游新发展形势,努力为全国同类老工业城市树标杆、作示范(凌昊平等,2014;周志强等,2021)。

由此,从矿山地质环境下城市转型发展经验来看,每个城市都应从本地实际出发,因地制宜,探索适合本地的转型发展模式。城市转型发展不仅是一场重大的社会变革,也是一项长期复杂的系统工程,需要统筹协调好产业发展、资源配置、土地利用、环境整治、体制机制等多种转型要素的关系,不断突破转型发展的瓶颈,解决制约城市转型发展的顽固性难题,进而实现城市可持续发展。

4.3　矿山地质环境国土整治的主要工作

4.3.1　矿山地质环境国土整治的规划设计

4.3.1.1　矿山地质环境国土空间整治现状评估

合理有效地保护国土空间自然资源是开展国土综合整治的原则和目标,而国土空间整治现状评估是优化国土空间开发利用格局、提升全域空间品质的前提条件。从"山水林田湖草"的现状着手,采用综合分析等评价方法,找出矿山地质环境国土空间各自然资源要素存在的问题及限制条件。现状评估的主要内容涉及要素现状分析(如耕地数量、水资源开发情况)、时空演变特征(如城乡利用效率、地质灾害发生频率),以及限制性分析(如矿山集约化程度、森林保护等级)等。

国土空间本底现状评估是国土整治的基础工作,通过定性、定量等分析方式,对矿山地质环境国土空间土地资源利用情况、自然资源开发现状、生态环境问题、矿山地质环境变化趋势等进行评价,以进一步掌握区域地质安全、环境污染、生态景观、土地资源等各类要素情况,为国土空间整治潜力识别和区域划分奠定基础。

4.3.1.2　矿山地质环境国土空间整治潜力识别

国土空间综合整治潜力识别是矿山地质环境国土综合整治规划的重难点,是国土空间整治中承上启下的一环,向上衔接现状分析,向下承接识别重点整治区域的重任。通过将国土空间本底现状问题与其他各种限制条件相结合,找出国土空间中既存在问题又可实施整治的区域,按照现状问题的轻重缓急,将整治潜力划分为不同的等级,并根据分区等级判断重点整治区域。一般分为农用地整治潜力、建设用地整治潜力、工矿用地综合整治潜力、国土生态空间修复潜力(李葛,2021;于沣玉,2021)。

农用地综合整治潜力识别一般包括基础图斑识别(主要考虑满足条件的土地利用类型)、图斑筛选(考虑土壤质地、高程、水源地、集中连片等因素)、构建指标体系(选取地形坡度、距离居民点距离、耕地质量等别等影响因子)、确定潜力图斑等级四部分。建设用地整治潜力识别主要以三旧改造数据库为主,结合需要基础设施提升的居民点数据,再对图斑删减得到建设用地整治潜力(于沣玉,2021)。工矿用地综合整治潜力主要来源于两类:一类是工矿废弃地复垦,即对这类影响群众健康和生态环境质量且责任主体灭失的突出历史遗留问题矿山、工矿,由政府出资恢复治理;另一类是矿山地质环境下自然灾害损毁地复垦,主要是对由泥石流、崩塌、洪水等灾害造成耕地损毁的区域恢复治理(张海琳,2020)。生态空间修复潜力通过对国土空间生态脆弱性分析、生态系统服务功能重要性分析等方式,实现对植被恢复潜力、水土流失治理潜力,及矿山生态环境修复潜力的识别。

4.3.1.3 矿山地质环境国土空间整治区域划分

矿山地质环境国土空间整治分区是根据区域自然条件、社会经济、生态环境和突出问题等差异,保证自然地理单元和行政单元的完整性,划分整治方向和类型相对一致的区域。在进行矿山地质环境国土空间整治分区时,要根据国土空间现状本底条件突出区域主导功能,在一定时空范围内,对空间格局失衡、资源利用低效、生态功能退化、生态系统受损的重点区域,进行国土空间整治和系统修复。

根据区域各资源要素本底情况及潜力分析结果,结合自然保护地划定情况、国土开发保护格局等,采用极差标准化、熵权法、系统聚类分析法以及空间叠加分析等多种方法,划定矿山地质环境国土综合整治与生态修复的重点区域,具体可分国土综合整治区和生态保护修复重点区;此外,也可根据潜力类型,确定二级分区,如农用地整治分区、建设用地整治分区、工矿用地整治分区、流域生态保护修复区、生态节点保护修复重点区等(李葛,2021)。

4.3.1.4 矿山地质环境国土空间整治策略工程

整治策略的制定及配置是矿山地质环境国土整治规划具体应用最关键的环节,通过具体的国土整治和生态修复工程措施践行。全要素综合整治和矿山修复策略的制定,需要注重各要素的综合修复,合理安排不同类型工程间的实施时序,尽量发挥整治工程的加和效应,以保证修复过程的低能耗、高效率;单要素整治与修复策略的制定,需分类分情况处理。体现在矿山修复中,即对废弃矿场,积极实施重点治理工程,巩固矿山边坡,恢复废弃采矿部分矿山的植被,降低地质灾害的发生风险;对正在开采的矿山,则需积极落实矿山地质环境恢复治理的主体责任,由企业实行边开采、边治理的模式,做到停采时完成大部分矿山修复工作(李葛,2021)。

总体而言,根据矿山地质环境国土空间整治中重点指标及各要素整治目标要求,提出有针对性的策略路径,明确整治与修复的重点方向。此外,整治与修复的重大工程的布置要充分考虑区域发展基础、群众意愿、整治潜力、生态修复能力等,以保障相关规划的可实施性。此外,由于矿山地质环境国土空间整治工程往往具有规模大、类型多、技术复杂、周期长、见效慢等特点,规划任务措施的设置应考虑如何统筹处理好整体与局部、当前与长远、保护与修复措施选择等方面的关系。

4.3.2 矿山地质环境国土整治的主要内容

国土空间整治是对一定区域内生产、生活各要素的调整、优化和配置,是对不合理的国土空间进行调整和优化的过程,使之达到科学利用、高效利用的状态。矿山地质环境国土整治工作需落实国土空间规划,整治的主要对象包括城市化地区、农村土地和矿产资源开发集中区。其中,矿产资源开发集中区的重点整治工作为矿山地质环境整治与生态修复。

4.3.2.1　城市化地区整治

矿山地质环境下,城市化地区整治主要包括两项内容:一是城市低效用地再开发,包括旧城用地、旧村用地和旧厂用地的改造,涉及城中村、棚户区和老工业区的搬迁改造等。通过增加公共空间,提升公共服务设施品质,优化旧城功能、人口结构,实现旧城复兴,焕发老城新活力。通过改善居住环境,提升社区功能,保护传承传统历史文化特色风貌,促进旧村和谐发展,并加快推进工业产业区域内的旧厂淘汰落后产业,引导创新型优势产能,实现空间重构和土地重配。二是城市环境综合治理,包括城市绿道、公园绿地建设等,优化城市环境质量,提升城市品质。

4.3.2.2　农村土地整治

农村土地整治主要包括三项内容:一是田水路林村综合整治,按照"田地平整肥沃、水利设施配套、田间道路畅通、林网建设适宜、科技先进适用、优质高产高效"等要求,优化农村居民点用地布局,突出城乡建设用地增减挂钩,推进美丽乡村建设。二是集中力量进行高标准农田建设,不断提高耕地和基本农田的综合生产能力,巩固提升粮食综合生产能力,激活乡村振兴活力。三是土壤退化治理行动,适当深耕,选用好的耕作方式打破土壤结构,将板结土壤打碎重组,疏松土壤;减少化肥使用量,增施有机肥,提高土壤有机质的含量,增加土壤的通透性,改善土壤物理性状,从而破除土壤板结,提高粮食生产率。

4.3.2.3　矿产资源开发集中区综合整治

矿产资源开发集中区国土整治的对象主要包括:矿山区域水体生态环境、土壤生态环境、大气生态环境、植被生态环境、地质环境等影响矿区自然生态系统、周边人居环境与社会经济(生态农业、生态旅游等矿区产业再开发项目)的相关要素。

(1)环境整治与生态修复

矿山地质环境综合整治与生态修复内容大体分为三类:一是整治滑坡、崩塌、泥石流等地质安全隐患。对于矿山潜在的崩塌、滑坡隐患点可采用削方减载、人工消除小型危岩体或缓陡峭高坡等方式消除隐患;对部分矿山沟谷存在泥石流隐患则采用拦挡、疏导、固化泥石流物源等手段进行防治。二是治理水污染、土壤污染、大气污染等场地环境污染。对矿山"三废"排放引起的地表水、地下水、土壤、植被、大气等环境污染,主要采取粉尘处理工程、废水处理工程、废气处理工程和废石尾矿资源化利用与无害化处理工程进行恢复治理。三是生态景观修复,主要包括植被恢复、景观打造、动物及微生物群落生物营建等。修复矿山地质环境下被损毁的植被,在原有景观的基础上,挖掘新的旅游资源,进行合理的景观设计,根据矿山废弃地改造后场地主体功能的不同进行景观打造。

(2)土地复垦及空间综合开发利用

土地复垦主要针对采矿塌陷地及周边荒地,进行挖高垫低(非积水塌陷干旱地)、挖深垫浅及充填复垦(排水疏干)等,建立高效农业复垦示范区。在一些生态破坏较轻微、环境污染较小的区域进行复垦,改造之后可进行农业、林业、渔业、牧业等综合利用,按治理后的土地利用功能可分为建设用地、农业用地和林业用地整理模式等。对于矿山地质环境下位于重要城镇周边、对周边生态环境有重大影响,且矿区面积较大、具有开发利用价值的矿山废弃地,通过延伸城市功能,进行综合整治,打造新兴的城市功能板块,带动周边地区发展。尽可能将矿山废弃地空间进行综合开发利用,可通过与旅游开发、景观或文化产业相互结合、利用资源优势打造新型产业园、发展新型观光农业产业,以及将其用地转换为垃圾处理厂类、仓储类用地等方式治理。

(3)绿色矿山建设

新时代绿色矿山建设是生态文明建设的必然选择,推进绿色矿山和矿山公园建设是矿产资源开发集中区国土整治的重要内容之一。在矿产资源开发全过程中,实施科学有序开采,对矿区及周边生态环境扰动控制在可控制范围内,实现环境生态化、开采方式科学化、资源利用高效化、管理信息数字化和矿区社区和谐化的矿山建设;对矿山开采过程中必然产生的污染、矿山地质灾害、破坏生态平衡,最大限度地予以恢复治理或转化创新。围绕着绿色矿业发展目标,依据矿山开发利用实际情况,从依法依规办矿、规范化管理、资源综合利用、开采技术创新、节能减排、地质环境保护、土地复垦、矿地和谐和企业绿色发展理念等方面,加快绿色矿业发展。

(4)信息监测系统构建

信息管理平台:建设管理云平台,形成包括大气、水、土壤等在内的生态环境大数据体系。推进云计算、物联网、移动互联网、在线监测技术等在环境监测领域的推广与应用。

地面监测技术体系:地面监测能验证并提高遥感数据的精确性,有助于对数据的解释。形成遥感技术等信息补充技术。

航空监测技术体系:航空监测首先用坐标网覆盖研究区域,发送分析获得的数据。

卫星监测技术体系:利用地球资源卫星监测天气、农作物生长状况、林地病虫害、空气和地表水的污染情况的技术已经普及。卫星监测最大的优点是覆盖面宽,可以获得人工难以到达的高山、丛林资料。

4.3.3　矿山地质环境国土整治的方法

4.3.3.1　资源枯竭型矿山地质环境国土整治

(1)生态重建

生态重建,即通过植被复绿等方式对生态系统进行修复。对景观影响大、环境破坏严重、影响城市投资环境的废弃矿山,在坡面清理消除灾害隐患的基础上,采用客土喷播或台阶式等岩质边坡绿化技术,让裸岩快速复绿,重建矿区生态环境,力求短期内与周边的山体和环境融为一体;对景观影响小、宕口裸岩可视面小、位置相对隐蔽、具备植被自然恢复条件的废弃露采矿山,简单平整后让其依靠植被自然能力复绿(凌昊平等,2014)。

对于地理位置偏僻、没有景观价值或暂时没有计划再利用的区域或生态环境较差、难以治理区域的闭坑矿山,采取植被复绿模式。对于处在深山远山中的资源枯竭型矿山或废弃矿山,其人为干扰小,破坏程度轻,根据周边未扰动区域的生态系统结构,在尊重自然格局的基础上,不实施大规模的工程措施,恢复到原有生态系统结构和功能,即生态修复方法。

(2)土地整治

资源枯竭型矿山、闭坑矿山、历史遗留型矿山国土整治以修复为主,一般采用开发利用、农林方式等对矿山地质环境进行修复和土地整治(周元豫等,2021)。

开发利用方式:采取"采矿用地+"模式进行二次利用。一是"采矿用地+产业用地",即对闭坑矿山腾退建设用地中具有较高开发价值的土地,与发展现代服务业、完善旅游基础设施等相结合,选择靠近交通干道、区位条件优越的闭坑矿山建立特殊的矿山公园,打造休憩场所,如上海世茂深坑酒店、湖北黄石国家矿山公园。二是"采矿用地+市政用地",即利用现有采矿用地产生的矿坑改建为垃圾填埋场、变电站等。

农林方式:根据矿山地形地貌特征及周边的自然、社会环境,对具备土地复垦条件的闭坑矿山复垦为耕地、园地等。采取"矿山复垦+"模式进行有序复垦。

①"矿山复垦+耕地"模式。将废弃矿山复垦为耕地时需综合考虑自然、社会条件,废弃矿山复垦为农用地时,应评估矿区植被恢复条件,对土壤结构被破坏严重的区域应先采取覆土措施,经济可行、合理的情况下应优先复垦为耕地。对于地形坡度对土地利用有较大影响,地形坡度小于 15°的区域,结合其他自然条件优先判别是否适宜复垦为耕地。综合考虑废弃矿山交通、区位条件,结合自然环境优势,考虑发展观光农业。

②"矿山复垦+园地"模式。将废弃矿山复垦为园地时综合考虑自然、社会条件,主要包括:废弃矿山距离城镇、村落较近,交通便利时,有利于发展林果业;地形坡度大于 15°小于 25°的区域,不适宜复垦为耕地;废弃矿山关停后,经周边农牧民自发种植林果树木,形成效益明显;废弃矿山周边林果产业形成规模化发展,有利于扩大规模发展(叶宗达等,2021)。

③"矿山复垦+林地"模式。将废弃矿山复垦为林地时,要综合分析判断废弃矿山是否压占生态红线,是否严重损毁周边景观地貌等。在风景名胜或保护区范围内的,对生态环境造成不良影响的应优先复垦为林地;对于有色金属矿山开采开发造成周边土壤、水体受到严重污染,对人体有潜在危害的,采取相应整治措施后宜复垦为林地;将远离城镇和村庄、交通不便、适宜复垦为林地的,以及地形起伏较大、陡坡裸土的土地,应优先考虑将其复垦为林地。

4.3.3.2　生产型矿山地质环境国土整治

生产型矿山地质环境国土整治以保护为主,尽量秉持"节约优先、保护优先"的原则。对于正在生产的露天开采矿山,可采用"剥、采、运、排、造、复"的一体化工艺,强调开采工艺与修复充分结合,以"提高土地恢复率、缩短修复周期、增加修复效益"为表征,实现矿区土地资源的可持续利用及矿区的可持续发展。同时积极推进绿色矿山的建设,努力构建科技含量高、资源消耗低、环境污染少的绿色矿业发展模式。

4.4　矿山地质环境国土整治的关键技术

4.4.1　矿区土地复垦与生态重建的方法与技术

4.4.1.1　农田复垦技术

目前,常用的矿区农田复垦方法和技术包括以下几种(刘伟等,2014):

①农田景观内部组织协调。需要根据多样性和异质性原理优化景观结构,对农田斑块

和廊道进行协调。农田景观中的自然廊道基本不予干扰,遵循自然选择规律;人工廊道数目尽量减少;依据功能与性质决定廊道宽度;廊道以直线型为主。道路在满足基本功能要求下,尽量以砂石、土石为主;输水渠道采用节水基质,排水沟在满足降低地下水位与泄洪功能基础上,沟底按凸凹方式建设,适当保存少量水分,利于水生动植物生存;防护林尽量选用与农作物共生或互惠树种、草种,保持一定的水平郁闭度,形成浓郁的乡村气氛。

②农田景观外部组织协调。矿区内农田要与周围农田景观相协调,农田防护林与周围防护林体系衔接,特别是主林带,避免形成风洞或孤立而降低防风效果;给水系统要协调同一,合理分配水资源和衔接渠(管)网,促进区域资源持续利用;排水系统要按照已有骨干沟(管)网格局,上下衔接布设沟(管),维护区域生产与生活安全;道路服从生产与生活需要,骨干田间道路与外围公路衔接,保障居民点与田间交通畅通(付梅臣等,2009)。

③农田景观恢复施工技术。针对矿区开采沉陷量不大,或开采下沉后土地坡度变化较小的非积水塌陷区,采用直接平整利用或自然恢复利用的方式。其中,积水较少区域,利用煤矸石、粉煤灰等固体废弃物进行充填复垦;积水较深区域,采用挖深垫浅法,建立塘基式农田;未稳定沉陷区域,采用预复垦方式进行恢复。采取相应的措施改良和培肥土壤,提高工程复垦土地的肥力。

4.4.1.2 河流水系修复技术

"蓝"水是在地表和地下运动的可见液态水流,"绿"水是土壤中植物生长所必需的不可见的水和植物的蒸腾量。在矿区土地利用过程中,需要将蓝水、绿水和矿山水有机融合,以疏通区域。

①"蓝"水廊道修复。运用生态化的治水观念和措施,借助自然过程来解决人类的需求和问题,充分发挥河流的自然服务功能,保护河流的自然景观和乡土文化,实现最少的人工投入和干扰,最接近自然状态的景观和生态环境。例如恢复缓冲带,建设生态河堤、裁直变弯、恢复湿地、推行自然型的河道建设、重建植被等,在河流廊道修复的过程中,减轻河流的淤积效应,减少洪水暴发的可能性(付梅臣等,2009)。

②"绿"水廊道修复。"绿"水是进入大气的不可见水汽。通过对微地貌地形的运用,对矿区植被进行"保护+建设";通过保水措施,延长地表径流滞留时间,实现对水资源的有效利用,将单纯地利用"蓝"水转变为保水,促使"蓝"水、"绿"水相互协调。

③矿山水处理与利用。矿山水涉及疏干排水、破坏区域水均衡和矿山污水污染水体等问题。对矿山水的防治,通常采用防渗帷幕、防渗墙等工程,堵截外围地下水的补给,并将矿井水回灌补充地下水,健全水文生态系统。对于矿山工业遗留废水和长期积蓄的雨水,在矿山山体附近有冲沟的位置,通过设置拦蓄水坝,利用雨季降水形成小的水面,提高矿山山体的水利状况;在自然形成的冲沟较少的位置,可以利用道路边沟拦蓄雨水,在边沟的最凹点,开凿渗水井,可以改善山体的浅层地下水状况,在水体重塑过程中,应尽量减少水资源的消耗(吴靖雪等,2015)。

4.4.1.3 湿地修复技术

通过对采矿沉陷区及矿坑积水区的综合整治,营造湿地的自然生态系统,提高湿地及其周围环境的自然生产力。湿地修复包括积水区土体处理与造景、地表植被恢复与造景、道路系统改造与景观连通、采矿遗迹的保护与改造。主要技术包括将沉陷区的土地挖出,转移到煤矸石山等固体废弃物堆放地,用于建造假山、覆土绿化;保留农田作为田野景观,结合周围原有的植物群落、生境和水体肌理进行规划,将农田融入生态系统;矿区景观建设中,主要游览路线的规划应根据不同的建设时段做出相应调整,通过动态的演变过程,最终形成较完整的贯穿主要景点、景区的环路体系;对采矿迹地进行矿区景观重塑,因地制宜地制定合理整治和利用采矿迹地的方案和规划等。通过控制和减少水域周围的污染源、清理水底淤泥、疏通并拓宽河道、联通各个水系,来提高水体整体流速、水体自净和纳污能力,进而恢复湿地周围水环境;通过保障地表植被覆盖率,减少水土流失,提高土壤肥力,恢复植被及土壤;保护原有的生物种群,增加生物链层次,进而恢复生物多样性。

4.4.1.4 水体修复技术

水体修复包括沉陷积水净化、积水水面改造和动植物配置等。矿区内长年积水,形成了湿地的部分性能,具备了水质净化功能,对其改造后可净化矿区积水。矿区沉陷积水区根据水深布置好氧或厌氧塘,种植水生植物提升净化效果,通过过滤、吸附、沉淀、离子交换、植物吸收和微生物分解完成对矿区积水的高效净化;根据矿区地面塌陷坑的特点和矿井废污水的成分,按照积水深度在浅水区布置好氧塘、深水区布置厌氧塘,并联与串联相结合,形成湿地型生物塘,向湿地景观转变,且生物塘的平面形态,应尽量保持自然弯曲的形态,达到和谐统一、自然均衡;动植物配置中,注意植物种类的多样性;注意布置主次分明,高低错落;注意形态、叶色、花色等搭配协调。在生物塘内按照从深到浅,依次种植挺水植物、浮叶植物和沉水植物;同时,放养喜食水草的草鱼、喜食浮游生物的鲢鱼和适应性较强的非洲鲫鱼等,以提高湿地环境中土壤与水体的质量,协调水与动植物的关系(吴靖雪等,2015)。

4.4.1.5 村落恢复技术

许多农村居民点有着独特的自然地理环境、风貌和人文风俗景观,形成富有特色、品味和形象的村庄,是新农村持续发展的基础。如何充分考虑和利用矿区当地的自然景观和人文景观,创造出丰富多彩、具有地方特色的乡村景观是村落重建的关键问题。常用的村落恢复技术主要有两类:一是村落特色保护与规划。村落景观重建的最佳途径是科学规划,注重土地复垦规划与村落规划的超前性和可操作性。在村落重建中,通常将村落与其他景观类型协同考虑,包括廊道的衔接、边界衔接,以及节约与集约利用土地、注重环境保护,建设美丽乡村等。二是建筑物基础建造技术。经振动碾压后的煤矸石,能够提高地基的承载力。利用煤矸石回填动态塌陷区迁村建筑地基,并分层振压处理,以满足迁村建筑用地的要求,是处理塌陷区重建村落宅基地最为有效的方法。

4.4.1.6 山体恢复技术

山体是丘陵矿区的重要标志,蕴涵丰富的历史文化内涵及物种资源。山体地形的生态表达中,"山为骨架、水为血脉",山水构架是区域景观环境构成的重要理念之一。修复破碎的山脊生态廊道是区域生态建设的重要组成部分,包括山脊生态廊道修复、恢复和重建山体的自然生态植被。在保护山体的轮廓的前提下,遵循山体的形态和节奏,控制建筑的总体轮廓,保持山脊线的自然连续性,尽可能留出更宽的视线通廊;按照自然式设计原则,选择喷混植生技术、三维植被网绿化技术、双容器育苗技术、节水灌溉技术,采用保水剂等节水新材料,对山体进行植被恢复,裂缝通过"缝合手术针"缝合。

4.4.1.7　林地恢复技术

林地重建技术包括林地选择与布局、树种规划技术、煤矸石山等废弃地抗旱栽植技术。林地尽量安排在矿区的煤矸石山等废弃地及积水区边缘、鱼塘、堤坝和河流、沟渠、道路两侧,作为护岸、护路林来保持水土;复垦后土壤肥力较差的地区有利于发展林业种植,可提高经济效益,调节农田气候,形成与周围不同的景观;树种规划技术与树种的选择紧密相关,林地重建的植物选择应以乡土树种为主,满足"适地适植物"或"适地适树"这一森林培育学的最基本原则,可以适当选用经过多年引种和驯化的外来植物品种,增加植物的多样性和景观的多样性;矿区煤矸石山等废弃地的抗旱栽植技术主要包括苗木的保护和保水技术。苗木保护和保水措施要满足增加栽植时的苗木含水量及栽植时的根系量和栽植后的吸水量,减少栽植时的叶量和栽植后的蒸腾量等方面的要求(付梅臣等,2009)。

4.4.2　矿山废弃地生态环境修复技术

自然条件下,矿山废弃地经过自然演替可以恢复原本的面貌,但需耗费较长时间。然而,人工干预可以在相对较短的时间内,高效实现矿山废弃地生态环境的修复与治理。目前,矿山环境修复技术大体可以分为基质改良技术、物理修复技术、化学修复技术、生物修复技术等(谢计平,2017;陈艳等,2021)。

4.4.2.1　基质改良、土地重构及地貌重塑

为了能够实现矿山废弃地区域生态功能的良好发展,要创造更多适宜植被生长的生态环境,还要加强水资源、生物资源等之间的相互关联,以此构建生态环境修复技术。恢复矿区生态系统功能,首先要创造适合植被生长的土壤环境。土壤是植物和微生物生存的基质,矿区土壤限制植物生长的主要因素是基质结构性差、营养成分缺失。基质改良技术主要有物理法与化学法基质改良技术、生物改良技术等。其中,物理法主要是借助地表土进行回填实现。

在地表裸露、土层缺失、地势陡峭、坡度不稳等矿山地质环境下,矿山区域内几乎没有植被。因此,生态修复可采用覆盖废弃矿山(矿区和渣场)的方式,其覆盖的土壤主要为建筑垃圾、施工废土及湖泊清淤等。对于建筑垃圾产生的混凝土及湖底淤泥进行有效的疏浚施工管理,不仅能够有效提高土壤有机质的含量,还能够不断改善和优化土壤结构,进而为植物生态环境改善、土地重构及地貌重塑提供良好基础(姜月华等,2021)。

4.4.2.2　物理修复技术

物理修复技术主要包括隔离、固化和动力学方程计算法等。其中,隔离法主要是利用水泥、黏土及板材等材料,对于容易受到污染的土壤进行隔离,实现水体分离,以减少或者防止出现污染的现象。隔离法主要包含振动梁挡土墙、平墙及薄膜墙等结构。这种处理方法往往用于受污染较为严重的矿山废弃地,且污染后容易被扩散,但污染物在经过一段时间的分离后,会受到较大的限制。

电动修复技术能够去除土壤环境中的多类型重金属污染物,例如,可在阴极中加入乙二胺四乙酸(EDTA),进而高效提高修复电流,增强电动修复的效果,其在污染土壤中总铜、总铅和总镉的去除率分别为 90.2%、68.1% 和 95.1%。向矿山废弃的环境中加入适量的磷改良剂,不仅能够将废弃地土壤环境中的铅含量及时清除,同时能够降低土壤环境中的铅转移

率及生物有效性。这种方法应用具有高效性、稳定性、修复效果好等优点,但存在修复难度大、修复成本高等缺陷,在修复结束后修养难度大(程索珍等,2021)。

4.4.2.3　化学修复技术

化学修复技术主要是基于土壤中重金属所发生的化学反应,进而逐步降低土壤中重金属的含量,以及重金属在土壤环境中的水溶性、迁移性和生物有效性等。黄细花等认为,借助 P&T 技术可有效开展对污染土壤环境中淋巴液的处理,从而实现对深层土壤环境中固定剂的增加(黄细花等,2010)。朱光旭等对云南孤山某矿厂尾矿砂库的调查发现,根据综合减毒指标和经济成本,在 1∶6 水土冲洗 3h,0.1mol/L 的技术条件下,EDTA 是一种合适且有效的清洁剂(朱光旭等,2013)。林维晟等发现 α-淀粉酶是一种理想的重金属螯合剂,对酸性、还原和氧化重金属有一定的去除作用(林维晟等,2015)。铁盐、铁酸盐和三氧化二铁,特别是硫酸高铁和硫酸亚铁,能有效降低砷的迁移率,抑制植物对砷的吸收。

4.4.2.4　生物修复技术

生物修复技术主要包括植物修复技术、微生物修复技术、动物修复技术、生物材料修复技术及四者之间的组合技术,以及物理、化学、生物联合修复技术。其中,植物修复技术主要包括针对大量重金属富集植物体的冶金法、热液改质法、生物解吸法等,利用植物来转移、转化环境介质中有毒有害污染物,进而使污染土壤得到修复和治理;菌根技术(菌根真菌与超富集植物的组合)在微生物修复中取得了较好的效果,其利用微生物在适宜的条件下将污染土壤中的污染物降解、转化、吸附、淋滤除去或利用其强化作用修复污染土壤;动物修复技术大多利用土壤动物的间接作用强化植物、微生物的修复效果;生物材料修复技术则利用生物表面的活性剂与生物螯合剂,在污染土壤修复中发挥作用等。除此之外,还需要一些如边坡稳定技术、排水措施等辅助修复技术,才能达到生态修复的最佳效果。

4.5　矿山地质环境国土整治的典型案例

4.5.1　张家界现状概述

4.5.1.1　张家界概况:风景旅游城市的生态困境

张家界市是国内外著名风景旅游城市,有国家级旅游区 19 家,包括 5A 级 2 家,4A 级 9 家,3A 级 8 家,更有享誉世界的天门山、武陵源风景名胜区,2019 年接待国内游客 7912.3 万人次,入境游客 137.0 万人次,旅游总收入 905.6 亿元,旅游业已成为张家界市不折不扣的支柱产业。但在 20 年前,张家界市旅游业尚处于起步阶段,经济发展受阻,财政收入较少,因市内蕴藏大量煤、铝土矿、镍钼矿,曾一度走过矿业经济的路子,由于当年经济不发达加上开采技术落后,矿山无序开采导致生态环境破坏和重金属污染严重,近年来虽然不断加强加快落后矿山腾退、历史遗留矿山治理,但矿山问题仍较为严重,给风景名胜区的保护和旅游产业的发展带来制约,也影响着国土空间的健康永续发展。

4.5.1.2 张家界市矿山现状

（1）采矿用地现状

根据最新三调数据显示，张家界市采矿用地共1089.79公顷，其中永定区373.54公顷，占张家界市采矿用地34.28%；桑植县286.53公顷，占张家界市采矿用地的26.29%；慈利县429.16公顷，占张家界市采矿用地的39.38%。此外，张家界市还存在一定的采矿废弃地，共占28.25公顷，占张家界市采矿用地的2.59%，其中桑植县占20.29公顷，慈利县占7.96公顷（见表4.2）。

表4.2 张家界市采矿用地现状情况

地区名	采矿用地/公顷	占比/%	备注
永定区	373.54	34.28	
武陵源区	0.56	0.05	
桑植县	286.53	26.29	废弃矿山20.29公顷
慈利县	429.16	39.38	废弃矿山7.96公顷
张家界市	1089.79	100.00	

资料来源：周元豫等，(2021)。

（2）矿山环境现状

①矿山开采造成的重金属污染问题严重

2000年至2010年期间，张家界永定区和慈利县多地进行了大规模重金属矿镍开采，粗放的开采方式形成了大量矿渣堆存，是目前张家界土壤污染的主要源头，根据土壤污染现状分析，非农用地土壤污染大部分均与重金属开采和加工相关，农用地污染多为重金属镍钼超标，早年间的重金属矿山粗犷开采是张家界市土壤污染的主要源头。此外，镍钼矿、铜矿、铁矿、煤矿等的开采对周边水污染严重，虽然目前此类矿山基本已经停产，但矿渣堆污染对周边水体环境影响较大，环境问题突出。

②矿山地质环境问题突出，其中矿山地质灾害最为严重

张家界市矿山地质环境主要包括矿山地质灾害、矿山固体废物、废水、废气污染和矿山开发占用与破坏土地资源。其中，矿山地质灾害对人民生产生活影响最为严重，其次是占用与破坏土地资源较为突出。2015年来，全市发生矿山地质灾害60处，影响范围121.56公顷，经济损失2422.4万元。全市因矿业开发占用及破坏的土地面积1263.28公顷，其中占用基本农田15.961公顷，永定区4.71公顷、桑植县3.47公顷、慈利县7.79公顷，剩余用地主要以林地为主。

③损坏张家界市风景旅游胜地形象

历史上张家界市矿山无序开采情况较为严重，在重点景区和重要旅游线路可视范围内都时常可见，如天门山景区周边进行大规模、长时间的镍钼矿的开采；武陵源区至天门山大峡谷的重要旅游线路G204、慈利至桑植的重要旅游线路S305时常可见因矿山开采破坏极具特色的山水景观。截至2020年底，张家界市各自然保护区和西线重要风景旅游区内仍存在正在开采的矿山23座，这些都极大地损坏了张家界市风景旅游胜地的形象。

4.5.2　张家界国土用地整治

4.5.2.1　采矿用地综合评估与识别

对张家界市现状采矿用地进行用地识别,对部分采矿用地进行腾退,具体包括主要风景旅游线路可视范围内采矿用地、生态保护红线内的采矿用地、在禁止开发边界内的采矿用地、已废弃的采矿用地、分布在矿产资源规划禁止开采区内的采矿用地、水土流失强烈地区的采矿用地、分布零散且单块面积小于 2000 平方米且产能落后或资源枯竭型采矿用地、与国家重点生态功能区相冲突的采矿用地。根据识别结果,张家界市现状保留开采的采矿用地共 672.43 公顷,腾退的采矿用地共 417.36 公顷,其中慈利县 154.09 公顷、桑植县 208.59 公顷、武陵源区总共 0.56 公顷、永定区 54.12 公顷。腾退的采矿用地主要位于澧源镇、瑞塔铺镇、利福塔镇、茅台河镇、人潮溪镇、江垭镇、零阳镇、零溪镇。

4.5.2.2　腾退采矿用地整治

腾退采矿用地主要转为建设用地、耕地和林地,影响变更的因素主要包括本底条件、区位条件、经济条件等,根据影响用地变更的各类因素规划,初步构建张家界市采矿用地转化评价指标,并采用专家会议法、德尔菲法等确定各个指标评分权重(见表 4.3)。

表 4.3　腾退采矿用地转化评价指标情况

类型	指标	内容	评分
本底条件	矿山种类	是否为重金属矿	(0,5)
	土壤污染	是否被污染	(0,10)
	地形坡度	坡度是否≥6°	(0,10)
区位条件	地理区位	是否位于主要旅游线路上或游客集聚点周边(2 公里)	(10,0)
		是否便于耕种(村道 100 米范围内)	(10,0)
	生态条件	是否位于生态红线内	(0,20)
	市政条件	给水排水、电是否便捷	(5,0)
经济条件	政府投资	是否纳入"十四五"项目库	(10,0)
	社会资本投资	是否有社会资本愿意投资	(20,0)

资料来源:周元豫等,(2021)。

根据评价指标表对腾退采矿用地进行赋值评价,依据表 4.3 计算出来的总分,判断用地转换情况,即 70 分以上转为建设用地,35～70 分转为耕地,35 分以下转为林地。经计算,张家界市腾退采矿用地共转为建设用地 34.62 公顷,耕地 1172.62 公顷,林地 210.12 公顷。

4.5.3　矿山环境生态修复

4.5.3.1　矿山环境生态治理分区

根据张家界市矿山地质环境现状,结合各区县矿山地质环境调查成果和生态潜力分析,分为重点生态治理区、次重点生态治理区和一般治理区。

（1）矿山生态修复重点治理区划分标准

矿产资源开发利用程度高、地质环境破坏严重、社会经济影响大、治理后将产生良好的社会效益、经济效益和环境效益的矿山（区），作为重点整治区加以重点整治，根据矿业种类、主要地质环境问题划分为重点区。

（2）矿山生态修复次重点治理区的划分标准

矿产资源开发利用程度较高、地质环境破坏较严重、治理后将产生较好的社会效益、经济效益和环境效益的矿山（区），作为次重点整治区。

（3）矿山生态修复一般治理区的划分标准

对于矿产资源开发利用地质环境较好的矿山（区）和零星分散的、对社会经济影响相对较小的、目前不急于进行整治的矿山（区）划为一般整治区。

（4）矿山生态修复治理区划分结果

根据矿山生态修复重点治理区划分标准，张家界市共有 5 个矿山生态修复重点治理区、8 个矿山修复次重点治理区和 1 个矿山修复一般治理区，面积分别为 6560.97 公顷、24945.56 公顷和 801467.93 公顷（见表 4.4）。

表 4.4　张家界市矿山生态修复治理分区

生态治理潜力	所属县市	矿山地质环境整治分区	面积/公顷
矿山修复重点治理区	永定区	后坪镍钼矿区	315.99
	桑植县	白石矿区	708.62
	桑植县	长年头铁矿矿区	572.36
	慈利县	洞溪乡、高桥镇大浒镍钼矿区	2846.81
	慈利县	慈利县三合口乡、庄塔乡小溪峪、桑树湾铁矿区	2117.19
矿山修复次重点治理区	永定区	青安坪镇铁、铜矿区	949.27
	永定区	三家馆乡、后坪镇方解石、砂石矿区	13374.32
	永定区	天门山乡露天镍钼矿砂石矿区	5855.99
	桑植县	宏源矿区	290.73
	桑植县	仗古山矿区	483.69
	慈利县	象市镇向家溪煤矿区	1322.25
	慈利县	杨柳铺乡腊树垭煤矿区	1376.99
	慈利县	广福桥镇煤、石煤矿区	1292.32
矿山修复一般治理区	张家界市	一般整治区	801467.93

资料来源：周元豫等，(2021)。

4.5.3.2　矿山生态修复

针对张家界矿山环境，按照"宜农则农、宜建则建、宜林则林"的原则进行矿山环境的生态修复，并对各个矿区采取针对性的修复措施（见表 4.5）。

表 4.5　张家界市矿山生态修复治理情况

矿区名称	主要矿山	采取模式	主要整治措施
后坪镍钼矿区	后坪镍钼矿	植被复绿模式	对污染源矿渣堆淋滤水、圹坑水要集中连片修建污水处理厂,治理水污染达标排放;占用、破坏的土地资源要进行生态修复,矿渣堆要采取黏土覆盖,夯实后厚度1m左右并上覆耕作土,撒播草籽,减少淋滤污水的产生;地质灾害进行治理,消除地质灾害的威胁;落实矿山水土污染监测制度,制定矿山地质环境恢复治理方案
白石矿区	白石硫铁矿、民兴煤矿军、如采石场	农林模式＋植被复绿模式	加强地面沉陷监测治理,对危险区域的房屋及时搬迁避让;加强废石、废水管理,对煤矸石堆进行综合利用
长年头铁矿矿区	长年头铁矿	植被复绿模式	设立水土环境监测点,对废石堆进行综合利用,拆除建筑物,覆土复绿
洞溪乡、高桥镇大浒镍钼矿区	历史遗留矿山	植被复绿模式	对矿山水土污染源进行监测,对废石堆黏土覆盖厚度2m左右形成一个相对隔水层,减少淋滤污水,废石堆进行绿化治理;集中边片修建污水处理厂,将矿坑水、淋滤水集中处理达标排放;对区内土地进行污染普查,制定污染土壤治理方案;矿山复垦复绿,恢复生态环境
三合口乡、庄塔乡小溪峪、桑树湾铁矿区	历史遗留矿山	植被复绿模式	监测水土污染,淋滤水、矿坑水集中连片修建污水处理站,达标排放,矿渣堆覆盖厚层黏土,形成相对隔水层,减少淋滤污水的产生,植被复绿
青安坪镇铁、铜矿区	大米界铁矿、大米界铜矿、槟榔坪铁矿	植被复绿模式	占用、破坏的土地资源要进行生态修复,矿渣堆要采取黏土覆盖,夯实后厚度1m左右并上覆耕作土,撒播草籽,恢复生态同时减少淋滤污水的产生;地质灾害进行治理,消除地质灾害的威胁;落实矿山水土污染监测制度
三家馆乡、后坪镇方解石、砂石矿区	兄弟砂场、白果湾大凸山方解石矿炮台湾水泥用石灰岩矿	开发利用模式＋植被复绿模式	恢复地貌景观,对占用、破坏的土地资源要进行生态修复,加强采矿废石综合利用,对已停止堆放的废石堆进行绿化治理,覆耕作土、撒播草籽进行修复;对开采出来的矿坑进行旅游招商引资
天门山乡露天镍钼矿砂石矿区	汪家寨镍钼矿、晓坪镍钼矿	开发利用模式＋植被复绿模式	对占用、破坏的土地资源要进行生态修复,矿渣堆要采取黏土覆盖,夯实后厚度2m左右并上覆耕作土,撒播草籽,减少淋滤污水的产生;开发建设打造历史遗留矿山公园
宏源矿区	饰面灰岩矿、中里采石场、饰面用灰岩矿	农林模式＋植被复绿模式	恢复区内林地及水田;还原土地种植能力,规范开采,对新开采矿山应及时治理破坏土地;减少土地资源的占用破坏
仗古山矿区	团结煤矿、分水岭煤矿仗古山井	植被复绿模式	加强采矿废石综合利用,对废石堆进行绿化治理
象市镇向家溪煤矿区	向家溪煤矿	农林模式＋植被复绿模式	对煤矸石堆黏土覆盖、周边修建截排水沟,矿坑水、淋滤水治理达标排放;水土污染监测,矿山复垦复绿,恢复生态环境
杨柳铺乡腊树垭煤矿区	腊树垭煤矿	农林模式＋植被复绿模式	加强采矿废石综合利用,对已停止堆放的废石堆进行覆盖土绿化治理,保证对外排放废水能达到相关标准;矿山复垦复绿,恢复生态环境
广福桥镇煤、石煤矿区	广福桥镇煤矿	农林模式＋植被复绿模式	加强采矿废石综合利用,对已停止堆放的废石堆进行覆土绿化治理

资料来源:周元豫等,(2021)。

93

第5章 流域与湿地的国土整治

5.1 流域与湿地国土整治的整体情况

5.1.1 流域与湿地基本概念

流域(drainage basin)是一种特殊的区域,具有双重意义的范畴。它是水文学中重要的地形单元,又称"集水区",指由分水线所包围的河流或湖泊的某一封闭集水区域。流域面积(catchment area)是流域分水线所包围的面积,也称"受水面积"。同时,流域是以水资源系统开发和综合利用为中心,组织和管理地区经济和国民经济的重要地域单元,流域内各区域经济社会发展因"水"而发生某种程度和类型的联系,这些联系导致流域"自然—经济—社会—文化"复合系统的形成。因此流域并非单纯的自然生态系统,还体现为多维度的生态经济系统。

湿地的定义有多种,而被普遍接受的是1971年在伊朗签署的《湿地公约》中给出的湿地的定义,即"天然或人工、长久或暂时性的沼泽地、泥炭地、水域地带,静止或流动的淡水、半咸水、咸水体,包括低潮时水深不超过6m的水域"。国家林业局在开展第一次全国湿地资源调查前,也参考《湿地公约》分类系统,并根据中国湿地状况,将中国湿地划分为滨海湿地、河流湿地、湖泊湿地、沼泽湿地和库塘湿地5大类28型。

5.1.2 新时代背景下的流域与湿地国土空间

我国幅员辽阔,地质地貌差异显著,七大水系流域总面积超过435万平方公里,流域与湿地作为各空间资源要素的一大载体,是国土空间的重要组成部分。流域是具有层次结构和整体功能的复合系统,其国土重要性不容小觑。流域与湿地作为地球重要而独特的生态系统,在涵养水源、净化水质、吸收二氧化碳、制造氧气、调节气候、维护生物多样性等方面发挥着不可替代的作用,具有巨大的生态功能与服务效益,它是生态环境的重要控制因素,也是诸多水问题和生态问题的共同症结所在。同时流域水循环构成了社会经济发展的资源基础,湖泊、江河与湿地及其周边流域是人类文明的重要发祥地,是人类生产、生活和生态相融合的重要单元,具有重大经济、社会效益。

随着新时代生态文明建设力度的不断加大,以流域为尺度,河流、湖泊、库塘等类型湿地"点、线、面"网络化布局,山水田林湖草一体化建设,实现湿地生态系统整体优化、国土空间系统整治成为新的趋势。以流域为单元对水资源与水环境以及周边空间实施统一管理,已成为目前公认的科学原则与实践趋势。2019 年 5 月发布的《中共中央、国务院关于建立国土空间规划体系并监督实施的若干意见》确立了我国"五级三类"的规划体系，其中明确指出流域作为特定区域应编制专项规划，由此奠定了流域规划的法定地位，也说明流域治理已经成为我国进行高水平空间治理的重要手段之一(胡剑等，2021)。

5.1.3　流域地区国土空间发展面临的问题

5.1.3.1　资源与环境问题突出，生态发展压力大

在全球气候变化和城镇化进程中高强度人类活动的双重影响下，我国流域与湿地的资源和生态环境问题突出，并呈现明显的区域差异性，如西北干旱区湖泊与湿地的萎缩、消失和咸碱化等；东部平原和东北地区湖泊水质下降、富营养化等。

不合理的土地利用方式导致流域与湿地生态系统完整性被破坏。城市化进程的加快，使得大量湿地被建设用地取代，加之淤积和围垦造田等因素影响，使得水域数量与面积萎缩。根据第二次湖泊调查，近 50 年来我国湖泊数量减少了 243 个，面积减少 9606 平方千米，约占湖泊总面积的 12%，流域与湿地已经成为我国近期面积丧失速度最快的自然生态系统。长期以来，湖泊与江河流域大量人口集聚和产业用地的不合理布局直接导致进入水域的污染物增加，水环境污染不断加重，水质恶化、生物资源退化，生态灾害频发、生态服务功能急剧下降。开发与保护失衡使得湖泊与湿地保护面临更加复杂、严峻的生态压力。调查表明，全国 25% 以上的重点调查湿地遭到破坏，已无法自然恢复。主要威胁因素为污染、过度捕捞、围垦、外来物种入侵、基建占用，以及气候变暖。部分水利工程建设使得我国东部绝大多数湖泊成为阻隔湖泊，一些珍稀濒危水生物种和多种洄游性鱼类趋于消失，原有生态平衡被破坏。此外，湖泊与湿地的破坏还导致了城市内涝增加(薛滨等，2021)。

5.1.3.2　涉及要素多尺度大，空间协调难度大

完整流域系统通常是区域大尺度的，不会因为政治区划而中断，涉及上中下游、左右岸、干支流多个湿地水域、城镇、乡村空间尺度，山、水、林、田、湖、草等多要素与水资源利用、环境保护、产业发展与城市布局等多发展目标在空间上相互制约、相互依存。这种自然生态系统的连贯性与人类政治结构的分割性之间的矛盾是流域空间协调发展问题难以解决的关键症结。

传统整治规划往往是从事权划分或功能拓展的角度出发，以行政区范围或规划建设发展范围作为空间治理范围，如城市总体规划中规划区的划定主要考虑城市行政区域内因城市建设和发展需要实行规划控制的区域，而并不考虑规划区与同一集水区流域范围的衔接。这导致同一流域的上下游、左右岸等不同地区常常被人为割裂，由不同主体进行规划整治，彼此之间缺乏统筹协调，经济发达地区出现开发强度大、经济密度低、负外部性强等粗放利用特征，经济欠发达地区的用地需求则难以保障。流域国土空间还面临内外空间布局的协调不足的问题。传统的用地布局方案和整治措施多是从单一城市自身发展建设的角度出发，缺乏从全流域自然生态系统与人类开发建设活动的相互作用角度考虑，对流域上、中、下游乃至流域与外流域进行统筹协调，整体优化国土空间开发保护格局，导致开发建设各自为政，无法形成人与自然和谐共生、区域整体统筹协调的空间关系。

5.1.3.3　聚居要素消逝，公共文化认同感缺失

流域是人类文明发源的摇篮，在现代人居环境发展的过程中，流域地区的水、土壤、林木

等资源要素为人类生存发展提供了必要条件,流域成为满足人类生产生活及水精神需求的最佳场所。黄河流域的中原地区是黄河文明的摇篮,是中华礼乐衣冠文明的发祥地,并以此为中心向周边地带不断地传播和扩散;吴越文化、江右文化、三星堆文化也起源于长江流域,并逐步辐射蔓延。

流域文化是流域治理的灵魂。多数河流湿地区域文化保护和开发不足,集体智慧结晶如建造技艺、空间肌理、景观格局、聚落文化等人文要素随时间消逝,独特的文化特色、文化形象与文化内涵难以延续。现代建设中水域周边也常常面临公共文化设施与基础设施缺乏,传统文化与河流湿地交集不足等问题,难以建立流域与人们心理文化和价值观层面的联系,难以树立良好的流域主体形象,导致认同感缺失。

5.1.3.4 缺乏统一的管理机构,整治效率低下

我国流域与湿地长期缺乏统一的管理机构。国家层面,水利部门主管湖泊防洪与水资源利用,自然资源林业部门主管湿地,生态环境保护部门负责自然保护区,渔业(农业)部门负责渔业资源利用,其他涉湖管理机构还有园林、旅游部门等。地方层面,还有湿地公园管理、交通部门的航道管理、水利部门的湖泊岸线管理、环保部门的环境管理、地方财政或林业部门的芦苇管理等,管理单位错综复杂、职能交叉重叠,存在诸多矛盾和利益冲突。不同区域、不同流域分层次的局部治理、综合管理力度不够,"山水田林湖草生命共同体"的系统治理理念尚不深入,使得湖泊与湿地保护整治、管理协调工作困难重重,效率低下(薛滨等,2021)。

5.1.4 流域与湿地国土整治的基本概念与特征

5.1.4.1 流域与湿地国土整治的基本概念

流域与湿地国土整治,是指为了充分发挥水土等自然资源的生态效益、经济效益和社会效益,以流域为单元,采取综合措施对其范围内国土保护修复、开发治理、综合利用和协调发展提供指导,在全面规划的基础上合理安排农、林、牧等各类用地,因地制宜地布设综合治理设施,治理与开发相结合,对流域水土等自然资源进行保护、改良与合理利用。

5.1.4.2 流域与湿地国土整治的内涵

流域与湿地国土整治必须以完整的流域空间作为整治范围。流域作为水循环及其伴生过程的完整、独立的自然单元,是水文过程和环境生态功能的连续体,是由自然、经济和社会组成的复杂动态系统,其内部上下游、左右岸、干支流的水土资源开发与保护之间具有相互影响的关系,必须从流域生态系统平衡角度进行统筹考虑,以流域空间为范围进行综合治理。

流域与湿地国土整治必须以生态优先,依据自然规律进行开发利用与管控。流域的资源环境承载能力具有上限,违背自然规律的过度开发利用将导致流域生态系统向恶性方向演替,如生态环境恶化、水土流失加剧和水害频发。研究表明,人类进入新石器时代以来黄土高原生态环境发生的一系列恶性变化,并非自然要素自身的运动规律造成的,而是叠加了人类活动影响的结果。因此,只有充分认识流域自然生态系统与人类社会经济系统的相互关系,将减少人类活动扰动与发挥流域水循环的天然调节和自我修复作用相结合,加强综合整治,才能达到恢复和改善流域生态环境的目的,促进社会经济协调发展。

流域与湿地国土整治注重协调保护与开发的关系,非单纯地注重保护,也强调开发利用,其核心是改造建设,按照自然社会规律,综合运用各手段来提高空间品质和流域内城市整体运行效率。其本质不同于生态修复或土地整治重工程,是着力解决流域空间存在的短板、限制、潜在危害要素,保障社会经济持续发展。其基本目标是解决流域空间开发利用保护过程中人类的长期利益与眼前利益的矛盾,实现流域空间的永续发展(吴次芳等,2019)。

流域与湿地国土整治以保护流域湿地资源为底层目标,以重要生态区域湿地生态系统恢复和开发建设为突破口,以促进空间高质量发展为根本,增强流域生态系统的稳定性,构建与区域社会经济发展相协调的流域湿地空间系统,实现国土空间安全与健康,提升城市魅力与活力,促进人与自然和谐发展。

5.1.4.3　流域国土整治的特征

流域作为城市发展的重要依托,具有整体性和系统性特征,使流域内城市间存在相互制约、依存关系。流域国土空间规划具有跨行政单元、相对灵活、目标导向比较具体等特点,涉及多利益主体、多层级关系、多目标诉求的协调(见图 5.1),需要跨区域、跨部门及跨学科的创新方法支撑。

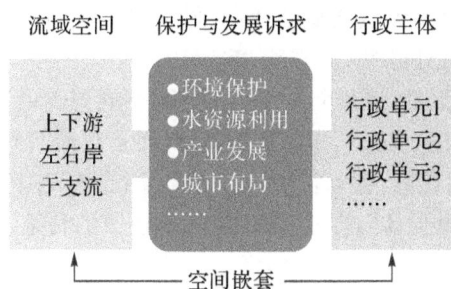

图 5.1　流域国土空间整治的特征
资料来源:林文棋(2021)。

(1)全域性

流域作为城市发展的重要依托,具有整体性和系统性特征,使流域内城市间存在相互制约、依存关系。山、水、林、田、湖、草等各类自然资源共同参与流域水循环及其伴随的污染物迁移转化与生态系统演化过程,彼此之间联系密切,形成一个有机整体,使得流域水资源的开发、水害的防治及水生态系统功能的恢复之间交织关联。若仅对某一特定类型自然资源、特定区域进行单独管控,或对水资源、水环境、水生态和水安全中某一方面进行单独治理,都将难以实现全局的既定预期目标,甚至可能适得其反。

流域的国土整治是一个区域性问题,往往涉及多个不同级别和层次的行政区域,上下游各行政区之间除了在水资源利益上具有一脉相承的关系外,经济、社会方面也有着千丝万缕的联系。从流域整体来看,上下游之间由于先天发展条件、自然禀赋、区位特征等存在差异,一般而言,上游地区自然基础条件相对薄弱,作为生态环境的主要建设者担负着保护水源、生态林、生物多样性等环境责任,为中下游地区提供生态服务,需要在生态建设与维护上比经济相对发达的中下游地区投入更多的资本(金钱、物力、人力等),需要对生产生活作出一些限制性要求,发达的中下游地区在生态建设上投入较少,却能享受较多生态利益和发展经济的权益,故应统筹全域,协调发展。

(2)多目标协调属性

流域是一个以水为纽带的集水循环、生态、社会经济系统于一体的复杂系统。流域内各空间单元在水资源利用、环境保护、产业发展与城市布局等方面存在相互制约、依存关系,必须作为一个整体进行统筹考虑,系统性地进行资源禀赋的差异性与互补性研究。流域的系统性特征决定了土地配置方式、整治手段必须立足全局,考虑上下游、左右岸、干支流等流域多层次、区域多行政单元的关系,满足城市发展与生态保护的二元空间协调需求,实现城市与流域的良性互动发展。

国土空间整治作为空间治理体系的重要工具,具有明显的空间层级和空间尺度效应。而流域的整体性与系统性特征,决定了流域尺度的空间治理一方面需协调发展与保护的关系,以满足城市发展与生态保护的二元空间协调需求,另一方面需协调多利益主体的发展关系,以满足流域多目标协同发展诉求(林文棋等,2021)。

(3)多主体性

外部性影响是市场经济条件下市场失灵的普遍现象。流域水生态环境恶化得不到缓解的主要原因在于水生态环境的无偿或低偿使用、投资回报机制不健全等外部性现象的存在。流域生态问题突出表现为负外部性(底志欣,2017)。

流域系统通常是跨行政区的,涉及个人、企业、社会、不同行政单元等多元主体。许多资源的(掠夺性的)开采和占有,在很多情况下并非迫不得已,而是政治共同体出于自身地位的安全考虑,为了比其他的共同体更占优势、更为强大而进行的。因此流域国土整治需从多主体合作共治的角度出发,建立流域"生态共同体",将上下游之间主体各方的利益、责任、义务捆绑在一起。

5.2 流域城镇空间结构与整治历程

5.2.1 我国流域概况

中国有长江、黄河、淮河、海河、珠江、松花江、辽河七大流域。

(1)长江流域

长江是中国水量最丰富的河流,发源于青藏高原的唐古拉山脉各拉丹冬峰西南侧。干流流经青海、西藏、四川、云南、重庆、湖北、湖南、江西、安徽、江苏、上海 11 个省(自治区、直辖市),于崇明岛以东注入东海,全长 6300 余千米。流域面积达 180 万平方千米,约占中国陆地总面积的 1/5,水资源总量 9616 亿立方米。

(2)黄河流域

黄河,发源于青海高原巴颜喀拉山北麓约古宗列盆地,流经青海、四川、甘肃、宁夏、内蒙古、陕西、山西、河南、山东 9 个省(区),最后于山东省注入渤海,干流全长 5464 千米,流域总面积 79.5 万平方千米(含内流区面积 4.2 万平方千米)。

(3)淮河流域

淮河,发源于河南省桐柏县桐柏山,自西向东,流经湖北、河南、安徽、江苏 4 省。淮河流域地处我国东部,位于东经 111°55′~121°20′、北纬 30°55′~36°20′之间,西起桐柏山、伏牛山,东临黄海,南以大别山、皖山余脉、通扬运河和如泰运河的南堤与长江流域为界,北以黄河南堤和沂蒙山脉与黄河流域毗邻,范围涉及河南、湖北、安徽、江苏、山东 5 省,流域面积约27 万平方千米。其中,平原面积约占总面积的 2/3,山丘区约占 1/3。

(4)海河流域

海河,是中国华北地区的最大水系。起自天津金钢桥,到大沽口入渤海湾,故又称沽河。海河和上游的北运河、永定河、大清河、子牙河、南运河 5 大河流及 300 多条支流组成海河水系,以卫河为源,全长 1090 千米。流域总面积 26.5 万平方千米,地跨京、津、冀、晋、鲁、豫、辽、内蒙古 8 省(区、市),其中山区约占 54.1%,平原占 45.9%。

(5)珠江流域

珠江又名粤江,是东、西、北三江及下游三角洲诸河的总称,发源于云贵高原乌蒙山系马雄山,流经中国中西部 6 省(区)及越南北部,在下游从 8 个入海口注入南海。干流总长2214 千米,流域面积为 45.4 万平方千米(其中极小部分在越南境内)。珠江水系共有大小河流 774 条,水量充沛,航运价值仅次于长江,居全国第二位。

(6)松花江流域

松花江是我国七大江河之一,有第二松花江和嫩江南北两源。松花江流域地处我国东北地区的北部,行政区涉及内蒙古、吉林、黑龙江和辽宁 4 省(自治区)的 24 个市(地、盟)、84个县(市、旗)。流域总面积 56.12 万平方千米,其中平原区面积 21.21 万平方千米,山丘区面积 34.91 万平方千米。松花江流域水系发育,支流众多,是我国重工业基地的重要组成部分,是我国重要的农业、林业和畜牧业基地。

(7)辽河流域

辽河发源于与辽宁省交界的河北省平泉市,流经河北、内蒙古、吉林和辽宁 4 个省(区),在辽宁省盘山县注入渤海,全长 1430 千米,流域面积 21.9 万平方千米。其中山地占35.7%,丘陵占 23.5%,平原占 34.5%,沙丘占 6.3%。辽河全流域由 2 个水系组成。辽河流域水资源地区分布极不均衡,时间上变化剧烈,中下游地区地表水量少,地下水量有限,工农业等用水过于集中,水资源十分紧张。

5.2.2　流域城镇空间发展演化与治理进程

5.2.2.1　流域城镇体系空间结构的演变——以淮河流域为例

淮河流域是由地形、地貌决定汇水范围的一个自然地理单元,其流域空间范围的变化与济水、河水、江水密切相关,在此空间范围内孕育、演化的城镇及城镇体系必然与自然地理环境密不可分。

(1)淮河独立水系时期(公元 1194 年前)

公元 12 世纪以前,淮河是一条独流入海的大河,其间,虽然支流、河流下游环境发生过变化,但干支流水系发育完整,以水系为导向,形成完整的流域结构,淮河流域构成一个完整的自然地理单元。

这一时期城镇沿干流带状发展,并散点分布于支流周围,呈点—轴分布态势。淮河流域城镇体系空间演变可分为明显的两个阶段。第一阶段:淮北占主导地位时期,这一时期城镇空间是从流域西北部—流域北部—流域东南部变迁的。先秦至春秋时期,淮河流域城镇主要集中在流域西北部的淮北支流汝水、颍水的上游,夏朝禹都阳城(今河南登封境)、启都阳翟(今河南禹州市)是其代表。战国至秦汉时期,淮北中游地区得到迅速开发,城镇体系形成,汴州、徐州、许州、豫州、沂州等分布在流域中游地区。至唐末,流域下游及淮南城镇发展起来,但城镇密度和城镇规模远小于淮北,主要城镇有泗州、申州等。第二个阶段:淮南城镇占主导地位时期。北宋时期,淮河流域共跨 7 路,涉及 33 州府军,共有 123 县、201 镇,其中淮河以北共跨 26 州府军,101 县、139 镇,占据这一地区的比例分别为 78%、79%、82%;淮河以南地区共跨 7 州府军、22 县、62 镇,所占比例分别为 21%、21%、17%。淮河是南北水系显著不对称的结构,淮南只有淮北面积的近 30%,所以淮南城镇密度是淮北的近 2 倍。

这一时期淮河流域城镇体系发育完善,城镇密度、中心城市、城镇空间格局演化同步,由流域西北部向北部中游地区,再向东部及淮南地区推进。

(2)黄河泛淮造成淮河水系紊乱期(1194—1948 年)

1194 年(南宋绍熙五年),黄河决堤泛淮,直到 1855 年(清咸丰五年),黄河在兰阳铜瓦厢决口,东夺大清河至利津流入渤海,南支遂绝。淮河水系遭到严重破坏,流域完整性被打破。

黄河泛淮冲毁、淤没一些城镇。如明代时,黄淮在今江阴市交汇,淮河排水不畅,河水倒灌,低洼地连片逐渐形成洪泽湖。洪泽湖边的泗州城,唐宋时是著名的交通要隘,明清时几次被淮水淹没,康熙十九年(1680 年),整个泗州城沦为湖底。还有明代的定陶、仪封、商丘等城市,都因黄河泛淮,城为洪水所破,大部分被迫迁移。这一时期,淮河流域城镇体系也发生较大变化。首先,城镇密度减小。尽管有些时段城镇得到一定恢复,沿新运河也形成一些新城镇,但城镇数量总体处于减少状态;其次,区域中心城市变化频繁。黄河泛淮,流域不可能再形成全国性中心城市,区域性中心城市也随自然环境和社会环境的变迁而动荡;最后,城镇体系变化出现空间差异。黄河泛淮,淮河上游地区城镇体系受影响最小,淮南地区受到一些影响,淮北中下游地区影响剧烈,城镇体系结构严重不合理,导致大城市缺失,中等城市缺少活力,小城镇发育不健全。

(3)淮河水系混沌期(1949 年至今)

新中国成立至今,在淮河干支流修建许多大型水利工程,人工干预水系痕迹明显。经过几十年演化,淮河流域空间范围基本稳定。1949 年至今的 70 余年,区域中心城市仍处于演化的初级阶段,城镇呈点状分布,完整城镇体系形成仍需一段时间(王义民等,2013)。

5.2.2.2 流域小城镇空间结构形态的演变——以龚滩镇为例

龚滩镇发展至今约有 1700 年的历史,新中国成立前几百年时间内城市主要沿着乌江呈带状发展,形成约 1 公里的老街,主要建筑为前铺面后住宅,自 1966 年西龚公路建成通车后,城市逐渐沿公路发展,至今已经发展成长约 2.7 公里的带状城市(见图 5.2)。

作为进入川渝的水陆交通要地,在历史上龚滩一直担负着军事要塞的作用,乌江河岸的聚落呈现出散点发展的状态。

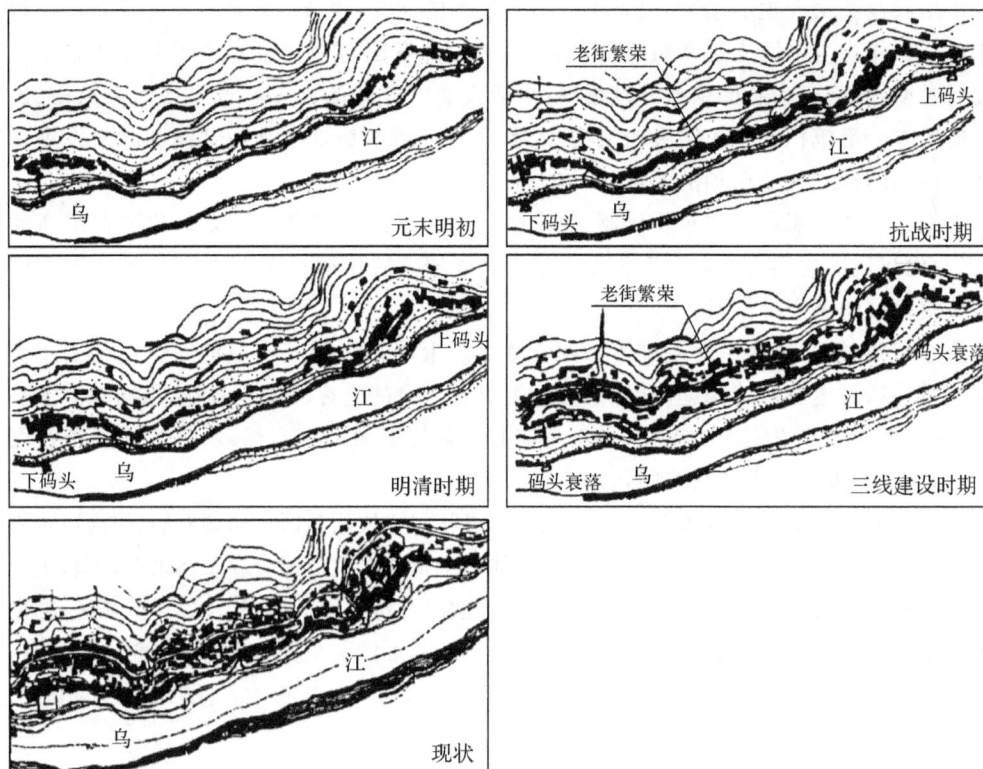

图 5.2　龚滩镇空间结构形态的演变

资料来源:赵炜等,(2005)。

明万历年间,凤凰山崩巨岩塞江形成水流湍急的老龚滩,在滩上形成上下码头,围绕着上码头和下码头形成带状布局的平面形态。建筑不断沿老街相向扩张。

随着历史的发展,龚滩因其滩之险阻而逐渐成为乌江流域重要中转口岸,大量的商贾云集至此经销、转运盐业。尤其是抗战时期,长江航线和铁路运输线中断,湘鄂地区和抗日前线所需的盐都靠川盐,自贡盐运抵龚滩,驮夫背运到龙潭,经龙潭河、酉水船运抵湘西和抗战前线,龚滩和龙潭因此成为当时全国食盐转运和集散中心。此时,龚滩人口增长加快,老街不断向凤凰山坡上扩展,新街建筑也略有成形。

新中国成立后,由于陆路运输的改善,龚滩成为过路码头,在龚滩滞留的货物和人流大大减少,古镇老街因此便衰败了。新建筑沿新街两边发展,于是形成了龚滩"上""下"两街的布局模式。

目前,由于乌江彭水电站的修建,龚滩镇位于水库淹没区内,拟整体搬迁。自此,龚滩古镇将走完其沧桑的历程(赵炜等,2005)。

5.2.2.3　流域人居环境空间形态及其扩展模式

(1)流域人居环境空间结构演进过程

水是流域人居环境形成与发展的核心要素。水伴随着人类文明的发展经历了农业文明、工业文明和生态文明三种基本形态,由此对应形成了人类聚居环境的三种基本形式,即乡村型人居环境、城镇型人居环境和正在发展中的生态型人居环境。三种文明类型对水的态度不尽相同,不同的态度与技术力量、综合作用反映出不同的人类聚居结构形态。

　　水是农业文明产生的动因,也是农业文明发展的命脉;漫长的农业社会始终是围绕着水主题展开。作为生物圈中基本组成要素的水,与人类发展与聚居有着密不可分的联系。农业文明时期,聚落对水系的依赖程度很高,早期人类生存和活动大都选择在河流纵横、山峦起伏的地方。流域积淀了人类聚居文明,人类聚落也基本是以水系为轴线和脉络发展。四大文明古国的形成就是依赖河流,因此称之为"大河文明"。

　　水也是工业文明产生的重要机制,以水电应用为标志的工业革命是近代产业革命的先驱,工业化与城镇化的力量在一定程度上使人类聚居摆脱了逐水而居的局面,水系与流域不再是城镇发展的决定性因素。

　　生态文明时期,以水系为基础生态的流域生态聚居将成为基本取向。伴随着工业文明而来的是一系列生态环境问题,开始迫使人类反省自身的生存环境,关注生态问题。未来的生态文明,随着生产方式的生态化,水作为辅助因素将逐渐回归自然,不再成为生产过程中的主导因素,而将作为生态系统的基础力量。

　　综上所述,人类聚居形态演变从局部的、个体点状向整体面状区域协调发展,作为以水系为核心的流域人居体系将成为全球生态人居环境体系中重要的组成部分。总体来看,流域人居环境体系结构形态总的演化过程可分为五个阶段,即散居村落人居环境、初步集中的城镇、初期工业化城市、工业化与城镇化城市、后业化与生态人居体系,如图5.3所示(周学红,2012)。

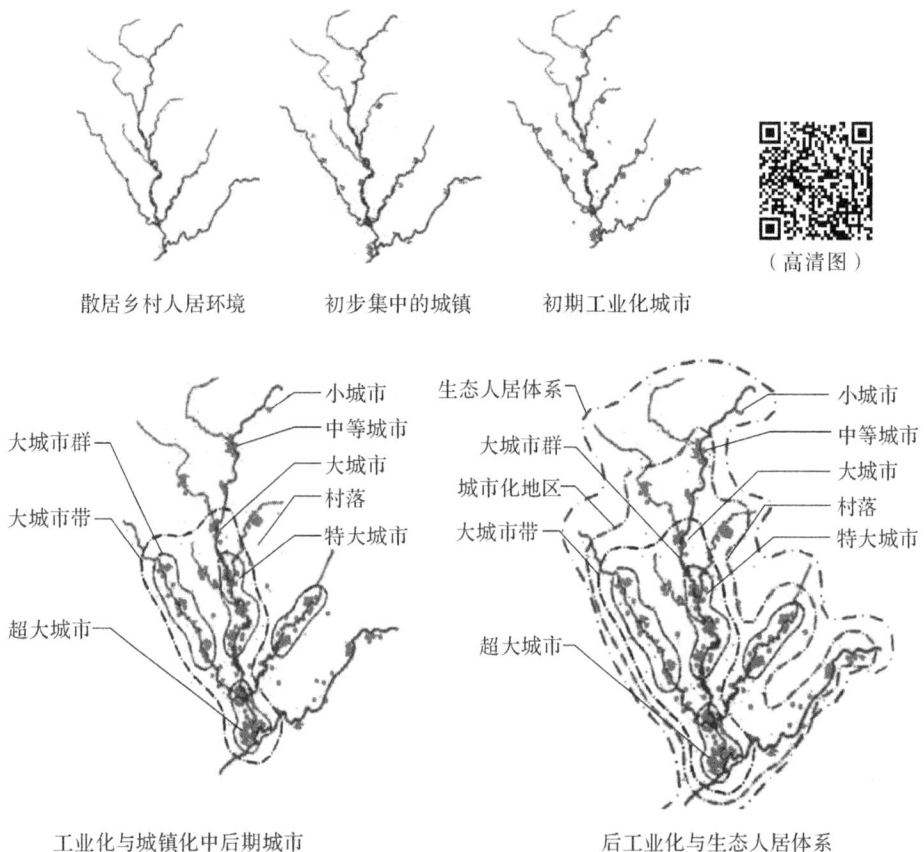

散居乡村人居环境　　初步集中的城镇　　初期工业化城市

（高清图）

工业化与城镇化中后期城市

后工业化与生态人居体系

图5.3　流域人居环境体系结构形态演变的一般模式

资料来源:周学红(2012)。

（2）流域人居环境空间扩展的类型

流域河湖水系是城市自然地理环境的主要组成部分。由于城市水系具有供水、航运、生态、旅游、文化等多样性功能，对城市的形成和形态的演变有着极强的导向力。古代，城市水系能提供稳定的水源和肥沃的土地，促成了城市的形成。随着水上交通工具的发展，河流成为城市物质运输的重要通道，其航运功能促进了城市空间形态的发育。近代工业化阶段，城市水系功能进一步加强，成为城市水源地、动力源、交通通道及污染的净化场所，从多方面促进城市形态的稳定、完善。到了现代，随着城市发展从量的扩张向生态内涵提高过渡，城市居民对更高生活质量的追求，城市水系的生态环境、景观旅游等功能日益强化，推动着城市形态的有机优化进程。流域人居环境形态扩展模式可概括为五个阶段，主要包括：点状生成期、线形扩展期、面状拓展期、圈层式放射状跨河发展期、生态城市网络形成期，如图 5.4 所示。

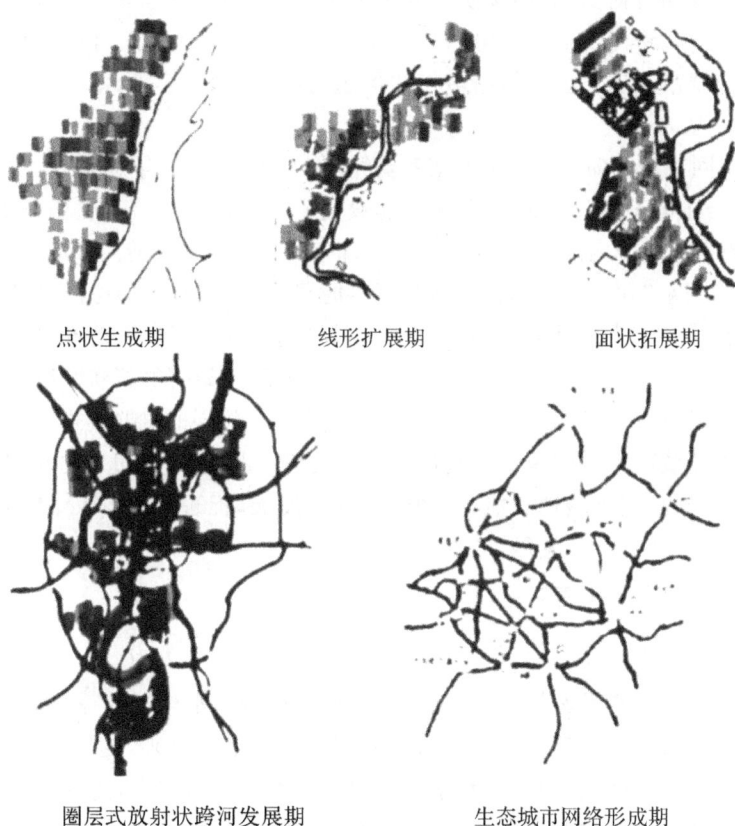

点状生成期　　　　　　　线形扩展期　　　　　　　面状拓展期

圈层式放射状跨河发展期　　　　　　生态城市网络形成期

图 5.4　流域人居环境形态扩展模式

资料来源：周学红（2012）。

①点状生成期。城市临河建成之初，水系的供水和航运功能促成了城镇形态的形成，因为规模小，还没有成为地域中心，地形等自然条件的影响并不明显，其布局虽有沿河发展的倾向，但轴向发展趋势不强。城市紧凑度、集聚度高，布局相对严谨，城市呈方形、长方形或大致呈圆形等相对规整、方正的团块状形态。

②线形扩展期。在以水运为主要交通手段的时期，水系是城市发展的主要动力要素，是城市各组成部分相互作用和联系的媒介。由于城市交通网络与城市用地开发共生性原理的

作用,码头设施以及手工业、商贸等集中的区域均沿主干水系走向呈带状空间布局。随着城市的发展,城市用地迅速扩张,地域分化强烈,城市主体格局形成。城市水系作为城市的发展轴,决定了城市的整体形态。根据河湖水系形态的不同,城市的平面结构形态大致有沿单条河流形成的带状形态,沿"十"字形或多条交叉河流形成的星状形态,沿网状河流形成的团状形态,在环湖地带形成的扇状形态。由于发展速度过快,城市结构较为松散,均质程度也较差。

③面状拓展期。城市发展受到河流水运的限制而具有规模的临界值,当交通方式变革时,这一临界值就会改变。它决定了城市在沿水系轴向扩张到一定程度后,在陆路交通方式的影响下,必然由沿河流向外的"线"性发展转为向心横向扩张,在接近城市中心的部位向纵深发展,逐渐长满填实,形成团状形态。城市水系从多方面促进城市形态的进一步演进,使其由相对松散变成相对密实紧凑,逐步进入稳定阶段。

④圈层式放射状跨河发展期。滨河城市发展在技术条件成熟后,河流的限制作用弱化,跨河发展演进为城市发展;这一时期,城市的形态得到彻底改变,水系的生产功能已经极度弱化。

⑤生态城市网络形成期。城市形态演变要经历一个由自发向自觉发展的过程。城市发展到较高阶段,开始注重人与自然的协调,城市建设受生态理念引导,趋向"山—水—人—居"四位一体化。城市空间趋于内向调整,单一城市内部空间布局由集聚转向分散,城市空间结构从传统的圈层式走向网络化。随着知识经济和网络时代的到来,城市形态由"形"的扩张向内涵提高。城市水系的生态环境、景观旅游、历史文化等功能日益强化,推动着城市形态向带状组团式和网络状组团式发展。组团式的结构形态,能有效阻止城市的"饼状"发展,使城市始终与自然接近,并为城市提供丰富的景观资源,是未来城市形态发展的主要模式(周学红,2012)。

这模式要求流域国土空间整治始终以水为核心,全域统筹,通过整合流域的自然环境、人文环境和优势资源,完善城镇功能,推动区域均衡发展,促进人与自然、人与产业、产业与环境间的和谐、可持续的共生发展。

5.2.2.4 流域治理的研究进程

(1)国外流域与湿地治理进程

早在19世纪末至20世纪初,欧美国家就开始重视流域水环境的综合治理,但早期的流域治理仅限于防洪、供水、航运等单一目标。20世纪50年代以来,随着流域经济快速发展和人口剧增,人类对流域水资源利用和水环境破坏的强度不断加大,流域水污染控制与治理逐步成为流域治理的重要内容。进入20世纪90年代,以流域协调发展为目标的流域综合治理得到越来越多管理者和科学家的重视,强调全流域自然与人文各要素的综合治理是实现流域协调发展目标的前提和条件。

国外流域水环境综合治理发展的历程可以分为以下几个主要阶段。

①以流域水资源的综合利用为目标的治理阶段

工业革命发生后,西方国家工业和人口的快速增长,水资源需求激增导致水资源短缺现象严重,协调水资源供需一度成为流域治理的重要内容。随着科技进步和认识水平的提高,自20世纪30年代起,逐步开始了以水资源调配、水土保持、洪水灾害治理、航运、发电和旅游等为目的的多目标统一规划。在这一阶段,世界各主要国家相继建立不同形式的流域管理机构,以求趋利避害、最大限度地开发利用水资源。

美国田纳西河流域管理局的建立及发展大致代表了国际上流域治理这一阶段的发展历程。美国田纳西河流域管理局具有政府职能但运行灵活、兼具私人企业组织优点,开始全权处理流域水土资源综合开发利用问题,如控制洪水、改善航运条件、水能发电、恢复植被和控制水土流失等。至 20 世纪 40 年代中期,田纳西流域已开发了 1050km 的航运水道,同时成为美国水电生产能力最大的流域,同时,流域内的经济得到了空前发展,农业生产更为合理,森林植被得到明显恢复。

②以水环境治理与保护为主要目标的流域一体化治理阶段

20 世纪 50 年代后,人口数量和经济迎来了新一轮激增,对自然资源的过度开发导致的水质下降、生物多样性锐减等问题严重。而且许多国家、地方政府为发展经济而进行的一些流域开发工程项目,使得流域问题更加严重。

1972 年,著名的人类环境会议在瑞典的斯德哥尔摩召开,发表了具有里程碑意义的《人类环境宣言》,强调在保持经济发展的同时,必须高度重视生态环境保护。水环境问题的日益加剧,促使流域治理由单纯的资源开发利用管理向环境治理与保护的方向倾斜,各国的流域治理大都增加了水污染控制和生态环境保护的内容,并颁布污染控制与环境保护相关法律。

③以人类生活、生态环境与经济协调发展为主要目标的流域水环境治理新阶段

1992 年 6 月,联合国环境与发展大会在巴西里约热内卢召开。会议讨论并通过了《里约环境与发展宣言》与《21 世纪议程》等纲领性文件,明确提出了"可持续发展"的新战略和新理念:人类应与自然和谐一致、可持续地发展并为后代提供良好的生存发展空间。同年都柏林召开的国际水与水环境会议,会上强调对流域进行综合规划,并实现流域规划与其他专项规划的协调统一,各国的流域规划编制工作开始关注与生态、经济和社会的协调发展。欧盟在跨界流域治理方面的经验较多,1994 年欧洲多瑙河沿岸国家签署的《多瑙河保护公约》,致力于保护多瑙河的跨界合作,目前已有 14 个国家参加"多瑙河保护国际委员会"(ICPDR),旨在共同实现多瑙河流域的可持续管理;2000 年欧盟的《水框架指令》(WFD)则要求为其内部各流域制订综合的流域管理计划,从而实现良好的生态环境。

至此,人们认识到解决日益严重的人口、资源、环境与发展问题的有效途径之一是以流域为单元对自然资源、生态环境及经济社会发展进行系统综合治理。英国学者 Gardiner 正式提出以流域可持续发展为目标的流域综合治理理念,使得以流域资源可持续利用、生态环境建设和社会经济协调发展为目标的流域综合治理在澳大利亚、美国、英国等发达国家广泛兴起。

(2)我国流域与湿地治理理念的变化

近几十年来,我国河流治理已先后历经单一目标的水利防洪治理和包括水质、景观、水利等在内的多目标综合治理的两个阶段。我国自 20 世纪 50 年代开始,对黄河、长江、珠江等大河和众多中小河流先后进行了流域规划,长江流域规划的第一阶段为新中国成立之初,规划任务主要是防治水害、保持水土、开发水力、改善水运和发展水产。第二阶段为 20 世纪80 年代至 2006 年这段时期,该阶段除了要继续完成第一阶段任务外,开始注重水资源保护、城市和工矿企业供水、沿江城镇布局和产业发展。

但河流并不是孤立的水体,局部的治理在一定程度上限制了整治效果和后续维持。进入 21 世纪以来,伴随社会转型的契机以及"生态城市""低碳城市""国土空间规划"等理念的不断提出,在我国掀起以流域整治再生促进城市再生的热潮。长江流域规划的第三阶段是

2007 年以来启动的长江流域综合规划修编工作,开始强调统筹经济社会发展布局与水资源环境承载能力,更加注重上中下游及不同区域间的协调发展,我国流域规划逐渐趋向于在一个特定流域内对整个国民经济社会进行总体战略部署的规划。党的十八大把生态文明建设放在突出的位置,明确提出"建设生态文明,是关系人民福祉、关乎民族未来的长远大计"。水利部 2013 年发布了《关于加快推进水生态文明建设工作的意见》(水资源〔2013〕1 号),明确了水生态文明建设的基本原则、目标和主要工作内容,并选择了 45 个基础条件较好、代表性和典型性较强的城市,开展水生态文明城市建设试点工作,探索符合我国水资源、水生态条件的水生态文明城市建设模式。众多城市开始对日渐衰落的河流、湿地进行治理以恢复滨水区域自然与人文活力,创造宜居环境,开始了以共生共荣为目标的流域治理第三阶段的探索。

在此过程中,流域治理体系从单纯重视河流自身扩展到整个流域水系,治理要素从单目标促进水土资源发展到统筹环境、生态等多维度,治理过程从传统的"末端治理"模式转变为"源头减排、过程阻断、末端治理"的多过程治理模式。

5.3 流域国土整治的规划设计

5.3.1 规划理论原则

流域综合整治规划要坚持人水和谐、生态优先、统筹全局、永续发展的理念,遵循以下基本原则:

①生态优先,绿色发展。牢固树立"绿水青山就是金山银山"理念,充分发挥大自然的自我修复能力,对重要水域生态系统实施有效保护。根据流域生态系统承载能力进一步调整优化流域产业结构布局,以水定产、量水而行,推动区域绿色可持续发展。

②统筹推进,一体治理。遵循自然生态系统演替规律和江河、湖泊演变规律,尊重自然、顺应自然,把握江河湖泊是一个有机整体,按照山水林田湖草生态系统的整体性、系统性及其内在逻辑,统筹考虑江湖生态系统要素,推进综合治理、系统治理、源头治理。

③因地制宜,分类施策。充分总结先进流域保护治理实践经验,深入分析不同类型流域特点,科学区分流域共性和个性问题,抓住水域保护治理的主要矛盾和矛盾的主要方面,聚焦重点区域、领域和关键要素,突出抓重点、补短板、强弱项,科学治理、精准保护。

④深化改革,完善机制。对标重大国家战略对流域发展治理提出的新要求,健全流域保护治理体制机制,完善流域保护治理政策,促进科技创新,进一步提升流域治理能力和水平,建立健全水域保护和流域治理长效机制,完善保护治理体系。

5.3.2 流域国土整治规划设计框架

5.3.2.1 划定流域与事权关系对应的规划范围

针对流域地区,全域统筹,立足重要流域资源环境承载能力,统筹考虑湖泊生态系统的完整性、自然地理单元的连续性和经济社会发展的可持续性,构建以"国土空间总体规划＋流域专项规划"为核心的编制体系,并建立流域这一自然地理单元与事权关系对应的规划范围,使流域专项规划能够与国土空间总体规划无缝衔接。例如,在省级总体规划的统筹下编制流域专项规划,其规划范围由流域的自然地理范围拓展至涉及流域的县级行政区全域范围,并进一步指导县(市)国土空间总体规划编制。

5.3.2.2　识别流域资源环境短板并进行容量预测

进行流域的调查和评估,了解流域上中下游不同环境条件及其动态变化情况,摸清流域内国土空间整治问题。在流域尺度上追根溯源、诊断病因,综合考虑上中下游、左右岸、沿江腹地、陆海交界面等交互关系,分析重大问题的成因机理。建立流域系统经济、社会、生态基础数据库,为科学保护、有序发展流域空间打好基础。

针对重要流域地区,通过开展资源环境承载能力评价和国土空间开发适宜性评价,从资源、环境、生态和灾害 4 个维度分析资源环境的禀赋条件,对比相关标准及国家、省域平均水平,明确流域资源环境的比较优势和短板因素,识别流域保护与开发潜力格局。按照木桶理论,针对短板因素构建"承载力—容量"分析模型,核算不同经济技术水平、生产生活方式预测情景下流域资源环境要素能够支撑的人类活动容量,并以此为约束对发展规模进行控制。尤其要注重开展水资源承载力综合评估,以水定城、以水定地、以水定人、以水定产,促进经济社会发展与水资源水环境承载能力相协调,以高水平保护引导推动高质量发展。

5.3.2.3　合理建立流域空间分区

坚持山水林田湖草沙生命共同体、保护生物多样性理念,从流域生态系统整体性出发,以小流域综合治理为抓手,兼顾山水林田湖草要素,考虑地形地势,土壤水文等特征,考虑经济社会和人口的发展问题以及不同时间段的发展,合理建立流域空间分区。同时分区要注重可操作性,分类制定差别化的整治策略与管理措施,通过精细化治理,加强流域生态环境保护与开发建设,落实责任工作。

文宇立(2020)提出流域空间治理以水功能目标为导向,以汇水特征为基础,建立包含全国—流域—水功能区—控制单元—行政辖区等五个层级。其中控制单元是在市县层面以重要水体的支流为主要对象,拟合汇水边界与市级行政区划边界划分的空间单元,是实施流域监督管理的载体。胡剑(2021)提出两个划定原则,并最终将栖霞市划分为六个流域控制单元。①以自然垂直分异作为划分依据。流域在自然地形地貌、降水、土壤、植被等方面有明显的垂直分异特征。以海拔高度为主要指标,并综合考虑水系流量,选取适当的界限,将子流域划分为垂直特征相对一致的分区。②子流域作为一个自然地理单元,受到人类活动干扰的影响愈发明显,这一点充分表现在土地利用结构的变化上。因此,以土地利用结构作为分区的依据之一,用于衡量子流域主要活动功能。

5.3.2.4　统筹优化流域国土空间开发保护格局

将城市重要湿地资源、水域纳入生态保护红线、自然保护地等国土空间规划底线管控体系,按照最严格要求进行管控,禁止建设性、开发性活动,设置项目准入清单,从国土空间规划建设源头保护流域生态系统。

统筹考虑多个国土要素和流域人水关系,缓和国土空间开发利用中的矛盾,修复受损退化严重、功能低下的生态系统,优化国土空间布局,提高资源利用效率和国土空间品质。针对重要流域地区,重点分析城镇开发、农业生产、生态建设等国土空间开发保护行为对流域水土资源和生态环境造成的影响,建立空间逻辑关系,以此为依据构建和优化全域国土空间开发保护格局。具体包括两个层面:一是对重要流域内外地区国土空间格局的整体性优化,通过人口、产业和城镇布局的跨流域调整来解决流域整体超载问题;二是对流域内部国土空间格局的优化,有效保护水源涵养、水土保持和雨洪调蓄等水土环境敏感地区不受开发建设干扰,形成与自然水文过程相协调的土地利用格局。

城镇空间以沿江重点地市、各大城市群、都市圈等地区为对象,围绕水资源承载底线,分析评价城镇存量低效用地、沿江两侧用地结构和重化工业布局、城镇亲水空间和园林绿地等人居空间存在的问题原因,面向高质量发展和高品质生活目标,分析国土综合整治需求与潜力;农业空间分析评价闲置低效利用用地、生态功能退化、文化景观消失等问题原因,以调整优化乡村用地布局、打造集约高效生产空间、营造宜居适度生活空间、保护山清水秀生态空间为目标,分析国土综合整治需求与潜力(孔凡婕等,2020)。

引导水域两侧用地合理布局,"借用"却不"损害"河流环境,尽可能发挥其增值效益,实现由工业用地为主导的"生产型"向居住和商业用地为主导的"生活型"过渡,并克服市场经济的缺陷,切实保障滨河地区非盈利型公共设施的用地和滨河绿带、绿地等开放空间用地,引导城市扩张形式从宽松的"平铺式"向紧凑的"镶嵌式"转变。

5.3.2.5 以流域为单元进行生态、人文格局保护与系统修复

以流域为单元,将治水和治山、治水和治林、治水和治田、治山和治林相互结合,针对流域上、中、下游不同的特点和问题,制定有侧重、差异化的综合性修复措施,从而更精准地开展治理工作。同时,通过分析流域内山水环境与城乡聚落、社会文化网络形成和演变的关系,明确该地区的传统人文格局特征与关键性控制要素,在整治规划中通过城市设计和风貌控制进行保护与传承,塑造具有流域特色的自然和人文交相辉映的文化景观。

以景观生态学原理为指导,以生态修复和保护为目标,通过流域干流将上下游的支流及相关湖泊湿地群连接起来,并构建大、中、小及微型湿地的蓄、净水网络,增量提质,统筹协调机制、梳理流域水脉大系统,通过河、湖、库、沼泽等,形成具有鲜明地方特色的生态湿地群与生态廊道。以流域干支流和主要道路为依托,连接多个绿色开放空间,提高乡土树种使用率,构建"生态绿色链",形成集生态走廊、娱乐、文化、审美等一体的生态保护脉络。

以流域生态湿地为纽带,挖掘和保护流域的历史文化,探究其文化脉络,并在历史文脉中注入新的生命,赋予河流以新的内涵,对于构造河流景观特色和城市生态文明建设有重要意义。

5.3.3 流域国土整治的重点内容

江河流域作为一个完整的生态系统,国土综合整治需要以整个流域为研究对象,不仅着力于大江大河的治理以及防洪、发电、灌溉、航运等枢纽建筑物的配置,还要重视流域内社会、经济、生态和自然的统筹协调,充分考虑经济社会发展需要和水资源与水环境的承载能力,合理安排流域治理、开发和保护的重大项目布局,涉及众多要素内容。

5.3.3.1 水

(1)水资源开发利用

对流域水资源进行质量状况评价、开发利用现状分析、供需平衡分析、水资源配置分析,认真分析制约流域经济社会可持续发展的因素,结合河流开发条件,以控制性工程为中心,充分发挥控制性工程在灌溉与供水、防洪、发电、航运等方面的重要作用。

坚持局部服从整体,上、中、下游协调的开发原则。例如嘉陵江流域自广元以下是一条

重要航道,通航标准要求高,整治方案布置时要充分考虑河道渠化。坚持因地制宜,有序开发的原则,对上中下游河段设立不同的整治措施。中下游地区一般经济社会较稠密、人口较多,开发的主要任务是航运、发电、防洪、灌溉、供水等。上游河段一般水土流失现象较为严重,水源保护及生态环境保护是重中之重,可留出部分适宜地区作为开发建设保留区,重点做好水土保持及生态环境保护工作。在地形、地质、淹没等条件允许的情况下,选择具有一定调节能力的水库,以利调节径流,提高下游电站的综合效益。

(2)水生态环境保护

①加强保护区、保留区和缓冲区的监督管理。对保护区、保留区和缓冲区的水质要维持现状。加强对保护区、保留区和缓冲区的水质常规监督监测,确保各功能区的功能达标,满足流域内经济社会发展的需要。

②加强河流生态保护,优化景观生态格局。主要由足够的水量、河流形态的连续性与多样性三个生态要素来保证。尽量避免为了规划和施工方便而设计规则的直线或折线型河道。要重点保护上游平缓的河岸地带,尤其是森林植被条件较好的河漫滩和河湾区。可以充分利用河流缓冲带、滨水植物、水边湿地和沼泽地森林或池塘,培育滨水和湿地生态群落,从而有效地减少侵蚀泥沙进入河道,削减进入河流的营养物,达到较好的改善水环境的效果。

③加强干流城市饮用水源地保护。供水水源地的保护是水污染治理的重要组成部分,是水资源保护的首要任务。供水水源地主要包括所在地城市及建制市集中式饮用水水源地、水功能区划确定的保护区中的集中式饮用水水源地、开发利用区中的饮用水水源区,以及各地市重点发展的城镇、旅游风景区集中饮用水水源地等。

④调整产业结构,推行清洁生产。流域要从根本上防治水污染,还应进行区域产业结构调整,优化资源配置,发展排污量少、不污染或轻污染的工程项目,并积极落实节水减污、清洁生产措施。发展适合流域内资源特点的特色经济。鼓励发展旅游业和第三产业、合理开发利用当地的水电资源、矿产资源等。

⑤工业污染防治。淘汰不符合产业政策的污染企业;所有建设项目应严格执行环境影响评价和"三同时"制度,污染物处理达标后方可排放;大力推行清洁生产技术。

(3)防洪

防洪采用工程措施和非工程措施相结合的综合防治方案,逐步形成以沿江城区堤防和护岸为基础,水库蓄洪为骨干,支流中小型水库相配合和河道整治等工程措施及非工程措施构成的总体防洪体系,提高各防护区的抗洪能力。防洪非工程措施主要有水情测报与预报、防洪预案编制、建立健全防汛指挥系统和植树造林以及加强江河管理等。

5.3.3.2 林

针对已有的原始森林。原始森林的生物多样性以及对流域生态平衡所发挥的重要作用是次生林所无法比拟的,扩大自然保护区范围进行重点保护是最好的办法。另外,对于流域内已经形成的天然次生林而言,应当采取措施严格保护。对于已经遭受破坏或受过干扰的山地天然林,要有计划地采取封山育林的措施。对于已经完全遭受破坏的荒山而言,需要快速地改善区域景观生态基质,这就需要大面积地人工植树造林。人工森林防护体系应考虑以下的建设原则:生态、经济和社会效益相结合;因地制宜;林农互利;共生养护。

流域森林生态体系建设的整体布局、林种结构、群落结构与成分设计等方面,都要尽量避免单一功能的土地利用和种群组合方式,以及单一经营的产业结构。具体来讲,应成体系地建设水源涵养林、山坡固土林、护岸林和农田防护林;有计划地营造用材林、薪炭林、水源林、防护林、经济林,综合类森林应多树种混交、乔灌草搭配,造就群落结构复杂、多样化程度高、生态系统稳定、生态效益良好的森林防护体系。

5.3.3.3 田

针对流域不同的地理环境分区,因地制宜地建立农地整治体系,提升流域农业生态系统的功能,减轻流域生态环境压力,从而在根本上达到流域农田国土整治的目的。

作为流域水土保持工作的重点地区,应当大力恢复自然生态景观,减弱农地景观,尤其是农耕景观的存在,因为从农耕效率来讲,这一地区的农耕投入产出最低。近期该区应推广林粮间作,粮草间作的格局。随着这一地区的农耕人口逐渐迁移、转化,远期待林木郁闭后应全部停耕。地势平缓的中游地区,以及下游的河谷平坝区,通常是流域人口密度最大、农业生产水平最高的区域。在这一地区,应当突出并优化农田布局。改变不良的坡耕地,形成水田、缓坡梯田。同时,利用靠近城市,交通方便的优势,形成城郊农业和庭院农业,达成人居环境与农地景观的和谐统一。可以考虑在耕地四周发展生态经济林,以林地护农地,促进农耕景观格局的持续稳定发展。

5.3.3.4 文化

流域文化的核心要素是"水文化",是生活在以流域为核心要素的人居环境中的人们的一种存在方式和存在状态,包括物质文化、制度文化和精神文化。流域人口的流动和迁徙促进了流域文化的异地传播和文化交流,并影响着流域空间中人们的思维方式、心理结构、价值选择、伦理道德和行为方式。近年来,随着人类社会的不断发展,流域城镇规模不断扩大,水资源开发强度加大,人类越来越明显地意识到流域竞争的重要性。这种竞争不仅表现为水资源的竞争,更表现为人居环境的历史文化、民族传统以及地域特色的水文化的竞争。

流域文化整治应总结归纳流域现存的主要文化类型,分析具体问题,以人类发展的整体观为导向,以资源统筹开发利用为基础,提炼流域主题文化,在文化区划研究的基础上,以历史文化资源保护为核心,以"流域—区域—地域"三位一体化开发为基础,构建流域文化保护开发模式。如周学红提出了以秦陇、秦巴、巴蜀、巴渝文化为核心的嘉陵江流域旅游圈层开发策略,以及以文化遗产廊道、文化旅游线路和滨江景观轴线开发为主的文化极点廊道开发策略。

5.4 流域与湿地国土整治的新趋势与新制度

5.4.1 流域与湿地国土整治的新趋势

5.4.1.1 从水资源协调利用到单一污染控制再转向协调发展的综合治理

国外的流域国土治理基本上走的是一条先污染后治理的道路。首先经历了水资源综合利用阶段;然后进入由于大规模水资源开发导致流域水质恶化,加强污染治理和水资源保护的阶段;现阶段多以水污染综合防治,水生态环境的恢复为目的的治理转变为协调性的流域自然资源—生态环境—经济发展的综合治理。从单纯重视河流自身转变为对整个流域区域的治理；从单一规范流域水资源逐步演变为统筹考虑流域内所有环境资源要素，从流域系统整体功能进行流域治理，强调流域生态保护与社会经济发展的关系；从经济、环境、社会问题的角度进行流域生态系统的综合治理。随着经济全球化、城镇群的兴起，流域范围内城市经济社会联系加强，生态效益越来越得到重视，流域与湿地国土整治也将越来越注重协同治理。

5.4.1.2　从工程治理到生态治理

长期城市化与工业化对河流生态系统健康状况造成了严重影响，流域生态系统修复逐渐引起人们的重视。近年来西方发达国家纷纷对以往的水治理思路进行反思，提出了生态治水的新理念，要求尊重河湖系统的自然规律，注重对其自然生态和自然环境的恢复和保护。20 世纪 90 年代以来，德国、美国、日本、法国、瑞士、奥地利等国纷纷大规模拆除以前使用人工在河床上铺设的硬质材料。可见，采用混凝土施工、衬砌河床而忽略自然环境的城市水系治理方法已被各国普遍否定，建设生态河堤成为国际大趋势。目前国际上水治理的成功案例有欧洲的莱茵河、多瑙河，韩国的汉江，英国的泰晤士河等。这是一种河流治理战略性的转变，不仅要关注河流的资源功能，还要关注河流的生态功能，通过自然界的自净能力去治理被污染水体，是人与自然和谐相处的水质治理思路。

5.4.1.3　从政府强制主导到政策企业家利益合作

在流域水环境治理的各方之间，存在频繁的利益博弈。流域水环境系统是一个涉及生态、经济、社会、政治等多变量的复杂系统，并非全部的政策资源都为政府部门所掌握，政府通过强制性的主导手段无法对诸多资源进行有效配置。因此在水环境治理的机制中，改变单一地依靠政府强制主导的供给型方式，转向利益合作为主的需求型方式，从而实现各方利益和目标的一致，完善水环境的治理。

5.4.2　流域与湿地生态修复的关键技术

5.4.2.1　河流低碳整治技术

（1）芦苇生态湿地

河流、湖泊中的湿地建设是整治修复水生态系统的一项重要手段，也可以称为土壤生物工程。河流与湖泊的治理中，在基本不影响行洪和槽蓄功能的前提下，应尽可能保留和建设一些湿地。

芦苇湿地和其他湿地生态系统一样，在调节气候、净化环境和保护生物多样性等方面具有重要意义：①景观效应。芦苇湿地在河流沿线形成了绿色长廊，为人们休憩、娱乐提供了良好场所，提升了整个区域的品位。②自净效应。芦苇湿地有助于减缓水流，当含有毒物及污染物的污水经过湿地时，流速减慢，有利于污染物的沉淀和排除，湿地的生物和化学过程可使有毒物质降解和转化。相关文献研究成果表明，芦苇湿地一般对 BOD、TN、TP 的去除率可分别达到 80％、85％和 85％，具有显著的生态效益。③固碳与调节气候效应。典型芦苇湿地的固碳能力一般为 $1.0 \sim 2.4 kg/(m^2 \cdot a)$。在调节气候方面，芦苇湿地积水面积大，特殊地热学性质使芦苇湿地源源不断地为大气提供水分，增加大气湿度。芦苇蒸腾系数为 637～826，也就是 1t 芦苇在其生长周期内要向空气中蒸腾 700t 左右的水分。大量的水蒸汽散发起到了提高空气湿度、降低地表温度、调节区域小气候的良好作用。

（2）生态浮岛技术

生态浮岛技术是植物净水工程的一种，是绿化技术与漂浮技术的结合，类似于陆域植物的种收方法，在局部水域设置浮岛，种植各种适宜的陆生植物和湿生植物。植物生长的浮体一般由发泡聚苯乙烯制成，质轻耐用。岛上植物可供鸟类休息，下部植物根系形成鱼类和水生昆虫生息环境。在美化、绿化水域景观的同时，通过根系的吸收和吸附作用，吸收水体中的氮、磷等元素，并通过收获植物体的方式将其带离湖体，从而达到净化水质、改善景观的目的。与人工湿地技术相比，生态浮岛技术最大的优点在于不另外占地，较适合我国大多数河流无滩涂空间利用的特点。浮岛形状多采用四边形，也可采用三角形、六边形或多种不同形状的组合，边长通常为2～3m。各浮岛单元之间预留一定的间隔，相互之间用绳索连接。固定系统要根据地基状况来确定，常用的有重力式、锚固式等。

（3）土壤渗滤技术

该技术也称为土壤含水层处理技术，属于土壤处理技术的一种。其技术原理是以土壤为介质，通过草地、芦苇地、林地等土壤—微生物—植物系统的过滤、物理和化学吸附、离子交换、生物氧化和植物吸收等综合作用，固定与降解污水中的各种污染物，使水质得到不同程度的改善，同时通过营养物质和水分的生物地球化学循环，促进绿色植物生长，实现污水资源化与无害化。部分研究成果表明，土壤渗滤系统对 BOD 的去除率可达95%，COD 去除率为91%，氨氮去除率为85%左右，TN 去除率为80%，TP 去除率为65%。

（4）沿岸植被缓冲带净化技术

缓冲带就是河流与陆地的交界区域，也可以称为河边湿地、河谷或洪泛平原。在水岸带种植根系发达的植物，由此构成缓冲带，依靠植物吸收营养盐，起过滤效果，依靠减缓波浪的作用进行沉淀、脱氮等；植被还可以稳固河岸，并形成一个多样性的生态环境，起到保护、恢复自然环境的效果（关春曼，2014）。

5.4.2.2 湿地生态修复关键技术

（1）湿地生境恢复技术

湿地生境恢复的目标是通过采取各类技术措施，提高生境的异质性和稳定性。湿地生境恢复包括湿地基底恢复、湿地水状况恢复和湿地土壤恢复等。

①湿地的基底恢复

基底环境是湿地植物的立地条件和动物的栖息场所。湿地的基底恢复可通过采取工程措施，维护基底的稳定性，稳定湿地面积，并对湿地的地形、地貌进行改造。主要技术包括湿地及上游水土流失控制技术、湿地基底改造技术等。如通过坡面整地、堆土作垄等利于排水的整地措施，改善水生植物生长的立地条件。湿地基底的营造应以多变的形态代替"锅底式"（见图5.5）的单一水下空间，化整为零，复杂的基底环境更利于水生植物的生长和动物栖息地的构筑（成玉宁，2014）。

②湿地水状况恢复

它包括湿地水文条件的恢复和湿地水环境质量的改善。

湿地原有功能和生产力的恢复，通常需要建立在水文恢复的基础之上。水文条件的恢

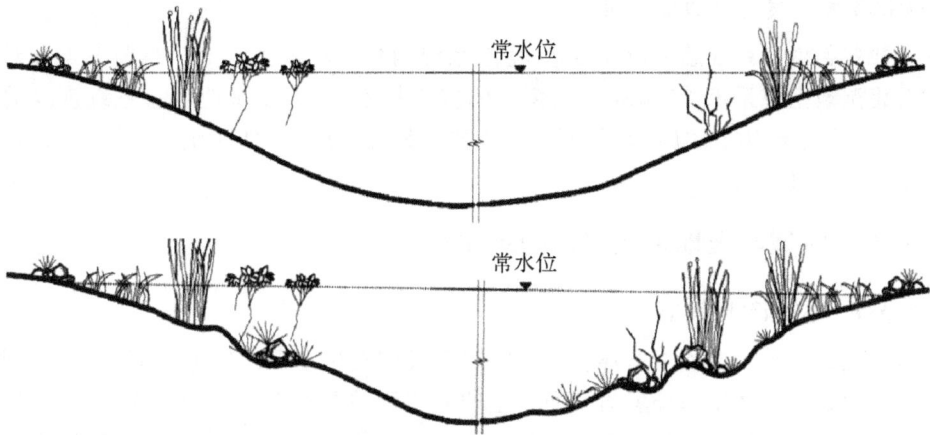

图 5.5　"锅底式"湿地基底和多变的湿地基底

资料来源：孟洁然(2019)。

复通常是通过筑坝(抬高水位)、修建引水渠等水利工程措施来实现。需要强调的是,由于水文过程的连续性,必须加强河流上游的生态建设,严格控制湿地水源的水质。

水环境恢复以期达到保障湿地水资源和恢复水体自净能力的目标。达成保障湿地水资源的目标要通过上游和湿地区域内的水系统调整,维护湿地水资源总量。水体自净能力的恢复需要利用地形和通过适当的人工干预手段,恢复和保持湿地水体的流动性和高低水位的周期性变化规律,保持水体原有的水文特征;建立水体中的各种水生生物群落,形成完整的湿地生态系统,进而恢复水体的生态属性。可以采用物理处理法、化学处理法、水生植物修复技术、人工湿地技术以及对湿地水上游憩行为的控制。

③湿地土壤恢复

基底土壤是湿地系统的重要组成部分,湿地土壤既是湿地许多物质转化过程的媒介,同时也是大部分湿地植物可利用化学物质的主要贮存库。对于一些基底退化的湿地环境,针对湿地基底土壤的不良性状和障碍因素,可采取相应的物理、化学或微生物措施,提高土壤肥力。土壤改良过程可划分为保土和改土两个阶段。在保土阶段中采取工程或生物技术措施,使土壤流失量控制在容许流失量范围内。改土阶段的目的是增加土壤有机质和养分含量,改良土壤性状,提高土壤肥力。湿地基底土壤的恢复通常采用的方式包括物理改良技术、化学改良技术、生物修复技术以及湿地轮作技术。

(2)湿地生物恢复技术

自然界的植被群落是植物经过长期自然选择和演替的结果,湿地植物作为一种既有景观效果又具有生态功能的植物资源,在生态园林的应用和景观水体的保护中发挥着举足轻重的作用。要注重植物配置与湿地动物群落栖息地的营造,从地带性出发选择植物类型,同时应考虑尽可能地保持植被的完整性、增加湿地系统的生物多样性,抵抗外界干扰;通过对湿地生物生态习性的了解,有针对性地生境创造(如水域的畅通)、植物栽植来恢复吸引动物群落。

湿地生物恢复技术主要包括物种选育和培植技术、物种引入技术、物种保护技术、种群动态调控技术、种群行为控制技术、群落结构优化配置与组建技术、群落演替控制与恢复技术等。

（3）生态系统结构与功能恢复技术

其主要包括生态系统总体设计技术、生态系统构建与集成技术等。目前急需针对不同类型的退化湿地生态系统，对湿地生态恢复的实用技术（如退化湿地生态系统恢复关键技术，湿地生态系统结构与功能的优化配置与重构及其调控技术，物种与生物多样性的恢复与维持技术等）进行研究（孙毅等，2007）。

5.4.3 流域与湿地国土整治的新制度

5.4.3.1 生态补偿制度

生态补偿是一种为保护生态环境，维护、改善或恢复生态系统服务功能，在相关利益者之间分配因保护或破坏生态环境活动而产生的环境利益及经济利益的行为。在形式上，生态补偿表现为消费自然资源和使用生态系统服务功能的受益人，在有关制度和法规的约束下，向提供上述服务的地区、机构或个人支付相应的费用。补偿资金的转移形式主要有中央对地方纵向财政转移支付形式的生态补偿和不同地区之间的横向生态补偿。

（1）纵向财政转移支付

目前中央对地方财政转移支付分为一般性财政转移支付和专项财政转移支付。

一般性财政转移支付，是指上级政府对有财力缺口的下级政府，按照规范的办法给予的补助。一般性财政转移支付不规定具体用途，由下级政府根据本地区实际情况统筹安排使用。在一般性财政转移支付的具体构成中，均衡性财政转移支付是主体，主要参照各地标准财政收入和标准财政支出的差额及可用于转移支付的资金规模等客观因素，按统一公式计算分配。

专项财政转移支付，是指上级政府为了实现特定的经济和社会发展目标，给予下级政府的资金补助，由下级政府按照上级政府规定的用途安排使用。专项财政转移支付主要根据党中央、国务院确定的政策，重点用于农林水、教育、医疗卫生、社会保障和就业、交通运输、节能环保等领域。纵向生态补偿是专项财政转移支付的一种。

（2）横向生态补偿

横向生态补偿是指对在某一区域内为保护和恢复生态环境及其功能而付出代价、做出牺牲的单位和个人进行经济补偿，这种经济补偿一般采用同级地方政府之间财政资金相互转移的制度安排。横向生态补偿需要在生态损益关系相对比较明确的区域之间开展，主要适用于主体相对较少的流域生态补偿、调水工程生态补偿和矿产资源开发生态补偿等类型。

建立横向生态补偿制度，是生态文明制度建设的重要组成部分。横向生态补偿制度可以成为纵向生态补偿制度的有益补充，缓解中央财政的生态补偿压力。通过横向生态补偿制度建设，可以积极发挥多元主体在区域治理中的作用。在横向生态补偿制度建设过程中，补偿方和受偿方的政府、企业、居民和相关的社会组织都会参与其中，充分体现了多元主体参与的特征，改变了过去主要依靠政府推进区域治理的模式。

通过横向生态补偿制度建设，可以按照生态区的理念完善区域治理体系，提升区域治理能力。生态区和行政区在空间上并不完全对应，而我国主要依照行政区推进区域治理，这样生态保护的外部性问题就难以解决，造成生态保护区缺乏生态保护的积极性，下游地区面对上游地区的污染排放又无能为力。横向生态补偿制度就是要解决生态保护的外部性问题，使生态保护区和生态受益区作为一个整体共同应对生态保护问题,在生态保护和环境治理方面形成合力(郝庆等,2018)。

生态补偿制度的完善为推进跨区域的国土综合整治工作提供了资金保障,为遵循"山水林田湖草是一个生命共同体"的理念进行生态环境综合治理提供了基础,有利于系统性、大范围地实施国土综合整治工作。

5.4.3.2　河长制

2007年太湖蓝藻暴发并引起供水危机后,无锡市于当年8月开始了流域治理机制上的创新尝试,这就是"河长制",即各级政府的主要负责人担任辖区内重要河流的河长,以负责河道、水源地的水环境、水资源的治理与保护。这一流域治理的地方创新迅速被各省市所效仿,成为地方政府环境保护和生态文明建设的一个"热词"。

"河长制"缘起于跨部门协同问题。从当前的流域管理体制上看,我国的涉水机构主要是以环境保护和水污染治理为主要任务的环保部门和以水资源管理和保护为主要任务的水利部门。另外,住建、农业、林业、发改、交通、渔业、海洋等部门也在相应领域内承担着与水有关的行业分类管理职能。正因为水的典型的跨界特征,行动主体的多元性似乎成为不可避免的现实。

"河长治河"在本质上体现了一种流域水环境资源整合的方案。在"河长治河"模式中,"河长"作为当地的党政主要负责人,能对水污染治理中相关职能部门的资源进行整合,并能有效缓解政府各个职能部门之间的利益之争,实现集中管理,使流域水资源保护和水环境治理得到改善。这种制度设计可以把各级政府的执行权力最大程度地整合,通过对各级政府力量的协调分配,强有力地对流域水环境各个层面进行管理,有效降低分散管理布局所可能产生的管理成本和难度,能够有力协调和整合涉及流域水资源管理的多个部门的资源,并按照流域水资源自然生态规律(流动不可分割性)实行统一协调管理,增强管理效率。

在横向协同层面上,"河长制"搭建起左右互动的"桥梁"。以前,河流水污染的治理和管理,沿岸企业的居民以及环保部门都无法确定管理主体和客体。"河长制"确立后,河长对本河流的治理最具发言权,其下达的任务指标对整个流域都有作用。这就避免了以前多部门管理无人沟通,多地方政府共同管理无人协调的问题。"河长制"的确立,有利于解决流域整治问题,专人专职,既担任管理者,也是责任人,这无疑是政府间横向协同的一剂良药。除了以往涉水管理中的关键部门,如水利、环保、交通、农林、国土资源、住建等,财政、发改等核心部门和监察等监督部门在流域治理的过程中也有了相应的分工和任务。

在纵向协同层面上,"河长制"设立了地级市、县和乡镇三级管理的模式,其工作人员由这三级的领导小组和领导小组办公室组成。其机制本身所体现出的就是一个纵向的、上下联动的机制。上至省级单位、下至乡镇领导,流域治理的情况可以迅速有效地在各部门之间传递。一旦出现应急情况,河长可以迅速做出反应,并向上级领导汇报,从而在第一时间处理河流问题。这种对人力、物力的整合,让"河长制"变成了真正统一部署、共同实施的系统协同机制(任敏,2015)。

5.5 流域与湿地国土整治的典型案例
——以洱海流域国土空间规划为例

5.5.1 流域概况

大理州地处横断山脉西南端、滇西纵谷区,境内地形起伏、江河纵横,形成了众多山间盆地和高原湖泊。其中,洱海是云南省第二大湖泊,也是大理人民的母亲湖,风光旖旎的洱海与雄崎中部的点苍山交相辉映,苍山洱海已然成为大理的代名词。然而,随着近些年来大理州经济社会的快速发展,洱海流域生态环境面临的压力不断增大,以往的规划或整治由于缺乏流域保护意识,未能较好地体现流域整体的资源环境承载约束及流域内外、上下游开发建设的协调关系,导致洱海周边旅游的无序开发及管控不到位、洱海环湖生态频遭破坏、洱海水质呈下降趋势等问题,引起了中央的高度关注。

5.5.2 规划整治思路

洱海流域的系统保护与治理是解决洱海生态环境问题的关键。在编制大理州国土空间规划时,紧紧围绕"一定要把洱海保护好"的核心目标,从流域系统治理视角出发,在全州空间范围内谋划洱海流域保护与协调区,统筹协调保护与发展的关系,通过"控、导、修"结合的技术路线,强化资源环境约束,谋划高质量发展路径,构建国土空间的开发、保护、利用和修复格局,实现人与自然和谐共生。

5.5.3 规划整治内容

(1)谋划洱海流域保护与协调区

围绕洱海生态环境保护核心目标,基于流域系统治理理念,构建洱海流域保护区。首先,从科学性的角度出发,以水利部门确定的洱海汇水区域为主体,综合考虑汇水区域各类自然保护地边界及水利工程影响,协同水利、环保等部门共同确定流域范围。其次,从可操作性的角度出发,考虑流域与事权关系的对应衔接,将洱海流域所涉及的县级行政区完整纳入洱海流域保护区。同时,由于大理州经济社会发展的重心一直以来位于洱海流域内,为更好地控制和保护洱海流域,有必要在流域外建立协调区,引导和满足大理州未来的发展诉求——跳出洱海发展。协调区的选择应在"双评价"基础上,依托城镇发展现状,考虑区域发展格局,选择有容量、有条件的地区。保护区与协调区共同构成洱海流域保护与协调区,即包括流域内的大理市、洱源县,以及流域外的宾川县、祥云县、弥渡县和巍山县全行政区范围。在此基础上,系统开展流域保护治理工作,通过规划引导并配套相关政策机制,推动形成多中心、网络化、组团型的城镇组群协调发展格局。

(2)控:识别短板,整体核算洱海流域保护区的资源环境容量,控制发展规模上限

①识别洱海流域保护区的资源环境短板重点。针对洱海流域,以流域保护区整体空间为分析范围,从水资源、土地资源、水环境、大气环境、土壤环境、生态重要性、生态敏感性、气象灾害和地质灾害等多维度、全方位进行资源环境禀赋分析,认识到水资源和水环境是制约

发展的资源环境短板因素。故针对二者开展容量预测,明确流域整体资源环境承载容量。

②基于水资源承载力的多情景容量预测。通过分析流域保护区的现状农业用水、工业用水、生活用水和生态补给用水状况,以上级下达的规划期末用水总量红线作为上限约束,计算人口容量。为应对中长期预测的诸多不确定性,提出洱海流域保护区未来水资源开发利用方面可能出现的 3 种典型情景(维持当前用水水平并按用水趋势确定供水总量;考虑滇中引水、桃源水库补水等外流域调水工程,以水资源利用红线作为供水总量约束;在新增调水工程基础上,考虑用水效率得到较大提升,按国家节水型城市标准及云南省用水定额标准进行计算)。

③基于水环境承载力的多情景容量预测。通过分析流域保护区现状工业源、污水处理厂源、直接生活源、畜禽养殖源及农业面源中水污染物排放情况,以环保部门确定的规划期末水环境容量作为约束,基于未来水污染产生强度与处理水平的不同可能情景进行分析。

④合理控制洱海流域保护区发展规模上限,综合考虑水资源承载力与水环境承载力,按照短板理论,采用水环境容量作为约束条件,以此校核人口规模预测的结果,确定规划期内洱海流域保护区的人口合理控制范围及与人口相适应的建设用地规模。

(3)导:引导洱海流域保护与协调区国土空间格局优化和绿色转型发展

①引导洱海流域保护区内人口、产业向协调区疏解转移。依据洱海流域保护区内资源环境容量预测结果,未来流域内人口增量幅度较为有限,需通过产业和城市功能疏解,引导人口向流域外协调区转移和集聚;同时,针对流域保护区内现有的水泥、造纸等落后产能和污染性工业企业,应予以淘汰或向协调区转移和升级改造;以此统筹协调洱海流域内外的空间布局,引导发展模式向绿色生产、生活方式转变,实现流域内外协调、高质量发展。

②在协调区内寻找承载人口、产业转移的城镇发展空间以实现产业升级和美好生活为目标,在洱海流域外的协调区范围内,寻找城镇发展新空间,以承载流域内人口、产业的疏解转移。协调区内城镇发展空间的选择应遵循以下原则:一是尊重现实,依托现有城镇建设基础进行,不搞大规模新区建设;二是产城融合,有效承接洱海流域非核心功能疏解,依托产业发展推动城镇建设;三是设施引导,依托区域性重大交通设施和高品质公共服务设施带动发展。

③以突出流域生态功能的系统性和完整性为出发点,科学划定 3 条控制线,加强流域保护与协调区的空间管控,以生态保护红线、永久基本农田和城镇开发边界 3 条控制线作为加强洱海流域保护与协调区空间管控的重要手段,其划定需按照统筹协调原则,做到不交叉、不重叠、不冲突,统筹兼顾,保障生态安全、粮食安全和国土安全。

(4)修:系统修复流域生态系统,重塑苍山洱海山水人文风貌

以流域为单元,统筹"山水林田湖草生命共同体",系统开展生态修复,恢复洱海水质,全面提升生态环境品质;同时,以流域为空间载体,加强对苍山洱海"山—海—城—野"山水人文格局的重塑和特色风貌的保护,打造具有流域特色的生态优美、文化凸显的人居环境示范地。

流域山、水、林、田、湖、草系统的生态修复。①划分小流域单元。利用 DEM 数字高程模型进行水文分析,结合实际水系分布数据进行校核,将全州划分为 530 个小流域,面积为 $20\sim200km^2$。②识别风险区域。通过"双评价",分析出大理州国土空间开发保护方面存在水土流失问题突出、湿地污染与环境退化、植被退化与森林资源过度利用、生物多样性面临威胁、开发建设侵湖侵山侵河等风险。通过叠加分析,识别以上 5 类风险区域,作为生态修

复的重点地区。③明确修复单元。将识别出的风险区域与小流域单元进行叠合,明确生态修复空间单元。④开展流域综合修复治理。从流域系统治理理念出发,以水质改善为核心,统筹山、水、林、田、湖、草各类单要素修复,系统解决流域水环境、水资源和水生态问题。同时,针对流域上、中、下游的不同特点制定差异化的修复措施,其中,上游区域以山、林要素修复为主,对深山、远山区实行封山育林,对低山丘陵区通过水平阶和鱼鳞坑等方式实行整地造林,对坡度在25°以上的耕地实行退耕还林,加强水源涵养林建设和水土流失治理;中游区域以河、田、草要素修复为主,开展系统截污治污,综合整治污水入湖、入河、入流问题,建设农田生态沟渠、污水净化池塘等设施,净化地表径流及农田灌排水,治理农田面源污染;下游区域以湿地、湖泊要素修复为主,加大对沼泽湿地及湖滨带、面山及汇水区植被的保护,重点实施河口湿地建设与湖滨缓冲带生态修复,形成环湖生态屏障。

流域山水人文格局保护与修复。①凸显流域山水人文格局。在进行生态保护与修复的同时,加强对流域内传统人文空间格局的重塑与修复,实现"生文同修"。就洱海流域而言,重点保护和凸显大理古城与苍山、洱海的传统空间秩序,以及古城周边郊野地区风貌、洱海村镇格局与流域山水环境的关系,提升苍山洱海"山—海—城—野"一体的区域山水人文格局。②保护流域历史景观要素。对流域内有历史文化遗存的周边山水自然环境要素及建成环境要素进行整体保护。以村中水系和村外山系为骨架,重点保护沿水系自由布局的村落空间格局和以特色建筑为代表的传统聚落空间,包括寺庙、戏台、其他夯土建筑和构筑物等(朱江等,2020)。

第6章　山地丘陵地区的国土整治

6.1　山地丘陵地区国土整治的基本概念

6.1.1　概念界定

从地形出发,山地和丘陵的共同特点是地表崎岖不平,不同的是山地较高,海拔多在500米以上,坡度较陡,沟谷较深;而丘陵较低,海拔大致在500米以下,相对高度一般不超过200米。广义的山地可以包含丘陵,山地丘陵更多是强调地貌形态和资源性区域。而山地丘陵地区则是泛山地丘陵的概念,更多是强调地貌空间和人文空间的复合区域,是具有明显人类活动意义的地域系统(邓伟等,2018)。

国土整治是实现国土空间格局优化、功能提升、生态修复目标的重要手段,是国土空间规划重要的实施工具和落实方式。国土整治规划是依据国土空间规划和相关规划,以整体改善国土空间要素、系统优化国土空间结构和全面修复国土空间功能为目标所进行的国土空间改造建设安排。国土整治规划的重要目标是促进区域发展,建设生命景观和共同体,增强国土开发利用与资源环境承载能力之间的匹配程度,提升国土开发利用的效率、质量。它的主要任务是促进区域经济发展的协调和可持续,控制和治理区域危害性因素,提升国土空间开发利用的品质(吴次芳等,2019)。

具体到山地丘陵地区国土整治,需要面对山地丘陵地区自身的特点,分解国土空间规划的任务,针对性地提出重点项目,持续推进农用地整治,大力开展建设用地整治,实施生态保护修复,推动公共空间治理,实现山地丘陵地区国土空间开发利用与自然保护的平衡,从而落实国土空间规划,实现国土空间的格局优化、功能提升和生态修复目标。

6.1.2　山地丘陵地区国土整治的背景与面临的挑战

6.1.2.1　山地丘陵地区国土整治背景

山地丘陵地区国土空间比重大是我国的基本国土情势,据《中国数字山地图》了解,我国山地面积占陆地国土总面积的64.89%。同时,山地丘陵地区又是一个特殊的国土空间,它的重要性是多方面的,也是不可替代的。第一,山区是多种自然资源的主要赋存地,承载着巨大的自然资源供给功能。第二,山区是江河发源地,驱动地理环境分异,丰富生物多样性,形成多样的生态系统服务功能。第三,山区的差异性也导致聚落的多样性,如民族聚落及其文化传统的形成,这对于人类的存续和发展有着重要的意义(邓伟等,2013;邓伟等,2015)。

因此,山地丘陵地区是集自然资源赋存、气候调节、生物多样性维持、生态产品供给等多种功能与经济社会发展于一体的复杂系统,其资源开发和生态服务不仅支撑着地区本身的发展,更是支撑和服务着区域乃至国家的发展(邓伟等,2015)。

在生态文明战略导向的国土空间规划背景下,山地丘陵地区作为国家生态红线等的主控区域之一,其国土空间保护与利用与国家的可持续发展密不可分。同时,在加快新型城镇化建设与推动乡村振兴的背景下,山地丘陵地区国土空间开发和生态系统服务功能的可持续维系难度更趋明显,对山区国土空间优化与管制提出了重大挑战(周鹏,2020)。在新时代背景下,山地丘陵地区国土整治作为山地丘陵地区国土空间规划体系中的核心规划,从抽象概念逐步转向具体落实实施、从单一目标转向多元目标、从独立要素整治转向系统综合整治的新阶段,其作为增强开发利用和资源环境承载力之间的匹配程度、提高国土空间开发利用效率和质量的重要手段与分解并落实国土空间规划指标的重要途径,在当前经济转型期肩负着重要的使命。

6.1.2.2　山地丘陵地区国土整治面临的挑战

(1)资源约束不断加剧,人地矛盾日益突出

我国资源禀赋缺陷明显,水土资源空间匹配性差,资源富集区与生态脆弱区多有重叠,在山地丘陵地区多有体现。近年来随着城镇化、工业化的加快推进,多数山地丘陵地区城市耕地总量逐年减少,城市常住人口却不断增加,人均耕地面积明显下降,且耕地长期重用轻养,部分耕地质量退化。城镇化率不断增加,建设用地的需求仍维持在较高水平,但随着耕地保护、生态建设以及规划指标的约束,用于新增建设用地的土地资源十分有限,亟须通过国土整治,推进国土空间内涵挖潜和节约集约利用,缓解建设用地供需矛盾。

(2)生态环境压力加大

山地丘陵地区肩负着重要的生态功能,但同时又存在显著的生态脆弱性。一些地区生态环境承载力已经达到或接近上限,且面临"旧账"未还、又欠"新账"的问题,生态保护修复任务十分艰巨。一些地方贯彻落实"绿水青山就是金山银山"的理念还存在差距,个别地方还有"重经济发展、轻生态保护"的现象,不合理的开发利用活动挤占和破坏生态空间,以牺牲生态环境换取经济增长。部分地区环境质量持续下降,生态系统功能不断退化。分地区森林破坏、湿地萎缩、河湖干涸、水土流失、土地沙化等问题突出,生物多样性降低,生态灾害频发。农业生产中使用工业化肥、农药、地膜等以及工业废气废渣排放等,容易造成土地系统有机性降低,土地环境负载不断提高,土地生态环境质量下降。地质灾害点多面广频发,局部地区地质环境安全风险较高。川滇山地、云贵高原、秦巴山地、陇中南山地等,滑坡、崩塌、泥石流等突发性地质灾害高发频发。亟须以国土整治为手段,统筹区域、行业土地利用,加大生态环境建设与保护。

6.1.3　山地丘陵地区国土整治的目的与意义

山地丘陵地区国土整治的总体目的在于通过国土整治措施以提升对土开发利用与资源环境承载能力的匹配度,通过实施综合整治重大工程以修复国土开发利用的效率和质量,最终从整体上构建安全、和谐、开放、协调、富有竞争力和可持续发展的山地丘陵地区美丽国土(严金明、张雨榴,2017)。

6.1.3.1　国土生态系统平衡

全面整治山地丘陵地区国土生态系统中的突出问题,修复破损的国土生态系统,提升国土资源质量,建立国土资源合理利用方式,从而实现每项国土资源的有力保护、合理利用与有效恢复,重塑国土生态系统,保障国土生态系统结构上的稳定、功能上的稳定和能量输入输出上的稳定,实现国土资源生态系统的平衡。

6.1.3.2　国土利用格局优化

根据国土资源系统整体性、系统性及其内在规律,针对山地丘陵地区发展战略、资源禀赋、经济发展水平等实际情况,开展不同类型、模式的国土综合整治,统筹整治自然生态各要素、山上山下、地上地下等各方面的国土资源,实现区域、省市县等不同尺度下的格局优化,实现发展与保护的内在统一、相互促进。

6.1.3.3　城乡统筹发展

建立城乡国土资源使用联动机制,尤其是要注重提升农村国土资源的经济价值,城市国土资源利用以农村国土资源为支撑同时反哺农村国土资源,实现城乡国土资源互动,实现城乡国土资源的高效利用,优化城镇化布局,实现精细化高质量的新型城镇化发展模式。

6.1.3.4　区域协调发展

地区间既有差异又相互关联,因此国土综合整治应该以促进各地区通过发挥各自比较优势进行合理分工与协作为目标,通过全面统筹各区域的土地利用,最终促进区域经济、产业和人口的发展与土地利用相协调。以跨区域协调发展的战略为导向,对国土资源进行分区、分类的差别化重点整治,从结构和布局上提升国土资源在区域间的协同发展,推动山地丘陵地区进一步发展。

6.1.4　山地丘陵地区国土整治的基本原则

6.1.4.1　充分考虑地貌分异特点

虽然可以笼统地划分出山地丘陵地区,但由于山地地貌形态本身的差异,山区之间存在显著的人文和自然要素分布的差异性。如根据海拔、地表形态,可以将山区国土空间形态划分为谷地、半山等类型,而不同类型的山区,空间利用方式不同。同时,即使是同类型的空间,也会有不同的表现形式。同样是山区聚落,集中度却会存在明显的差异(邓伟等,2018)。

地貌分异导致山地丘陵地区国土空间的功能呈现多元化的特点。因此,需要充分考虑地貌分异特点,阐明山区国土空间的主导功能(经济主导还是生态主导)、附属功能(生态经济)、复合功能(农牧、农林)的空间结构与地域特征,进而整体性考量具体尺度下的发展度、协调度和持续度(邓伟等,2017),才能有效地开展山地丘陵地区国土空间整治工作。

6.1.4.2　统筹协调保护与发展、城市与乡村的问题

山区是国家生态屏障的重要区域,由于国土空间开发强度超前,城镇空间、农业空间、生态空间互相嵌套并产生冲突。因此,在重要生态区域,需要以生态保护为优先,严格限制各类开发建设活动。而在一般地区,需要通过国土空间整治,实现城市的高质量发展,激活乡村振兴活力,兼顾保护与发展。同时,基于效率视角,山地丘陵地区国土整治需要扬长避短,满足城镇发展和农业生产空间的保护,舍弃经济价值不大的建设空间和农业空间冲突区,让

位于生态空间(周鹏,2020)。

除了保护与发展的关系,城乡之间的矛盾也是山地丘陵地区需要重点关注的问题。国土空间规划是生态文明时代国家对工业文明时代碎片化空间管理导致偏离政策目标的干预行动(田莉,夏菁,2021),城乡之间的矛盾不容忽视。山地丘陵地区国土整治需要兼顾城镇地区和乡村生活空间、农业空间和生态空间发展需求,协调人口资源与环境(周鹏,2020)。因此,需要优先考虑山区乡村的现代化问题,从而推动建立空间发展层级有序、协同协调、利益共享的区域发展共同体。

6.2　山地丘陵地区国土整治的类型与特征

6.2.1　山地丘陵地区国土空间的独特性

地理位置及其自然环境条件决定了国土资源的地域分异与区域特征、开发利用方式和区域发展方向(封志明等,2006)。我国是一个多山国家,其地理环境的差异性和复杂性,以及人类活动生活的强烈性(邓伟等,2015),在区位、地势、人文等因素的共同作用下,山地丘陵地区国土空间呈现出鲜明的特殊性。深入解析山地丘陵地区国土空间的独特性,既是空间发展规划的基础,也是国土空间整治的依据。

6.2.1.1　地理边远性

山区大多区位条件不利于一定技术条件下的经济社会发展,相对中心地具有偏远性或边缘性,可达性较低,使得其相对隔绝,且农业往往是劳动密集型的。但同时,由于水热条件、区位等要素的差异,在人地关系的冲突和适应过程中,山区实际形成了自己独特的人文地理单元,存在着山地垂直人文带。这样的山区人文性源于多样的文化和深厚的农耕传统与习俗,反映在民俗、居舍、耕作、经营、生活习惯、服饰等方面的人文差异,也形成了中华民族多彩的文化区域及其宝贵的资源,具有丰富的利用价值(Jansky等,2002;邓伟等,2018)。

山地丘陵地区地形破碎,可利用土地资源呈现大分散、小连片的特点,且主要分布在其中的平原、台地和低丘缓坡地区。适宜建设用地空间狭小、分散,决定了土地资源建设开发的本底条件相对较差,不具备进行集中式大规模开发建设的条件。因此,山地丘陵地区的聚落发展受地形影响,多呈点状或带状。地势变化的急剧性导致空间承载格局碎片化,不能形成较大承载力的整体性空间,无法进行规模布局,无法形成空间集聚,极大地限制了地方发展,是造成经济社会发展严重滞后的根本原因。与此同时,多山地丘陵造成耕地斑块相对狭小、可供开垦的后备耕地潜力有限,现有建设用地空间又与农业生产、宜居生活空间高度重叠,导致发展用地矛盾突出。不仅如此,山地丘陵对陆上交通的阻隔导致交通可达性差、内河航行价值受限,呈现出资源紧约束特征(邓伟等,2018;王佳韡等,2019)。

6.2.1.2　资源梯度性

受地形影响,山区资源呈现明显的梯度性。当山地有足够的海拔和相对高度时,气温随地面高度增加而递降,一定范围内降水递增,不同高度层带水热组合特征各异,形成气候垂直带,进而导致其他自然地理要素发生相应变化,形成地貌、植被、土壤等垂直带和自然景观垂直带,形成了不同海拔高度的不同自然地理环境(明庆忠,2008)。如某市的林地、草地多分布在海拔大于 400m、坡度大于 15°的山地和高丘陵区,耕地、水域、建设用地多分布在海拔小于 400m、坡度小于 15°的平原和低丘陵区(臧玉珠等,2019)。同时,在山地垂直自然带的基础上,出现了人文事象的垂直分异。山地作为相对独立的地域综合体也就出现了自然—人文综合性的垂直分异、高度分层的人地关系地域现象。且垂直方向上的带性变化更替较之水平变化更快,带谱带幅狭小,在人为干扰下会出现更快更大的变化,变化后修复难度更大,呈现出更明显的脆弱性(明庆忠,2008)。

6.2.1.3　灾害多发性

由于自然地理、气候因素等原因,山地丘陵地区灾害点多面广,具有明显的多发性、无序的突发性和强烈的破坏性,往往造成局部毁灭性灾害和大量人员伤亡(明庆忠,2008)。如西南山地区域位于亚热带季风气候区,地质、地貌等自然环境复杂,地质灾害、地震、洪涝灾害、气象灾害、环境灾害、城市火灾及其次生灾害等破坏性较大。同时,在经济社会发展过程中,由于城乡发展不平衡,重大经济社会活动大都集中于人口密集、地形特殊的主城区,存在诸多诱发突发灾害事件的因素(李云燕,2014)。

6.2.1.4　生态脆弱性

山地丘陵地区生态资源丰富,景观条件良好,是重要的水源涵养区、生物栖息地和自然保护区,具有一定的生态自然本底优势。然而,高温多雨的气候条件与山高坡陡的地形条件叠加,原本瘠薄的土壤层极易受到冲刷;降水年际、季节分配不均,多暴雨、台风、洪涝、干旱等自然灾害以及地形的破碎性决定了景观生态的破碎性,而景观元素之间的强干扰,形成了特殊的生态脆弱性(王佳韡等,2019)。

6.2.1.5　功能复合性

缘于山地国土空间固有属性和人类价值判断,山区国土空间的不同功能在空间分布上表现为交错状的镶嵌关系,使得"三生空间"呈现整体性中的交织与包络现象,形成了土地利用类型的复杂多变格局。不同于农牧交错带等自然景观交错带和城乡交错带等人文景观交错带,山地丘陵地区国土空间的交织性分布更具有随机性,难以掌握其规律。但同时,这种不同功能空间"毗邻异质组合"使得区域的多元化程度增强,也是一种值得探索的发展模式(邓伟等,2017)。国土空间具有功能复合性,可以兼具经济发展、粮食生产、生产保障、生态保育和资源能源供给等功能中的几项。相对于平原地区,山地丘陵地区空间层级性差异更为明显,即有明显的主导功能和从属功能之分(刘彦随等,2011;邓伟等,2017)。此外,虽然山地丘陵地区有着生态环境的优势,但它的生态是脆弱的。尤其是山地丘陵区多是经济发展的相对滞后区,形成了生态功能保育区、生态敏感脆弱区和经济发展滞后区在空间上多重叠加的矛盾属性(王佳韡等,2019)。

6.2.1.6　形态多样性

地形地貌对人类行为的限制,使得人类有适应性地进行建设,形成特殊的山区人文景观。山地城市往往呈现出三维性、集约性和形态多样性的空间利用特点。如表 6.1 所示,山地地形的多样性使得城市空间形态在每个地形类型上都是整体呈现集中发展趋势,但整体地形都是由多个相同或不同的这类地形组合而成,所以地形会呈现出多样性。而在这样多样性的地形上进行城市建设,城市空间必然呈现出多样性(李云燕,2014)。

表 6.1　山地聚居地形形态及其特征

山地地形类型	特征	地形形态特征	城市形态发展趋势
坝地型	丘陵、山区相对于平原而言的沿谷地分布的小面积起伏和缓、地面平均坡度较小、相对高差较小的平坝		集中发展趋势
台地型	周边被沟谷切割、边坡呈陡崖或阶梯状，顶面起伏和缓的高地。如重庆市内有冲积台地、侵蚀台地和喀斯特台地，绝大多数分布在长江以北地区		多台地地形形成大分散小集中发展趋势
沟壑丘陵型	沟壑和丘陵之间较大尺度的地形综合体，由坡度较缓的正地形和其间的沟谷组成。城市平面形式受外围较大的梁、沟限制，也受用地内部中、高丘和沟壑的限制，重庆主城及市郊为这种类型的典型		分散发展趋势
高地型	小范围内高于周围地形的山顶、高平台、宽阔的山脊、平坦的分水岭等或多个这类地形的综合体，此种聚居地形需在大范围内仍然受山脉围护，才能形成高地中的小气候		集中发展趋势
盆地型	外围为高丘、山脉围合或大部分围合地形、它是与高地对应的负向凹地，外部轮廓为围合的山体		集中发展趋势
谷地型	山谷、山岭和峡谷之间的交接地带，其平坦度和四周围合程度均次于盆地型，多为狭长形或树枝状。如川西滇西北一带的高山峡谷地区		集中发展趋势
河谷型	江河水体区域的半围合地形形式，城市拓展的空间形态不但受江河沿岸的半围合山体限制，也受河流水体的限制或分隔，如重庆三峡库区一带		分散发展趋势
半岛型	二面或三面为水体包围的山脉、长丘地形，地形环境边界受水面限制。川渝发源较早、规模较大的城市多属于这种类型		集中发展趋势
坡地型	上述所有地形可能同时或部分为坡地地形，有的上承山丘下濒水面，有的前为沟谷后为陡丘，外围受水域、陡坡或丘沟限制。如贵州、云南的丘陵和中山地带分布广泛的山寨聚落		分散发展趋势

资料来源：李云燕(2014)。

6.2.2　山地丘陵地区国土空间利用存在的问题

6.2.2.1　国土空间利用存在功能性冲突

气候变暖已成普遍趋势，山地是气候变化响应的敏感区域，其水土要素时空变化显著，而我国山区人类活动的广度和强度都远远超出了世界其他国家。在气候变化影响下，极端天气事件的影响日益加重，降水时空不均，干湿差异变大。这些情况不仅使山地生态系统脆弱性明显加剧，而且使得局部水土流失强度增加。同时，由于山区人类活动强度不断加强，加之地震活动等影响，山区处于失调、失衡的状态，导致生境损毁、径流环境变差等问题，给自然系统和人文系统造成灾害的破坏性和风险性明显增加，社会防范压力不断增加（周鹏，2020）。

山区自身的特点限制了大规模、均质地开发利用其国土空间的可能。同时，自然条件的限制引发了交通条件等限制，使得山区与平原的发展之间长期存在显著的不平衡性。且山区存在着较多诸如重点生态功能区等严格用途管制区域，虽然有针对此类区域的补偿政策，但远不能补偿禁区为此付出的机会成本（田莉、夏菁，2021）。此外，广泛的山区刚完成脱贫工作，如果不加大山区发展的力度，实现山区的现代化，区域发展的不平衡、不充分性的问题只会更加突出，既会影响山区本身的发展，也会影响社会的和谐与稳定（邓伟等，2018）。

适宜开发利用空间的有限，使得山地丘陵地区存在普遍的空间冲突问题。地势平坦的区域，往往是山地丘陵地区人口、经济发展的中心，不同利益主体间对国土资源利用存在竞争性和差异性；加上地形条件的限制性、生态环境的脆弱性导致国土资源开发利用难度大。因此，国土空间利用冲突问题在地形复杂、生态脆弱的山地丘陵区尤为突出。且近年来社会经济快速发展，城镇化水平快速提升，用地冲突问题进一步凸显。不合理的土地利用方式会导致国土空间利用系统失去平衡稳态，产生土地低效利用、耕地退化、水土流失等多重问题，影响区域综合协调发展（史宇微，2021）。

6.2.2.2　用地零星破碎且集约化程度差

首先，受地形限制，山地丘陵地区的农用地面积较小，很难找到集中连片、易实现规模效益的项目，农地整治难度较大（赵长明、阳利永，2013）。此外，随着现代化的进程，山地丘陵地区居民消费结构快速升级，各地产业转移升级带来的各类建设项目的陆续开展，造成耕地减少速度加快，耕地保护与利用难度不断加大（宁纯子，2014）。

其次，山地丘陵地区农田水利化程度较低，加上田高水低，给农田灌溉带来极大困难。有效的灌溉面积小，限制了复种指数的提高，抵御自然灾害的能力减弱，严重影响农业土地利用效率的提高。此外，由于山区特别的地理空间环境，城镇建设用地需求难以满足，限制了进一步发展。因而，山地丘陵地区长期以来生产力发展水平低下的现象普遍，很难突破现有生产力基础而实现有效的开发。社会贫困问题、社会发展与民生问题突出，影响区域发展的整体性、均衡性和充分性（宁纯子，2014；邓伟等，2018）。

最后，山地丘陵地区农村建设用地也呈现着与农用地类似的特征。山地丘陵地区农村建设用地在城乡建设用地中所占比重大，但闲置、浪费现象突出。中国农村，特别是在山地丘陵地区，定居点的数量大而分散，导致分散农村建设用地集约化程度差。山地丘陵地区不少村落人均居民点用地面积高于国家标准。同时，随着城市化的推进，广大农村青年选择进入城市以寻求更好的生活,农村劳动力外流现象严重,导致村内的居民点、农用地大量闲置,土地资源浪费现象严重,出现大量的空心村。我国山地丘陵地区空心村面积巨大,加上城乡二元体制的架构仍未根本突破,空心村不仅会加剧发展,而且会长期存在。因此,山地丘陵地区的农村建设用地有着巨大的整治潜力(孙路等,2017)。

总体上看,农用地保护和利用难度不断加大,农村建设用地的粗放利用与城镇建设用地需求难以满足并存,统筹城乡土地利用势在必行。

6.2.2.3 国土空间利用整体适灾性较低

山地丘陵地区往往伴随着较多自然灾害,造成巨大的生命和财产损失,这与其特殊的自然环境条件有着必然的联系。如崩塌、滑坡和泥石流等地质灾害、地震灾害、洪涝灾害等在山地丘陵地区较为常见。深究这些灾害发生造成重大损失的原因,山地丘陵环境下的城市空间适灾能力较弱是重要因素之一。

山地丘陵地区灾害的形成不仅是城市空间本身的问题,还牵涉城市所处的宏观环境,以及城市表现出的空间形态。宏观上,山地区域是我国生态环境最复杂的区域之一,其与外部环境相关性强,在山地进行建设,城市选址建设就不得不考虑外部环境。因山地城市往往和外部环境相互交错,很难直接区分内外环境,特别是多中心城市,组团间的生态绿地也是城市外部环境。所以,对于山地城市来说,城市与其外部环境空间往往是一个整体系统,城市功能与环境有机融合在一起。中观上,城市空间形态本质上是城市与环境相适应过程中达到平衡的一种状态,即城市不对环境造成破坏,环境也不对城市进行"灾害报复"。微观上,用地功能布局、道路系统、公共空间、建筑、基础设施等城市空间要素分别从不同的层面影响城市空间对于灾害的承载能力,这些要素的状态及其相互关系与城市是否发生灾害密切相关,任何一个要素的规划建设不合理必然导致城市灾害的发生(李云燕,2014;李云燕、赵万民,2017)。

国土空间利用及其构成关系与城市的适灾能力直接相关,而反映到山地丘陵地区的国土整治中,则需要实现自然灾害的防治型整治,优化生态格局。

6.2.3 山地丘陵地区国土整治的主要类型

面对国土空间规划"改造哪些国土资源、调整哪些开发方式、控制保护哪些资源要素、实现怎样的资源效益、达到生态环境系统与人类活动的何种状态"的整体格局安排(张侃等,2019),国土空间整治需要对这些目标进行分解,转化为具有实践性的项目。结合新时期国土综合整治分类体系(韩博等,2019),从城镇空间、农业空间、生态空间3个方面对山地丘陵地区国土空间整治的主要类型与特征进行阐释。

6.2.3.1 城镇空间国土整治

城镇系统格局优化型整治。山地丘陵地区的资源环境承载力特征决定了这类区域通常不具备大规模集中式城镇建设的条件,而局部适宜建设区空间分布亦较为分散。因此,山地丘陵地区的城镇化空间总体分布大多整体把握集中做大"一核多组团"的中心城市,均衡布局重点和一般镇、适度推进半城镇化进程3个要点,充分考虑山地丘陵地区的资源环境基础,进行城镇化的空间组织模式(樊杰等,2013)。而山地丘陵地区国土空间整治中城镇空间的整治则需要服务于整体的城镇化发展模式,通过地类调整、用途转换等措施和方式实现全域土地利用格局的优化(韩博等,2019)。

城市地质灾害防治型整治。针对部分城市的地质灾害风险问题,实施城市地质安全防治工程,开展地面沉降、地面塌陷和地裂缝治理,修复城市地质环境(韩博等,2019)。在规划中,充分分析城市所在地理地貌环境,预判可能发生灾害类型和区域,进行用地建设控制和引导。充分考虑泥石流、滑坡的危害,在山地灾害危险性与资源承载力评估的基础上,科学选址、统筹规划,避免将城镇、居民区建在泥石流、滑坡、山洪高危险区,以保护城镇与人民生命财产安全(李云燕、赵万民,2017)。

6.2.3.2　农业空间国土整治

农用地规模质量提升型整治。目前,我国农业正处于由分散经营向规模化经营和家庭农场经营转型的时期。农用地整治要考虑对生产限制因素的改造,以提升耕地质量;还应考虑农用地整治的规模效应,以利于满足家庭农场等形式的经营需求;同时也要考虑农用地整治以利于保护和改善生态环境(周建等,2014)。对于山地丘陵地区,进行农田整治,建设高标准基本农田,提高农业抵御自然灾害的能力和农业综合生产能力,是提高质量和产能,促进增收的有力手段(宁纯子,2014)。针对部分地区农用地质量低下、耕地破碎化严重、农业设施不完善等问题,需要通过地力提升、设施建设、权属调整等手段改善农用地生产能力,促进农用地高效集约利用(韩博等,2019)。

农村居民点整治。一方面,山地丘陵地区空心村具有较高的整理潜力。控制户均居民点面积,将置换出农宅院落的空间进行复垦,可有效增加耕地面积。另一方面,农村居民点整治是解决山地丘陵地区农村居民点的散、乱、差问题的重要手段。改善农村居住条件,改善农村面貌,切实提高农民居住水平,缩小城乡差距,是国土空间整治的重要目标之一(宁纯子,2014)。

6.2.3.3　生态空间国土整治

生态网络建设。区域生态安全格局在宏观层次上确定了与山地环境相适应的空间结构、形态特征和层级体系,对维系生态系统的动态平衡、改善区域自然生态系统服务功能、减轻区域典型灾害负面影响等有重要作用(徐嵩等,2021)。针对生态格局无序、生态连通性差、缺乏多层级生态建设等问题,通过生态格局规划、生态廊道修复与连通、生态屏障建设、关键生态节点建设等构建安全保障、韧性高的生态网络安全格局(韩博等,2019)。

生态源地规模质量提升型整治。山地丘陵地区包含着许多重要的生态源地,如长白山地区肩负着国家生态安全屏障、生源涵养与生物多样性保护重要区和生物多样性保护优先区域等多重生态功能定位。同时,许多山地丘陵地区虽然整体生产生活条件一般,但拥有较好的旅游开发价值。针对草原、林地、水源地等重要生态源地生态功能退化、布局破碎化、生物多样性下降等问题,通过优化生态空间土地利用结构,促进生态用地发挥规模效应,通过退化草原林地修复、河流湖泊治理等促进生态源地质量提升(韩博等,2019)。对于旅游开发价值高的区域,应加强以生态防护工程等为重点的生态体系建设,构建绿色屏障,并加快推进重点景区打造,提升旅游基础设施配套能力。推进自然、文化与旅游的深度融合,深入挖掘各类资源的开发潜力,延伸旅游产业链条(王婕等,2018)。

水土流失治理。针对水土流失问题,通过水土保持工程、坡改梯工程等建设,结合小流域综合治理、区域综合整治促进水土流失治理(韩博等,2019)。面对坡面土壤侵蚀,可通过植树造林、植被自然修复以及修建梯田等生物措施;面对沟道土壤侵蚀,则可以通过修建淤地坝、治沟造地工程等工程措施(李宗善等,2019)。

地质灾害综合整治。针对部分地区滑坡、泥石流、地面沉降等地质灾害风险大的问题,通过实施山体边坡绿化工程、山洪沟治理等降低地质灾害风险(韩博等,2019)。但同时,需要认识到,地质灾害治理是一个复杂的系统工程。它会随着地壳的运动、环境的变化以及人类活动的破坏程度而呈现一种动态的变化。为此,需要用整体性思维对地质灾害治理系统进行科学的测算和正确的评估,包括科学编制地质灾害治理规划,构建地质灾害风险评价与控制系统、筹划地质灾害工程综合整治方案、构建地质灾害实时动态预警预报系统、开展地质灾害治理效果评价等保障地质灾害综合治理的有效性(张学军、陈剑,2014)。

6.2.4 山地丘陵地区国土整治的特征

6.2.4.1 内容多且复杂

不同区域的自然条件、资源禀赋、人口结构、乡土文化、区位等要素的差异,使得山地丘陵地区的城市拥有不同的形态,同时乡村在地域系统的退化性演变过程中,产生了明显的地域分异特征。比如在空心村的问题上,经济发展较为落后的山区,大量农村人口为寻求更好的就业机会千方百计涌入城镇,一部分青壮年陆续在城镇中定居,从而造成了旧居"人走房空"与村落萎缩;在一些区位和经济发展较好的地区,农村居民可支配收入持续增加,农户住房需求不断增长,在村庄建设规划滞后、宅基地使用管理不严格的情况下,许多农村新建住宅集中在村庄外围、道路两侧,而村内存在大量的空闲老宅和宅基地,形成了外实内空、外新内旧、外齐内乱的"空心村"(张贵友,2019)。因而,山地丘陵地区国土整治呈现出更多、更复杂的类型。

6.2.4.2 体量大且难度大

山区土地和平原地区土地不一样的特点,决定了其工程量大、实施难度大。同样是对耕地进行整治,山区与平原地区土地整治相比,一般需要增加修筑堤防、外运客土、修筑田坎等工程内容,同时其土地平整、灌排设施、电力设施配套、田间道路等工程的工程量相比平原地区要大得多,也导致了山地丘陵地区国土整治的成本较高。

由于发展空间的限制,山地丘陵地区土地集中平整、水肥充足、交通便利的区域,一般是质量最好的耕地分布区,但同时也是城镇、交通、工业等非农建设优先占用的区域,不适宜作为国土整治的主投入区。而其他沟道田、坡耕地等条件较为恶劣的主产粮地、饭碗田区域,成为山区国土整治的主投入区,但其耕地地块临河道、面积小、坡度大、质量差、分布散,区域水利、交通、电力等设施薄弱,土地整治工程建设难度极大。

6.3 山地丘陵地区国土整治的规划设计

6.3.1 山地丘陵地区国土整治现状评估

2019年7月18日,自然资源部办公厅印发《关于开展国土空间规划"一张图"建设和现状评估工作的通知》,部署国土空间规划"一张图"建设和市县国土空间开发保护现状评估工作。国土空间开发保护现状评估是面向未来的评估,应坚持鲜明的生态优先、绿色发展的价值导向,按照"3＋1＋1"的评估框架开展评估。其中,"3"是指从底线管控、结构效率、品质提升 3 个方面突出国土空间规划应关注的重点;中间的"1"就是要体现地方特色;最后的"1"就是要对规划支撑手段、机制和政策进行评估。国土空间开发保护现状评估工作能够有效地为国土空间规划评判问题所服务,同时也能为国土空间整治提供基础。

山地丘陵地区的国土空间整治现状评估宜采用"双评估＋双阶段"的工作路径。这一路径源自国土空间开发保护现状评估先行先试城市——重庆的经验总结(中国国土空间规划,2019)。"双评估"包括对现状的分析、已有相关规划的实施评估,以及对城市未来发展机遇与风险的评估;"双阶段"包括"阶段实施评估＋年度运行监测",前者侧重宏观层面目标实现程度评估,后者侧重中微观层面城市运行及问题预警。

6.3.1.1 阶段实施评估

阶段实施评估中现状分析要求坚持底线约束,从"山水林田湖草"等要素的现状特征着手,采用定性与定量相结合的综合分析评价方法,从要素现状分析、时空演变特征、限制性分析等角度出发,系统开展自然、人文、建设本底评估,从而找出山地丘陵地区各自然资源要素存在的问题及限制条件。同时,应注意到"山水林田湖草"等是一个生命共同体,各要素之间存在显著的关联性,因此需要重视各要素之间的联系。已有相关规划的实施评估则需要整理国土空间整治的相关规划文件,对规划从落实、执行、考核、监督等多方面进行评估。同时,可根据工作的目标定位,与其他城市进行横向对比,从时间上对自身进行纵向对比。

6.3.1.2 年度运行监测

国土空间整治是一个动态的、全周期的过程,因而需要动态的监测,及时反馈规划实施与国土空间使用管理运行中的问题。利用遥感监测、在线管理系统等技术手段,对新增耕地和提质改造耕地等山地丘陵国土空间整治项目和国土空间现状进行动态监测,对影像特征疑似非耕地的地块,利用在线工作平台进行实地拍照举证,发现问题及时督促整改。

同时,面对不同导向,建立符合地方实际的多套指标体系,从整体和单项等多方面对下一级行政单元进行评估,有效监管地方国土空间整治运行状况。

6.3.2 山地丘陵地区国土整治潜力评价

在"双评价"的基础上,科学分析国土空间整治潜力。以区域资源本底条件为基础,采用多因素综合评价、模型构建及空间分析等,识别出山地丘陵地区农业用地和城市建设用地的整治潜力区域(李葛,2021)。潜力评价与后续的区域划分有着紧密的联系。

6.3.2.1 农用地整治潜力评价

我国超 60％的耕地分布在山地、丘陵以及高原地区,山地丘陵地区的农用地整治对于保障粮食安全尤为重要(李纪等,2018)。由于山地特殊的地形地貌,山地丘陵地区的自然条件有别于平原地区,因此需要构建基于山地丘陵地区自然条件特征的农用地整治指标评价体系。

目前主要以数量潜力和质量潜力为基础进行山地丘陵地区农用地整治潜力测算。山地丘陵地区农用地数量潜力测算需要注意的点有:一是数量潜力测算中待整治耕地的面积需要通过耕地连片面积的计算得到,而计算耕地连片面积的丘陵地区的限值一般低于平原地区的限值(樊彦国、张维康,2015);二是降低田坎系数从而释放田坎所占耕地面积是山地丘陵地区增加耕地面积的有效途径,需要考虑坡度、耕地类型等要素合理划定标准(林勇刚等,2013)。山地丘陵地区农用地质量潜力测算需要注意的点有:对于丘陵山区,主要通过土地平整工程、灌溉排水工程和土壤改良工程实现质量提升。土地平整工程可以改变有效土层厚度,灌溉排水工程主要改善灌溉条件、排水条件,土壤改良工程主要从土壤有机质含量、土壤酸碱度 2 个方面改善质量(李纪等,2018)。此外,还可以增加生态条件的内容进行农用地整治潜力测算。根据丘陵山区的自然条件特征,地形坡度、森林覆盖度、灾毁概率等生态效益影响因子是农用地整治首要考虑的限制条件,水土流失、耕地零散分布、土壤污染与地质灾害风险是山地丘陵地区农用地整治生态条件的主要影响因素(李纪等,2018),因而可以纳入评价体系以全面衡量山地丘陵地区的农用地整治潜力。

除了直接进行潜力评价,也可以服务于不同的目标,从不同的维度进行潜力评价,确定划分方式。如构建基于高标准农田建设模式、新型农村社区化建设模式、生态安全保护模式下的农用地整治潜力评价(杨伟,2013),又或从宜耕后备耕地开发潜力、高标准基本农田建设潜力、耕地产能提升潜力、耕地格局优化提升潜力等方面开展评价(李葛,2021)。

6.3.2.2 建设用地整治潜力评价

建设用地整治潜力可按城乡划分为农村居民点用地整治潜力和城镇建设用地整治潜力。主要包括拆旧复垦潜力、低效用地整治潜力、基础设施服务提升潜力、工矿用地综合整治潜力等。其中拆旧复垦的对象主要是农村居民点等闲置农村建设用地,低效用地整治的对象主要是城镇建设用地。

农村居民点用地整治潜力主要有人均建设用地标准法、农村宅基地闲置率法等方法进行测算。前述方法没有直接反映山地丘陵地区的自然特征带来的影响,但其会侧面反映在山地丘陵地区的规划人均用地标准和现状宅基地闲置率等指标中。此外,需要指出农村居民点整治时序安排缺乏统筹的问题,特别是在地貌类型复杂、居民点空间分异特征明显的山地丘陵地区,解决这一问题具有极强的现实意义。因此,需要进行农村建设用地整治优先度研究,而其中会考虑到地形地貌、青老年人口比等因素(付凯等,2013),以适应山地丘陵地区的自然和社会条件。

城镇建设用地整治主要指对人口过密、交通拥挤、房屋破烂等区域进行旧城改造,对老城区的工业企业实行"退二进三"盘活存量,对快速城市化出现的"城中村"的城镇建设用地整治挖掘等,即采取以结构调整置换空间来缓解我国各城市的用地比例严重失调,以提高效率扩大空间来消除低效益与高效益理论相差很远的现象,以节约集约利用压缩城镇蔓延来阻止土地呈现摊大饼式的发展(刘敏等,2013)。城镇低效用地潜力评价主要通过规划允许与实际容积率的差值或通过构建评价体系,从规模潜力和经济潜力等方面进行测算。对于山地丘陵地区来说,低效用地的内涵、成因、特点均有其特殊性,如自然环境条件限制影响土地利用自组织的演变缓慢。因而,在需要调查分类、现状评价、统筹规划和整治模式配置等每个技术环节对丘陵山区技术特色进行了定性和定量的分析,以此来体现与一般平原城市或平原地区挖潜的差别(郑财贵等,2017)。

6.3.3　山地丘陵地区国土整治区域划分

自然环境对国土空间整治的影响主要为地形地貌,其很大程度上能够决定整治的潜力和实施过程的难易情况,影响着国土空间整治活动的正常开展。地貌类型和地域组合,及地貌各组成要素,导致热量、水分的再分配和能量交换与物质迁移活动。随着地貌类型不同,其土壤类型也不尽相同,从而逐步影响着农业生产和土地利用。针对地形地貌差异较大的地区,需要从地貌单元一致性出发,初步划定一级分区,而每个分区相应的影响因素并不完全相同,应选择相应影响因素进行叠加分析,从而再进行二级分区的划分(安拴霞,2019)。

基于区域各资源要素本底情况及潜力分析结果,结合自然保护地划定情况、国土开发保护格局等,采用空间叠加分析方法,划定山地丘陵地区国土空间整治的重点区域(李葛,2021)。可构建包含立地单元条件指数、生产功能指数、生活功能指数和生态功能指数 4 部分的山地丘陵区整治分区指标体系,再通过系统聚类的方法进行整治区域的划分(王婕等,2018)。如在重庆市綦江区的实践中,国土空间被划分为城乡统筹主导区、产业转型整治区、农用地整理主导区、山地生态防护区,并提出相应的整治策略。类似地,也可以从自然条件、土地利用、经济条件、生态环境角度出发构建指标体系。山西省晋城市泽州县以"地形地貌＋土壤类型＋整治区"对各区域进行命名,最终形成低中山草灌褐土整治、低中山、丘陵褐土性土整治区、平原褐土性土、红黏土整治区、丘陵褐土性土整治区、低中山草灌、褐土性土整治区的分区(安拴霞、田毅,2018)。此外,也可在潜力测算上进行分区或将潜力测算作为二级分区的标准,进行分层细化。如有学者构建了包含整治潜力、生态环境、社会生活 3 方面的国土综合整治分区指标体系,将河南省平顶山市鲁山县的国土综合整治分区分为生态功能修复、城镇低效用地整治区、农业产能提升区 3 类(于海波,2019),形成了可参考的县域国土综合整治分区方法。

不同于平原地区,在山地丘陵地区的整治分区中,重点是考虑自然因素对居民生产生活的限制与影响。有学者对我国农村国土空间利用水平从空间利用效率、人居环境品质、空间结构形态、乡村文化进行评价,发掘农村国土综合整治区域差异发展路径(李向等,2020)。结果显示,无限制区主要在华北平原、长江中下游平原、四川盆地东部等地势平坦开阔的区域;效率限制区主要分布在山西南部和河南北部区域,多位于太行山脉及黄土高原区,自然资源限制农业的发展;效率、品质和文化限制区主要分布在陕西、宁夏、甘肃南部等黄土高原区域,水土流失严重,生态环境较为脆弱,农业生产条件较差;效率、品质、形态限制区主要分布在云南、广西、贵州等我国西南部喀斯特区域,并且为无优势区;综合限制区主要分布在青藏高原区,同时为无优势区。可见,山地丘陵地区的国土空间利用水平在多方面受到限制,因而需要扬长避短,形成不同于平原地区的差异化国土空间整治方式与国土空间发展模式。

6.3.4　山地丘陵地区国土整治策略工程

根据国土空间整治重点指标及各要素整治目标要求,提出有针对性的策略路径,明确整治的重点方向。结合山地丘陵地区国土空间的特点,主要从山、水、林、田、城、乡 6 个方面提出整治策略路径。

6.3.4.1　山

山体整治的主要目的在于生态修复,不同于其他环境系统的修复,山区生态环境复杂。

因此,从区域尺度来说,需要构建山体生态修复格局,以维护生态系统的稳定。首先,需要识别山体现状存在的问题,挖掘山体的自然本底价值和文化本底价值。结合山体与其他相关生态要素的联系,全面总结山体生态格局结构性特点。其次,以山为基串联水与林,构建综合的山体生态修复格局,山水生态安全格局、山林生态提质格局和多功能生态景观格局下提出相应的山体修复策略。最后,进行各类项目与工程,利用山体生态系统自身的调节与恢复能力,加以人工技术辅助,恢复山体生态系统的结构与功能,提高生态系统的生产力和稳定性,可发挥其生态价值和社会价值,让保护与发展相协调。

如有学者在山体空间现状特征分析和山体空间生态敏感性评价的基础上,对四川省内江市威远县的生态修复格局进行了构建,并划分了山体生态保育区、山体水源涵养保护区、山体水土保持修复区、山体生态游憩协调区4个山体功能区,分区制定保护政策,分期分类开展山体修复计划,并构建山体公园体系(张继丹等,2021)。

从山体的三维特性来说,需要按照"宜耕则耕、宜林则林、宜游则游"的原则,按照坡度分级、功能分区进行差别化整治。如有学者提出某区域山体周围过渡的坡度大于16°小于25°的小山丘、小土包,可以整理为耕地的整理为耕地,可以整理为林地的整理为林地,突显区域整体景观的同时提高土地的利用效率和产能;大于25°小于40°的山体用于发展林业,在不破坏自然资源和生态环境的前提下拓展林地多种经营;大于40°的山进行景观化整治,发挥观光价值(强丹阳,2020)。如福建省蔡尖尾山综合整治改造工程制定分层、分部选用适用的措施进行综合整治:山体下部整治主要有靠种植木本植物的措施对裸露的山体进行遮挡,山体中上部的整治则以植被生态混凝土护坡绿化技术为主结合岩石喷涂上色的办法进行整治(陈催城,2007)。又如深圳分坡度和岩石特性对裸露的边坡提出了直接喷播绿化、人工植被盆、人工植生袋、挂笼砖、喷混植生等边坡快速绿化技术模式(王小杰,2015)。

6.3.4.2 水

水是生态环境重要的组成部分,国土空间整治中水治理的部分主要在于解决水生态的问题。山地丘陵区域的水环境普遍存在的问题包括水土流失严重、水环境污染、城市雨洪问题等。

针对水土流失防治问题,主要有山坡防护、侵蚀沟谷治理、坡改梯等措施,通过沟坡兼治,实现治山养水。其中山坡防护措施包括小水窖建设、截排水沟措施、山路水土流失防治等;沟谷治理包括拦沙坝建设、谷坊工程等;坡改梯是25°以下坡耕地水土流失治理的主要保持措施(王小杰,2015)。

山地丘陵地区水环境污染主要为农业面源污染控制。按过程可以分为源头控制、途径治理和末端生态修复。山地源头控制较为适宜的措施有建设高标准农田,发展经果林,促进农转林产业的调整等。途径治理主要通过在坡耕地中设置适当面积的池塘、洼地和水田。末端生态治理主要通过河滨生态缓冲带、拦截净化系统等。而具体到城市中,则还需要考虑老旧城区的雨污分流、产业布局等实现控源治污,构建相连通的城市水系网络系统(侯长定等,2021;张卫,2020)。

城市的雨洪问题,则需要通过安全格局构建、汇水网络布局、海绵设施调控等从宏观—中观—微观实现安全格局构建。进行生态敏感性评价、综合水生态敏感性等分析,构建生态安全格局。低安全格局实行生态保护措施,中安全格局实行生态控制措施,高安全格局实行生态引导措施。汇水网络布局则通过疏通河网障碍,连通水生态斑块,提高区域雨洪调蓄功能；对于裸岩地和低覆盖度的林地、草地等，培育生态保护林，增加地表入渗量；对垂直断面式岸线进行生态断面重建，打造台阶式或斜坡式断面网，减少岸线硬化率等措施，构建蓝绿交织的生态网络。微观则主要是海绵设施调控，根据地块特征进行针对性、差异性地单一或组合式布设，从而增强可渗透表面对径流、汇流的滞蓄消纳作用，达到缓解径流控制压力、增强雨水管网的暴雨承载力的目的（刘恩熙等，2021）。

6.3.4.3　林

山地丘陵地区的林地主要是发挥其生态价值和经济价值，实现用地集约高质量使用。有学者指出按照坡度、形态等进行划分，对林园草地进行差别化整治。对于坡度在 25°以下，面积较小且空间分布零散的林园草地整治为耕地；面积较大的林园草地，则通过林地抚育等工程，使其向多功能利用方向延伸，在有条件的地方可进行立体种植等多样化经营；而对于坡度在 25°以上的林园草地，主要是发挥其生态涵养功能，进行近自然林经营和保护性恢复，划定生态保护区或禁止建设区，施以抚育措施促进林木生长（强丹阳，2020）。

林地与生态密切相关，既要促进未成林造林地等潜力资源转化为林地，进行"开源"，也必须努力减少林地转为非林地和有林地转化为疏林地、宜林地等林地资源的逆转，做好"节流"。需要有效防治逆转，减少出现林地逆转为非林地、森林逆转为非森林的情形。因而需要对山地丘陵地区的林地实施营造林等项目，通过加强管护、补植补造等具体措施，促进林地回转（郭增跃，2019）。

此外，低品质林地置换是补充耕地的重要来源，自然资源部出台了针对残次林地开发的相关政策，为占补平衡土地整治提出了新的思路和新的要求。残次林地土地整治的核心目标是通过综合整治，增加现有耕地面积，提高耕地质量，达到数量、质量、生态"三位一体"，合理配置土地资源，促进农业结构调整，提高耕地质量等别，增强土地资源生产能力，使农业生态环境效益得到明显提高；改善项目区的生产生活条件，增加当地农民收入。优先将具备土地整治潜力和农业发展条件的区域纳入整治范围，另外，充分调研当地土壤条件、水源情况、道路状况以及其他基础设施的实际情况，确保拟实施的土地整治项目能够集约化、便于机械化，真正以高标准、高质量耕地缓解耕地占补平衡压力，提升国土资源保障和服务水平（何振嘉，2020）。

6.3.4.4　田

耕地保护是国土空间整治中的重要内容。开展耕地质量保护与提升行动，是促进粮食和农业可持续发展的迫切需要，是保障粮食等重要农产品有效供给的重要措施，是提升我国农业国际竞争力的现实选择。2022 年召开的中央农村工作会议指出，18 亿亩耕地必须实至名归，农田就是农田，而且必须是良田。落实好耕地保护建设硬措施，严格耕地保护责任，加强耕地用途管制，建设 1 亿亩高标准农田。

针对耕地地块陡坡化、地块破碎化等问题，常用的工程措施包括土地平整、坡改缓、梯田修复、田块归并、格条田等工程。土地平整工程应从有利于作物生长、有利于田间机械作业、有利于灌溉排水和方便交通运输等角度考虑。而对于坡度较陡的耕地，则适宜进行坡改缓、坡改梯整治，梯田以水平梯田为主，且应该提高梯田化率以实现保水、保土与保肥的目的及梯田景观打造。田块归并则是通过适度地归并整合相邻或相近的零散地块，使耕地地块数量减少,田坎系数降低,耕地面积增加,规模扩大,进而有利于农业现代化。格条田整治修筑是指将地形相对平坦的耕地布设为长方形或近似长方形的水平田块,可有效地改善地块破碎化、分散化状态,规格田块行形状。此外,还要考虑排水与灌溉的问题,进行农田水利工程的布置(宁纯子,2014;强丹阳,2020)。

同时,不同地方需结合实际条件,形成适宜的耕地整治方式。如贵州积极探索"移土造地",将非农建设占用耕地耕作层土壤用于土地整治、中低产田改造,逐步建构起数量、质量、生态并重的耕地保护和建设格局;利用补充耕地项目产生的新增耕地,发展特色山地农业,实现农业产业化,提高土地利用效率;因地制宜开垦水田,实施"旱改水",有效增加耕地数量,改善土地利用结构,减少水土流失,优化生态环境;面对耕地零星分散、破碎、细碎化严重的情形,通过高标准基本农田建设,合理将耕地小块归并大块,清除部分不必要的土田坎,从而增加了耕地面积,提高了土地利用和农业生产效率,同时有效降低了基础设施配套建设的难度和建设数量(张迅、潘伯娟,2017)。如秦巴山区是全国陡坡耕地比例最高的地区之一,在当地的坡耕地整治实践中归纳出了较为成熟且行之有效的模式,包括"土坎梯地+植物篱模式""石坎梯地综合治理模式""坡地经济林模式"(何凡等,2010)。

6.3.4.5 城

山地丘陵地区的城市需要更加注重生态和谐的城市空间格局,需要在国土空间规划的基础上对其进行具体化。有学者提出了"适应自然环境与适应人工环境,基于文化性协调与基于社会性协调"的四维一体的山地城市空间格局规划理念(王力国,2016)。

①适应自然环境。山地城市往往呈现出山水入城、山城相依的特点,在城市范围内通常有着许多自然山体、水体与城市建成区交错相融。在城市层级下,需要对城市空间范围内所有自然环境空间的分布状态及关系予以系统的梳理、组织和安排,使与之对应的城市规划建设活动更加合理,起到优化现有城市空间用地布局关系,合理拓展新的空间用地布局的效果,进而使现有城市空间格局更加优化完善,以及使未来城市空间格局的拓展变化不与自然环境发生根本性的矛盾。片区层级的山地城市空间格局规划,在适应自然环境方面,除了做好对自然山水资源的维系和保护,对城市非建设用地的规划安排外,还应加强结合山体水体、山地地形等自然环境的空间内容组织与空间形态规划引导。

②适应人工环境。在城市层级下,主要是对城市空间范围内宏观视角下的城市空间结构与功能布局,城市交通系统等内容的规划优化,使与之对应的城市空间发展与规划建设活动更加合理,进而使城市空间格局更加优化完善。但无论是城市用地功能布局还是城市交通系统的优化,其空间表现都是与城市空间结构相关联的。片区层级的山地城市空间格局规划,在适应人工环境方面,其客观适应性规划的关键是在城市层级空间格局规划的基础上,分析该地区的价值和意义,适应或强化该地区已有的城市空间环境的特点和开发潜能,构建适宜的城市空间形态、布局城市功能;并通过片区级的规划设计研究,为下一阶段优先考虑和实施的地段和具体项目等提供控制和引导。

③与文化性协调。城市层级下城市空间文化规划应注重整个城市空间中文化体系内容的梳理,形成"城市空间文化主题—城市空间文化单元—城市空间文化元素"的城市空间文化体系,并围绕此体系,在物质空间上与城市空间结构、城市空间功能布局等城市空间格局系统中的重要要素内容相对应,进而引导城市空间格局的规划优化。片区层级尺度下,无论是围绕文化片区单元还是文化元素个体的城市空间优化,都表现出文化导向的空间营造,直

接影响着对象区域的城市空间功能、城市空间形态等内容。

④与社会性协调。社会性引导可以从政治性、社会公平、社会交往、制度性、安全性等几个方面来看。其中,政治性引导主要来源于国家战略、政策等对于城市发展的引导,是城市空间规划行为难以主导,只能去遵循契合的规划;制度性引导对于城市空间格局有着明显的能动作用,但其影响作用更多呈现出一种普遍性的特点,对山地城市和其他城市并没有本质上的差异。而社会公平、社会交往、安全性引导的影响作用都能够直接体现在城市空间内容中。基于社会公平协调引导的空间内容主要侧重于基本公共服务设施、公共交往活动空间等的空间公平规划;基于社会交往协调引导的空间内容主要侧重于公共开放空间系统的规划布局;基于安全性的协调引导主要体现在城市空间的适灾性规划。

6.3.4.6　乡

由于山区的空心村等现象,农村居民点整治潜力较大。但正如并非所有的农村都可以振兴,并非所有的农村都有整治的必要,且不同情况的农村需要不同的整治手段,因此需要分类进行整治。

分类为农村居民点布局优化提供了基础,对于整治级别较高的居民点,需要加强其多功能建设区的作用,带动相邻地区经济互助式发展。而对于整治级别较低的居民点,应把改善农民居住条件、引导农民从生态环境较差的地区向就近的中心村靠拢为首要任务。

而具体的分类应当以村庄实际情况、当地经验开展。如有学者根据国土空间生态重要性和农村居民点综合发展程度评价结果,判别不同发展程度的农村居民点所处的生态重要性区间,将农村居民点划分为积极发展型、限制发展型、转型发展型和退出利用型4种调控类型。积极发展型的农村居民点存在具有良好的基础设施和支撑产业,要加快其公共基础建设力度,并预留适度的发展空间,作为产业转移人口的承接地,进一步提升其中心村地位。限制发展型的农村居民点发展程度较高,但主要位于生态敏感区,因此需要对其发展空间进行严格限制,通过内部的梳理改造积极发展环境友好型产业,防止不当的用地扩展带来的生态危害。转型发展型的农村居民点需要在完善基础设施配套,尤其是交通建设,利用有利的农业基础条件,积极发展特色农业、观光农业,通过产业的转型发展,提升农业的收入水平。退出利用型的农村居民点因条件的不便,最终会被废弃,因此需要通过人口的逐步转移,加快其自然消亡的速度。生态重要性与发展程度是有效划分农村居民点类型的方式,但并不是划分的唯一标准。有学者根据丘陵地区农村居民点时空演变格局,将农村居民点整治类型划分为包入式发展型、集聚式发展型、控制式发展型、迁弃式发展型,并提出整治措施建议(包颖等,2017)。

6.4　山地丘陵地区国土整治的新技术与新趋势

在新的时代背景与技术条件下,山地丘陵地区国土空间整治也迎来了新的技术与模式。一方面,由于技术的进步,一些问题得以更有效地解决。比如,重庆市广泛开展土地宜机化整治,有效地回应了山地丘陵地区土地利用的一些先天不足问题。另一方面,新环境使得对国土空间整治产生了更多的要求。如依托大数据、物联网、云计算、人工智能等技术构建智能时代的山地丘陵地区国土空间整治模式,如强调景观生态和全要素治理等理论在国土整治中的作用,又如推进多功能土地整治模式和全域全类型土地整治模式,推进"山水林田湖草"生命体共同体建设工作(吴次芳,2020)。以下对具有山地丘陵地区特色的几个方面整治进行介绍。

6.4.1　土地宜机化整治

农业机械化在农业现代化过程中发挥着巨大的作用,没有农业机械化,就难以实现农业现代化。农业机械化在提高劳动生产率、土地产出率及资源利用率等方面都有着不可取代的作用。然而,山地丘陵地区用地零星破碎等先天不足以及农业基础设施匮乏等后天缺失,使得山地丘陵地区普遍农业机械化程度较低。

实现农业机械化需要的3个条件,即适宜的农业机械、良好的农业机械微观作业环境和良好的农业机械宏观运用环境(陈建,2019)。其中微观作业环境主要包括地块大小及形状、机耕道、农艺要求、农机操作人员等。宏观运用环境主要包括扶持政策、规模化种植、农机共同使用等。而在现阶段,阻碍山地丘陵地区农业机械化发展的最大阻碍是微观作业环境。不解决地块狭小分散及田间道路缺失等问题,农业作业就只能依靠小微型机具及人力。这样的条件下,提高劳动生产率、土地产出率及资源利用率只能是针对人、畜作业而言,是极为有限的。纵观世界丘陵山区占比很大并已实现农业机械化及农业现代化的国家及地区,没有哪一个国家或地区是没有经过科学合理的田地整治。

多年来,重庆市积极开展土地宜机化整治,用实践证明,山地丘陵地区的农业现代化离不开农业机械化,而全程全面高水平的农业机械化离不开土地的宜机化整理。2014年,重庆市开始土地宜机化整治的探索,2015年初步试验,2016年正式推广。此项行动的主要内容是:在土地承包人自愿的前提下,根据《高标准农田建设通则》要求,政府按每亩1000元、1500元及2000元的补贴标准进行资助,将一定区域内的"巴掌田""鸡窝地"合并整理成水平条田、坡式梯田、缓坡地块及梯台地块等4类地块,而各类地块均有明确的技术要求;实现道路、地块互连;完善水利,培肥土壤。整治后的地块面积至少2亩,大多数5亩以上,有的高达40余亩(陈建,2019)。土地宜机化整治有效地提高了劳动生产率、土地产出率和资源利用率。

6.4.2　空心村整治技术集成系统

面对山地丘陵区复杂的土地问题,如新增耕地肥力不足、土体稳定性较差、宅基地类型多、经济发展水平落后、用地粗放、地形地貌复杂且交通不便、农田配套设施不完善、生态环境脆弱以及水土流失严重等问题,任何一种单项技术,如土地整治还田、立地整理、规划设计或生态环境重建技术等,都不能够合理有效地解决复杂的空心村问题,必须通过技术的集成与融合,才能够发挥各项技术的最大效用。

山地丘陵区空心村呈现布局分散、聚集度较低,生态脆弱、人居环境差,位置隐蔽、基础设施落后等特点。山地丘陵区空心村宅基地类型多样、古建筑和古村落较多,需要同时采用土地整治还田技术和整治规划设计技术,在保障乡村文化延续性、最大限度保障村落原貌的同时,尽可能地提高土地质量,增强土壤肥力;面对山地丘陵区空心村居住聚集度较低、地形地貌复杂且交通不便等问题,需要同时利用规划设计技术和立地整理技术,以改善居民的生产、生活需要；面对生态环境脆弱、植被覆盖度较低的问题，需要综合开展立地整理和生态环境重建，以保证形成生态良好、景观优美的村庄。

土地整治还田技术、整治规划设计技术、立地整理技术和环境生态重建技术 4 项技术各自相互独立，但同时，山地丘陵区空心村国土整治的这 4 项技术都具有繁重性与复杂性。其中规划设计技术包含多种具有图形和属性特征的数据，其编制、审批和实施涉及大量图件、指标等空间数据，需要进行各种潜力的计算、分析和相关图件的绘制；土地整治还田技术、立地整理技术和生态重建技术等所涉及的土壤理化性质、立地条件、生态环境限制因子等相关信息的管理与融合同样需要信息化集成。因此，山地丘陵区空心村整治技术集成离不开信息系统的现代手段。

陕西省土地工程建设集团针对山地丘陵地区空心村的特点，对整治还田技术、整治规划设计技术、立地整理技术和环境生态重建技术进行了技术集成，最后形成山地丘陵区空心村整治的技术标准、技术应用系统平台等成套技术成果，并将之推广应用（见表 6.2）。

表 6.2　山地丘陵区空心村特点及支撑技术

整治关键技术	山地丘陵区空心村特点	整治研究内容
整治还田技术	新增耕地肥力不足	肥力提升技术
	宅基地类型	废弃宅基地拆除技术
	自然灾害频发	土体重构技术
整治规划设计技术	经济发展落后	空间整合规划技术
	居住地散乱	土地集约利用技术
	交通不便	公共设施统筹配建技术
	用地粗放、人均用地大	中心村选址技术
立地整理技术	地形地质复杂	地质灾害技术
	农田设施落后	蓄排水配建技术
	空心化程度高	无人机调查技术
环境生态重建技术	植物盖度不高	生态景观营造与修复技术
	生态环境脆弱	人居环境重建技术
	水污染	水处理技术
	土壤污染	土壤改良技术
	古村落多	传统建筑的保护与修复技术

资料来源：张露(2018)。

山地丘陵区空心村整治综合集成平台的总体逻辑框架，分为硬件支持层、软件支持层、综合集成层、应用层 4 个部分（见图 6.1）。山地丘陵区空心村整治知识综合集成平台的实施是全面启动山地丘陵区空心村整治信息化建设的关键之举，它全面、系统地整合山地丘陵区空心村整治的业务、数据、流程及标准等相关部分，构建跨国家、省、市、县为一体的山地丘陵区空心村整治信息管理平台。山地丘陵区空心村知识综合集成平台通过利用现代化信息及网络技术,将山地丘陵区空心村整治项目的全程管理工作实现信息化,实现空心村整治项目管理的电子报件和审批流程的计算机管理,以及开发整理项目的评估、监测、统计、分析,为促进山地丘陵区空心村开发整理项目的科学性、规范性、透明性及公正性服务。

```
┌─────────────────────────────────────────────────┐
│ ┌─────────┐  ┌──────────┐  ┌──────────┐          │
│ │ 用户注册 │  │基于B/S应用│  │可视化决策│          │
│ │         │  │          │  │支持服务  │          │
│ └─────────┘  └──────────┘  └──────────┘          │
└─────────────────────────────────────────────────┘

┌────┬────┬────┬────┬────┬────┬────┐
│应用│土地│立地│规划│生态│3S  │系统│
│集成│整治│整理│设计│环境│技术│维护│
│支持│还田│技术│技术│重建│集成│    │
│    │技术│    │    │技术│    │    │
└────┴────┴────┴────┴────┴────┴────┘

┌──────────────────────────────────┐
│       综合集成平台与管理平台       │
└──────────────────────────────────┘

┌──────────────────────────────────┐
│            数据库                 │
├──────────────────────────────────┤
│            操作系统               │
└──────────────────────────────────┘

┌──────────────────────────────────┐
│            数据中心               │
├──────────────────────────────────┤
│           统一网络平台            │
└──────────────────────────────────┘

┌──────────────────────────────────┐
│          统一技术标准与规范        │
└──────────────────────────────────┘
```

图 6.1　山地丘陵区空心村整治综合集成平台总体逻辑架构

资料来源:张露(2018)。

6.5　山地丘陵地区国土整治的典型案例
——以安徽泾县榔桥镇三村为例

以安徽省宣城市泾县榔桥镇黄田村、双河村、涌溪村全域土地综合整治试点项目为例对山地丘陵区的国土空间整治进行介绍(浙江大学建筑设计研究院有限公司,2021)。

6.5.1　概　况

泾县地处安徽省东南部,青弋江上游,处于长江南岸与皖南山区交接地带。地貌以丘陵低山为主,中山和平原所占面积很少,境内东南部黄儿公山为最高峰,海拔 1174.8 米,海拔最低 20 米左右,两者相差 1154.8 米左右。全县地貌具有二起一伏的特征,东南部和西北部二处为隆起的丘陵山地区,其间镶嵌一条带状河谷平原,总的地面高程,由西南向东北逐级递减,具明显阶梯状特点。丘陵山地的走向与区域构造线吻合,大都北东走向。

榔桥镇地处泾县东南部,黄田村、双河村、涌溪村是其重要的村落。其中,黄田村历史悠久,始于北宋嘉祐年间,鼎盛于明、清,已有千年历史。古民居从选址、规划到建筑的设计,无一不依据中国古代《周易》阴阳、五行等学说,展现出古人对"天人合一"的愿望。黄田村古建筑群四周青山绿水,其建筑既有苏州园林的风格、宫廷建筑的恢宏,更有皖南建筑的特色。黄田村古建筑群是安徽省保存完好的清代古民居建筑群之一,是皖南古民居的代表之一,共有古建 56 处,单体建筑 135 栋,建筑面积 3 万多平方米。

本节规划范围为黄田村、双河村、涌溪村村域范围。其中包括黄田村 25 个村民组,农户1055 户,人口 2573 人;双河村 20 个村民组,农户 972 户,人口 2753 人;涌溪村 15 个村民组,农户 520 户,人口 1561 人,合计现状总人口 6887 人。区域总面积为 7566.36 公顷。

6.5.2　编制思路与目标

项目以"盘、并、治、建"为编制思路,进行后备资源的梳理、用地权属的调整,整合碎片空间、减并零星地块,提升土地品质、提高生态效率,赋能产业发展、实现乡村振兴。项目以"优化国土空间开发格局利用、构建耕地三位一体保护格局、构建资源节约高效利用格局、重塑美丽乡村发展格局"为总体目标。

通过全域土地综合整治,优化生态、农业、建设空间格局,调整各类用地布局,合理划定功能分区,促进生产空间集约高效、生活空间宜居适度、生态空间山清水秀。全面建设耕地数量、质量、生态"三位一体"保护,通过土地综合整治增加耕地数量、提升耕地质量,重构田、园、林、水生态网格化保护模式,维护耕地生态安全。通过全域土地综合整治,推动资源利用方式根本转变;推进村庄建设用地综合整治,加强农村空心村、闲置房、旧房危房改造搬迁;加强林、水生态修复,改造村容村貌,促进各类资源节约高效利用。通过全域土地综合整治,积极打造兼容生产生活生态、融通工农城乡的新产业、新业态。大力发展农业+文旅产业,深度挖掘黄田古村历史文化资源,打造三产融合发展的新格局。

6.5.3　盘资源

盘资源主要针对未利用的问题,充分调研现有地块,清点后备资源,捋清发展问题,针对各类用地进行梳理收转,实现摸清家底、了解现状、计算理论最大治理量的目标。

土地利用方面,规划范围内宅基地布局零散,占地面积偏大,用地集约程度低。农村宅基地面积为 137.72 公顷,户均宅基地面积 541 平方米,图斑个数为 496 个。村庄建设方面,农民建房缺乏统一规划、布局随意,并存在闲置废弃现象,且部分传统建筑年久失修。此外,村庄基础设施建设落后,亟待提档改造,村庄卫生环境质量不高,村容村貌有待提升。产业发展方面,农村基础设施建设滞后,农业仍以分散的小农经营为主,生产效率低下,村内名茶、古建、山水、农田等自然资源优势未能得到显化利用。生态保护方面,部分坑塘水体质量较差,呈现富营养状态。

对耕地后备资源开发潜力和农村建设用地规模腾退潜力进行分析。项目区内可作为耕地后备资源的主要为低效园林地、其他草地和坑塘,总计可开发的耕地后备资源约 72 公顷。农村建设用地规模腾退潜力则以 115 平方米为人均建设用地标准,可腾退规模为 57.19公顷。

6.5.4　并碎片

并碎片主要针对碎片化的问题,针对形态体量小、空间分布零星用地,统筹权属和功能调整,在空间上进行用地集聚及置换,实现归并整合用地,充分发挥规模优势的目标。

具体而言,一是对耕地和永久基本农田布局进行优化,提升耕地总量,进行耕地连片化减并。整治前项目区耕地 945.54 公顷,平均耕地质量等别 7 等,永久基本农田 826.93 公顷。耕地和永久基本农田布局优化目标为整治后耕地 998.77 公顷,平均耕地质量等别 7 等,永久基本农田 827.82 公顷,实现净增加耕地面积达到原有耕地的 5.6%,永久基本农田调入面积占调出面积的 105.3%。

二是对村庄建设用地布局进行优化,进行集中化整理。整治前项目建设用地面积为 180.67 公顷,整治后建设用地面积为 175.26 公顷,减少 5.47 公顷,图斑减少 46 个。根据自然村规划分类,结合农民意愿,规划对零散、偏远、房屋破旧、闲置废弃等宅基地实施复垦,拆旧复垦面积共 19.46 公顷。拟建新用地 13.99 公顷,主要用于村民安置房建设,适当配置文旅产业用地。

6.5.5 治低效

治低效主要针对品质低的问题,针对功能受损用地,通过物理、化学、生物和生态等措施进行修复治理,从而提高耕地、园地、林地、坑塘水面等各类用地质量,最大化提升土地资源利用效率。

规划建设高标准农田 100 公顷。通过田间道路建设,解决农业机械无法耕作的问题,合理增加路面宽度,提高道路承载标准和通达度;通过归并和平整田块,实现连片田块规模适度促进农业规模化生产;通过加强农田水利设施建设,提高用水效率和农田防洪排涝标准。耕地质量提升项目 4.3 公顷,将地势相对平坦且有水源保障的旱地,按照垦造水田工程标准实施提质改造。耕地补充项目 43 公顷,对地势较为平坦、区块面积大、有灌溉条件的园地与坑塘水面、田块间 1 亩以下的林地、其他草地等宜耕后备土地资源实施开发垦造耕地。

乡村生态保护修复项目主要包括小微水体整治和河道整治。对现状坑塘、沟渠水系等小微湿地进行梳理、修复生态塘岸、修建生态护坡;种植沉水植物、挺水植物,适当引入水生动物;连通扩增水系,使坑塘形成稳定的水生生态系统和食物链,并长期维持水体的自净能力。对椰桥河进行综合治理,实施河道清淤、基底修复工程;修补塌损河堤,结合高标准农田建设工程,拓宽一侧堤岸,修筑田间生产道;建设自然生态护岸,局部岸段扩大水面,种植水生植物丰富河道景观。

6.5.6 建未来

建未来主要针对产业乏的问题,将整治后的结余新地作为一、二、三产融合发展用地,为乡村赋值,实现高品质、高效率的三生空间融合发展。

在村民有意愿搬迁的前提下拟实施复垦农村建设用地。黄田村拟复垦建设用地 4.95 公顷,双河村拟复垦建设用地 14.51 公顷。

村庄人居环境整治项目包括公共空间整治和庭院空间整治。公共空间整治主要是清除公共空间乱搭乱围建筑以及杂草垃圾等,利用空闲土地打造村民休闲广场、公共停车场、小公园等公共服务设施。庭院空间整治主要是对村民宅基地范围内的庭院空间进行整治引导,鼓励村民利用空闲地打造小花园、小型休憩场所等美化村庄景观环境。

基础设施建设项目包括道路、沟渠等农田水利设施建设,田间道路建设和灌溉沟渠整治。田间道路工程主要是拓宽路面,进行道路硬化。沟渠硬化工程主要是修复和硬化渠道。

　　因黄田村的历史文化价值，还规划了乡村历史文化保护项目，包括对黄田村古村落进行环境整治，改变村落卫生状况，提升整体环境品质；对黄田村内部文物古迹进行抢救性保护；基础设施建设和门户节点整治等内容。同时，对新产业、新业态发展进行了规划，涌溪村围绕火青茶开展生产基地一体化建设、茶旅项目、文创基地建设等；黄田村围绕古村落，开展历史文化旅游提升项目、影视基地建设等；双河村则主要开展现代农业园区项目。

第7章 平原水乡地区的国土空间整治

7.1 平原水乡地区国土空间整治基本概念

7.1.1 平原水乡地区国土空间整治的目的意义

7.1.1.1 保障国土资源永续利用,提高国土资源利用效率和效益

随着新型城镇化、工业化快速发展,平原水乡地区长期存在着人多地少的矛盾和建设用地利用粗放低效、闲置浪费的问题。在国土空间整治中,应整合以土地、水、生物资源为主的平原水乡地区国土资源,加强对各类资源要素的管控,并重视对平原水乡地区低效用地的整治,盘活或腾退低效闲置的工业等建设用地,推进"三调"中"即可恢复和工程恢复地类"向耕地转化、增加耕地面积、提高耕地质量(何梅,2021),进一步加强分散地块的整合,通过集约化方式形成生产合力,提升坡耕地、贫瘠耕地、旱涝区域等的治理,进一步提升耕地效益(缪丽,2020),加强对平原水乡地区空心村、危旧房等的治理和改造,对农村居民点进行调整优化,落实最严格的耕地保护制度和节约用地制度,以期保障国土资源有效利用,发挥资源要素的最大效益。

7.1.1.2 促进乡村振兴和城乡融合发展,优化国土空间格局

水网纵横的平原水乡地区,水系蜿蜒流经各类用地中,极易造成用地布局破碎,进而导致发展受限的困境。通过对平原水乡地区田水路林村等全要素综合整治,提高国土空间开发利用质量和效益,加快形成"以城带乡、城乡互补、全面融合、共同繁荣"的新型城乡关系(何梅,2021)。不仅需保障新型城镇化发展相关建设工程,包括人口、城镇在内的城市布局与基础设施,同时推进乡村振兴战略的保障工程,推进保护乡村文明和特色(夏方舟,2018),并开拓多种融资渠道,建立多元化的资金投入保障机制和政府监管机制(缪丽,2020),以期在平原水乡地区构建农田集中连片、建设用地节约集约、空间形态科学合理、发展前景良好的土地利用格局。

7.1.1.3 改善生态景观环境,促进经济发展和自然环境关系的协调

对于生态要素丰富的平原水乡地区,以往随着工业经济的迅速发展,对土地资源的侵占和自然资源的过度开采利用,导致生态用地面积显著下降,环境污染问题频发,对原生态环境的净化能力带来了明显的负面影响。同时平原水乡地区存在诸多生态脆弱区域,抗干扰能力弱,时空波动性强(梅坤,2022)。

按照生态文明建设要求,应进行生态文明建设的综合治理工程,实施山水林田湖综合整治,加强对平原水乡地区的生态环境保护和修复。同时,针对平原水乡地区生态系统的具体情况采取差异性的措施,包括自然恢复和人工干预。例如利用生态护岸、自然弯曲河道等近自然方法和生态化修复技术,建设良好的生物生存环境与自然景观等(缪丽,2020),以期改善平原水乡地区生态环境。通过建立生态补偿机制,协调好经济发展与生态环境的平衡,形成更加宜居的生态景观环境。

7.1.2　基本理念

7.1.2.1　坚持"绿水青山就是金山银山"理论,充分践行生态文明建设

在生态文明时代,应牢固树立和践行"绿水青山就是金山银山"的理念,落实节约优先、保护优先、自然恢复为主的方针,统筹山水林田湖草全要素综合治理。生态文明建设观将可持续发展观、环境伦理学、景观生态学等作为理论依据贯穿国土空间整治始终,从土地内部整理向土地生态系统的内外关系相结合,从单一土地规整,灌溉沟渠完善向保护当地生物、生境,推动生态、经济、社会协调发展(刘晓晴,2017)。在平原水乡地区,水网星罗遍布,环境错综复杂,更应秉承生态文明治理理念,对平原水乡地区进行生态脆弱性、生态系统服务功能重要性等分析,以维护和提升区域生态系统服务功能为核心,统筹管理自然资源与环境、污染治理与生态保护、水—气—土—生物等各要素综合管理(李葛,2021)。

7.1.2.2　坚持以人为本,助力高质量发展建设共同富裕

"以人为本"的发展是指从人的需求角度出发,在不同层次上满足人的物质和精神生活的需要。而国土空间整治的出发点和落脚点是以人民需求为中心,在一定空间上满足人们对美好生活需要,由此解决发展不平衡不充分问题(刘悦忻,2020)。在平原水乡地区,更应完善前期调研,充分分析不同职业、年龄段、生活习性等人的多元化需求,将人本需求作为调和纽带,从平原水乡地区公共服务设施、基础设施、建设用地布局以及文化保护等多个维度进行国土空间整治。以平原水乡地区村庄整治为例,基于"以人为本"理念的"自下而上"参与式村庄整治,配合政府"自上而下"的战略意图和用途管制,覆盖不同类别人群、反复沟通协商、掌握村民的诉求,最终实现以村民需求为导向的"对象—过程—内容—结果"的有机融合(刘悦忻,2020)。总体而言,"以人为本"思想的指引可以更好地融合新旧规划体系各自优势,调和整治冲突内容,实现平原水乡地区生活生产生态空间高质量发展,助力建设共同富裕。

7.1.2.3　坚持系统整合,实现全域全要素协同发展

系统思维是一种逻辑抽象能力,也可以称为整体观、全局观。国土空间整治必须强调全域统筹、各类国土空间要素高效协同,推动整治规划"一张图"。在平原水乡地区空间整治中,更需将整治对象与目标综合化,针对平原水乡地区未来的粮食安全、生态保护、生态修复、产业发展制定综合化目标。例如在垦造水电项目的过程中就必须坚持占优补优、占水田补水田的要求,切实完成非农建设占用水田兑现承诺要求,有效完成粮食生产保障以及生态环境改善的双重使命(梅江,2021)。同时,空间整治的手段与方法应多元化,转变传统注重结果、程序烦琐的工程技术手段,建设"规划＋工程＋管理"的全新平原水乡地区国土空间整治手段体系,以规划手段发布平原水乡地区空间整治的生态导向性规划或明确计划,以工程

手段解决具体平原水乡地区实施设计问题等工程要求,以指标考核、示范推广等管理手段发挥政府在平原水乡地区空间整治的监管作用(梅江,2021)。

7.1.3 整治原则

7.1.3.1 数智引领原则

在加强数字社会、数字政府建设,提升公共服务、社会治理等数字化智能化水平的背景下,依托信息化推进治理体系的数字化转型,实现国土空间治理全过程数字化、网络化、智能化,是提升国土空间治理体系与治理能力现代化水平的重要途径和必然趋势。在平原水乡地区,借助物联网、遥感技术(RS)、无人机、地理信息系统(GIS)等现代化治理手段,打造云计算中心、大数据中心、统一信息服务平台等(臧英斐,2021),对诸多时刻变化着的水环境、国土资源、大气环境、农业安全、基础设施等进行更有效的监督管控。

7.1.3.2 因地制宜原则

在空间整治中,应科学把握城乡的差异性和发展走势分化特征,做好顶层设计,注重规划先行、突出重点、分类施策、典型引路、多产融合,鼓励发展创意农业、特色文化产业,构建农村一、二、三产业融合发展体系。平原水乡地区各地自然风貌不同,其人文景观、文化遗产也各具特色,根据不同地域发展现状与实际问题,对人居环境系统、农业空间、生态空间制定绿色生态、低碳环保的整治策略与具体措施,并结合地方文化构建相应的人文景观,使国土空间整治能与城乡景观、生态环境建设协调统一。同时加强分区管制,例如垦造水田的关注重点应该是占用耕地补偿,坚持占水田补水田的原则;应对平原水乡地域城镇地区的综合治理则应该关注人居环境提升与资源有效利用;生态保护区域的关注重点则应该集中于生态系统修复和生态安全保障(梅江,2021)。

7.1.3.3 统筹协调原则

统筹协调原则对应系统整合这一基本理念,在平原水乡地区国土空间整治中,重在妥善处理人与自然、村村之间、城乡之间相互关系。例如,宁波北仑区将海湾生态治理与统筹优化陆海空间格局相结合,针对近年来受沿岸经济社会发展和近海海域地理水文条件影响,将岸滩整治、生态廊道建设、防潮防洪、渔业避风、海洋生态修复、滨海休闲旅游、疏港交通等综合起来,整体优化区域生态格局。

7.1.3.4 弹性管控原则

在平原水乡地区国土空间整治中,应重点打造整治过程可控、整治内容可调、整治方法可优的弹性制度体系建设。例如,在城镇开发边界内主要以"用途管制＋指标管控"模式为主,强化城市建设空间的高效合理利用;在城镇开发边界外主要的乡村规划和功能单元规划,以"用途管制＋指标管控＋准入管理"的模式,强调生态空间、农业空间的保护。另外,对于一般建设区域或新建地区,空间整治深度可以采取通则式管控,实现基本用地功能和指标控制,满足一般性规划管理要求即可。对于城市重点功能区、历史风貌区和重要城市节点区域,空间管控要素较多,建设实施技术要求较高,空间整治深度应该较细致。同时,对于重要的公益性设施和政府需要管控的内容采用刚性管控;对于由市场主导开发建设的空间和布局具有一定灵活性的设施可以采用弹性管控。

7.2　平原水乡地区国土空间整治总体思路

7.2.1　整治重点内容

7.2.1.1　推动农田集中连片,缓解农用地破碎化

平原水乡地区存在因河流功能改变、乡村规划的滞后以及管理体制问题导致的耕地、永久基本农田碎片化现象(朱程远,2017),土地经营的分散化、碎片化严重阻碍了土地流转和适度规模经营,使得农业生产的规模化、专业化、机械化难以实现,给高效现代化农业的大面积推广带来难度(曹永峰,2018)。同时,农村劳动力流失后导致的耕地抛荒以及其他草地部分生长出的残次林地,耕地利用效率低下。因此,亟须通过空间整治,推进耕地、永久基本农田的连片化。

7.2.1.2　推动建设用地集聚,提升土地集约节约利用水平

农村居民点多依自然山水而建,单家独院、一户多宅、面积超标的现象普遍。部分乡村地区农民建房由于长期缺乏规划管控引导,沿山脚或道路自然布局,部分宅基地镶嵌于耕地、农地、林地中间,分布较为零散,空间集聚性较差(朱程远,2017)。部分房屋老、旧、破,且由于人口外流严重,多处于闲置或半闲置状态。因此,需要通过农村建设用地整治复垦,提高乡村居民点空间集聚水平,提升建设用地使用效率,节约建设用地指标。

7.2.1.3　加强生态环境整治,防止生态质量退化

诸多平原水乡地区生态环境相对较差,存在水脉不通、内外水系较差等水环境问题,以及化肥和农药等过度使用导致土壤条件较差等问题(曹永峰,2018)。生态质量退化早期建设开发并未注重对区域局部生态环境的保护,也没有配套的生态修复工程措施,造成地表生态植被破坏,土地荒芜等问题,已经影响到周边村民的生产生活,因此需对生态环境进行修复治理,提高生态质量。

7.2.1.4　促进城乡要素流转,推进城乡一体化发展

乡村地区产业发展阶段较为初级,产业结构单一,产品附加值相对较低,且总体农业服务设施配套用地占比较低,难以有效满足农业适度规模经营配套需求(朱程远,2017)。因此,需要借助城市资源要素带动,畅通城乡人口自由双向流动渠道,深化农村产权制度改革,促进乡村产业转型,积极发展林、牧、副、渔等产业(郭熙,2014),以此改善农业劳动力和其他要素的组合,提高农业质量效益和竞争力,提升农业产业链供应链现代化水平,加快构建现代乡村产业体系。

7.2.2　关键技术方法

7.2.2.1　工程技术方法

(1)土地平整及修复工程技术

土地平整工程包括耕作田块修筑工程、耕作层地力保持工程、表土剥离工程等。在上述

工程中,利用客土填充、土地翻耕技术对耕作层地力进行保持,并通过土壤剥离、土壤存储、土壤利用进行表土剥离。土地修复工程主要通过建设用地复垦、土壤改良以及污染土壤修复技术对土地进行可恢复性的修复,使其具备重新承载国土功能的能力。具体来说,为保持项目区生物多样性,维护农田异质性,在土地平整工程中设置生态岛等生态工程;以制度化工程化的表土剥离工程,强化对土壤资源的保护;常用的土壤治理技术有挖掘填埋、客土法、土壤气提、低温热脱附等(马维良,2019)。

(2)灌溉与排水工程技术

此工程技术主要通过河道引水工程解决水源,利用低压管道、明渠搭建输水工程,利用明沟、暗管搭建排水工程,并采用喷灌、微灌技术。同时,利用水闸、渡槽、倒虹吸、涵洞等系列技术完善渠系建筑物工程,并配备泵站及输配电工程。

(3)生态环境整治工程技术

在生态环境整治工程中,应综合性解决农田防风、岸坡防护、水质净化和景观生态问题。确定生物栖息地营造和维护农田生态系统安全的工程措施,提出植被覆盖率、农田防洪标准、农田防护面积比例、水质净化目标条件等方面的具体指标,建立土地整治对于生态环境改善的指标体系(孙彦伟,2018)。同时,为解决农业面源污染问题,制定水源净化、农田渍水生态拦截、农田回归水收集以及源头控制的系统化工程措施方案。此外,为强化土地整治重塑乡村土地利用方式、结构和景观格局的作用,设置包含生物多样性保护工程、自然景观生态工程、农田污染防控工程、景观提升美化工程等在内的景观生态工程,通过建设田、水、路、林等要素构成的生态斑块、廊道等生态工程实现污染隔离、为生物提供栖息地、景观游憩等目的,从而展现乡村的自然景观风貌。例如,在田间道路工程中,规定土地整治项目设计应该充分考虑当地生态环境,减少生境破碎化,降低对生态环境的扰动,注意生物多样性保护,布置"生态涵洞"和"生态管涵"等生物通道。岸坡防护工程中的生态挡墙护岸采用土质断面,并种植水生植物;新增农田污染防控工程,鼓励设立污染隔离带、农田水污染防控池等;通过植物群落式建设,利用植物花卉、颜色、树形和树相,营造出和谐丰富的季相景观等(孙彦伟,2018)。

(4)村庄整治工程技术

村庄整治工程是土地整治工程要素对新型城镇化和乡村振兴战略的集中响应,是从全域角度对农地和建设用地一体化整治的统筹谋划。

村庄整治应包括规划、建设和文化等多层次丰富内涵。规划层面,结合村庄布点规划和农民集中居住有序引导推进工作,确立分类引导原则,合理布局村庄,明确农村居民点建设方向。针对城乡规划确定的保留型村庄和具有风貌保护价值的村庄,分别提出治理对策、改造模式和规划指标等具体标准,如保留村庄一般采用内部改造模式,而搬迁复垦地处偏远、年老失修、"三线"(高压线、高速公路、高速铁路)附近的农村居民点,盘活和重组土地资源,以改善村民的生产生活质量,促进城乡居民平等共享经济发展成果。建设层面,协同村庄建设和现代都市农业、生态文明建设等的关系,提出土地整治工程给予村庄建设的项目内容和建设标准。将传统村落保护与都市休闲旅游业发展、生态文化建设融为一体,发掘乡村自然价值、文化价值、艺术价值和景观价值,提出涵盖房屋建筑工程、道路交通工程、市政设施工程、公共服务设施工程、景观环境工程、文化风貌工程等多项村庄整治具体工程及其指标参数,满足人民对生态、活力的迫切需求,以期实现公共服务均等化。例如建筑庭院保持开放,屋顶鼓励采用坡屋顶的形式;公共停车场宜与农用机械停放综合布局;按照村民生活圈,配套公共服务设施用地等(孙彦伟,2018)。文化层面,突出乡村建设的地域文化特色,按照传承农耕文化和历史、体现郊野地区风貌和独特景观的要求,将土地整治项目建设同乡村风貌保护紧密相连,提出乡村风貌保护建设模式和指导性工程标准。从人文要素来看,保护传统民居、寺庙等历史遗迹,保留村庄具有一定年代的公共水井、桥梁等;从自然要素来看,严格保护树龄在 100 岁以上的古树名木等资源,保留对村庄有一定影响、具有一定年代或者重要象征意义的植被。

(5)现代农业支撑工程技术

现代农业的基本特征是"良田良种良法"相结合,基本要求是现代生产要素和组织管理方式在农业生产全过程中发挥主导作用,努力实现农村土地利用与城市发展的相互融合,不断促进农村土地利用更好地服务于都市农产品供应需要、都市生态涵养需要、都市休闲观光需要。

完善适应都市现代农业发展的工程建设标准,主要体现在灵活的田块规模、休闲设施配套、智慧农业等三个方面。在考虑耕地田块布置时,根据农业经营主体和农作物种植的需求,明确提出耕作田块布置应当符合当地现代农业的发展导向、与沟渠道路村庄的布局相协调(孙彦伟,2018)。划定一定比例的景观型小斑块组成的耕地保护区域,将农田风貌保护与个性化经营、互联网平台相结合,促进耕地保护多样化发展。新增休闲步道项目,规定步道应服务农业采摘和观光旅游,步道建设采用生态工法,兼顾路面的可透水性和绿化,以降低人工工程对原有自然环境的胁迫和干扰。以步道自身为廊道构建生态景观网络,串联起散落的人文景观节点或斑块,填补传统土地整治工程在景观旅游、休息娱乐、人文和生态保护上的欠缺。以复合利用为原则重新界定"农业生产辅助设施"。按照相关标准配置的农业生产辅助设施,在维持其作为现代农业不可或缺的配套功能之后,在标准上兼顾农业休闲旅游观光需要,以实现农忙、农闲的功能区分和利用。

此外,可结合智慧技术打造"农业智慧化工程"(孙彦伟,2018),通过现代信息技术成果,集成应用计算机与网络技术、音视频技术、3S 技术、无线通信技术及专家智慧与知识的应用,以期实现农业可视化远程诊断、远程控制、灾变预警等智能管理。

(6)河道治理工程技术

首先,需做好河道的断面规划,通过合理选择河道断面模式以及河道断面设计为人们营造一个绿色的景观环境。

其次,采用物理、化学和生物方法进行河道综合治理,其中,物理方法主要是机械除藻、疏挖底泥、引水冲淤和调水等方式(马维良,2019)。河道底泥中的有机物易发生好氧和厌氧性分解,使水体变黑发臭。疏挖底泥能清除黑色富集层,彻底消除其影响,是一种常用的整治河流的方法。化学方法主要是采用化学药剂,如加入化学药剂杀藻、加入石灰脱氮、加入混凝沉淀、加入铁盐促进磷沉淀等。化学治理方法虽然可以使水质暂时得到改善,但很容易造成二次污染。生物技术是国内外近年来发展很快的一种新型技术,包括生物膜技术、生物修复技术、水生植物进化法、土地处理法等(马维良,2019)。

最后,进行河流水体治理技术,河流水体的污染主要是由未经处理的工业废水、生活污水、农田排水以及有害物质直接或间接地流入河流,致使水质恶化。大量废水和生活用水排入河流,导致大多数的河流都受到了不同程度的污染。因此,在控制外源污染的同时,还要修筑排污渠,将污水统一排放到下游进行处理(马维良,2019)。同时,还要检测河流水体的污染指标,在河道两侧之间安装多个净水植株栽培系统,将其固定在河道周围,重构两岸土地土林,修复生态环境,扩大滨水空间,为河流污水治理提供有效装置。

(7)田间道路工程技术

田间道路工程,包括田间道、生产路、休闲步道、桥梁等。具体来说,工程中要求在道路两侧适当布置绿化,采用透水路面,部分路面可采用泥结碎石路面或砂石料路面等生态型路面;设置休闲步道,宽度 0.6~1.5 m,路基材料采用素土,路面材料可选用泥结碎石、木质以及其他生态型材料。

7.2.2.2 数智工程技术

(1)实时数据采集与数据库建设

以监测网为物理基础层,通过构建统一采集适配器集群和采集调度机制,将监测网各类设备数据进行高频度高速率适配采集,建立遥感数据、航拍数据(如无人机测量)(温福林,2021)、视频数据、信号数据、互联网数据等数据通道,将数据输送生态修复数据中心。数据中心主要包括采集设备管理、采集接口管理、采集调度管理、采集配置管理、采集工具管理。通过对全量备选项目和纳入实施项目的管理,系统提供项目基础信息管理、项目计划建设规模管理、计划投资管理、计划工程量管理以及项目计划成效管理。

根据自然资源部及省级自然资源厅相关的数据标准和要求,通过与统一采集平台建立数据通道接收海量数据,通过 ETL 汇聚生态修复空间数据、监管数据、业务数据和第三方应用数据,提供云化分布式存储以及数据分发、数据发布、数据输出、数据共享等数据库管理能力。

(2)国土空间基础信息平台建设

国土空间基础平台整合生态修复数据中心数据,提供包括空间数据管理、空间规划成果管理、空间分析等各类空间应用,为生态修复"一张图"提供承载性平台。建立资源管理、地图服务、空间分析、生态圈、专题分析等功能,结合地图和图表可视化,开展土地综合整治、山水林田湖草生态系统修复、矿山环境综合治理、海域海岛环境综合治理各业务的专题分析和成果展示(高世昌,2018)。

(3)工程实施数字监管系统

工程实施监管系统以工程实施为主线,通过项目过程监管、动态监测、绩效管理、质量管理、资金管理5大监管模块,同时借助国土空间信息化基础平台强大的图形审查能力和监测预警能力,全面掌握工程实施动态(高世昌,2018)。生态补偿管理系统将生态补偿机制进行标准化管理的信息化支撑系统,通过补偿标准管理、补偿项目管理、补偿挂钩管理、补偿统计分析4大模块,实现生态修复项目补偿方案的量化管理。

(4)国土空间整治反馈评价系统

国土空间整治评价体系包括整治效果评价和效益评价。整治效果评价基于国土空间整治的系统、要素、目标等进行拟定,效益评价根据整治成果产生的生态效益、经济效益和社会效益 3 个层面拟定的评价指标体系(高世昌,2018)。同时,以此建立计算模型和评价模型、每个整治项目的整治成果画像,为全域国土空间整治和具体项目实施提供反馈。

7.2.3　整治技术路线

平原水乡地区国土空间整治,首先需要对整治地域的自然区位条件、社会经济条件、规划整治现状等进行理性全面的分析;其次对整治地域进行就区域、经济产业、人口、土地等资源要素的发展进行预测,同时对低效建设用地、农村居民点用地、耕地等的整治潜力进行评估;基于上述分析结果,提出对整治地域的目标愿景和总体布局;承接总体整治目标,制定分区分类的具体整治方案,包括交通基础设施整治、耕地与永久基本农田整治、居民点集聚整治、产业及配套设施用地整治、水系优化和田间灌排设施整治、生态环境整治修复等具体方面;通过对整治地域整体方案的资金估算、筹措进行资金平衡分析,如若合理,则实施推进,如若不合理,需重新进行方案的设计;最后提出整治地域的整治方案组织实施加护,涉及项目具体实施、资金组织等保障措施,以及项目监管等方面,具体技术路线见图 7.1。

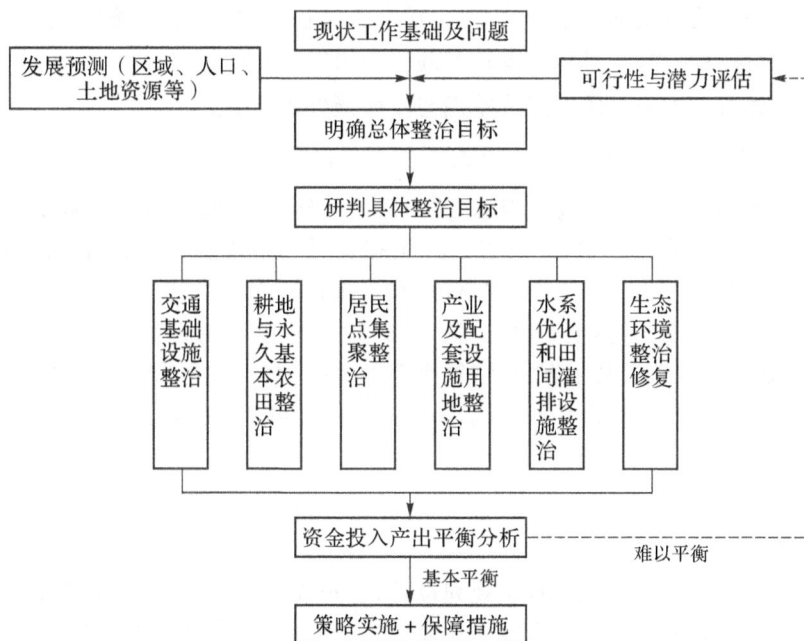

图 7.1　平原水乡地区国土空间整治技术路线

7.2.4　平原水乡地区国土空间整治类型模式

7.2.4.1　市地整治——城镇空间全生命周期整治模式

传统的城市土地整治或者土地整治重点是关注地块置换整合和土地产权的调整,仅局限于与土地相关的环节,即"土地收储—公开出让"(周小平,2018),而并不重视土地使用者如何运营土地及其运营效果。根据全生命周期理论,城市土地全生命周期整治模式实质是从土地利用规划调整到再利用的全过程,以"规划先导—产权调整—空间改造—项目运营—利益共享分配"为一个完整的周期(周小平,2018),通过各个相关联的业务阶段,实现城市土地生命周期整治管理的良性循环。其中整治转型路径包括原地原主体转型路径,即维持土地产权主体、经营主体不变,保留原有建筑及开发强度,在符合规划及用地调整政策前提下,支持原经营者利用存量国有建设用地兴办信息服务、研发设计、创意产业等现代服务业;原地换主体转型路径,即鼓励通过出租、土地置换、产业置换、资产折价置换等形式,引进新的第三产业经营主体,对原地上物进行小幅度改建、完善,使之符合第三产业经营需求,实现原地产业转换升级;换地换主体转型路径,即稳定完善现有"土地收储—公开出让"的整治途径,探索规划建设区块内土地置换、直接货币补偿安置、收储土地部分定向挂牌出让给原用地主体并转换业态等多种方式,做好原用地主体搬迁和补偿安置,实施城市土地的二次改造(周小平,2018)。

7.2.4.2 近郊整治——整村搬迁、建设用地指标转移模式

通过国土空间整治和城乡建设用地增减挂钩实现平原水乡地区原有农民生产生活方式转变,引导农民向中心村镇集中,完善中心村、集镇或农村的基础设施和公共服务设施配套,加快农村新型社区规划和建设,实现社区化管理。如福建省古田县存在空心村、一户多宅、旧房危房、闲置废弃宅基地的现象,对一些不适合人类居住、生产生活条件较差的村庄通过城乡建设用地增减挂钩模式,推动建设用地高效利用(黄晶晶,2019)。

7.2.4.3 远郊整治——国土空间整治与乡村振兴协同模式

(1)国土空间整治＋美丽乡村建设

"国土空间整治＋美丽乡村建设"模式是由政府主导,以民间组织为主体,鼓励村民参与的综合治理模式(刘永强,2021),是实现乡村生态宜居的重要途径。杭州市的双浦镇围绕"土地流转""清洁田园""水田垦造"三大整治内容,重构三生空间,重现"富春山居图"美景。美丽乡村建设坚持"规划先行,生态优先",有效避免了国土空间整治的盲目性与无序性,尤其在基础设施建设中融入景观生态学、恢复生态学等的理论方法,形成与现有农田、林地等要素结合紧密的生态网络,突出乡村特色,为美丽乡村建设提供保障。

(2)国土空间整治＋乡村产业引领

"国土空间整治＋乡村产业引领"模式以更新乡村产业带动平原水乡地区乡村空间整治。

①通过现代农业手段,即通过科学规划设计,实现农田小块并大块,并配套健全农业基础设施,提高农业生产条件。宁波市滕头村通过改土治水、造田等生态工程,平整全村土地,开挖引水沟渠,将贫瘠的"靠天田"变为肥沃的"高产田"(刘永强,2021)。同时采用新兴的生态种植技术,培育南瓜、西瓜、甜椒等优秀种苗,出口外销,初步形成集休闲观光、科技、精品、高效、生态、立体农业于一体的现代化农业格局。

②通过乡村旅游发展模式,即以自然环境为基底,推动乡村旅游与全域土地整治及生态修复工作的融合,打造独具特色的乡村旅游品牌。绍兴市下岩贝村试行土地利用规划、村庄规划和乡村旅游规划"三规合一",以交通、河流水系等为主要界线,将村域划分为农村居民点集聚土地整治区、特色农业土地整治区、生态涵养土地区,优化三生空间布局,并丰富旅游业态,建立"云上茗居"村旅品牌(刘永强,2021)。

(3)国土空间整治＋传统古村保护

"国土空间整治＋传统古村保护"模式遵循乡村聚落发展规律,以优先保护自然、

乡土风貌与特色建筑等原则为指导,在国土空间整治项目实施过程中,尊重历史,延续文化,同时进行合理更新,特色塑造。丽水市松阳县象溪一村在旧村改造中,遵循"天人合一"理念,坚持拆除与保护并重,修缮古建筑,加强对村落传统格局和历史风貌的保护,同时通过土地整治拆除危旧房,统一规划复垦地,保持新建楼房的外观与古建筑融为一体。由于古村具有丰富的历史人文积淀,在国土空间整治过程中应避免村庄规划建设中的"千篇一律"现象,突显当地乡村旅游资源价值,带动农村经济发展,促进古村落乡村振兴(刘永强,2021)。

7.2.4.4　生态整治——"生物生境修复＋政策保障"模式

生态整治模式是指通过生物生境修复、乡村景观保护和提升、不同尺度生态网络建设、水土安全提升、防治土地污染、保护生物多样性、保护自然资源,构建城乡一体化绿色基础设施,提高土地生态服务功能和景观价值(鲁成树,2014),特别是平原水乡地区中土地生态环境恶劣地区,如水土流失严重、生态环境脆弱、土地破坏严重等地区。

同时,生态整治模式也需要更多的政策关注,政策保障不仅保证土地的经济功能,还为人类营造一个良好的生存环境。一是加大土地生态保护的制度建设;二是建立土地生态安全预警系统;三是开展土地生态保护宣传,大力推广生态农业;四是加大土地生态的资金投入,建立生态补偿机制;五是建立土地整治生态评价体系,定期开展土地生态评价;六是保护生物多样性,推进生态整治;七是加大景观生态型土地整治的力度(鲁成树,2014)。

7.3　平原水乡地区国土空间整治规划案例

长江三角洲地带是我国典型的平原水乡地区。其中,浙江省嘉善县地处太湖流域杭嘉湖平原,位于浙江省东北部、江浙沪两省一市交会处,东邻上海(80公里),西依杭州(98公里),北靠苏州(90公里),南临乍浦港(35公里)。全县总面积50000多公顷,其中水域占14.29%。县境内拥有太河泾港、大寨河、圩水港、贺汇港、斜塘、芦墟塘等河流,县境北部多湖荡,水域面积50公顷以上的有11处,是极为典型的江南平原水网地区。

嘉善县国土空间整治规划着力打造"地节、田沃、水清、路通、林茂、景美、业优、民富、居安、文兴"的全域土地整治成效,规划期限为2016年至2035年,近期建设期限为2016年至2022年。规划范围是嘉善县行政管辖范围,包括3个街道(魏塘街道、罗星街道、惠民街道)和6个镇(西塘镇、姚庄镇、大云镇、陶庄镇、干窑镇、天凝镇),土地总面积50687.77公顷(2016年度土地利用变更调查数据)。该规划主要包括4部分内容:第一部分是背景与潜力,重点阐明全域土地整治规划的机遇和挑战,土地利用的现状和发展需求,农村居民点、低效用地和工业用地的整治潜力;第二部分是目标与布局,重点阐明总体目标、阶段任务、愿景展望、战略路径,以及如何统筹区域协同发展、优化国土空间格局、合理配置腾挪潜力;第三部分是整治与建设,重点阐明如何推进城市土地整治、乡村土地整治、土地生态整治和土地文化修复;第四部分是实施与策略,重点阐明土地整治单元规划、全域土地整治重大工程、近期规划和投资估算、规划治理策略。

7.3.1 国土空间现状与存在问题

7.3.1.1 国土空间现状概况

嘉善县地处太湖流域杭嘉湖平原,位于浙江省东北部、江浙沪两省一市交会处,地理坐标北纬 30°45′36″~31°1′12″、东经 120°44′21″~121°1′45″。嘉善境域轮廓呈田字形,地势南高北低,平均高 3.67 米(吴淞标高)。系长江三角洲冲积平原,由河、湖、浅海沉积构成,大地构造单元完整,地震活动微弱,属地段较稳定地区。建筑物抗震裂度为Ⅵ度。嘉善地处中北亚热带过渡区,属典型的亚热带季风气候。气候温和湿润,四季分明,日照充足,雨量丰沛。嘉善境内河流纵横交错,支泾曲港首尾相衔、密如蛛网,湖荡漾潭星罗棋布。

据统计,2015 年底嘉善县辖区内土地总面积为 50687.77 公顷,其中农用地 29783.71 公顷,建设用地 14111.33 公顷,其他土地 6792.73 公顷,占嘉善县土地总面积比重分别为约 58.76%、27.84%、13.41%。其中河流、湖泊水域总面积为 7240 公顷,水域面积占区域面积的 14.29%。土壤成土母质为湖河、浅海相沉积物,质地偏黏,土壤养分潜在肥力大。

7.3.1.2 存在问题

(1)土地资源约束日趋严重

6000 多年前,嘉善人民的祖先已经在此耕作,悠久的历史发展使得全县域适宜开发利用的土地几乎已经被全部开发利用。全县已利用土地 43885.34 公顷,土地利用率达 86.58%。其他未利用土地面积为 6843.03 公顷,其中 99.30% 为水域,理论上只剩下 7.53 公顷的滩涂面积可作为后备土地资源开发。

(2)环境保护形势严峻

随着经济社会的快速发展,环境保护形势也同样严峻。2015 年嘉善县环境空气质量未能达到二类区标准,年评价超标指标有细颗粒物(PM2.5)、臭氧(O_3);2015 年全县降水酸雨率为 100%,pH 值范围为 4.67~5.16,年均值为 4.93。14 个地表水常规监测断面 2015 年水质综合类别为Ⅲ~Ⅳ类,其中民主水文站、荻沼、池家水文站、太浦河取水口、白水塘桥、魏塘卖鱼桥、罗星水产 7 个断面满足功能类别要求,其余 7 个尚未达到功能类别要求,Ⅰ类水 4 个,占 28.6%;Ⅳ类水 10 个,占 71.4%。

7.3.2 国土空间需求预测

国土空间的开发利用需求与社会发展、经济产业发展、城市化水平和市民需求高度相关,通过预测上述要素发展情况,可以科学推导嘉善县未来的国土空间利用需求。

7.3.2.1 经济和产业发展预测

采用经济基础法和转移—份额分析法对嘉善县未来总就业人口进行预测(见表 7.1)。可以看到,嘉善县未来第一产业、第二产业就业人口比重将逐渐降低,第三产业就业人口比重逐渐上升,集中分布在批发和零售贸易、餐饮业、社会服务业、科教文卫及社会福利业等产业。结果充分体现出嘉善县未来的产业就业结构将逐渐由第二产业主导向第三产业主导转型。

表 7.1　基于转移一份额分析法的嘉善县就业预测

产业名称	2022年就业人数/万人	占比/%	2035年就业人数/万人	占比/%
农业	3.73	8.80	1.97	3.38
制造业	22.46	52.97	29.05	49.82
建筑业	1.67	3.94	2.86	4.91
批发和零售贸易、餐饮业	8.81	20.78	14.67	25.16
交通运输和通信业	0.72	1.70	0.45	0.78
金融和房地产业	0.7	1.65	1.67	2.87
社会服务业	1.59	3.75	3.17	5.43
科教文卫及社会福利业	1.7	4.01	2.88	4.93
公共管理和社会组织	0.78	1.84	1.26	2.17
其他	0.24	0.56	0.31	0.55
总计	42.40	100.00	58.29	100.00

7.3.2.2　人口和城市化预测

随着嘉善县社会经济持续发展,嘉善县常住人口逐步增加。作为一个外来人口较多的地区,人口流动量大,导致常住人口的变化幅度也比较大。综合灰色 GM 模型预测、马尔萨斯人口模型预测两种人口发展预测方法,嘉善县常住人口总规模 2022 年末约有 64.99 万人,2035 年末将达到 77.19 万人。

同时,嘉善县城镇常住人口规模不断扩大,城市化水平迅速提高,但城市化进程仍有较大发展空间。综合回归预测法、灰色 GM 模型预测两种城市化水平预测方法,嘉善县 2022 年城市化水平将达到 64.82%,2035 年城市化水平约为 76.87%。

7.3.2.3　居民需求预测

随着嘉善县经济的迅速发展和城市化水平的提升,嘉善县人民生活水平将有大幅度提高。依据嘉善县统计年鉴数据,自 2008 年以来嘉善县城乡居民的平均消费水平有了较大的提升,消费结构也有了明显的改变。

此外,嘉善县城镇地区和乡村地区居民的消费需求结构具有差异性。相对发展较快的城镇地区市民的恩格尔系数更低,在衣着、生活用品及服务、文教娱乐方面的消费比例高于乡村居民。尤其在文教娱乐方面,城乡差距较为明显,体现出城镇居民更注重生活品质和精神享受。

总体而言,预计未来随着收入的提高和生活水平的改善,嘉善县城乡居民追求美好生活的意愿将日趋强烈,居民消费将迈入更高消费层次,更加关注休闲娱乐等精神文化消费,由生存型向享受型、质量型的方向发展。未来消费结构的改变对嘉善的土地利用格局也将产生一定的影响,预计未来嘉善县的交通运输用地、公共管理与公共服务用地(尤其是科教用地、医疗卫生用地、文体娱乐用地、风景名胜设施用地等)等用地类型的占地面积比例将出现一定程度的提升。

7.3.2.4 土地资源需求预测

综合农用地、工业用地、公共用地、水利交通等基础设施用地等不同类型用地的需求量分析,最终确定 2022 年新增建设用地 1928.40 公顷,2035 年新增建设用地 2904.39 公顷(见表 7.2)。

表 7.2 嘉善县新增建设用地需求量汇总

(单位:公顷)

类型	2022 年	2035 年
居住用地	158.01	367.30
工商业用地	599.23	1225.09
公共用地	261.16	232.00
交通水利等用地	910.00	1080.00
合计	1928.40	2904.39

因而,在嘉善现有建设用地规模基础上,以 2035 年预测需求量为基准,每年约需要新增建设用地 145 公顷。事实上,随着国家长三角一体化战略的推进和上海产业向周边城市的转移,嘉善的工商业、居住、公共、交通等用地会超过上述常态发展趋势下预测的结果,建设用地需求量将会有更大幅度增加。

7.3.3 国土空间开发利用潜力分析

嘉善县国土空间开发利用潜力分析主要包括农村居民点、低效用地、工业用地的整治分析,综合推定县域城乡建设用地可整治规模。

7.3.3.1 农村居民点用地整治潜力

农村居民点用地整治按照统筹城乡发展和村庄规划建设要求,采取工程技术、土地产权调整等措施,对农村建设用地进行整治。其潜力主要是增加耕地面积和节约建设用地面积。

依据嘉善县土地利用变更调查数据,得到限制建设区、禁止建设区中可复垦农居点,结合村庄布点规划、城镇规划等城乡建设边界,并扣除已开展复垦项目,最后以行政村为单位融合相邻村庄用地和部分城镇用地,得到嘉善县农村居民点的用地复垦潜力情况。嘉善县各镇、各村农村居民点复垦潜力如表 7.3 所示。

表 7.3 嘉善县各镇(街道)农居点复垦面积

(单位:公顷)

行政区	农居点复垦面积
魏塘街道	115.17
罗星街道	100.51
惠民街道	272.78
大云镇	85.80
西塘镇	502.64

续表

行政区	农居点复垦面积
干窑镇	232.24
陶庄镇	127.46
姚庄镇	369.74

7.3.3.2　低效用地整治潜力

低效用地整治以节约集约用地为准则,对各类被破坏、废弃的土地和未充分利用的建设用地,包括因挖损、塌陷、压占、污染或自然灾害损毁等原因造成破坏、废弃的土地、项目用地溢余土地以及关停并转企业用地等,进行综合整治,使其恢复到可利用状态,增加农用地和耕地面积。

利用低效用地再开发潜力进行测算:按居住用地容积率为2.0,建筑密度为45%;旧厂矿容积率为1.20,建筑密度为50%进行测算,全县约721公顷城镇低效用地通过再开发共可新增建筑面积近520公顷,具体分布如表7.4所示。

表 7.4　嘉善县低效用地面积

(单位:公顷)

行政区域	平均容积率			平均建筑密度		
	旧厂矿	旧城镇	旧村庄	旧厂矿	旧城镇	旧村庄
惠民街道	0.51	0.48	0.90	0.42	0.23	0.90
罗星街道	0.57	1.15	0.32	0.43	0.30	0.28
魏塘街道	0.50	0.61	0.51	0.41	0.44	0.24
大云镇	0.75	1.11	0.48	0.58	0.70	0.43
干窑镇	0.44	0.38	—	0.47	0.38	—
陶庄镇	0.51	0.44	0.30	0.49	0.42	0.30
天凝镇	0.56	0.85	0.29	0.51	0.51	0.21
西塘镇	0.70	0.54	0.51	0.55	0.37	0.36
姚庄镇	0.52	0.70	0.53	0.42	0.56	0.52
平均	0.54	0.62	0.45	0.45	0.37	0.38

7.3.3.3　工业用地整治潜力

工业用地整治按照城乡统筹发展的建设要求,借助整治工程技术、产权调整等措施,对工业用地进行整治,其潜力主要是增加耕地面积、节约建设用地面积、合理用地布局和优化用地空间。嘉善县工业用地复垦潜力主要有三种情况:一是按照是否办理土地登记,将没有办理土地登记的工业用地全部复垦,可得到复垦用地269.01公顷;二是按照投入使用时间在2002年以前的工业用地全部作为可复垦的用地,可得到复垦用地约275.90公顷;三是根据2017年执行更新,规划到2022年,可以复垦的工业用地共计151.83公顷,具体如表7.5所示。

表 7.5 嘉善县各乡镇工业用地复垦潜力汇总

(单位:公顷)

镇街道	工业用地复垦
魏塘街道	6.47
罗星街道	0.73
惠民街道	9.40
大云镇	0.00
西塘镇	23.26
干窑镇	35.76
陶庄镇	11.24
姚庄镇	21.21
天凝镇	43.74
总计	151.83

7.3.3.4 城乡建设用地整治潜力

综合农用地、低效用地与工业用地分析结果,得到嘉善县农村居民点复垦潜力共有2425.85公顷,主要分布在西塘镇和天凝镇;低效用地复垦潜力共有520公顷,主要分布在惠民街道为主的中心城区;工业用地复垦潜力共计151.83公顷,其中天凝镇、干窑镇的潜力较大。全县城乡建设用地整治总潜力为3097.68公顷,其中,天凝镇、西塘镇、姚庄镇和惠民街道潜力较大,具体如表7.6所示。

表 7.6 嘉善县各乡镇土地整治潜力汇总

(单位:公顷)

镇街道	农居点复垦潜力	低效用地复垦潜力	工业用地复垦潜力	总计
魏塘街道	115.17	68.65	6.47	190.29
罗星街道	100.51	69.15	0.73	170.39
惠民街道	272.78	164.08	9.40	446.26
大云镇	85.80	28.63	0	114.43
西塘镇	502.64	23.43	23.26	549.33
干窑镇	232.24	15.54	35.76	283.54
陶庄镇	127.46	26.64	11.24	165.34
姚庄镇	369.74	52.35	21.21	443.30
天凝镇	619.51	71.54	43.74	734.79
总计	2425.85	520.01	151.81	3097.67

7.3.4　国土空间整治总体目标与布局

7.3.4.1　总体目标

嘉善县国土空间整治目标包括。

①打造全球水乡旅游目的地。嘉善地处长江三角洲,水网密布,是典型的江南水乡。农田格局、河道分布、村庄布点、建筑风格、交通出行、百姓生活都散发着浓厚的水乡韵味。以西塘镇的水乡特色为轴心,通过全域土地整治,深化千年古镇旅游品牌内涵,将农田体验、农田观光、乡村历史、乡村建筑、自然风貌、人文风俗等连接成线成片,建构"绿色田园风光线、蓝色水乡活力线、魅力村庄风情线、善佳文化古韵线"。全面推进土地复合利用,将村落由盆景变成风景,全力打造世界级水乡旅游目的地。

②打造长三角大众休闲养生目的地。嘉善县地处上海、杭州、苏州、宁波 4 大城市的十字中心,从嘉善南站到上海虹桥高铁站只需 23 分钟,交通十分便利。全县气候温和湿润,四季分明,日照充足,雨量丰沛。境内河流纵横交错,支泾曲港首尾相衔、密如蛛网,湖荡漾潭星罗棋布,自然风光优美,是大众休闲养生的好去处。2016 年,嘉善县成为国家级养老服务业标准化试点,也是浙江省养老服务业综合改革试点县。以全域土地整治为抓手,以大云镇为轴心,以县城和西塘镇为重要节点,全力打造以长江三角洲城乡居民为主要客户对象的大众休闲养生目的地。

③打造长三角高新技术孵化转化地。通过全域土地整治,腾退低小散工业企业,整治废弃和闲置的农村居民点,为打造长三角高新技术孵化转化地和 G60 科技走廊提供保障空间。重点开展与上海高科技园区孵化器、高校、科研院所、科技服务中介和科技部门等"六位一体"的科技合作,构筑嘉善高新技术孵化转化基地。着力打造干窑"机器人小镇",建立智能制造装备园;以罗星"智造小镇"为主打造"归谷园区";在高铁新城建立、完善专业化、国际化、市场化的孵化培育模式,打造搭建电商专业的孵化器和加速器。

④打造上海绿色厨房根据地。全县现有水田面积 26414.28 公顷、旱地 781.83 公顷,已经建成的高标准农田有 11179.20 公顷,规划 2016—2022 年将 90% 以上的耕地整治成高标准基本农田。嘉善紧邻上海,对农产品的供应具有"鲜、活、嫩"的特点,具有天然的因素。通过全域耕地整治,大力推进家庭农场建设,提高耕地质量和健康水平,将嘉善全力打造成"上海绿色厨房"的根据地。

7.3.4.2　总体布局

以嘉善建设产业转型升级引领区、城乡统筹先行区、生态文明样板区、开放合作先导区和民生幸福新家园的"四区一园"为全域土地整治总体布局的指导原则,对嘉善全域进行整体谋划、综合部署、聚合资金、协调衔接各项整治工程,把城镇和乡村置于一个整体的地域空间下推进全域全要素的土地整治规划,以实现统筹生产、生活和生态用地配置,协调城镇、农业和生态空间的对立统一的土地整治规划实践,努力把嘉善建成协调推进"四个全面"战略布局的示范点和县域科学发展的示范点,为全国县域发展积累更多经验、提供更好示范。

针对嘉善具有区域价值的战略性地区,重点强化土地利用、生态保护、设施共享、城镇布局、产业发展、文化资源、乡村空间利用等方面的空间统筹与协同整治力度。为实现嘉善城镇和乡村区域协同发展,通过村域尺度下土地整治多功能发展概念及其内涵,探索村域尺度下嘉善乡村地域土地整治多功能的类型划分,并按照生态功能、农业功能、工业功能、生活功能及其综合功能的分级,进而将嘉善县全县分为凸显地域主导功能类型的四个区域。全县按功能和位置主要划分为北部土地整治协同区、中部土地整治协同区、城镇土地整治协同区、南部土地整治协同区(见图7.2)。

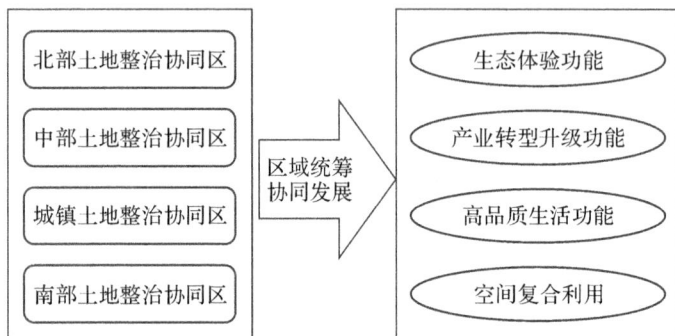

图 7.2　嘉善县土地整治协同分区示意

7.3.5　国土空间整治措施

7.3.5.1　城市土地整治:打造上海邻里田园城市

嘉善中心城区包括魏塘、罗星、惠民3个街道,以平黎公路为界,分为西部城区和东部城区。西部城区包括老城区、城南新区、城北区、归谷园区。西部城区是以生活及其配套服务设施、现代服务业集聚为主的空间增长区域。东部城区以嘉善经济开发区为主体,结合长三角科技商务区和惠民综合片区,是中心城区未来产业发展的主要增长空间。不断优化建设用地空间布局,加快城镇空间集聚发展,着力提升公共服务功能,整治生态环境,治理水网河道,突显新江南田园城市"匠心极致、品质至臻"的特质,努力打造集高新技术产业、现代服务业和高品质人居环境为一体的产城融合样板区,提升城市能级和核心竞争力。

中心城区是嘉善县未来田园城市的"园心",西塘、姚庄、天凝、干窑、大云和陶庄等6个特色小镇是未来田园城市的"园体"。根据不同的土地整治协同功能指引,6个小镇各自有不同的整治重点和目标。

中心城区的土地整治路径,主要为通过"土地腾挪"方式重新构建田园城市,通过"空间复合利用"方式实现三生空间协调统一。

北部土地整治协同区,以西塘、姚庄、陶庄镇域为发展核心,以农业、旅游为产业引导,以生态、体验为发展目标,形成以生态功能为主导的城镇圈。着重体现城乡服务、生态保育、休闲游憩功能。加强整体生态基底保护,培育生态农业与旅游度假产业,严格限制住宅开发规模和自然保护区范围内的开发建设。

中部土地整治协同区,以天凝、干窑镇域为发展核心,以高科技农业、工业、信息业、服务业转型升级等为产业引导,以科技、合作为发展目标,形成以产业升级功能为主导的城镇圈。重点加强公共服务和资源配置,推进产业服务设施和产业用地与综合交通服务设施及公共服务设施的共享。

南部土地整治协同区,以大云镇域为发展核心,以第六产业的先驱示范为引导,以开放、绿色、复合为发展目标。大云位于中心城周边,已有温泉度假、巧克力工厂等吸引力产品,应着重体现生态宜居功能。完善公共服务设施,按照与中心城市标准配置公共服务设施、高能级设施与主城区共享。

7.3.5.2　乡村土地整治:建设精致江南美丽水乡

田:结合农村居民点整治,依托万亩良田及其他基本农田,形成林地、园地、农田的高效混合利用,规划不同的景观类型,丰富基地的景观层次,实现农业的多功能经营,丰富农产品种类,建设特色有机农场,成为上海绿色厨房基地。利用高标准基本农田建设来探索耕地发展指引。以整治促建设,以建设促保护,树立数量、质量与生态并重的整治理念,按照"先易后难"的原则建设高标准基本农田。

水:嘉善县镇和水网密集交织,水网承担了人类生存与生态维育的双重功能。在规划层面需要提高规划的针对性以及与城镇层面的跨尺度关联,并通过组合运用不同的技术方法,加强地表水与地下水共同治理,构建生态水网湿地等手段,整体保持并优化嘉善江南水乡水景特色,通过优化水体分布、治理和疏通河道等措施,完善沿河景观节点,在优化水体环境的同时,也丰富嘉善乡村水路游赏体验,增加乡村田园风景。

路:嘉善的路网建设非常密集,对全县乡村地区道路进行分级规划,主要分为对外道路、车行道路和慢行道路,其中慢行道路包括自行车出行、步行道路,在乡村空间道路分级构建中要尽可能避免造成生态环境的破碎,因而建议道路建设与生态连通,尽可能恢复景观生态完整性。

林:嘉善林地资源极其缺乏,从林地用地结构来看,嘉善的田园城市构建存在缺失。园林建设是为了改善城镇、乡村生态环境和全面发挥园林绿化综合功能,一定的绿化面积是城镇和乡村联系的有机纽带。应当艺术化地组织和构造城镇空间、乡村空间的各个基本要素,使嘉善的城镇和乡村形体环境有最佳的美学和生态学效果。

树:村庄整治是基于农村区域的发展现状及以农村居民为代表的各利益群体的现实需求,通过以改造建设为核心的综合性措施干预,促进乡村振兴和社会、经济、文化水平的整体提升,从而实现整个区域的协调发展。整治时要把村庄整治纳入乡村振兴的框架,具体包含提高农林水竞争力、改善农村环境以及鼓励农村经济多元化三个层次的统筹目标体系。村庄整治要特别重视包括促进城乡均衡发展、保护乡村生态景观和弘扬乡村特色文化三大部分。村庄整治绝不能将村庄打造成千村一面的呆板景象,而应当以走"回乡之路"为要旨,赋予乡村的产业和景观以美学含义,将乡村空间从经济和生态的层次提升至审美空间的层次。

7.3.5.3　土地生态整治:构建绿色发展空间格局

应用最小累积阻力模型和改进引力模型,规划形成一级、二级、一般生态廊道系统。一级廊道对维持区域宏观生态的整体性有重要作用,用于连接一级网络中心,有助于物质和能量在大型绿地斑块间流动和交换。二级廊道用于连接一级网络中心与二级网络中心,或者联系不同的二级网络中心。此种廊道主要基于分支、结合城市河流河岸带和城市次干道绿化进行规划,有助于加强不同等级核心区斑块间的相互联系。一般连接廊道,用于降低景观破碎化,增加生态空间网络整体的连续性。

7.3.5.4　土地文化修复:创造人文品质发展空间

根据史料记载,嘉善老城区内共有 42 处文物古迹。但目前有迹可循的历史文化资源仅

20 处,文化凋零。特别是大量记载嘉善县城发展轨迹的古城、衙门、古桥、古居在城镇建设过程中消失,历史古迹湮灭情况严重。文化复兴的重要手段之一,即文化复兴工程的建设。文化复兴工程意味着将具体的建筑、场馆、公共设施项目等作为文化的载体,让更多人可以具象地感受文化的形式及其内涵。通过"土地整治+文化复兴工程",可以在实际操作层面为文化复兴提供更多的可能性。嘉善的文化复兴应当立足于其丰富的历史文化遗产,特别是水乡特色风貌,借由现代化技术、传播手段以焕发新生。

7.3.5.5 整治工作时序安排

(1)第一阶段(2016—2022 年)

主要是通过推进用地结构调整和布局优化,推进土地复合利用和多元开发。

低小散企业用地 100%腾退,废弃建设用地 100%得到再开发,农村居民点搬迁、复垦和再利用 10 平方公里以上,拓展城乡建设用地发展新空间和新效能,促进产业集聚和农村一、二、三产业融合发展,切实改善城乡居民的居住条件和生产条件,增加农民收入。

按照绿色发展要求,建设 34.2 万亩高标准基本农田,将其中 17 万亩永久基本农田示范区建设成为健康农田。严格执行生态红线制度,推动南部高效生态农业、工业旅游和休闲旅游业的融合发展,推进北部湖荡群湿地生态修复工程,推进圩区整治工程,高质量完成 25 片圩区建设任务,完成河道治理 400 公里以上。

(2)第二阶段(2023—2035 年)

围绕人与自然和谐共生,全方位推进县域和场地的生态景观格局的重塑和修建,高质量完成魏塘、张汇、枫南等圩区建设。以"百河靓村"为抓手,着重开展嘉善塘流域综合整治,全面完成河道治理和生态景观建设,保护水生态环境,恢复生物多样性。挖掘和传承江南水乡文化,保护自然风貌,建设田园城市,创造生态化人居环境,营造生态化社区,塑造优美的城乡风貌。开展农村居民点搬迁、复垦和再利用 14 平方公里以上,进一步拓展城乡建设用地发展新空间和新效能,促进产业集聚和农村一、二、三产业融合发展。按照绿色发展要求,建设 17 万亩健康农田,打造上海的绿色厨房,发展全域旅游,着力打造全球水乡旅游目的地和长三角大众休闲养生目的地。

7.3.6 国土空间整治要素投入产出分析

7.3.6.1 项目总投资规模

参照《嘉善县城市建设五年发展规划(2017—2021 年)》建设项目投资估算,嘉善县城区地下空间开发利用工程 3.1 亿元,棚户区整治改建工程 16 亿元,"三改一拆"整治工程 4.7亿元,城市文化客厅整治工程 25.8 亿元,城市生命走廊整治工程 1.5 亿元,城市美丽花园整治工程 5.4 亿元,城市危旧房整治改造工程 1.6 亿元,城市更新配套设施整治工程 39 亿元,合计 97.1 亿元。同样的,依据 2016—2020 年"十三五"发展规划估算,嘉善县城镇 7 个整治单元涉及搬迁居民点面积大约为 960 公顷,工矿用地拆旧面积约为 105.45 公顷,工业建新区用地面积约为 43.14 公顷,村庄建新区为 182.4 公顷,总投资约为 103.6 亿元,其中拆旧投入、建新投入以及土地整治土地综合整治费约为 100.5 亿元,不可预见及管理费约为 3.1亿元,以上合计 200.7 亿元。

7.3.6.2　增减挂钩资金平衡估算

嘉善县总共 30.97 平方公里潜力。其中农居点复垦 24.26 平方公里,复垦成本含拆迁安置费用平均按 120 万/亩;工业用地复垦 151.83 公顷,复垦加地上附着物赔偿平均成本约为 60 万/亩;低效用地 520 公顷,由于大都是违法用地,在工业用地成本基础上打 7 折;约 42 万/亩。三项合计需要投入资金 482.47 亿元。建设用地增减挂钩可结余指标 26.97 平方公里,按照带空间指标的市场价 120 万/亩计算,可取得指标交易费用 485.46 亿元,盈余 2.99 亿元。如果产业集聚区 21 平方公里的 10% 用地作为配套房地产开发,则房地产开发用地为 2.1 平方公里,按照每亩住宅用地出让价 900 万/亩计算,可获得土地出让金 283.50 亿元。因此,全域土地整治不仅能腾出建设用地空间,而且在资金上能自求平衡,有较大盈余。

7.3.7　国土空间整治实施保障措施

7.3.7.1　体制机制保障

(1)创新土地用途管制制度

在不违背国家土地用途管制制度基本规定的前提下,建构适合全域土地整治的土地用途管制制度,包括创新土地用途分区类型及其限制性规定、达标式管制规定、不一致用途的处理、实施和执行机制以及争议仲裁,还包括发展土地用途管制的"弹性"技术等。主要包括建立新型的包含式用途管制制度、激励式用途管制制度、绩效式用途管制制度和协商式用途管制制度等。

(2)推进复合利用制度创新

为了更有效推进全域土地整治制度的创新,应积极向建设用地、农用地、未利用地多功能利用的"大复合"转变,从混合用地中的被动兼容向规划引领、主动整合、统筹开发转变,开发方式应从用地性质混合向更为弹性、灵活的多样化、多功能复合空间转变。应当加强农村建设用地的多元复合利用,探索试点农业接二连三复合利用,出台农村土地复合利用全程支持政策。

(3)推进增减挂钩政策创新

一是要完善和创新现行城乡建设用地增减挂钩政策,将盘活复垦的农村建设用地指标,成为"集地券",在全县任一范围内(包括允许建设区和有条件建设区,以及在不影响环境功能情况下的部分限制建设区)统筹使用;二是允许"集地券"在乡村地区发展新产业新业态。

(4)推进占补平衡制度创新

创新耕地占补平衡制度,从以数量型耕地占补平衡走向产能占补平衡和耕地生态占补平衡,着力于质量改善和生态提升,从数量占补平衡走向产能占补平衡和生态占补平衡。

(5)创新部门协同联动机制

搭建"一个平台协同管理",构建全域统一的空间信息管理协同平台,实现建设项目、规划、国土资源管理信息,以及环保、林业、水利、交通、教育、医疗、农业等部门规划信息资源的共享共用,实现各部门业务的协同办理、全域业务协同平台互联互通。

（6）创新各方利益协调机制

嘉善县委县政府应尽快出台推进国土空间整治过程中规范利益分配和利益协调的政策文件,解决土地整治中涉及利益的"一揽子"问题。

7.3.7.2　统筹协调治理体系

（1）建构共同治理新机制

继续深化完善村级党组织、村民代表大会和村委会、村合作经济组织、社会维稳组织"四位一体"的村级治理结构和治理机制。理顺"乡政村治"关系,完善村民自治制度,提升村民依法治理能力。探索构建高效运行的农村社区服务体系,积极探索多途径筹措资金方法,加快实现农业、农村、农民现代化,构建和完善预防和化解社会矛盾的体系,创新农村社会共同治理体系。

（2）创新乡村基层自治单元

在基层民主的实践探索中,突破原有的村级治理模式,实现基层自治单元创新。按照"地域相近、利益相关、文化相连"的原则,在保留行政村一级自治组织的基础上,逐渐形成"单元村民自治"的基层治理新格局。鼓励建立各类经济合作组织,农民维权组织,综合服务社的农村社会组织等,补充传统以行政村为单一治理单元的不足。

（3）产业链利益联结机制

在推进全域土地整治的进程中,应当健全产业链联结机制,促进农村社会的共同治理。主要内容包括:一是充分保障和落实农民财产权利;二是采取股份合作模式推进农旅深度融合;三是采取"订单合同＋服务协作"复合模式推进产加销总合发展;四是建立产业链利益联结考核制度。对参与全域土地整治和产业融合发展的主体利益分配情况进行调查,定期选择出一些典型全域土地整治和产业融合主体,在项目中申报金融贷款、财政支持、税收优惠等方面加大扶持力度,优先安排参与全域土地整治和农村产业融合项目。

（4）着力公众参与机制创新

从规划、建设到管理、经营均建立农民民主参与机制,切实让农民成为全域土地整治规划建设的主体,真正拥有知情权、参与权、决策权、监督权,真正共享全域土地整治建设的成果。

7.3.7.3　智慧治理能力优化

（1）建设空间基础信息共享平台

加强全域土地整治基础数据、核心数据、控制参量数据、引导参量数据、审批管理数据和整治规划参考数据等的数据标准研制和数据库建设,推进全域土地整治空间基础信息共享平台建设,搭建全县建设和管理数据资源中心,实现跨行业、跨部门的数据互联互通和资源共享。

（2）建立"监测—评估—维护"机制

建立全域土地整治规划实施的动态监测、定期评估和即时维护制度。以国土资源管理数据库为平台,跟踪监测规划中确定的各项指标,建立3年全面评估、年度系统评估组成的监测评估机制。以监测评估结果指导近期建设规划、年度实施计划的编制。

（3）推进全域土地整治管理信息化

建设全域土地整治管理的信息化体系，实施跨部门、跨行业、跨镇村的政府信息共享和业务协同。深化网络化的治理模式，完善、提升信息化支撑全域土地整治平稳运行的机制和能力，利用大数据和云计算，实现全域土地整治管理的精细化和可视化、社会治理的协同化和透明化。

7.4　美丽乡村建设中的国土空间整治机制创新实践

实施乡村振兴战略是建设美丽中国的重要举措。平原水乡地区的乡村居民点密布，乡村地区的土地利用是平原水乡地区国土空间整治的重要内容。依据美丽乡村规划布局，统筹谋划用地保障，充分利用全域土地综合整治与生态修复、建设用地盘活利用、城乡建设用地增减挂钩、坡地村镇、点状供地等措施手段，推动土地要素优化配置，最大程度形成政策红利。浙江省作为美丽乡村建设先行区和示范区，杭州、丽水、温州等地进行的美丽乡村建设实践中已经涌现出对于国土空间综合整治与开发利用的成功案例，其创新的国土空间保护开发利用方法与体制机制创新为其他地区的美丽乡村建设提供实践经验。

7.4.1　整村征收助力统筹开发运营——以瓯海区山根村为例

7.4.1.1　整体征迁与"带实物建筑"出让

2016 年山根村被纳入温州市瓯海区城中村改造项目，并顺利完成 100% 整村签约。虽有优越的地理位置，但甬台温高速公路、104 国道、南塘大道穿村而过，在带来便利交通的同时，也让整村开发有效利用的土地较少。为破解这个瓶颈，瓯海区首次将"PPP"模式运用到整村改造中，把村内 131 座不同时期历史建筑一体纳入项目方案，采用"土地＋实物建筑"出让方式，由区旅游投资有限公司和浙江云涧旅游投资有限公司合作开发山根村项目，探索"旅村融合""拆整融合"的改造方式，使乡村旅游、城中村改造、美丽乡村建设在这里交集，催生城中村改造新模式。在山根村发展过程中，山根村的集体土地和 335 户房屋统一征收为国有。政府选择山根村附近一处风景宜人、地理区位条件优越的地块，精心打造配套齐全、功能完善的高品质现代社区（山根花苑），让原住村民整体入住。2020 年底实现本村所有村民全部顺利回迁入住，实现了全村住房建筑面积从约 7 万平方米扩展到总建筑面积近 17 万平方米，村民的人均住房面积增加了一倍多。

7.4.1.2　"五金"保障体系建设

针对征迁村民，该村全面推行"股金、租金、薪金、山货金、保障金"的五金模式，即村民以耕地入资分股金、做大物业收租金、家门口就业创业拿薪金、定向采销农产品赚山货金、土地征用享保障金，切实让各类群体都能在未来乡村建设中得实惠、有发展。上百家商户的进驻，解决了大批村民就业，还收购当地农户种植的农产品，呈现了"小村反哺村民、村民服务小村"的生动局面。

7.4.2 深化"三权分置"推动土地资源高效利用——以乐清市为例

乐清市积极探索运用农房集聚、土地综合整治、资源要素流转等举措,不断完善创新创业扶持和激励机制,为未来乡村发展引入更多的人才流、技术流和资金流。如在下山头村、北塘村试点三权分置,放活土地经营权,积极盘活闲置农房,以联合体模式培育村民自营民宿和健康养生基地,通过资源的优化配置发展新兴业态,在强村同时实现富民。未来乡村建设将进一步深化农村集体产权制度改革,加快盘活闲置的宅基地、民房、公益性用房等资产,做好绿水青山生态资源转化金山银山的文章,加快资源资产化、资产股权化、村民股东化的进程。

7.4.2.1 农村集体经济组织统征共用的北塘村实践

乐清市清江镇北塘村由村主要干部牵头成立北塘果蔬专业合作社,通过村集体引导农户土地流转到该合作社,发展现代农业,每亩净收入是原先传统种植方式的 5 倍,300 多户农户参与现代农业得到实惠。"北塘草莓"成功打入上海等市场(黄永,2018)。

为了消除农民担心承包土地流转后被村集体收回或出卖,或者被用于房地产、工业等疑虑,村两委共召开 10 余次会议,宣传现代农业的好处,逐渐统一农户思想。制订北塘村土地经营权流转合同,明确流转土地用于发展规模高效生态农业;流转价款按每亩 400 斤谷物计算,并自签订合同第 2 年开始每年每亩增加 50 元;对流出方 60 周岁以上的村民,合作社每月给予养老补助 300 元,合作社还为参加土地流转的村民支付新型农村医疗保险费用;邻近村由于人均流转面积较少,对流出方 60 周岁以上的村民每月给予养老补助 200 元。这种"租金+福利"的流转,大大激发农户流转的积极性,不但使本村农用地达到 98% 的土地流转率,更是带动周边谢屏、清南、郏岙等村,合计流转土地 1300 多亩,建成了现代化生态农业观光园,种植草莓、红心火龙果、葡萄、甜橘柚等,使得一年四季有采摘,年游客量上万人。

7.4.2.2 以"经营权"入股的下山头村实践

乐清市大荆镇下山头村引入工商资本成立浙江聚优品生物科技股份有限公司,以种植铁皮石斛为起点,以美丽乡村建设为契机,一、二、三产业融合发展。石斛产业已初步形成培育、大棚种植、仿野生种植、深加工产业链,并带动三产发展,形成铁皮石斛文化博物馆、休闲体验旅游项目。

为实现土地资源的高效利用,保障村民权益,下山头村成立土地流转工作小组,开展经营权入股工作。召开村民代表大会,自然村村民会议,再按每个小队进行入股宣传工作,让村民了解公司的规划,激发村民参与"以企带村,村企共建"的积极性,使大家明白三方——农户、村和企业的利益是一致的。农户的经营权入股到村股份经济合作社,村股份经济合作社入股到公司。为保障入股农户的合法权益,该村聘请法律顾问拟定《下山头村农村土地承包经营权流转入股合同》,明确土地流转费水田每年每亩 1000 元,旱地每年每亩 240 元,并每隔五年递增 10%,租金每年支付一次,并确保不低于同期其他村庄土地租赁费用;入股土地经营权计价水田 3 万元/亩,旱地 7200 元/亩,期限 30 年;农户仅以土地经营权入股,不需投入及负担经营风险。这种"租金+红利+务工收入"的模式极大激发了农户经营权入股的积极性。

第8章　国土空间全域土地综合整治

8.1　国土空间全域土地综合整治的概念内涵

8.1.1　国土空间全域土地综合整治的基本含义

8.1.1.1　背　景

中国土地整治已从以乡村、农地、废弃地等为主的传统整治格局迈向城乡全域土地整治的新局面。全域土地整治作为土地整治内涵功能变化的阶段性结果，是指导土地整治实践的重要思想和重要举措，将进一步为适应我国正在推进的治理体系和治理能力现代化的需要，缓解资源承载能力趋紧、生态安全与粮食安全等问题，满足生态文明建设与城乡一体化建设的需求，实现耕地与建设用地的科学规划、"三生"空间的合理配置和国土资源的空间布局优化，构建城乡一体化生态基础设施、保护生物多样性等目标服务。推进实现不同层次的土地管理，能够有效解决土地整治转型适应生态国土建设的重要问题，着力解决新农村建设中的农业经营分散、农民居住分散、农村公共服务分散等问题。

基于此，开展全域土地综合整治具有"政策导向""现实需要""地方实践"三重必要性。

（1）中央有要求

全域土地综合整治是贯彻落实习近平生态文明思想的重要实践，是实现土地整治从工程建设向规划管控和空间系统治理转变的一项农村土地管理制度供给，是自然资源部履行统一国土空间用途管制和国土空间生态保护修复职责、实施乡村振兴战略的平台抓手（卢丹梅等，2021）。

（2）现实有需要

伴随着工业化、城镇化和农业现代化的快速推进，自然资源和生态环境约束日益凸显。在有限的乡村空间里，耕地资源破碎化、建设用地布局无序化、土地资源利用低效化、生态质量退化等多维度问题并存，单一要素、单一手段的土地整治模式已经难以有效解决国土空间利用中的综合性问题（金晓斌，2021）。

（3）地方有实践

近年来，各地结合实际，探索推动土地整治与多种要素的综合跨界融合，以"多目标定位、多模式实施、多元化投入"为特点的土地综合整治逐步形成。在浙江、上海等发达地区，整治侧重服务城乡融合发展，保障农村新产业新业态发展用地，统筹产业发展空间；在江西、河南等中部地区，侧重助推乡村振兴战略实施，着重解决现代农业发展、"空心村"整治问题，促进中部崛起;在西部贫困地区,侧重服务脱贫攻坚战略,解决耕地保护、易地扶贫搬迁、农村基础设施建设、产业扶贫用地等问题。综上所述,全域土地综合整治与产业生态融合、城郊低效建设用地整治、现代农业引领、乡村旅游激活、特色村庄改造、农田整治保护等方面结合在各地已进行了一些实践,探索了不同模式,并取得了综合效益。

8.1.1.2 内涵本质

(1)概念

根据自然资源部发文提及按照乡村振兴规划的要求,全域土地综合整治是起源于实践领域的新概念、新做法。其概念是指一项以系统理论为指导,在国土空间规划的引领下,以乡村地域系统的时空特征与演化规律为基础、以政策驱动下特定地理空间的"社会—生态"系统格局与过程为对象,立足地方土地利用规划和城乡总体发展愿景,在可持续发展理念下使用工程技术和管理手段对区域内未利用地、非合理用地异质性整治,对区域空间优化布局,对"山水林田湖草路村厂宅"综合整治的新兴政策。其内容包含统筹农用地、低效建设用地和生态保护修复,促进耕地保护和土地集约节约利用,解决一、二、三产融合发展用地,改善农村生态环境,助推乡村振兴。系统性是其时代要求,全域性和全面性是其内涵表征。

综上所述,全域土地综合整治是指一项以系统理论为指导,对高标准农田连片提质、存量建设用地集中盘活、农村人居环境治理修复、美丽乡村和产业融合发展用地集约保障的政策。

最后"国土空间全域土地综合整治"是"国土综合整治"的一部分,两者的概念一脉相承,均遵循"山水林田湖草生命共同体"整体发展理念,对象上具有系统性;均综合采用工程、技术、生态等多种手段,方法上具有全面性。但后者有如下侧重点:一是空间场域集中在乡村;二是支持政策机制更具体,涵盖到了资金来源、产业发展、人居环境修复等具体问题。

(2)本质

从本质上看,全域土地整治实际上是以土地为核心的国土综合整治,在某种程度上更具有可操作性和实践性,体现在"五个转变",分别是整治范围的整体性、整治对象的综合性、整治措施的系统性、整治模式的差异性以及整治目标的多样性(见图8.1)。

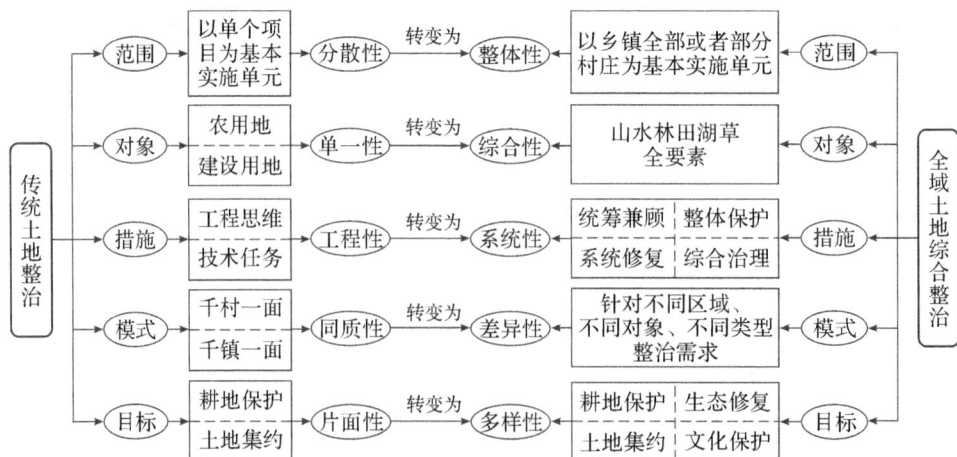

图 8.1 全域土地综合整治的内涵发展

①在整治范围上更加整体:全域土地综合整治以乡镇(或者部分村庄)为基本实施单元,从区域视角整体推动乡镇或者村庄规划、设计和整治(杨磊等,2019),通过对一个区域的发展功能的控制从整体上优化国土空间结构和布局。

②在整治对象上更加全面:一方面,全域土地综合整治以区域内全要素为整治对象,将以往单一的田、水、路、林、村、城割裂开来或把各项工程分开实施的土地整治活动,扩展为把城镇和乡村放在一个整体的治理空间下,找准限制因素,补齐设施短板,统筹推进资源优化配置、进行生态功能修复和传统文化保护等。另一方面,不再以要素型规划(土地利用总体规划)为依据,而是以地域型规划(乡镇国土空间规划、乡村振兴规划或村庄规划)为依据,因而整治定位更加强调战略性和全局性(李红举等,2020)。

③在整治模式上更加独特:全域土地综合整治针对不同区域、不同对象、不同类型整治需求实施差别化整治,延展土地整治的产业链和价值链,着力延展土地整治的产业链和价值链,结合"土地整治+",因地制宜注入新型业态,发掘新增长动能(杨鑫怡等,2020)。

④在整治措施上更加科学:全域土地综合整治将农艺措施、生物措施与工程措施相结合,解决以自然保护和恢复为主的各类问题,实现山水林田湖草全要素整体保护、系统修复和综合治理,打造山水林田湖草生命共同体(郑丛旭等,2020)。

⑤在整治目标上更加复合,全域土地综合整治不仅强调耕地保护和土地集约利用,并且以"绿水青山就是金山银山"为指导,围绕乡村振兴需求,将生态保护修复与以往的土地整治工程相融合,保护和恢复乡村生态功能,保护乡村历史文化资源。以人为本,努力实现高质量发展、创造高品质生活,实现人、地、业和生态环境的协同发展,满足人民日益增长的美好生活需要,因而整治内容、手段及目标更加多元化。

另外,全域土地整治在底线原则、实施主体、资金原则上也有一些发展(见表8.1)。

表 8.1　全域土地综合整治与土地综合整治的差异

	土地综合整治	全域土地综合整治
整治范围	局部区块	以一个村、几个村甚至整个乡镇为单元
整治对象	集中整治耕地、建设用地等单个要素	强调"田、水、路、林、村"等全要素综合整治
整治目标	增加耕地面积、改善耕地质量、提升粮食产能	以生态服务治理为核心,优化农村三生空间,实现生产集约、生活提质、生态改善,构建"山水林田湖草"生命共同体
整治模式	以项目为载体、分散整治	因地制宜进行全域规划、全域设计、全域统筹实施
底线原则	坚守耕地红线	两个5%底线要求
		建设用地总量不增加,生态保护红线不突破
实施主体	原国土资源部门为主	政府领导、自然资源部门牵头,生态环保、发改、交通、财政、建设等多部门协同
资金来源	政府财政承担	构建多元投资机制、多渠道解决资金来源问题

(3)意义

开展全域土地综合整治,是贯彻落实习近平生态文明思想的重要实践,是实现土地整治从工程建设向规划管控和空间系统治理转变的一项农村土地管理制度供给,是自然资源部履行统一国土空间用途管制和国土空间生态保护修复、实施乡村振兴战略的平台抓手(卢丹梅等,2021)。

（4）特征

总体上看，全域土地整治主要分为区域的全域性和整治内容的全面性两个方面。

①区域的全域性

区域的全域性是指从全区域视角对农用地、农村建设用地、城镇工矿用地、损毁土地复垦和未利用地开发等各类活动的统筹安排，并不是简单地对各整治活动的叠加之和，而是将孤立、分散的土地开发整理项目转变为连片集中的综合整治项目，从而挖掘土地利用潜力，优化土地利用空间格局，提高土地利用整体效率，改善区域生态环境，开展山水林田湖生命共同体的综合整治，保护和恢复自然山水格局，促进区域土地环境质量的提升。

区域的全域性具体包含三层内涵：在微观域内，舍弃项目孤立，以项目簇群化形式协同展开，集中部署。全域土地综合整治以多个项目的形式（居住点集中、土地复垦、环境治理等）在一定的范围（乡、村）协同展开对"山水林田湖草路村厂宅"全方位的整理、治理和规划。在中观域内，转变单一某村庄的试点性思维，强调区域土地整治的整体性，缩小村庄间贫富差距；在县、市乃至省域内根据资源禀赋，通过空间规划、增减挂钩、土地流转等方式实现土地资源的全域调配，构建农业产区、工业产区、生活居住区等功能区划。在宏观域内，即具备国际发展视野，迎合国家战略需要，在国家层级上对全国各地区的发展路径做顶层设计，进行跨省的综合性规划，如"一带一路""主体功能区""长江经济带"等。

全域性还包括全域土地综合整治实践活动，是一个动态发展过程的含义。随着时间的推移，全域土地综合整治内部子系统的内容和功能会做出符合现实需要的演化，这种演化既有系统内部要素间关联方式转变的影响，也有外部环境变化的作用。

②整治内容的全面性

整治内容的全面性体现在整治过程综合使用多种手段，借鉴多学科优势，对"山水林田湖草路村厂宅"等要素进行综合、系统的整理与治理，最终实现区域内的"三生综合"，包括区域范围内所有的农用地整治、农村建设用地整治、低效工矿用地整治、土地复垦和未利用地开发等各类土地资源要素的综合开发利用，以及全面实施对高标准农田建设、耕地质量提升、旱改水、表土剥离、农田水利建设、生态环境整治及传统历史文化村落的保护等众多内容。

8.1.2 国土空间全域土地综合整治的工作目标

就自然资源部国土空间生态修复司相关负责人提出的目标性定义"全域土地综合整治是以科学规划为前提，以乡镇为基本实施单元，整体开展农用地、建设用地整理和乡村生态保护修复等，对闲置、利用低效、生态退化及环境破坏的区域实施国土空间综合治理的活动"而言，全域土地综合整治的目标是通过对乡村地区人口、土地、产业等要素进行整合，重组乡村就业、消费、土地利用等结构，优化乡村地区经济、社会、生态、文化等功能，为实现乡村重构创造条件（见图8.2）。

进一步地，全域土地综合整治试点工作的核心内容可以概括为"一个目标、两大政策支持和四项基本任务"。其中，"一个目标"指提升耕地质量与面积，整治后新增耕地面积不少于原有耕地面积的5%，"两大政策支持"分别为永久基本农田布局优化与腾退的建设用地指标使用。试点地区可以在确保新增永久基本农田面积不少于调整面积的5%的前提下，按照相关程序优化调整布局；整治验收合格的建设用地指标在保障农民安置、满足基础设施

```
┌──────────────┐      ┌──────────────┐      ┌──────────────┐
│ 山水林田湖草  │◄────│ 全域土地综合整治 │────►│ 自上而下顶层设计 │
│ 全要素综合整治 │      └──────────────┘      └──────────────┘
└──────────────┘
```

图中结构：整治类型 — 历史文化保护 — 制度供给

- 农用地整治
- 建设用地整治
- 生态保护修复

乡村地域系统

- 永久基本农田布局调整
- 节余建设用地指标省域流转

人口要素　土地要素　产业要素　│　就业结构　消费结构　用地结构　│　经济功能　社会功能　生态功能　文化功能

优化乡村地域空间布局
- ■ 乡村生产空间布局优化
- ■ 乡村生活空间布局优化
- ■ 乡村生态空间布局优化

激活乡村经济发展动能
- ■ 乡村新产业新业态发展
- ■ 农民享有土地增值收益
- ■ 社会资本参与乡村发展

提升乡村社会治理能力
- ■ 农民主体自治能力提升
- ■ 农民生产生活条件改善
- ■ 乡村特色景观文化保护

乡村空间重构　│　乡村经济重构　│　乡村社会重构

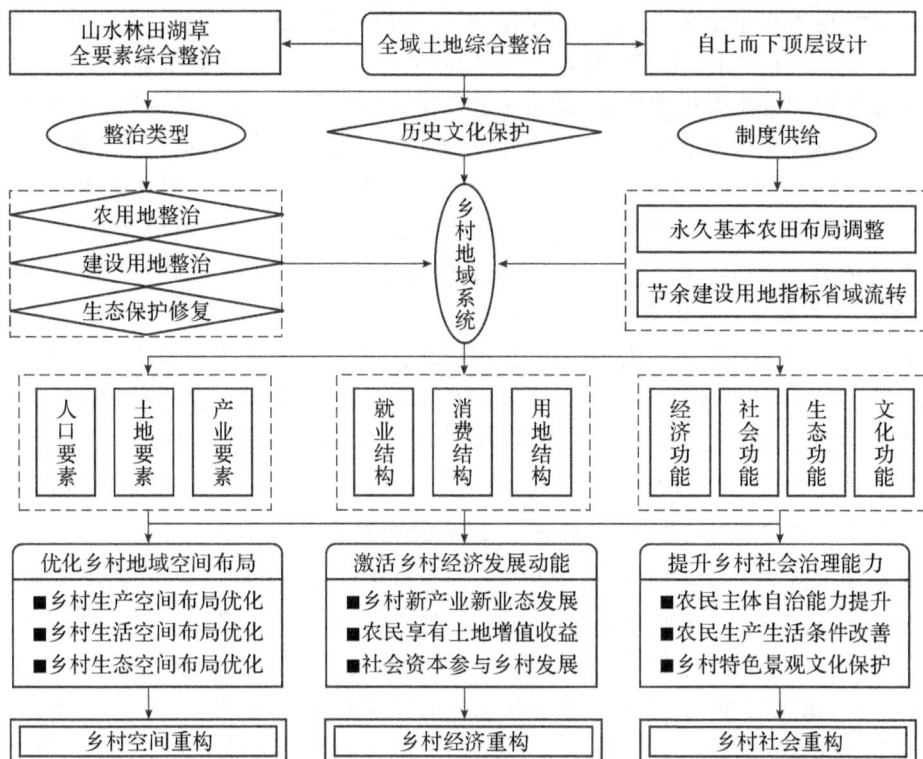

图 8.2　全域土地综合整治助推乡村重构的机理解析

资料来源：范业婷等，(2021)。

建设与发展公益事业等前提下，重点用于农村三产融合项目，结余指标可在省内平台流转。"四项基本任务"包括农用地整理、建设用地整理、乡村生态保护修复和公共空间治理，"细分任务"可根据地方实际情况有取舍地开展实施(闾海等，2021)，如表 8.2 所示。

表 8.2　全域土地综合整治试点工作的核心内容

一个目标	两大政策支持	四项基本任务	细分任务
提升耕地质量与面积，新增耕地面积不少于原有耕地面积的 5%	涉及永久基本农田调整的可在确保新增永久基本农田面积不少于调整面积 5% 的前提下按照程序优化调整整治验收合格的各类建设用地指标，在保证农民安置、满足基础设施建设与发展公益事业的前提下，可用于三次产业融合项目，结余指标可在省内平台流转	农用地整理；建设用地整理；乡村生态保护修复；公共空间治理(历史文化保护)	补充耕地；耕地质量提升；村庄建设用地等闲置低效建设用地整治；河流、湖泊、森林等综合治理；乡村道路、河道、广场、荒地等整治

8.1.3　国土空间全域土地综合整治的基本方略

8.1.3.1　土地整治与景观生态学——生态功能与空间平衡性

"斑块—廊道—基质"景观结构理论，阐释了农村景观中田埂、防护林、田块、林地等斑块、廊道、基质的生态学意义。不同土地利用类型等构成了土地景观,其大小、形状、数量组成的空间结构,具有不同的生态功能,产生不同的生态效益。基于景观格局与生态过程理论研究土地整治引起的生态过程变化,以及基于景观生态安全理论进行景观安全格局构建,都属于景观生态学在土地整治中的应用。土地整治可以通过优化布局,构建生态廊道,完善绿色基础设施,降低景观破碎化,从而提高土地景观的生物多样性和生态服务价值。土地整治工程设计要开展河流、水库、沟渠、湿地的生态功能重建和生物多样性保护规划,恢复其生态系统的自净能力。土地整治一方面提高了粮食供给能力,主要表现为耕地数量和质量的提高和改善;另一方面也通过构建生态廊道—基质—斑块景观安全格局改善乡村生态旅游等设施。此外,土地整治还通过工程设计,采用物理填埋、化学工艺及生物等方法,对受损的、衰退的及污染的生态系统进行修复和净化。开展生态环境整治修复工程,保护水源涵养地和维护生物多样性等生态功能,是全域土地综合整治的主要任务之一。需要应用景观生态学理论,统筹推进山水林田湖草整体保护和系统治理,维持乡村生态空间的平衡性(卢丹梅等,2021)。

8.1.3.2 土地整治与生态美学——人居环境的整体

与传统美学的艺术审美不同,生态美学强调对自然审美的重视。可以说,生态美学是建立一种人与人、人与自然、人与社会的审美关系,追求"诗意栖居",符合生态规律,强调各种生命之间相互支持和协同进化的美学。土地自然景观是一个地区人文、地理和历史演变的记录,具有重要的文化和美学价值。在乡村振兴的背景下,这些景观可以转换为旅游景点和人们观赏的文化娱乐设施,也可以是人居环境的一部分。要充分认识到以土地利用为主的乡村景观的价值。认识、维护、顺应、延续景观的生态美学价值应当成为土地整治和乡村振兴的重要内容。土地整治已经进化到认识以景观生态为主的实体层面的整治,而对于精神文化和美学层面的东西涉及较少,尤其是在实践中很少作为评估土地整治优劣的标准。新发展时期下,土地整治应当将生态美学理论融入其中,重点解决好人居环境的整体性,跨越到土地整治的新阶段,以满足不同群体对土地生态系统服务的需求。全域土地综合整治,可以结合全域旅游和美丽乡村建设,充分挖掘土地的人文景观、自然景观,尤其是在发达地区和具有深厚乡村传统文化的地区。

8.1.3.3 土地整治与社会学——社会治理和文化延续性

社会学是一门多元的、复杂的、有规律的科学,更是社会诸要素相互作用的一种法则,指导着社会结构和功能的变迁。乡村振兴面临的众多经济、社会甚至生态问题,最终都涉及社会治理的问题。全域土地综合整治作为乡村振兴的工具和平台,也具有复杂性和系统性等特征,可以成为乡村振兴推进社会治理的手段。从社会学视角来看,社会治理客体不应仅关注客观存在的世界,更要关注社会组织的建立和完善,让社会治理对象理解社会价值。传统的土地整治过多关注乡村空间的实体改造,常常忽视社会治理层面。

实际上,乡村聚落是在较长时间段人与自然不断磨合、不断冲突形成的,具有历史延续性和稳态结构。乡村对村民来说,不仅仅是居住场所,还包含着传统习俗、人际关系、地缘情感及社会价值认同。乡村振兴的目标之一是"乡风文明,治理有效"。土地整治不应仅仅关注客观存在的"自然植被",也要更加关注"社会植被",也就是关注人的生产生活状态和社会组织。全域土地综合整治可以借鉴社会治理的相关概念,理顺农村社会治理体系。

8.2　国土空间全域土地综合整治的治理机制

8.2.1　全空间整治

"全空间"指的是全域土地综合整治的客体,即统筹考虑全域空间待整治土地。而空间具有横向层次和纵向层次两个方面,横向空间层次是不同土地利用方式之间的空间分布关系,而纵向层次是不同层级的主体基于土地利用活动所产生的空间尺度关系。全域土地综合整治在横向上应当统筹协调各类土地整治之间的土地空间上的分布,纵向上要引导各级土地整治进行不同空间行政尺度的安排(夏方舟,2018)。

8.2.2　全部门参与

"全部门"指的是全域土地综合整治的主体,不管是公共部门和私人部门,不管是政府机构、农村集体经济组织、农户还是企业,都可能是全域土地综合整治的参与主体和收益主体。针对社会公众参与不足、公共部门内部条块分割、企业主体积极性缺乏等诸多整治主体存在的问题,全域土地综合整治强调提升各个主体的整治参与度,平衡各方主体的投入和利益,真正实现"各出一盘菜、共享一桌席"(夏方舟,2018)。

8.2.3　全要素整治

"全要素"即是区域内全面的自然—经济—社会—生态系统组成要素,不仅仅包括土地、资本和劳动这些基本要素,更包括生物系统、环境系统、社会系统中植物、动物、光、热、水、大气等各类要素。全域土地综合整治强调通过优化能量流、物质流和信息流的联结,使得自然、社会经济系统及其各组成要素之间的相互运动状态向高效、均衡状态移动,从而促使自然、经济、社会系统之间的协调发展,进而推动土地利用系统的发展(夏方舟,2018)。

8.2.4　全周期管理

"全周期"指的是针对整治前、整治中和整治后的全周期整治过程,构建覆盖全面、动态有序的调查、评价、规划、实施、监控、反馈和管理机制。全域土地综合整治并不能一蹴而就、也不是一劳永逸,而是一个不断波动、动态变化的系统过程。为了提升整治效率、保障整治效果,必须构建一个完善的深入调查、客观评价、科学规划、有效实施、动态监控、实时反馈和系统维护的全周期管理机制,由此才能切实现土地利用的长期良性循环(夏方舟,2018)。

8.3　国土空间全域土地综合整治的政策演变

8.3.1　政策提出

2019年12月提出的全域土地综合整治政策内容是指在助推乡村振兴战略行动的背景下,学习浙江省实施全域土地综合整治的经验并贯彻落实习近平总书记对浙江"千村示范、万村整治"重要批示精神,在对传统土地整治进行转型升级的基础上,进行全国范围内的全域土地综合整治试点工作。其核心包含了土地整治及乡村振兴两部分,因此从这两方面对政策提出过程进行详细的梳理。

2003年,浙江省作出"建设生态省"、实施"千村示范、万村整治"两大战略决策,深刻改变了浙江乡村的生产布局、发展方式和生态环境。

2015年5月,中共中央、国务院印发《关于加快推进生态文明建设的意见》,要求"编制实施全国国土规划纲要,加快推进国土综合整治"。

2017年2月,国务院印发的《全国国土规划纲要(2016—2030年)》提出,推进形成"四区一带"国土综合整治格局,加大投入力度,完善多元化投入机制,实施综合整治重大工程,修复国土功能,提高国土开发利用的效率和质量;农村地区实施田水路林村综合整治和高标准农田建设工程,提高耕地质量,持续推进农村人居环境治理,改善农村生产生活条件。

2017年2月,国土资源部、发改委印发《全国土地整治规划(2016—2020年)》(国土资发〔2017〕2号),提出"十三五"期间土地整治的主要目标:一是加快推进高标准农田建设;二是全面提升耕地数量质量保护;三是积极开展城乡建设用地整理;四是加大土地复垦和土地生态整治力度;五是加强土地整治制度和能力建设。文件首次提到土地整治应突出区域特色、分区分类开展。

2017年10月,党的十九大报告明确提出要坚持农业农村优先发展,按照产业兴旺、生态宜居、乡风文明、治理有效、生活富裕的总要求实施乡村振兴战略。

2018年2月,《中共中央、国务院关于实施乡村振兴战略的意见》(中发〔2018〕1号)提出"大规模推进农村土地整治和高标准农田建设,稳步提升耕地质量",助推乡村振兴。

2018年6月,中共中央、国务院印发《乡村振兴战略规划(2018—2022年)》,提出"加快国土综合整治,实施农村土地综合整治重大行动,推进农用地和低效建设用地整理以及历史遗留损毁土地复垦",到2020年开展300个土地综合整治示范村镇建设。实施乡村振兴战略需要遵循乡村发展规律,科学把握乡村地域特色和发展阶段(曹智等,2019),提出"根据不同村庄的发展现状、区位条件、资源禀赋等,将村庄划分为集聚提升、城郊融合、特色保护、搬迁撤并4种类型,分类推进乡村振兴"。

2018年7月,自然资源部批复同意《浙江省实施全域土地综合整治助推乡村振兴战略行动计划工作方案》,为创新农村土地管理制度,提升农村土地综合整治的集成性、系统性,该《方案》明确,在现有农村土地综合整治的基础上,通过实施全域土地综合整治工程与生态修复工程,对农村生态、农业、建设空间进行全域优化布局,对田水路林村等进行全要素综合整治,对高标准农田进行连片提质建设,对存量建设用地进行集中盘活,对美丽乡村和产业融合发展用地进行集约精准配置,对农村人居环境进行修复治理,逐步构建农田集中连片、建设用地集中集聚、空间形态高效节约的土地利用新格局。

2018年8月,浙江省人民政府办公厅出台《关于实施全域土地综合整治与生态修复工程的意见》(浙政办发〔2018〕80号),为合理配置农村土地资源要素,加强农村建设用地盘活利用,促进乡村振兴战略实施和生态文明建设,要求"创新土地制度供给和要素保障,优化农村生产、生活、生态用地空间布局,形成农田连片与村庄集聚的土地保护新格局、生态宜居与集约高效的农村土地利用空间结构,促进乡村振兴,助推全省'两个高水平'建设"。明确了实施全域土地综合整治与生态修复工程的主要政策措施:一是实行永久基本农田整备区制度;二是优化土地利用规划和布局;三是实行新增建设用地计划指标奖励;四是优化城乡建设用地增减挂钩政策;五是减免相关规费。

2018 年 10 月,浙江省保护耕地和全域土地综合整治与生态修复领导小组办公室印发《全域土地综合整治与生态修复工程三年行动计划(2018—2020 年)》(浙保耕办〔2018〕12 号),到 2020 年,全省实施全域土地综合整治与生态修复工程 500 个,覆盖 300 个乡镇、2000 个行政村,其中建成 100 个示范工程。

2018 年 9 月,浙江"千村示范、万村整治"工程获联合国"地球卫士奖"。习近平总书记多次做出重要批示,要求结合农村人居环境整治三年行动计划和乡村振兴战略实施,进一步推广浙江好的经验做法,建设好生态宜居的美丽乡村①。2019 年 3 月,习近平总书记做出重要批示:"浙江'千村示范、万村整治'工程起步早、方向准、成效好,不仅对全国有示范作用,在国际上也得到认可。要深入总结经验,指导督促各地朝着既定目标,持续发力,久久为功,不断谱写美丽中国建设的新篇章"②。

为贯彻落实浙江"千村示范、万村整治"重要批示精神,2019 年 12 月,自然资源部印发《自然资源部关于开展全域土地综合整治试点工作的通知》(自然资发〔2019〕194 号),这是首份国家层面上关于全域土地综合整治的专项通知。按照《乡村振兴战略规划(2018—2022 年)》相关部署要求,在全国范围内开展全域土地综合整治试点工作,明确了试点工作的目标任务、支持政策和工作要求,提出 2020 年部署 300 个试点(见图 8.3)。

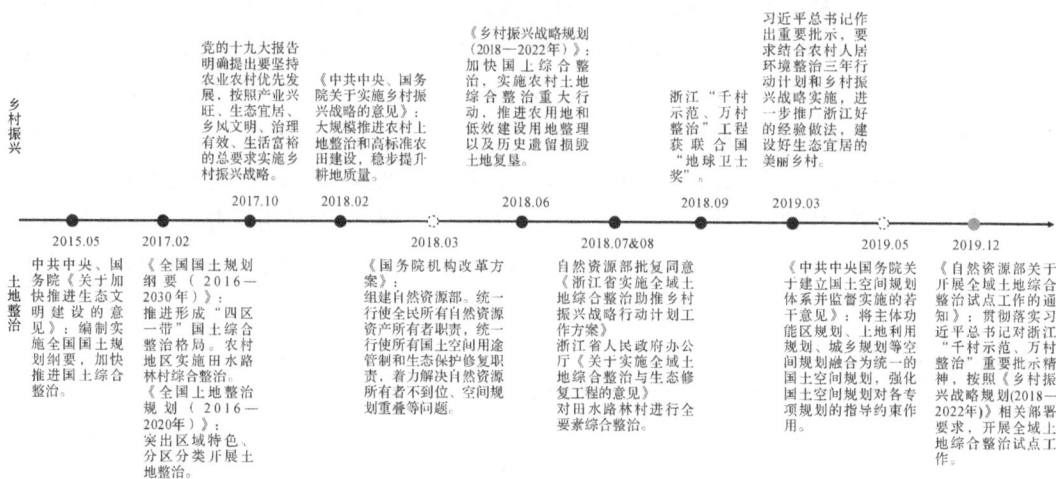

图 8.3　中央政策演变

---

① 新华社. 建设好生态宜居的美丽乡村——习近平总书记对"千村示范、万村整治"工程的重要指示在浙江引起热烈反响[EB/OL]. (2018-04-25)[2022-09-21]. http://www.gov.cn/xinwen/2018-04/25/content_5285799.htm.

② 新华社. 中共中央办公厅 国务院办公厅转发《中央农办、农业农村部、国家发展改革委关于深入学习浙江"千村示范、万村整治"工程经验扎实推进农村人居环境整治工作的报告》[EB/OL]. (2019-03-06)[2022-09-21]. http://www.gov.cn/xinwen/2019-03/06/content_5371291.htm.

8.3.2 政策演变

8.3.2.1 专项政策演变

2020年6月，自然资源部国土空间修复司印发《全域土地综合整治试点实施要点（试行）》（自然资生态修复函〔2020〕37号），提出"乡镇国土空间规划和村庄规划是实施全域土地综合整治的规划依据，全域土地综合整治是规划实施的平台和手段。涉及（全域土地综合整治）的村庄必须科学编制村庄规划，要按照宜农则农、宜建则建、宜留则留、宜整则整的原则，将整治任务、指标和布局要求落实到具体地块，明确组织管理、实施时序、项目安排、资金估算和投资来源等"，并针对试点乡镇选择、整治区域划定、整治任务确定、试点负面清单等做了详细说明。在当前全域土地综合整治和国土空间规划编制工作稳步推进的背景下，国土空间规划如何指导全域土地综合整治方案的编制和实施成为当前的研究热点之一（高佳莉，2019）。

2020年9月，自然资源部办公厅印发《关于进一步做好全域土地综合整治试点有关准备工作的通知》（自然资办函〔2020〕1767号），为突出试点工作的典型示范效应，要求各地对上报的试点进行进一步梳理。结合《乡村振兴战略规划（2018—2022年）》明确的集聚提升、城郊融合、特色保护、搬迁撤并等村庄类型，逐一明确试点区域的主要类型及特点；根据试点区域实际情况进行分析，归纳拟通过试点解决的主要问题。

2021年1月，自然资源部办公厅发布《关于印发全域土地综合整治试点名单的通知》（自然资办函〔2020〕2421号），提出深入贯彻落实党中央决策部署、认真做好规划和实施方案编制、坚决守住耕地红线、充分尊重群众意愿、依法规范调整土地权属、切实落实主体责任六点要求。

2021年4月，浙江省自然资源厅印发《关于高质量推进乡村全域土地综合整治与生态修复工作的意见（征求意见稿）》，提出浙江将全面迭代升级，实施"3＋X"模式，高质量打造具有浙江特色的乡村全域土地综合整治与生态修复2.0版，即包含村庄整治、农田整治、生态修复等3项基本内容，并根据区域自然人文地理状况开展乡村低效工业用地整治、历史文化名村及历史文化（传统）村落保护、一、二、三产业融合发展、废弃矿山修复等若干特色整治项目。计划到2025年，全省完成乡村全域土地综合整治与生态修复省级工程500个，其中启动实施2.0版项目300个，着力打造100个综合成效好、特色鲜明、示范性强、现代化程度高的省级精品工程（李风等，2021），如图8.4所示。

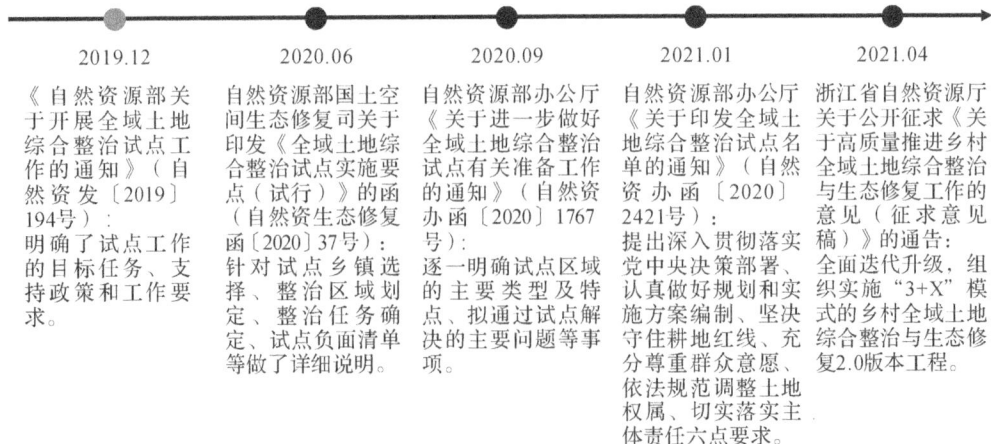

图8.4 专项政策演变

8.3.2.2　支持政策演变

(1)强化耕地保护,允许合理调整永久基本农田

①强调"不动是常态,动是例外"导向要求

整治区域内涉及永久基本农田调整的,应编制调整方案并按已有规定办理,确保新增永久基本农田面积不少于调整面积的 5%,调整方案应纳入村庄规划。整治区域完成整治任务并通过验收后,更新完善永久基本农田数据库。

②与《自然资源部农业农村部关于加强和改进永久基本农田保护工作的通知》进行衔接

对整治区域内涉及永久基本农田调整的,要按照数量有增加、质量有提升、布局集中连片、总体保持稳定的原则,统筹"三线"划定,编制整治区域永久基本农田调整方案,由省级自然资源部门会同农业农村部门审核同意后,纳入村庄规划予以实施。

③设立试点委托永久基本农田审批权

2020 年 3 月,国务院印发《国务院关于授权和委托用地审批权的决定》(国发〔2020〕4号)指出,把北京、天津、上海、江苏、浙江、安徽、广东、重庆作为首批试点,将永久基本农田转为建设用地和国务院批准土地征收审批事项委托试点省、自治区、直辖市人民政府批准。在严格保护耕地、节约集约用地的前提下,进一步深化"放管服"改革,改革土地管理制度,赋予省级人民政府更大用地自主权(见图 8.5)。

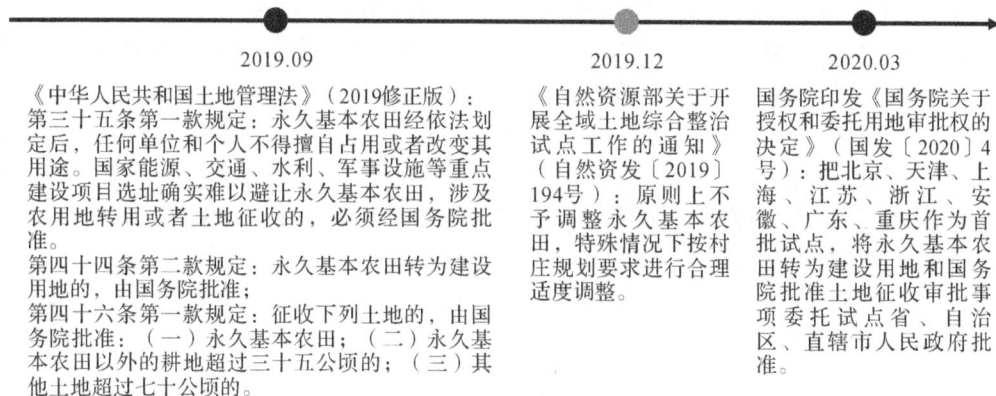

2019.09	2019.12	2020.03
《中华人民共和国土地管理法》(2019修正版):第三十五条第一款规定:永久基本农田经依法划定后,任何单位和个人不得擅自占用或者改变其用途。国家能源、交通、水利、军事设施等重点建设项目选址确实难以避让永久基本农田,涉及农用地转用或者土地征收的,必须经国务院批准。第四十四条第二款规定:永久基本农田转为建设用地的,由国务院批准;第四十六条第一款规定:征收下列土地的,由国务院批准:(一)永久基本农田;(二)永久基本农田以外的耕地超过三十五公顷的;(三)其他土地超过七十公顷的。	《自然资源部关于开展全域土地综合整治试点工作的通知》(自然资发〔2019〕194号):原则上不予调整永久基本农田,特殊情况下按村庄规划要求进行合理适度调整。	国务院印发《国务院关于授权和委托用地审批权的决定》(国发〔2020〕4号):把北京、天津、上海、江苏、浙江、安徽、广东、重庆作为首批试点,将永久基本农田转为建设用地和国务院批准土地征收审批事项委托试点省、自治区、直辖市人民政府批准。

图 8.5　永久基本农田调整政策演变

(2)盘活乡村存量建设用地

①增强乡村用地保障力度

整治验收后腾退的建设用地,在保障试点乡镇农民安置、农村基础设施建设、公益事业等用地的前提下,重点用于农村一、二、三产业融合发展,促进产业振兴,增强自我造血功能。同时鼓励村集体和个人以入股、联营、合作等方式参与整治、分享收益(周远波,2020)。

②允许节余的建设用地指标在省域内流转

节余的乡村建设用地指标按照城乡建设用地增减挂钩政策,可在省域内流转,将流转范围从县域扩大到省域,促进土地要素科学配置、合理流动,为乡村振兴提供强有力资金支持。一方面,使空间资源能够自由流动向城市地区集中,提高资源配置效率;另

一方面,使资金能够向需求迫切的农村地区流动,为乡村振兴注入动力,显化农村土地资产价值(见图 8.6)。

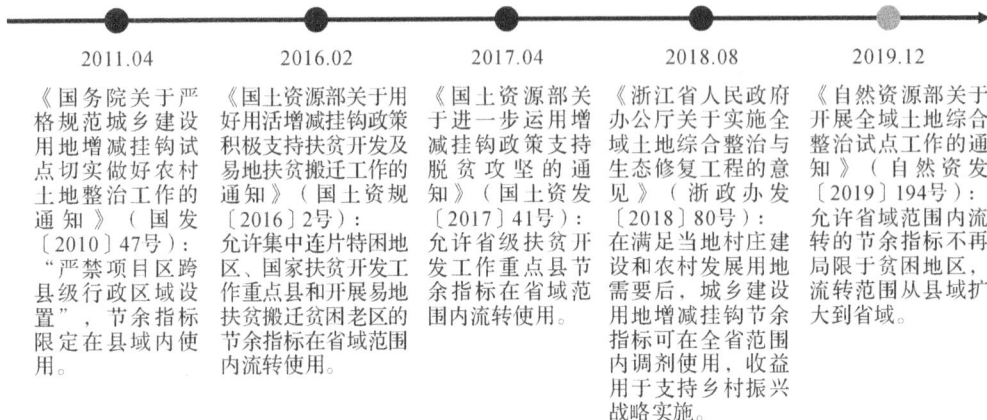

图 8.6　城乡建设用地增减挂钩节余指标调剂政策演变

(3)自然资源部对试点工作予以一定的计划指标支持

为鼓励各地积极开展全域土地综合整治试点工作,自然资源部对试点工作予以一定的计划指标支持。各省可以制定具体办法,配套奖励,并落实到市、县(区)。

全域土地综合整治试点涉及矿山生态修复的,自然资源部和江西省自然资源厅已经先后提出了一些激励政策,以支持市场化推进矿山生态修复项目的建设。

2019 年 12 月,《自然资源部关于探索利用市场化方式推进矿山生态修复的意见》(自然资规〔2019〕6 号)指出,一是正在开采矿山依法取得的存量建设用地和历史遗留矿山废弃建设用地修复为耕地的,经验收合格后,可参照城乡建设用地增减挂钩政策,腾退的建设用地指标可在省域范围内流转使用。

二是正在开采的矿山将依法取得的存量建设用地修复为耕地及园地、林地、草地和其他农用地的,经验收合格后,腾退的建设用地指标可用于同一法人企业在省域范围内新采矿活动占用同地类的农用地。矿山企业的采矿活动可以跨县域,在省域范围内进行,扩大了其采矿活动的范围(岳小松等,2020)。这么做一方面是因为新建矿山用地量大,本地区新增建设用地规划和计划、新补充耕地能力都难以满足采矿用地需求;另一方面是采矿活动可能跨县级行政区,需要在省级行政区范围内统筹"减少存量建设用地"与"新增建设用地"。

三是在符合国土空间规划和土壤环境质量要求、不改变土地使用权人的前提下,经依法批准并按市场价补缴土地出让价款后,矿山企业可将依法取得的国有建设用地修复后用于商业、服务业等经营性用途。由此赋予生态修复主体土地的发展权,鼓励盘活矿山存量建设用地,将生态保护修复与接续产业发展统一规划、统一实施,通过发展绿色化和生态化的接续产业获得持续的收益(杨忍等,2021)。

2020 年 3 月,江西省自然资源厅印发《江西省探索利用市场化方式推进矿山生态修复实施办法》(赣自然资规〔2020〕1 号),指出"为保障全省矿山生态修复进度,矿山生态修复产生的节余指标除国家和省政府已有交易规定外,优先于一般指标省域内交易"(见图 8.7)。

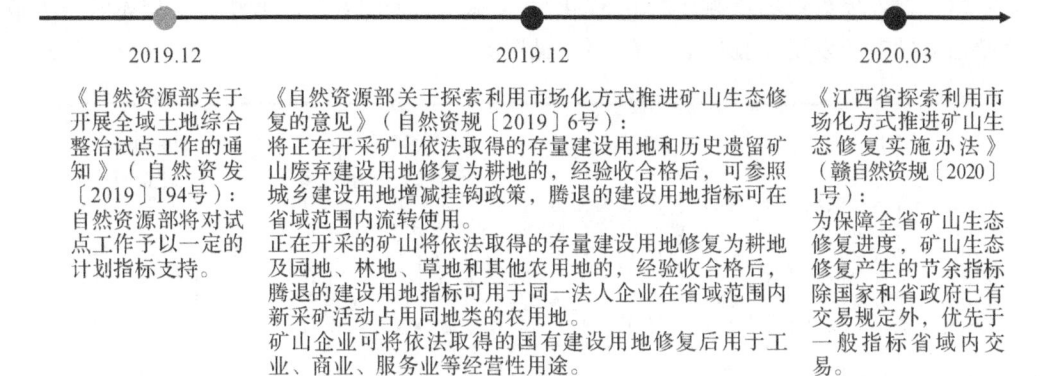

图 8.7　矿山生态修复激励政策

（4）建立多元化投入机制

2019 年 12 月的《自然资源部关于开展全域土地综合整治试点工作的通知》（自然资发〔2019〕194 号）指出，鼓励各地整合使用新增建设用地土地有偿使用费、耕地开垦费、土地复垦费、土地出让收益以及乡村振兴有关项目资金等。充分利用开发性金融机构、政策性银行和社会资本等对土地综合整治支持作用，建立多元化投入机制，解决资金来源问题。

2019 年 12 月《自然资源部关于探索利用市场化方式推进矿山生态修复的意见》（自然资规〔2019〕6 号）指出"涉及社会投资主体承担修复工程的，应保障其合理收益"。

2020 年 3 月《江西省探索利用市场化方式推进矿山生态修复实施办法》（赣自然资规〔2020〕1 号）指出"社会资本投入矿山修复的，可按协议约定取得各类指标流转收益，不直接参与土地指标流转交易"，且"各地可将符合要求的生态修复产品（如节余指标、自然资源等）作为质押、抵押物，向开发性金融机构、政策性银行申请融资贷款"。2020 年江西省国土空间生态修复工作要点包括积极推进江西省自然资源厅与国家开发银行江西省分行签订的《生态修复框架合作协议》的落实工作，开展基于国土空间生态修复的生态产品价值实现等基础研究。

由此可知，全域土地综合整治试点涉及矿山生态修复的，自然资源部已经明确了社会资本投资收益的来源，江西省正在着手研究并推进资金的落实工作，将生态产品质押或抵押贷款。

2021 年 4 月，中共中央、国务院印发《关于建立健全生态产品价值实现机制的意见》提出：①建立生态环境保护利益导向机制：探索构建覆盖企业、社会组织和个人的生态积分体系，依据生态环境保护贡献赋予相应积分，并根据积分情况提供生态产品优惠服务和金融服务；②加大绿色金融支持力度：鼓励企业和个人依法依规开展水权和林权等使用权抵押、产品订单抵押等绿色信贷业务，探索"生态资产权益抵押＋项目贷"模式，支持区域内生态环境提升及绿色产业发展。鼓励银行机构按照市场化、法治化原则，创新金融产品和服务，加大对生态产品经营开发主体中长期贷款支持力度，合理降低融资成本，提升金融服务质效。鼓励政府性融资担保机构为符合条件的生态产品经营开发主体提供融资担保服务。探索生态产品资产证券化路径和模式。

另外，国家进一步完善集体经营性建设用地入市和宅基地改革，鼓励返乡入乡创新创业,在降税减费、完善市场投融资机制、优化"放管服"方面予以支持,吸引社会资本参与土地综合整治后续产业发展和监管维护等工作(见图 8.8)。

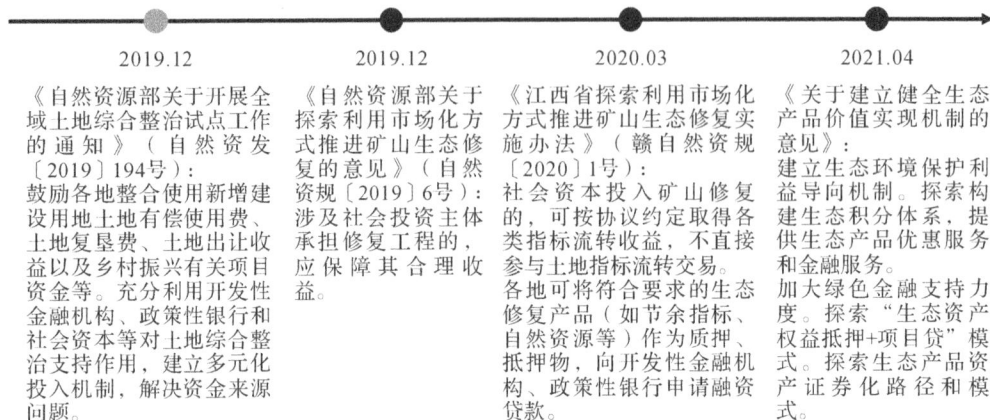

2019.12	2019.12	2020.03	2021.04
《自然资源部关于开展全域土地综合整治试点工作的通知》(自然资发〔2019〕194号):鼓励各地整合使用新增建设用地土地有偿使用费、土地复垦费、土地出让收益以及乡村振兴有关项目资金等。充分利用开发性金融机构、政策性银行和社会资本等对土地综合整治支持作用,建立多元化投入机制,解决资金来源问题。	《自然资源部关于探索利用市场化方式推进矿山生态修复的意见》(自然资规〔2019〕6号):涉及社会投资主体承担修复工程的,应保障其合理收益。	《江西省探索利用市场化方式推进矿山生态修复实施办法》(赣自然资规〔2020〕1号):社会资本投入矿山修复的,可按协议约定取得各类指标流转收益,不直接参与土地指标流转交易。各地可将符合要求的生态修复产品(如节余指标、自然资源等)作为质押、抵押物,向开发性金融机构、政策性银行申请融资贷款。	《关于建立健全生态产品价值实现机制的意见》:建立生态环境保护利益导向机制。探索构建生态积分体系,提供生态产品优惠服务和金融服务。加大绿色金融支持力度。探索"生态资产权益抵押+项目贷"模式。探索生态产品资产证券化路径和模式。

图 8.8 多元化投入机制

8.3.3 试点情况

8.3.3.1 国家级试点(部级试点)数量情况

北京市大兴区获批 3 个全域土地综合整治试点,上海市获批 2 个全域土地综合整治试点,浙江省获批 42 个全域土地综合整治试点,安徽省获批 21 个全域土地综合整治试点,广东省获批 20 个全域土地综合整治试点,四川省获批 20 个全域土地综合整治试点,江苏省获批 20 个全域土地综合整治试点,湖南省获批 20 个全域土地综合整治试点,湖北省获批 20 个全域土地综合整治试点。

8.3.3.2 浙江省全域土地综合整治国家级试点概况

自 2018 年浙江省乡村全域土地综合整治与生态修复三年行动启动实施以来,截至 2021 年 11 月,浙江省复垦农村建设用地 5.3 万亩,新增耕地 8.7 万亩,新建高标准农田 33 万亩,实施各类生态系统整治修复工程面积 14 万亩,综合整治废弃矿山 71 座,乡村空间格局进一步优化,乡村振兴用地需求得到保障,耕地保护成效明显,农村生态环境得到治理修复。

2021 年 11 月 11 日,浙江省政府在衢州召开全省乡村全域土地综合整治与生态修复现场会。会议研究部署高质量推进乡村全域土地综合整治与生态修复工作,提出到 2025 年,全省将完成 500 个乡村全域土地综合整治与生态修复省级工程,全面开启具有浙江特色的乡村全域土地综合整治与生态修复 2.0 版新征程(见表 8.3)。

表 8.3　浙江省全域土地综合整治试点名单

序号	市	具体试点	投资/亿元	实施起始年月	期限/年	序号	市	具体试点	投资/亿元	实施起始年月	期限/年
1	杭州市	西湖区双浦镇	39.3	2017/8	5	22	嘉兴市	秀洲区新塍镇	49.8	2020/2	3
2		萧山区临浦镇	6.6	2020/1	3	23		嘉善县西塘镇	13.2	2019/1	3
3		余杭区乔司街道	310.2	2020/1	3	24		海宁市马桥街道	6.2	2020/1	3
4		钱塘区河庄街道	7.6	2018/1	5	25		平湖市新埭镇	45.6	2020/3	3
5		桐庐县百江镇	3.3	2020/1	3	26		桐乡市濮院镇运河	5.0	2020/1	2
6		建德市下涯镇	14.5	2020/1	3	27	金华市	金东区塘雅镇	9.1	2018/12	2
7	宁波市	鄞州区首南街道	25.6	2020/5	3	28		婺城区竹马乡	4.4	2019/9	2
8		宁海县越溪乡	46.9	2020/1	3	29		柯城区万田乡	12.8	2020/2	3
9	温州市	龙港市部分社区	201.1	2020/1	4	30	衢州市	衢江区廿里镇	11.4	2018/1	5
10		瓯海区仙岩街道	0.9	2019/1	3	31		龙游县模环乡	25.1	2020/1	3
11		生态园三垟街道	21.2	2020/1	3	32		江山市峡口镇	52.8	2020/1	3
12	绍兴市	柯桥区漓渚镇	1.8	2018/1	3	33		常山县同弓乡	8.3	2018/1	3
13		嵊州市崇仁镇	0.3	2018/1	3	34		开化县马金镇	5.6	2019/1	2
14		上虞区上浦镇	6.4	2019/1	3	35	台州市	温岭市横峰街道	21.8	2018/3	5
15	湖州市	长兴县吕山乡	12.3	2020/1	3	36		黄岩区院桥镇	0.4	2020/1	3
16		吴兴区东林镇	8.0	2020/1	3	37		莲都区碧湖镇	67.3	2020/1	3
17		南浔区旧馆镇	16.0	2020/1	3	38	丽水市	遂昌县北界镇	0.5	2019/10	1
18		长兴县虹星桥镇	5.6	2020/1	3	39		缙云县东方镇	0.8	2019/1	3
19		德清县洛舍镇	1.5	2020/1	3	40		松阳县新兴镇	0.2	2019/9	3
20		南浔区南浔镇	30.0	2020/4	3	41		缙云县舒洪镇	1.9	2019/1	3
21		安吉县孝丰镇	0.9	2018/1	3	42	舟山市	普陀区六横镇	3.1	2019/1	3

8.3.3.3　杭州市全域土地综合整治国家级试点概况

杭州市获批 6 个全域土地综合整治国家级试点,分别位于西湖区双浦镇、萧山区临浦镇、余杭区乔司街道、钱塘区河庄街道、桐庐县百江镇和建德市下涯镇。

(1)西湖区双浦镇

2019 年,自然资源部在全国部署推动全域土地综合整治试点工作。而这一工作的开端,就在杭州市西湖区双浦镇。2017 年开始,西湖区双浦镇率先实施乡村全域土地综合整治与生态修复。通过全域规划、整体设计、综合治理,双浦扎实推进拆违控违、治水"剿劣"、田园清洁、矿山治理、土地流转、发展现代农业、美丽乡村建设、城中村改造提升、小城镇环境综合整治、水田垦造等"十大行动",在清退了乱搭乱建的养殖塘、恢复了规模化耕地耕种的同时,大大改善了双浦的农村人居环境。

如今,作为全国"山水林田湖路村"全要素全区域综合整治的发源地,西湖区双浦镇在注重乡土文化传承、充分考虑地域建筑特色和群众生活习惯的基础上,以规划为引导,全力盘活存量集体建设用地,统筹推进零星耕地归整、散落村居撤并、村镇环境治理,实现了空间重构、环境重生、产业重塑、乡愁重现。

双浦灵山脚下,全域整治后,凭借优质的乡村环境、与近在咫尺的城市生活圈,融合了都市人喜爱的咖啡、文旅、商拍等潮流元素的清风山房,迅速成为一处乡村时尚生活产业集群。通过大力发展现代农业,双浦还陆续吸引了百盛国际兰科院等 14 家企业,吸引投资 24 多亿元,成立了双浦"未来乡村智慧农旅产业联盟"。2021 年以来,已累计接待游客 23.2 万人次,实现旅游收入 4480 万元,为建设共富共美的均衡新图景提供强劲动力支撑。

(2)萧山区临浦镇

临浦镇围绕"千亩新田、万亩修复、全域提升"目标,实施全域土地整治。据统计,截至 2021 年 12 月,临浦镇开展实施废弃矿山和低效工业用地复垦 1 千余亩,永久基本农田整治修复 1 万余亩,江河湖岸生态修复 2 千亩。

临浦镇横一村是其中一个先行先试村。全村总面积约 5595 亩,划定永久基本农田 1431 亩,有粮食生产功能区 1353 亩。近年来,横一村紧紧围绕强村富民目标,大力开展全域土地综合整治与生态修复,积极推动"绿色生态+农文旅"融合发展,2020 年实现村集体经济收入 326 万元,村民人均收入 3.7 万元,有效推进了乡村振兴和共同富裕战略实施。

成效一:建设千亩"富硒锗"高标准农田。横一村投入资金 830 余万元,大力推进耕地"非粮化"整治和耕地功能恢复工作,实行粮食生产功能区"非粮化"整治全覆盖,清退苗木 1070 余亩。目前临浦镇横一村已实施耕地"非粮化"整治 1167 亩,涉及稳定耕地 569 亩、恢复耕地功能 523 亩(即可恢复 488 亩、工程恢复 35 亩)。据最新土地质量地质调查,横一村耕地土质优良且富含硒锗等健康元素。通过全域土地综合整治与生态修复,目前已建成千亩富硒锗高标准农田,村年均富硒富锗健康粮产能可达 150 万公斤。

成效二:系统修复"山水林田湖"生态。横一村通过全域土地综合整治与生态修复,对山边杂地乱林和村内小河溪沟进行清理整治,修复山水生态,提升梅里方柿林生态。同时强化农田沟渠等水利基础设施配套建设,提高农田灌溉保证率,增强农田灌溉排涝功能,实现区块内水系生态的整体修复提升。此外,通过大田托管合理种植养护改善农田土壤生态质量。

在保证灌溉水源的前提下,对坑塘水面进行整治,恢复耕地功能,增加农田生态面积,提高耕地碳汇能力,进一步增强农田生态功能。

成效三:充分保障乡村振兴用地空间。横一村依托千余亩彩色创意稻田,以"Hi 稻星球"为统一品牌,把千亩粮田打造成稻田休闲区、研学区、运动区等体验区块,将区域内养鸭棚改造为"鸭棚咖啡",引入"Hi 稻飞船"小火车、"好奇笔记"研学机构;依托农居围墙革命,连片打造美丽庭院,增加旅游基础设施等建设比重,保障梅里方柿节、元宵龙马灯巡演、荷灯节、杀軵子烧烤节等文化旅游项目用地,支持农户参与民宿、餐馆、超市多业态经营,2021 年国庆以来接待游客 3 万余人次,切实推进乡村振兴。

（3）余杭区乔司街道

通过存量盘活、"低散乱"整治、老旧农村居民房改造升级,乔司街道形成了"万亩良田、生活富美"的城郊融合有机更新型全域土地综合整治示范区。

（4）钱塘区河庄街道

钱塘区河庄街道借力全域整治,以有机蔬菜、特种水产、特色水果、高档花卉等四大产业为载体,具有一定科技含量的,集农业生产、农业观光、参与体验、休闲娱乐等为一体的沿江休闲农业产业带正走向现实。

从 2020 年到 2022 年,河庄陆续投资 6000 万元,完成"干净洁美环境美、秀丽宜居村容美、农旅融合产业美、人文和谐生活美、村稳民安乡风美"等五大系列 16 个子项目建设。

钱塘区还结合河庄水网密布的特点,主攻水体整治,在农村生活污水全域管网运行的基础上,持续加大河道综合整治以及小微水体提升改造力度,2021 年完成河道护岸 8450 米,新增绿化 80 亩,清淤近 200 亩,池塘整治 44 个。

（5）桐庐县百江镇

桐庐县百江镇联盟村通过系统规划、河道整治,沿前溪河道打造了龙鳞坝、蛇形坝、淡水金滩等系列生态修复节点,串起了一条 1.5 公里的最美亲水嬉水带,成为当地的"网红打卡点",并通过土地整治获取的 4000 万元资金用于建村道、小公园、乡村会客厅等基础设施。

（6）建德市下涯镇

作为省部级全域试点工程和国家级山水林田湖草试点的双重主阵地,下涯镇之江村依托黄饶半岛生态开展美丽乡村建设,做足"美丽＋"文章。

8.4 　国土空间全域土地综合整治的规划设计

8.4.1 　国土空间全域土地综合整治的规划工作过程

规划工作过程主要分为前期准备、调研分析及方案编制三个阶段,各阶段的工作主要包括:

8.4.1.1 前期准备阶段

方案制定:制定全域整治的工作方案和技术方案,明确职责和分工。

资料收集:收集项目所需的各类资料并进行分析整理。

调研准备:内业分析各项整治潜力/制定外业调研计划/准备调查图、调查表等

8.4.1.2 调研分析阶段

地块核实:根据内业分析成果,至现场调研并核实各类整治潜力地块。

需求对接:与乡镇、各村村委对接整治需求,重点对接农村居民点搬迁撤并及安置意愿。

实地踏勘:初步确定整治范围后,核算指标平衡情况,并对范围内的土地整理项目进行实地踏勘,为初步设计做准备。

8.4.1.3 方案编制阶段

信息确定:召开全域整治座谈会和村民代表大会,重点征求村民关于宅基地搬迁及安置的意愿,确定具体搬迁户数、人口、房屋坐落、面积等信息。

方案确定:确定规划用地布局方案,重点明确农村住宅用地、耕地和永久基本农田、产业发展用地布局,确保新增耕地大于5%,建设用地总规模不增加。

项目确定:确定各类整治项目布局,明确项目范围、建设规模、新增耕地、工程建设内容等,并核算全域土地综合整治相关指标。

资金测算:测算工程项目资金投入、资金筹措以及收益平衡情况,编制全域土地综合整治实施方案。

8.4.2 国土空间全域土地综合整治的规划现状分析

8.4.2.1 区域概况

(1)自然地理概况

自然地理概况包括规划区域的区位、水文地貌等的分析。

(2)社会经济概况

社会经济概况包括人口、经济与产业现状的了解。

(3)土地利用现状

土地利用现状总体情况及特点的分析。

8.4.2.2 全域土地综合整治现状调查与潜力测算

全域土地综合整治现状调查与潜力测算是开展全域土地综合整治规划的基础工作,只有充分调查了解研究区域的各项土地利用活动才能更具体、更有针对性和实施性地制定全域土地综合整治规划方案(张漫,2019)。全域土地综合整治现状调查与潜力测算主要分为农用地现状调查与整治潜力测算、建设用地现状调查与整治潜力测算、生态环境现状调查、基础设施现状调查与整治需求分析(倪卫婷,2019),如表8.4所示。

表 8.4　全域土地综合整治现状调查与潜力测算

一级类	二级类	
农用地现状调查与整治潜力	宜耕后备土地资源开发潜力测算	
	旱地改水田潜力测算	
	高标准基本农田建设潜力	
	标准农田补建	
	耕地质量提升潜力调查	
建设用地现状调查与整治潜力（现状规模－理论规模＝可腾退规模）	村庄建设用地	宅基地
		公共服务设施用地
		基础设施用地
		景观与绿化用地
		村内交通用地
	经营性建设用地	集体经营性建设用地
	交通水利及其他用地	对外交通用地
		水利设施用地
		采矿用地
		风景名胜设施用地
		特殊用地
	城镇建设用地	城镇建设用地
生态环境现状调查	乡村人居环境	
	山水林田湖草	
	自然保护地	
基础设施现状调查	村庄交通设施现状	
	村庄水利设施现状	

（1）农用地现状调查与整治潜力测算

全域土地综合整治规划的农用地整治潜力包括宜耕后备土地资源开发、旱地改水田、高标准基本农田建设、标准农田补建和耕地质量提升等方面的潜力。

（2）建设用地潜力评价

《浙江省土地整治潜力调查技术指南》指出，建设用地整治潜力是指对农村地区闲置、废弃和低效利用的建设用地，通过工程技术措施，盘活再利用资源潜力。潜力分析测算的核心为调查和评价，调查为通过高分辨率遥感影像解译与实地调研结合确定研究区土地利用现状及存在的问题；评价旨在基于调查的初步结果，确定项目区域的可整治潜力类型，计算项目区域可整治的理论与现实潜力（倪卫婷，2019）。

可从土地利用集约程度、建筑质量、区位条件、上位规划及拆迁意愿对居民点的整治潜力开展综合评价。在土地利用集约程度方面,集约程度较低的村庄拆迁成本也较低;在建筑质量方面,适宜对建筑状况较差的村庄进行居民点整治;在区位条件方面,从交通便利情况和生活便利情况考虑,适宜对区位条件较差的村庄进行居民点整治。在上位规划及拆迁意愿方面,适宜对居民拆迁意愿较高的村庄进行居民点整治(见图8.9)。

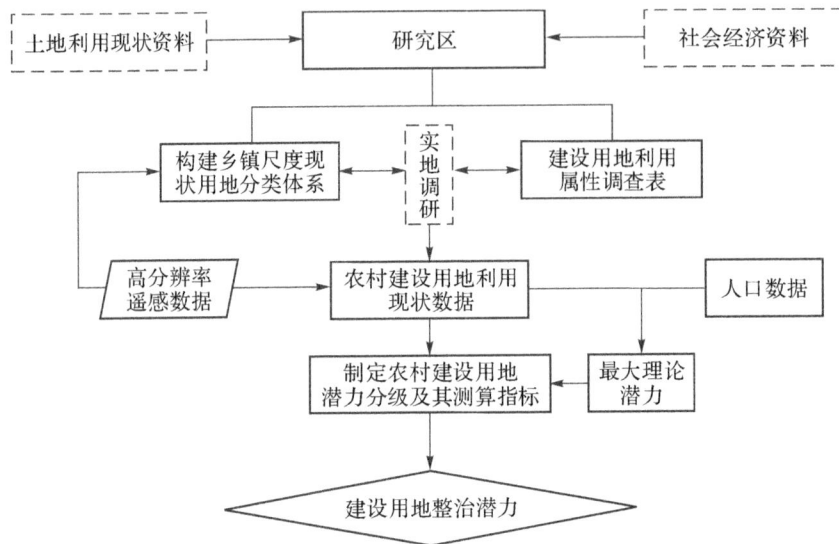

图 8.9　遥感判读与实地调研相结合的建设用地潜力评价技术路线

资料来源:倪卫萍(2019)。

(3)生态环境现状调查

对项目范围内的山水林田湖草、自然保护地的情况进行调查。

(4)基础设施现状调查与整治需求分析

对项目区域内水利、交通、能源等基础设施进行全面摸底调查,主要包括主干道的道路、桥梁、人行天桥、排水、地下通道、路灯照明等市政基础设施,查阅相关规划,走访相关专业部门,根据基础设施现状和相关专项规划,分析基础设施整治需求。

8.4.3　国土空间全域土地综合整治的规划任务目标

8.4.3.1　总体目标

(1)优化国土空间开发利用格局

通过全域土地综合整治,优化生态、农业、建设空间格局,调整各类用地布局,合理划定功能分区,促进生产空间集约高效、生活空间宜居适度、生态空间山清水秀。

(2)构建耕地三位一体保护格局

全面建设耕地数量、质量、生态"三位一体"保护,通过土地综合整治增加耕地数量、提升耕地质量,重构田、园、林、水生态网格化保护模式,维护耕地生态安全。

(3)构建资源节约高效利用格局

通过全域土地综合整治,推动资源利用方式根本转变;推进村庄建设用地综合整治,加强农村空心村、闲置房、旧房危房改造搬迁;加强林、水生态修复,改造村容村貌,促进各类资源节约高效利用。

(4)优化国土空间生态环境质量

以生态服务治理为核心,改善乡村生态环境质量,构建"山水林田湖草"生命共同体。

(5)重塑美丽乡村振兴发展格局

通过全域土地综合整治,积极打造兼容生产生活生态,融通工农城乡的新产业、新业态,深度挖掘乡村各类文化资源,打造三产融合发展的新格局。

8.4.3.2 明确分类整治目标

明确未来进行全域土地综合整治的农用地、建设用地的整治力度和生态保护修复的目标。一方面,落实上级规划传导要求中有关永久基本农田规模、耕地保有量、建设用地减量化规模、生态保护红线规模等指标;另一方面,可细化提出整治区域内补充耕地数量、村庄建设用地与工矿废弃地整治规模及生态管控区规模等指标(闫海、张飞,2021)。

8.4.3.3 阶段任务

第一阶段:主要通过用地结构调整和布局优化,推进土地复合利用和多元开发。低小散企业用地100%腾退,废弃建设用地100%得到再开发,积极推动农村居民点的搬迁、复垦和再利用,拓展城乡建设用地发展新空间和新效能,促进产业集聚和农村一、二、三产业融合发展,切实完善城乡居民的居住条件和生产条件。

第二阶段:围绕人与自然和谐共生,全方位推进生态景观格局的重塑和修建。着重完成生态景观治理与建设,恢复生物多样性,挖掘当地文化,保护自然风貌,创造生态化人居环境,营造生态化社区,塑造优美城乡风貌。继续推进农村居民点的搬迁、复垦和再利用,进一步拓展城乡建设用地发展新空间和新效能,促进产业集聚和农村一、二、三产业融合发展。

8.4.4 国土空间全域土地综合整治的规划用地布局

整合碎片空间、减并零星地块。针对土地碎片化的问题,对形态体量小、空间分布零星的用地,通过统筹权属和功能调整,在空间上进行用地集聚及置换,最终实现归并整合用地,以充分发挥规模优势。主要优化耕地和永久基本农田及村庄建设用地的布局。

8.4.4.1 用地布局的目标

耕地连片化、建设用地集中化。

8.4.4.2 用地调整与布局优化原则

(1)稳定生态用地的数量和布局;

(2)严格落实耕地保护任务,合理开发宜耕后备资源,补充耕地;

(3)结合全域整治政策,适度优化永久基本农田布局,确保数量增加、布局更优;

(4)优化农村居民点布局,撤并零星、偏远的自然村,引导村庄集聚建设;

(5)统筹产业发展,引导产业用地的布局,提高用地集约利用效益;

(6)合理配置基础设施、公共服务、商业服务等各项用地。

8.4.4.3 统筹全域居民点用地布局

包括宅基地复垦以及地块新建。根据自然村规划分类,结合农民意愿,对零散、偏远、房屋破旧、闲置废弃等宅基地实施复垦;新建地块主要用于安置房建设,适当配置文旅产业用地。

8.4.4.4 耕地布局

调整耕地布局,通过宜耕后备资源开发、建设用地复垦等增加耕地面积;确因建设项目所需可将耕地调整为建设用地。

8.4.4.5 永久基本农田布局

将零星孤立、影响建设用地使用的永久基本农田片块调出。将已建成的高标准农田区块以及根据第三次国土调查数据现状为稳定一般耕地的地块进行调入;优先将地势平坦开阔、坡度小、面积大的优质耕地划入;其次将现状永久基本农田中"开天窗"形式的稳定利用耕地补充划入;再按照连片程度、地块大小、坡度、质量等级等几项因素,依次将永久农田补划至规定数量。

8.4.4.6 生态空间布局

对具有生态保育功能的山体以保护为主,严禁乱砍滥伐;对具有风景游览和农业生产功能的山体实行生态恢复、培育、抚育、涵养、保持,严格保护森林资源和森林景观,科学适度安排农业和生态、文化旅游开发,严禁对其不利的活动;对山体安全隐患要加以排查和修复,保障山体安全稳定,并按山体自然灾害防治条例中的有关规定执行。

保护现有水体范围环境、现有山体汇水线及各种水塘,避免建设活动占用水面及汇水线。加强饮用水源保护区的监管,严格执行水污染防治管理规定,禁止与饮用水工程无关的建设,禁止在饮用水源保护区设置排污口。坚持滩涂资源开发与生态环境保护相统一的原则,在不破坏原有生态环境的基础上进行科学合理的开发。

加强村旁、宅旁、水旁、路旁以及零星闲置地块的绿化工作,通过营造道路两侧绿色长廊,构建生态体系。严禁建设有污染的工业项目,控制农村生活污水排放,日常生活污水、废水、农家乐经营污水集中收集,经生态净化处理并达标后才能排放。生活垃圾源头分类、定点收集并集中处理,推行资源化、减量化处理。加强禽兽养殖污染防治,推广生态养殖方式,降低环境影响。综合利用农业生产废物,如回收塑料农膜,综合利用农作物秸秆。

8.4.5 国土空间全域土地综合整治的项目安排

针对功能受损用地,通过物理、化学、生物和生态等措施进行修复治理,以提高耕地、园地、林地、坑塘水面等各类用地质量,最大化提升土地资源利用效率。主要布置农用地综合整治项目、乡村生态保护修复项目。

针对乡村未来产业发展,进行建设用地整理、基础设施建设、人居环境整治、产业发展建设等项目的安排。

最终,确定各类整治项目布局,明确项目类型、项目范围、建设规模及措施、工程建设内容等,并核算全域土地综合整治相关指标。进一步可明确具体的整治时序、工程项目、资金估算及投资来源等。

8.4.5.1　农用地综合整治项目

耕地的整治包括耕地的数量增加和耕地的质量提升,通过高标准农田建设及耕地质量提升项目提升土地质量;通过耕地补充项目增加耕地面积。

(1)高标准农田建设项目

通过田间道路建设,解决农业机械无法耕作的问题,合理增加路面宽度,提高道路承载标准和通达度;通过归并和平整田块,实现连片田块规模适度,促进农业规模化生产;通过加强农田水利设施建设,提高用水效率和农田防洪排涝标准。

(2)耕地质量提升项目

将地势相对平坦且有水源保障的旱地按照垦造水田工程标准实施提质改造。

(3)耕地补充项目

对地势相对平坦、区块面积大、有灌溉条件的园地和坑塘水面、田块间1亩以下的林地、其他草地等宜耕后备土地资源实施开发,垦造耕地。

8.4.5.2　乡村生态保护修复项目

(1)小微水体整治

对现状坑塘、沟渠水系等小微湿地进行梳理、生态修复,塘岸修建生态护坡;种植沉水植物、挺水植物,适当引入水生动物;连通扩增水系,使坑塘形成稳定的水生生态系统和食物链,并长期维持水体的自净能力。

(2)河道整治

修补塌损河堤,结合高标准农田建设工程,拓宽堤岸,修筑田间生产道;建设自然生态护岸,局部岸段扩大水面,种植水生植物,丰富河道景观。

8.4.5.3　村庄建设用地整理项目

在村民有意愿搬迁的前提下,整理拟复垦建设用地。并对现有闲置未利用土地和利用不充分、不合理、产出低、但具有开发利用潜力和价值的现有建设用地,通过行政、经济、工程技术等手段,改变其功能形态,提高其价值和效益。

8.4.5.4　村庄人居环境整治项目

(1)公共空间整治

清除公共空间乱搭乱围建筑以及杂草垃圾等,利用空闲土地打造村民休闲广场、公共停车场、小公园等公共服务设施。

(2)庭园空间整治

对村民宅基地范围内的庭园空间进行整治引导,鼓励村民利用空地打造小花园、小型休憩场所等,美化村庄景观环境。

8.4.5.5　基础设施建设项目

(1)道路、沟渠等农田水利设施建设

梳理现状农业区块内的农田水利基础设施,对田间道路、沟渠、堤坝进行改造和建设。

（2）田间道路建设

对主干田间道路和机耕道进行改造，建设 2～3.5 米水泥硬化路面。

（3）灌溉沟渠整理

包括对农田沟渠进行改造、清除淤泥杂草、硬化坡岸。

8.4.5.6 乡村历史文化保护项目

对建设范围内古村落进行环境整治，改变村落卫生状况，提升整体环境品质，并对文物古迹进行抢救性保护，建设基础设施并整治节点门户。以做到与乡村未来旅游产业等的发展的衔接。

8.4.5.7 新产业业态发展项目

（1）农业产业布局

按照全域景区化、农田景观化的要求，合理规划农业用地布局，特别是耕地种植规划，实现农业用地一、三产融合，将农业景观、农业休闲价值最大化，充分体现乡村体验式旅游的特色。

（2）工业用地布局

根据当地发展实际情况，产业用地整治以盘活存量、低效用地再开发为主。

（3）旅游规划

为充分发挥村庄特色，整合多样的农村旅游，可布置乡村旅游产业。

8.4.5.8 项目总体安排

具体如表 8.5 所示。

表 8.5　项目总体安排表示例

序号	项目类别	项目名称	主管部门	建设规模	建设内容	计划投资		
						小计	政府资金	社会资本
1								
2								

8.4.6　国土空间全域土地综合整治的投资估算与效益分析

8.4.6.1 计划资金投入

根据项目安排测算计划投入资金的数额，并对政府投入与社会资本投入进行分配。政府投入主要用于进行农用地整理、建设用地复垦、安置区建设、人居环境整治、生态保护修复、历史文化保护、基础设施提档、农民安置过渡费等；社会资本投入主要用于商业项目的建设及运营。

8.4.6.2 落实资金来源

自现行《土地管理法》实施以来，我国土地整治的资金主要来自国家和地方政府的投资，如土地出让纯收益用于农业土地开发和农村基础设施建设资金、新增建设用地土地有偿使用费、耕地开垦费、农业综合开发资金、农田水利建设资金、农村道路建设资金、新农村建设资金等。然而,随着财政预算管理制度的改革以及土地整治向全域综合整治转型,专项资金不足和综合整治任务不断加重之间的矛盾日益凸显,因此,在国家和地方政府投资的基础上,拓宽资金筹措渠道,建立多元化的投融资机制,是保障全域土地综合整治顺利实施的关键。除国家和地方政府投资,还可以从以下渠道筹集资金以弥补资金缺口(张漫,2019)。

(1)银行融资

银行融资可分为政策性银行融资和商业银行融资,无论是政策性银行融资还是商业银行融资,都是将一段时期内的土地使用权或经营权作为信贷抵押给银行,以筹集资金满足土地整治项目顺利实施,待土地整治项目完成后,将土地整治收益分期偿还给银行。银行具有强大的资金流,通过银行融资可快速、有效解决土地整治资金不足的问题。

(2)集体资产折股融资

农村集体资产是指归村集体成员共同所有的资源性资产、非资源性资产。集体资产折股融资首先需要对集体资产进行评估,然后成立股份公司,由股份公司负责土地整治项目的实施。集体资产折股融资不仅能解决土地整治项目的资金需求,还能提高农民的积极性,增加农民收入。

(3)社会融资

社会融资的主体主要包括集体经济组织、农业企业、民营企业和家庭农场等,社会资本可以通过承包、租赁、股份制、特许经营等形式广泛参与土地整治建设项目。社会资本参与土地整治建设有利于盘活资本市场的活力,优化社会各方面资源配置,实现社会资本科学合理利用。

8.4.6.3　效益分析

(1)经济效益分析

整治区整理后的经济效益主要来自新增耕地和原有耕地经整理后所带来的作物产量的增加、建设用地流转以及各类产业发展所产生的经济效益。

(2)社会效益分析

①改善生态生活条件、村庄环境面貌;

②提高土地集约利用水平、生产率及耕地质量;

③提供就业岗位,增加村民收入;

④增强人们合理利用土地、切实保护耕地的意识。

(3)生态效益分析

与以往的土地整治相比,全域土地综合整治从规划到实施都融入了生态理念,全域土地综合整治规划方案的实施,将使整治区域内的生态环境得到大大改善。首先,通过农田水利设施和农田防护林的建设,增强了水土保持和防风固沙的能力,有利于建立可持续的农田生态系统;其次,通过对农村居民点的环卫建设、景观设计,可有效改善农村面貌,有利于营造生态宜居的人居环境;最后,通过生态保护区的划定与生态修复,有利于维护生态系统的稳定(见图 8.10)。

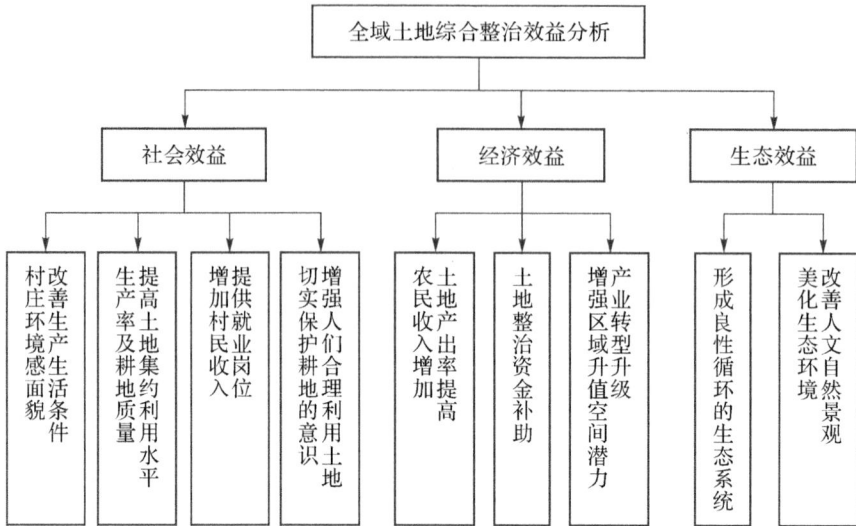

图 8.10　全域土地综合整治效益分析

第9章 国土空间整治的持续管理

9.1 国土空间整治战略的顶层设计

国土空间整治战略是指导区域国土空间整治全过程的基本方针和根本依据。国土空间整治战略的顶层设计是从当前国土空间整治战略需求出发,深入结合时代背景,切实剖析现实情况,以新型的资源观及资源管理观为指导,以解决突出问题与服务国家发展目标为导向,以任务设定为重点,以区域统筹协调为核心,以保障措施为关键,提出今后一个时期内国土空间整治总体战略构想。

9.1.1 战略转型背景

9.1.1.1 经济新常态

近年来,国际国内宏观经济形势发生了重大变化。中国经济正在向形态更高级、分工更复杂、结构更合理的阶段演化,支撑中国高速发展的强大外需萎缩疲弱,国内传统人口红利的比较优势逐步减弱,资源环境限制影响不断提升。面临经济增长动力与经济下行压力并存的局面,意味着经济发展进入"新常态":在速度上从高速转为中高速增长,在结构上不断优化产业升级,在动力上从要素驱动、投资驱动转向创新驱动,在管理上简政放权、进一步释放市场活力。

9.1.1.2 生态文明新要求

党的十八大从新的历史起点出发,做出"大力推进生态文明建设,建设美丽中国"的战略决策。当前中国资源环境承载能力已经达到或接近上限,环境污染、水土流失、土壤退化、景观破坏等问题日益突出。2015 年 9 月中共中央、国务院印发了《生态文明体制改革总体方案》,要求进一步树立"绿水青山就是金山银山""空间均衡""山水林田湖"生命共同体等理念,构建由自然资源资产产权制度、国土空间开发保护制度、空间规划体系、资源总量管理和全面节约制度、资源有偿使用和生态补偿制度、环境治理体系、环境治理和生态保护市场体系、生态文明绩效评价考核和责任追究制度八项制度构成的生态文明制度体系,推进生态文明领域国家治理体系和治理能力现代化,努力走向社会主义生态文明新时代。

9.1.1.3 新型城镇化

自改革开放以来,中国的城镇化水平从 1978 年的 17.92% 增加到 2021 年的 64.72%,在中国庞大的人口基数下依然实现了平均每年递增 1% 的高速城镇化进程。然而中国城镇化发展过程中资源利用方式较为粗放,单位 GDP 能耗和地耗远高于发达国家,水资源产出率仅为世界平均水平的 60%,处于低效利用状态的城镇工矿建设用地约 5000 km²,占全国城市建成区的 11%,土地城镇化速度高于人口城镇化速度。亟须进一步以人为核心稳步提升城镇化水平和质量,优化城镇化布局,转向精细化高质量的新型城镇化发展模式,真正破除城乡二元结构,实现城乡一体化健康发展(严金明等,2012)。

9.1.1.4 乡村振兴

党的十九大提出"产业兴旺、生态宜居、乡风文明、治理有效、生活富裕"的乡村振兴战略。这是构建和谐社会、解决"三农"问题的必然要求,也是统筹城乡发展、实现共同富裕的根本途径。长期粗放式经营积累,导致中国农业生产的深层次矛盾逐渐显现,粮食增产潜力不断下降。由于耕地面积减少、质量偏低等生产条件的限制,再加上农业从业人口规模不断减少,现代化农业发展缓慢,在面向粮食需求刚性增长的发展趋势下,未来粮食供需平衡压力依然较为突出。中国农地经营规模总体上呈现"小、散、碎"特征,农业组织化、市场化程度偏低,农业科技整体实力不强(陈锡文,2015),导致国内粮食生产成本偏高、价格优势消失、生产效益下降。同时,当前农村基本公共服务如医疗、教育、科技仍然存在极大不足,缺乏整体统一规划、人才供给也相对不足,无法解决留守老人、妇女和儿童的突出问题,传统乡土文化正日益萎缩和消失,乡土文化在传承中出现断层,农民精神生活匮乏,亟需针对农民和农村的多元诉求,促进水、电、路、暖、气等基础设施和住房人居环境改善,健全农村基本公共服务,加强农村精神文明建设,保护和传承乡土文化。

9.1.2 当前主要问题

9.1.2.1 认知偏于狭隘

真正现代意义上的大规模土地整治在中国仅仅不到 20 年时间,对于整治本质和功能的基本认知依然不尽准确,多将整治认作是实施性的工程、技术或是任务,并未认识到整治的本质和功能是对人地关系的再调节,是对低效、空闲和不合理利用的城乡土地进行综合治理,提高土地利用率和产出率的各类土地整理、开发、复垦、修复等活动的统称。这影响了对国土空间整治整体定位、创新理念、目标模式和实施路径等核心要素的根本认知,导致在整治过程中出现盲目性、功利性、过度工具化和行为短期化等问题(信桂新等,2015),降低了整体效率和效益。

9.1.2.2 定位整体偏低

当前土地整治的定位仍囿于土地本身,多关注战术而非战略,未能"跳出土地谈土地,跳出整治谈整治",多强调土地整治在耕地保护和乡村建设中的作用,而并未认识到整治不仅可以作为改善生态环境质量、提高人民生活水平的关键措施,更是加强政府治理实践的重要手段。此外,土地整治工程仅仅就整治谈整治,地位远不及其他重大基础设施工程,未被视作是拉动内需的强大引擎。因此,土地整治整体定位和功能被相应低估,亟须重新从更高层次上定位土地整治。

9.1.2.3 理念创新不足

当前仍然将土地整治作为增加耕地和城市建设用地面积的手段,多针对"用地不足"问题而非"用地不当"的问题,以数量作为核心理念,造成"重数量、轻质量、重面积、轻效益、重耕地、轻农民"的错误观念。未能以人为核心,统筹兼顾对被整治土地相关权利人的多元需求。未将土地整治看作是挖掘结构潜力、优化空间布局、提升利用效率,协调促进土地合理利用的核心抓手。未能融合创新、协调、绿色、开放、共享等核心发展理念,难以体现出土地整治的质量创新性、三生协调性、绿色生态性、开放国际性和人文共享性,若要进入以提高生产质量、生活品质和生态环境为主要导向的可持续国土空间整治新阶段仍然任重道远(严金明等,2012)。

9.1.2.4　目标与对象过于单一

在"保发展、保红线"方针的指导下,为了实现耕地总量动态平衡,当前土地整治仍以增加耕地为首要任务,多偏重农用地整治,重点关注耕地的调整、地块的规整和耕地改造等方面的内容,对"水、路、林、村、城"等对象的综合整治相对不足,忽视了对"山水林田湖"生命共同体的生态保护(龙花楼,2013)。长期以来,中国土地集约节约利用水平较低,生产、生活和生态的"三生"空间利用无序、布局散乱,生产用地空置闲置、管理失效等问题较为严重,人居生活环境质量偏低、基础设施不尽完善,生态环境污染严重、生物多样性减少,城镇、村落、农田、道路、河流水系、森林等景观要素之间的功能联系遭到破坏,亟需拓展土地整治的核心对象与目标,统筹城乡土地利用结构,改善"三生"空间布局。

9.1.2.5　协调统筹有限

土地整治实践主体往往局限于具体部门,整治客体通常依托于固定整治项目,缺乏全域化、综合化、系统化的前瞻规划和设计,各部门各自为政的问题也较为突出,缺乏国土、农林、水利等部门的配合协调统筹,资金使用分散和投入交叉重复现象比较普遍,导致各个整治项目难以实现彼此时空和功能上的联结衔接。

9.1.2.6　模式趋于同化

在土地整治的过程中,不少地方未能充分尊重自然规律而追求高品质设计,导致田间的路、沟、渠大量铺筑水泥,农田整治呈现混凝土化。部分历史久远、极具地方特色、蕴含文化遗产性质的自然风貌和建筑民居未能根据其自然禀赋和历史文化,进行分类整治、充分保护,导致乡土文化遭到破坏,自然景观趋向同质化。原有的青山绿水、民俗民风和生活形态未能得到保留,出现了"千镇一面""千村一面"等问题。亟需针对田、村、镇等被整治区域的独有乡土元素,全面保护地方乡土特色、文化气息和人文特征。

9.1.2.7　社会参与缺乏

土地整治往往是由政府"自上而下"确立的项目,缺乏民众自发"自下而上"的主动整治,是政府意志的体现而非公民主体的需求,也因此容易导致整治中公众参与的程度较低。许多整治区域中的公民对整治目的、方向、权属调整方案等都缺乏了解,土地整治权属调整和利益分配的公平性仍显不足,难以体现"以人为本"的核心价值。土地整治项目只有非常少的资金来源于企业或个人,绝大多数来源于政府财政投入,而土地整治作为一项资金占用量大、投资回收期长的项目,从长远看,只依赖财政有限的资金仍然远远不足,亟需寻找有效完备、可供推广的资金筹集方式。

9.1.3　顶层设计定位

9.1.3.1　总体思路

在坚持节约资源和保护环境的基本国策,落实"三个最严格"的土地管理制度的基础上,开展国土空间整治战略的顶层设计工作。在设计过程中,以促进统筹城乡发展、乡村振兴、现代农业发展、新型城镇化进程为目的,以统筹规划、聚合资金、整合资源为方式,以土地整治和城乡建设用地增减挂钩相结合,推进田、水、路、林、村综合整治。通过国土空间整治战略的引导,实现城乡用地结构和布局优化、土地生态环境改善、有效耕地面积增加、耕地质量和粮食生产能力提高的愿景,并协调国土空间整治与耕地保护、产业发展和城乡建设的关系,提高土地资源保障和支撑经济社会又好又快发展的能力。

9.1.3.2 基本原则

①保持耕地数量,提高耕地质量,保障粮食安全。大力开展粮食主产区农田整治,突出基本农田和基本农田整备区土地整理,把适当增加耕地面积、提高耕地质量、增强粮食综合生产能力放在首要位置,确保建设占用耕地占补平衡,确保国家粮食安全的土地资源基础。

②全域规划、全域设计、全域整治、整体推进。根据各地区间的区域差异、相互关联,围绕充分发挥各地区的比较优势、促进区域间合理的分工与协作等目标,统筹各区域的土地利用发展,防止重复建设、产业结构趋同,促进区域经济、产业、人口发展与土地利用相协调。

③整合部门资源,吸纳社会资金,健全市场化机制。整合各部门涉地、涉农资金,确保渠道不乱,用途不变,统筹安排,集中使用。通过公开招投标,规范有序引导社会资本进入国土空间整治领域,逐步建立政府为主、社会为辅、村民投劳的国土空间整治市场化运作机制。

④优化生态环境,增强防灾能力,促进土地资源可持续利用。坚持因地制宜、尊重生态规律,保留当地传统农耕文化和民风民俗中的特色和风貌,保护自然、人文景观和生态环境,建设与城镇同样便利但风貌有别的现代农村。整理后的土地环境要更加适合人们生产生活,更加有利于防灾御灾,大力促进国土空间整治健康、有序发展,实现土地资源可持续利用。

⑤尊重民众意愿。充分征求国土空间整治项目所在地群众意见,争取民众的理解和支持后,按照维护民众权益的原则,做到整治前民众愿意,整治中民众参与,整治后民众满意,并严格控制整治规模,稳妥有序地开展国土空间整治各项活动。

⑥改善农民居住条件,完善农村基础设施,推进农村人居环境建设。充分发挥国土空间整治在农村人居环境建设和城乡统筹发展中的基础平台作用,推进农村建设用地整治,完善农村配套基础设施建设,大力改善农民生产生活条件。大力推进具有区域特点的农村国土空间整治重大工程建设,使优质耕地集中连片,改善农田水利配套设施,形成机械化耕作条件,实现农业规模化、产业化。利用国土空间整治促进"三农"问题的解决,实现农民增收、农业增效、农村发展。

⑦促进城乡一体化建设。以城乡建设用地增减挂钩试点为突破口,推进散乱、废弃、损毁、闲置、低效建设用地集中整治,开展存量非农用地整理,稳妥有序合理地开展村庄整治,缓解城镇经济发展用地需求的巨大压力。加大旧城区、城中村国土空间整治力度,不断提高城乡土地节约集约利用程度。

9.1.3.3 体系结构

根据国土空间整治战略设计思想和指导原则,针对当前国土空间整治面临的诸多复杂问题,国土空间整治战略体系由战略背景、战略目标、战略任务、战略统筹、战略保障等共同构成的一个多层级系统(严金明等,2012),如图 9.1 所示。

整体战略定位为保障经济发展、社会进步、人地和谐、生态友好和可持续发展,其战略内容包括明晰国土空间整治形势和需求,突出当前亟须解决的重大问题,把握工业化、城市化

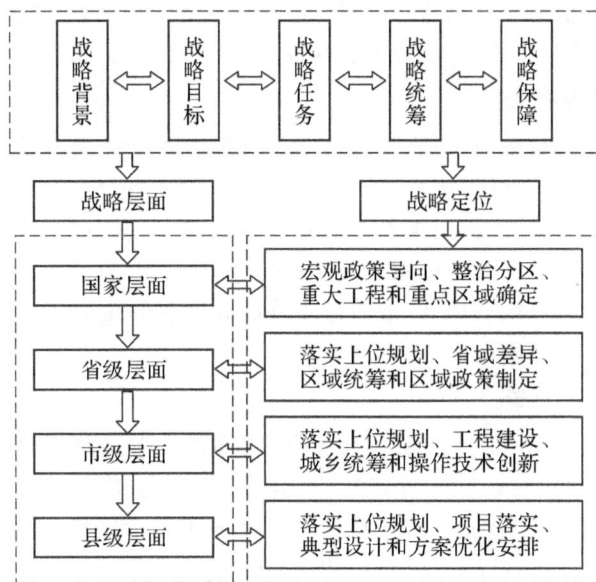

图 9.1　国土整治战略定位顶层设计系统构成

进程中耕地保护和建设用地需求的平衡关系,探讨强化土地作为基本要素的经济技术途径,统筹协调地域异同、城乡差距和区域问题,提升国家可持续发展重大生态安全、粮食安全等国土空间整治支撑战略。战略内容重点在于凸显土地资源和资产属性,推进土地节约集约利用,统筹区域土地资源配置,优化土地利用结构与格局,强化土地社会、经济、生态和科技创新导向,充分体现土地法律、法规与政策对国土空间整治的调控效能。

9.1.4　具体战略导向

9.1.4.1　高位统筹战略

国土空间整治总体定位为统筹城乡发展的重要抓手,推进新型城镇化和乡村的核心平台,实现生态文明的建设路径,提升民生福祉的发展动力,加强政府治理的突破窗口,保障社会经济可持续发展的政策工具。"十四五"时期,国土空间整治还可具体定位为拉动内需的强大引擎,落实空间规划"多规合一"的实施单元,服务全面建成小康社会新目标的切实保障。

9.1.4.2　四位一体战略

国土空间整治融合创新、协调、绿色、开放、共享理念,树立"数量、质量、生态、人文"的四位一体土地整治理念,以理论、制度和科技等创新为整治内在动力,以促进城乡协调、区域协调、"三生"协调为整治关键目标,以环境污染治理与景观生态质量提升为整治核心导向,以改善民生条件、实施精准扶贫和维护乡土文化为整治根本核心,以统筹保障国际国内重大战略的落地实施为整治重要任务。

9.1.4.3　以人为本战略

国土空间整治以明晰整治土地的产权界定为基础,维护整治涉及利益相关者的根本利益,在思想层面激励公民意识与公民本位的价值认同和主观意愿,在制度层面健全全维度公众参与的具体制度,在技术层面实施信息公开与交流回馈制度,在经济层面以提升人民收入水平、改善人民福祉为根本出发点,在社会层面突出体现乡风文明和特色人文情怀,保证整治过程公平、公正、公开,提升整治过程的公众满意度(严金明等,2016)。

9.1.4.4 持续发展战略

国土空间整治以"持续发展"为导向,以生态、景观服务及休闲游憩功能为重点,提升土地整治环境污染治理能力,加强"山水林田湖"生命共同体的整体修复,构建以"山为骨、水为脉、林为表、田为魂、湖为心"的国土生态安全体系,并依托现有山水脉络等独特风光加强景观建设,增大农田、林地、绿化等生态用地空间占比(陈百明等,2011),改善人居环境、建成都市生态屏障,协调资源的永续利用、经济的持续发展和社会的全面进步,让居民"望得见山、看得见水",安居乐业、幸福美满。

9.1.4.5 优化三生战略

国土空间整治以"三生空间"为承载,兼顾保障粮食供给安全、城市发展安全、生态环境安全。通过在空间划定"耕地保护红线"作为"生产线",划定"城市发展边界"作为"生活线","生态保护红线"作为"生态线",实现在生产上进一步严格保护耕地,提升耕地质量,适度推进农业规模经营。在生活上进一步优化空间形态与建设用地结构,提升土地利用效率,促进城乡生活"人物"并进。在生态上要破解城乡生态空间萎缩、污染问题突出与景观破碎化的问题,通过建设绿色基础设施,强化生态化土地整治技术的应用,最终实现整个区域生态、生产和生活的同步重构。

9.1.4.6 要素综合战略

国土空间整治对象不应禁锢于单个耕地、集体建设用地等单个要素,要实现"山、水、田、路、林、村、城"七要素综合整治,即在整治区域中综合国土、农委、林业、水利、环保等各个部门合力,同步推进山体、水体、农田、道路、森林和城乡居民点、工矿用地等多种类型的整治,实现生产集约、生活提质、生态改善的"三生"目标。

9.1.4.7 全域协同战略

国土空间整治要转变以具体单个项目为整治范畴的固化思维,转向全域规划、全域设计和全域整治。根据地区间的区域差异、相互关联,围绕充分发挥各地区的比较优势、促进区域间合理的分工与协作等目标,统筹各区域的土地利用发展,防止重复建设、产业结构趋同,促进区域经济、产业、人口发展与土地利用相协调。在更宏观层面上,通过树立国际化发展视野,土地整治通过分区域、分类别差别化重点整治,促进土地资源在都市圈、城市群和一体化区域的结构优化和空间协同化布局。

9.1.4.8 差别整治战略

国土空间整治要摆脱千篇一律、城乡雷同的同质化趋势,必须转向差别化保护城乡景观特色和传承乡土文明。数千年的农耕文明使得中国的乡土文化源远流长,很大意义上代表了中华民族得以繁衍发展的精神寄托和智慧结晶,然而相对弱势的乡土文明在高速工业化和城镇化的浪潮中极易被摧毁和遗忘。因此,土地整治中应高度重视保护历史沿革、民俗风情、古建遗存、村规民约、家族族谱、传统技艺、古树名木等诸多方面的乡土文化,大力鼓励土地整治以保护乡土文明为前提,创新性构建独特模式,构建具有地域特征的自然风貌、建筑民居和传统文化,留住以土地为载体的"乡愁"。

9.1.4.9 上下结合战略

国土空间整治要从当前政府主导、指标分解的"自上而下"模式向群众自愿、政府引导的

"上下结合"模式转变。在整治中应充分考虑被整治对象主客观状况的匹配程度,以市场需求为现实基础,以群众意愿为内在动力,以政府政策为外部引力(夏方舟等,2011),融合政府推动、市场配置与群众构想,实现"上下结合"综合治理路径,充分保障被整治对象主体地位、实施动力与权益权利,促进整治实施绩效最优化。

9.1.4.10　多元共投战略

由政府财政作为整治资金的主要来源显然不可持续。国土空间整治探索由政府、企业、个人等多元主体形成的外包式、股份式、私营式等不同结构的资金支撑模式。政府和私人部门(企业或个人)可以依据项目特征、资金现状和发展预期设计融资方案,可以由政府全额出资企业承包部分工程(外包式),也可以制定各方资金比例和分配预期收益(股份式),或者由私人部门全额负责(私营式),从多种渠道满足土地整治资金诉求,从而多元共投,保障整治工作持续有序地推进。

9.2　国土空间整治的法律体系建设

国土空间整治既是一项繁杂的技术系统工程,也是一项复杂的社会治理工程,涉及不同利益主体及其关系重构。随着其地位和作用愈发突出和重要,要更好地统筹政府与市场力量、平衡不同权利人利益、调节农村和城镇关系以及规范实施主体行为等,都需要进一步加强法治建设,做到依法决策、依法组织、依法实施。

9.2.1　国际经验

9.2.1.1　总体概况

工业革命以来,不同国家或地区为了加强对土地资源的有效利用和管理,不断尝试采取不同的方式对国土整治工作从法律法规层面予以明确。总体看,国外推进土地整理法制化建设的内容可大致分为三级(周同等,2014)。

(1)以国际合作组织为依托,共同推进土地整理区域化发展

随着土地整理工作重要性的不断提升,欧盟、非盟、联合国开发计划署、联合国粮农组织、国际测绘联合会、德国国际合作机构、独联体国家的土地关系与土地整理问题国际研究学会等国际合作组织,在充分考虑各国开展土地整理工作的实践基础上,提出对于区域化土地整理工作发展的意见和建议,为各国推进土地整理工作提供借鉴和参考。其中,欧盟的"乡村发展政策"对欧洲地区土地整理事业的发展方向进行规划和判定,并对欧盟成员国开展的符合发展趋势的土地整理项目予以一定比例的资助和扶持。非盟的《非洲地区土地政策指导手册》则是在充分论证全球城市化进程、粮食生产安全现状的基础上,为全面巩固农民的土地权利,提高非洲地区的粮食产量,提升非洲在全球粮食生产中的地位,确保非洲人民的生活安全,而提出的对于非洲地区土地管理与土地整理工作的总体设想和建议。

(2)以土地管理相关法律为平台,构建土地整理工作框架

鉴于土地资源的重要性,各国纷纷以法律的形式对土地资源的管理与利用进行规定,部分国家在土地管理法律中明确了土地整理工作的目标和任务。《俄罗斯联邦土地法典(2001

年）》提出,土地整理的核心是加强土地资源管理,调整土地利用关系。通过建立健全土地征用和使用制度,明确土地赋税和地租,界定城市、村镇的用地界线,构建合理的土地利用结构,有效改善和保护自然生态景观,提升土壤质量,防治水土流失。《哈萨克斯坦土地法(1995 年)》中提出,土地整理是用科学的方法保障土地资源的管理和利用。通过建立国家地籍制度,构建土地利用规划,合理调整土地利用结构,逐步加强对土地市场的管控。

(3)以土地整理专项法规为基础,细化土地整理要求

随着土地整理事业的深入发展,单纯依靠在土地管理法律中对土地整理工作进行大致的描述,已不能满足土地整理工作的需求,需要制定更为详细的专项法律法规。《德联邦土地整理法实施条例(2011 年)》规定,当前德国土地整理的主要任务是:推动乡村发展,提升社区居民责任。鼓励农民自发组织开展改造社区的活动;推进乡村生产生活质量,提高乡村居民收入;维护自然生态景观,打造村镇旅游观光平台,找寻各区域发展的趋势和特色,创造更多就业机会,有力吸引城乡居民回迁;在保持现有土壤和水源质量的前提下,提升土地资源的可持续利用性。《荷兰土地整理条例(1985 年)》中提出,土地整理的基本原则是坚持使农场主和当地居民的个人利益与社会利益相协调;目标是降低田块破碎化程度,推进土地集约规模化利用,改善田间基础设施,建设生态景观,提高农民生产生活条件。

9.2.1.2 典型案例

具体来看,国外土地整理活动开展较早而且成效较为显著的国家,推进土地整理法制化建设的步伐也较早,国土空间整治的法律体系建设也相对成熟(见表 9.1)。通过开展土地整理法制化建设,全面构建分级分层的法律法规体系,明确了土地整理工作的目标与任务,规范了土地整理工作的程序与内容,限定了法定权利人在土地整理工作中的权利与义务,促进农业规模化生产经营,全面提升农村生产生活质量,促进区域城乡均等化发展(周同等,2014)。

表 9.1　德、荷、俄、日四国土地整理法律体系建设情况

国家	基本法律	颁布时间	主要内容	其他法律法规
德国	土地整理法	1953 年	明确了土地整理目标与任务,如参与者及权利、基本程序、权属调整的原则和方法、经费收支方向、法律申诉和责任追究等内容。	各州相关实施法规,如《建筑法》《地产转让税法》《水和土地工会法》
荷兰	土地整理条例	1954 年	规定了土地整理的参与主体、工作程序、运作方式、费用分担、资金管理等方面的内容,为开展具体工作提供了比较完善的法律框架。	《水资源法》《公路法》《征用法》
俄罗斯	土地基本法	1993 年	对土地整理适用范围、主要任务、工作内容、经费来源与使用、责任惩处等作了较为系统的规定。	《土地整理法》
日本	耕地整理法	1899 年	该法律明确了耕地整理的内容,使原先农村零散分布的耕地集团化,以便展开较大规模的近代农业生产。	《开垦补助法》《农地调整法》《农地开发法》《土地改良法》《土地区画整理法》

　　德国早在 1886 年就由巴伐利亚王国首次在法律上明确"土地整理"的概念,并在 1918 年颁布农地整理法、1937 年制定土地整理法后,于 1953 年颁布了第一部完整的《土地整理法》,从法律上保证了土地整理内容的完备性和程序的规范性(任佳,2013)。《土地整理法》与各州据此颁布的相关实施法规共同构成了德国土地整理的法律体系骨干。同时,该法根据形势发展变化适时进行修订。目前该法共 13 章 159 条,明确了土地整理活动的主要参与者和一般参与者及其权利、各类土地整理活动的基本程序、土地权属调整的原则和方法、经费的主要来源和使用方向、法律申诉和责任追究等内容,确立了德国土地整理的基本法地位(刘新卫等,2017)。州级土地整理法规则是结合所在州的具体情况,对联邦土地整理法确定的相关内容做出更加符合实际的规定。其他法律如《建筑法》《地产转让税法》《水和土地工会法》等也有相关条款涉及土地整理工作并对其进行规范和引导。

　　荷兰于 1924 年通过的第一部土地整理法案,明确了土地整理的法律地位。1938 年在对该法案进行修订后出台了第二部土地整理法案。1954 年颁布了《土地整理条例》,此后也历经多次修订(最近一次颁布于 2006 年)。目前共 12 章 114 条,规定了土地整理的参与主体、工作程序、运作方式、费用分担、资金管理等方面的内容,为开展具体工作提供了比较完善的法律框架,并与其他如《水资源法》《公路法》《征用法》等相关条款涉及土地整理工作的法律法规一起构成荷兰土地整理法律体系(李明辉等,2011)。

　　俄罗斯为保障土地整理各项工作顺利推进,以 1993 年颁布的《土地基本法》为核心,构建了一套比较完整的土地整理法律体系。特别是 2001 年生效的《土地整理法》极大丰富了土地整理的法律内容,对诸如土地整理适用范围、主要任务、工作内容、经费来源与使用、责任惩处等作了较为系统的规定。

　　日本也非常重视土地整理的法律体系建设,在 1899 年颁布《耕地整理法》后,又相继制定出台了一系列相关法律(李明辉等,2011)。1919 年的《开垦补助法》、1938 年的《农地调整法》、1941 年的《农地开发法》、1949 年的《土地改良法》、1954 年的《土地区画整理法》等,构成了纵横交织的土地整理法律体系,从各个方面规范和引导土地整理工作。

9.2.1.3　建设经验

　　虽然各国的土地资源禀赋和产权制度存在差异,但都在一些关键问题上存在共识。其经验具有共性特征,具体包括:

　　①健全土地整理法律体系。除了制定基本法并原则规定土地整理的概念、任务、目的、主体、内容、程序、纠纷解决等问题,还十分重视制定与基本法配套的相关法律、法规和规章等,特别是因地制宜出台地方性法规和政府规章,形成体系健全、层次分明、修订及时的土地整理法律体系,确保依法指导和规范土地整理。

　　②通过立法保障多元主体。土地整理相关法律均以法律规范形式对土地整理行为的主体、客体、效力和形式等予以确定,界定了不同主体的权利义务关系,并根据一定的价值准则分配利益,把土地整理行为纳入法治轨道,特别是在土地整理参与主体呈现多元化特点背景下,保障了多元主体土地整理实施模式的规范、有序推进。

　　③强化土地整理程序立法。根据土地整理工作的实际情况,在相关法律中对土地整理程序做了详细、具体的规定,努力建立公开、公平、公正的土地整理程序,以确保利益的合理分配,并在土地整理的不同环节和阶段都注意调动相关主体的积极主动性。

　　④重视土地权属规范调整。有关国家的土地整理法律都对权属调整着墨较多,对权属

调整的管理机构及其职能,权属调整的程序、原则、标准,产生争议及其处理、操作方法,以及相关技术资料构成等作了详细规定。

⑤完善土地整理资金渠道。基于土地整理是调整土地利用结构和土地利用关系重要措施的认识,前述国家的相关法律推动建立多渠道、多元化的筹资体系,确保土地整理按照符合长远和全局利益的要求顺利实施。

⑥综合运用手段追究责任。对于土地整理中出现的各类违法行为,有关国家的法律均规定运用行政、经济和法律等多种手段进行严厉制裁,以增强土地整理的法律效力。

9.2.2　国内历程

中国现代土地整治的发展历程也是土地整治法治建设不断探索和实践的过程。截至目前,中国的土地整治法律体系建设无论在国家层面还是在地方层面都取得了一些进展和突破,但总体上仍然远远滞后于实践需要,并且制约了土地整治的持续发展。

9.2.2.1　国家层面

1997 年中共中央、国务院以"中发 11 号"文下发《关于进一步加强土地管理切实保护耕地的通知》,第一次正式将"土地整理"写入中央文件,提出要"积极推进土地整理,搞好土地建设",土地整治正式纳入政府工作内容,土地整治法律体系建设也逐步提上议事日程(刘新卫等,2014)。

在法律上,1998 年全国人大常委会修订的《土地管理法》第三十八条至四十二条分别就未利用土地开发、低效土地整理和生产建设损毁土地复垦做出原则规定。特别是第四十一条提出的"国家鼓励土地整理"是首次在法律层面对土地整理作出规定(刘新卫等,2014)。这些条款提及土地整治主要类型的概念内涵、任务内容和组织方式,迈出了土地整治法治化的第一步。在《土地管理法》出台前后颁布实施的其他相关法律也从特定方面对土地整治作出了规定,如 1984 年通过的《森林法》第十九条规定"禁止毁林开垦和毁林采石、采砂、采土以及其他毁林行为"、1985 年通过的《草原法》第四十六条规定"禁止开垦草原"、2002 年修订通过的《水法》第四十条指出"禁止围湖造地"等。虽然不乏引导土地整治活动的内容,但更多则是划定了某类土地整治活动的禁区。

在行政法规上,1998 年以第 256 号国务院令发布的《土地管理法实施条例》第十七、第十八条分别就未利用土地开发和低效土地整理作出相关规定,涉及开发范围、开发权限、整理方式、整理费用等问题,第四十一条还规定了"拒不履行土地复垦义务"的处罚措施。2011 年以第 592 号国务院令发布的《土地复垦条例》废止了之前于 1988 年发布的《土地复垦规定》,对依法推进土地复垦工作作了较为全面的规定,进一步提高了土地复垦的法律地位。其他相关条例,如 1994 年首次以第 162 号国务院令发布、1998 年经修订并以第 257 号国务院令发布的《基本农田保护条例》,以及 2006 年以第 471 号国务院令发布的《大中型水利水电工程建设征地补偿和移民安置条例》第二十五条也对土地整理相关问题有所涉及。

在部门规章上,1999 年以第 2 号国土资源部令发布的《土地利用年度计划管理办法》将土地开发整理指标纳入年度计划管理范畴。2004 年修订并以第 26 号国土资源部令发布的《土地利用年度计划管理办法》对列入计划管理的土地开发整理指标作了进一步规定,如第四条提出"土地开发整理计划指标"。2006 年第二次修订并以第 37 号国土资源部令公布的

《土地利用年度计划管理办法》更加强了土地开发整理的计划管理,如第十二条指出"土地开发整理补充耕地应不低于土地开发整理计划确定的指标"。2016 年第三次修订并以第 66 号国土资源部令公布的《土地利用年度计划管理办法》,不仅用"土地整治"替代了之前"土地开发整理",而且将可以归入农村土地整治范畴的城乡建设用地增减挂钩和工矿废弃地复垦利用纳入年度计划管理。2006 年以第 33 号国土资源部令发布的《耕地占补平衡考核办法》确立了占用耕地的建设用地项目与补充耕地的土地开发整理项目挂钩制度,第九条至第十二条从确保耕地占补平衡角度对补充耕地的土地开发整理项目管理作了相关规定。2012 年以第 56 号国土资源部令发布的《土地复垦条例实施办法》进一步细化和落实了《士地复垦条例》的有关规定。2014 年以第 61 号国土资源部令发布的《节约集约利用土地规定》用第二十八条至三十二条界定了土地整治特别是农村土地整治的内涵和目标、组织实施方式和注意事项等。其他部门出台的相关规章也从不同角度对农村土地整治有所涉及。

除了国家和部委层面土地整治立法建设,各地也结合实际先后制定出台地方性法规和地方政府规章,对土地整治进行指导和规范。在地方性法规方面,继 2006 年湖南省在全国率先颁布《湖南省土地开发整理条例》后,贵州省于 2010 年、山西省和浙江省于 2014 年、山东省于 2015 年分别制定并颁布了各自的土地整治条例。在地方政府规章方面,先后出台的相关规章有 2002 年的《河北省土地开发整理管理办法》、2006 年的《海南省土地储备整理管理暂行办法》、2008 年的《天津市土地整理储备管理办法》和《天津市土地开发整理管理规定》、2011 年的《湖北省土地整治管理办法》以及 2016 年的《广西壮族自治区土地整治办法》。

9.2.2.2　地方层面

除了国家和部委层面土地整治立法建设,各地也结合实际先后制定出台地方性法规和地方政府规章,对土地整治进行指导和规范。

在地方性法规上,继 2006 年湖南省在全国率先颁布《湖南省土地开发整理条例》后,贵州省于 2010 年、山西省和浙江省于 2014 年、山东省于 2015 年分别制定并颁布了各自省份的土地整治条例。

在地方政府规章上,先后出台的相关规章有 2002 年的《河北省土地开发整理管理办法》、2006 年的《海南省土地储备整理管理暂行办法》、2008 年的《天津市土地整理储备管理办法》和《天津市土地开发整理管理规定》、2011 年的《湖北省土地整治管理办法》以及 2016 年的《广西壮族自治区土地整治办法》。

同时,在现行法律、法规和规章指引下,国务院以及国土资源部等部委先后出台了一系列规范土地整治工作的政策文件和技术标准(见表 9.2)。各地结合地方实际,先后出台了一系列推进土地整治工作的地方政策规范和技术标准。前述政策文件和技术标准在现行法律、法规和规章建设不能及时满足土地整治实践需要的情况下,较好地发挥了指引和规范土地整治工作的作用。

表 9.2　部分土地整治相关政策文件和技术标准

文件主题	文件名称	文件编号	发文单位
项目管理	国家投资土地开发整理项目管理暂行办法	国土资发〔2000〕316 号	国土资源部
	关于进一步明确国家投资土地开发整理项目管理有关问题的通知	国土资发〔2001〕226 号	国土资源部
	国家投资土地开发整理项目实施管理暂行办法	国土资发〔2003〕122 号	国土资源部
资金管理	土地开发整理项目资金管理暂行办法	国土资发〔2000〕282 号	国土资源部
	用于农业土地开发的土地出让金收入管理办法	财综〔2004〕49 号	财政部、国土资源部
	中央分成新增建设用地土地有偿使用费用资金使用管理办法	财建〔2008〕157 号	财政部、国土资源部
	关于加强土地整治相关资金使用管理有关问题的通知	财建〔2009〕625 号	财政部、国土资源部
	新增建设用地土地有偿使用费资金使用管理办法	财建〔2012〕151 号	财政部、国土资源部
规划管理	土地开发整理规划管理若干意见	国土资发〔2002〕139 号	国土资源部
	关于认真做好土地整理开发规划工作的通知	国土资发〔2002〕57 号	国土资源部
	关于开展土地整治规划编制工作的通知	国土资发〔2010〕146 号	国土资源部
	关于开展土地整治规划编制工作的通知	国土资发〔2010〕162 号	国土资源部
	关于加快编制和实施土地整治规划大力推进高标准基本农田建设的通知	国土资发〔2012〕63 号	国土资源部、财政部
	全国土地整治规划(2011—2015)	国土资发〔2012〕55 号	国土资源部
	关于开展"十三五"土地整治规划编制工作的通知	国土资发〔2015〕68 号	国土资源部
	全国土地整治规划(2016—2020)	国土资发〔2017〕2 号	国土资源部
权属管理	关于做好土地开发整理权属管理工作的意见	国土资发〔2003〕287 号	国土资源部
	关于加强农村土地整治权属管理的通知	国土资发〔2012〕99 号	国土资源部
整体指导	关于土地开发整理工作有关问题的通知	国土资发〔1999〕358 号	国土资源部
	土地开发整理若干意见	国土资发〔2003〕363 号	国土资源部
	关于加强和改进土地开发整理工作的通知	国土资发〔2005〕29 号	国土资源部
	关于适应新形势切实搞好土地开发整理有关工作的通知	国土资发〔2006〕217 号	国土资源部
	关于进一步加强土地整理复垦开发工作的通知	国土资发〔2008〕176 号	国土资源部
	关于严格规范城乡建设用地增减挂钩试点切实做好农村土地整治工作的通知	国发〔2010〕47 号	国务院
	关于开展全域土地综合整治试点工作的通知	自然资发〔2019〕194 号	自然资源部
	全域土地综合整治试点实施要点(试行)	自然资生态修复函〔2020〕37 号	自然资源部
	关于进一步做好全域土地综合整治试点有关准备工作的通知	自然资办函〔2020〕1767 号	自然资源部

9.2.2.3　当前问题

2008 年十七届三中全会提出"大规模实施土地整治"后,法律体系建设在不同层面加快开展,地方土地整治立法进度尤其提速。总体来看,法律体系建设仍然严重滞后于快速发展的实践需要。

当前存在的主要问题有:

①规范性文件出台较多,但不能从根本上替代法律法规。迄今为止,国家层面尚未就国土空间整治专门立法,只在相关法律法规中作出了一些零散的、原则性规定。虽然相继出台并实施了一系列基本涵括国土空间整治工作关键环节和主要方面的"意见""通知"或"标准"等规范性政策文件,但这些文件并不真正具有完整的法律效力。

②现行立法体制存在较为严重的缺陷与不足。从目前已开展的相关工作来看,立法位阶不高、专门性不强的问题较为突出,常常存在低位阶法律法规对一些问题作出了具体规定但高位阶法律却并未涉及的情况。由于国家层面的土地整治立法滞后,一些出台了地方性法规或地方政府规章的省份在具体实施中越来越多地面临缺乏"上位法"支持的困境。

③部分法律语言表述不够严谨,不利于实践中遵守执行。法律语言应该呈现准确肯定、简洁凝练、规范严谨等特点,但现有相关法律语言往往并非如此。如相关法律在确定违法责任追究时,存在"采取果断措施予以制比和纠正""责令改正并处以罚款""予以纠正进行查处"等类似表述,原则性较强而操作性很差,面临着实际实施中难以对照执行的困境。

④现行法律在一些重要内容界定上存在不足。如缺乏有关概念和内涵的权威性法律界定,缺乏主要环节和工作程序的明确规定,缺乏工作机制、权属调整、资金筹措等法律规定,以及缺乏相关权利人和行为人法律责任的统一规定等。

9.2.3　建设路径

国土空间整治法治建设是一项复杂的系统工程,加强立法建设、健全法律体系则是必须做好的一项基础工作。针对国土空间整治面临的新形势和全面依法治国的新要求,需要围绕法治建设总体目标,明晰国土空间整治法律体系建设路径,稳妥推进建设,为国土空间整治工作持续发展提供可靠的法律保障。

9.2.3.1　厘清建设思路

"科学立法、严格执法、公正司法、全民守法"十六字方针是新时期依法治国的基本纲领,也是国土空间整治法治建设的根本要求。因此,要加强土地整治法律体系建设思路的总体设计,系统总结国外有关国家和地区土地整理法律体系建设经验教训,深入分析国内国土空间整治法律体系建设现状、问题和需求,提出中国特色国土空间整治法律体系建设的目标任务和实施路径。

总体目标方面,要在完善立法程序、加强关键内容立法和做好立法与改革衔接的基础上,努力构建适合中国国情的完善的国土空间整治法律体系,为推动形成高效的实施体系、严密的监管体系和有力的保障体系夯实法律基础。

实施步骤方面,要合理确定近、中、远期行动内容,近期要加快制定出台具有基本法性质的国土空间整治法律,中期要完成法律体系框架构建,远期则要建成中国特色的国土空间整治法律体系。

9.2.3.2　完善立法程序

科学立法、民主立法是提高国土空间整治立法质量的根本途径。要努力完善国土空间整治科学立法、民主立法机制，创新公众参与立法方式，广泛听取各方面的意见和建议，从体制机制和工作程序上有效防止整治的部门利益和地方保护主义法律化。

要健全有立法权的人大主导立法工作的体制机制，发挥人大及其常委会在国土空间整治立法工作中的主导作用，一般法律、行政法规草案和部门规章不得突破基本法律规定。

要加强和改进政府土地整治立法制度建设，完善行政法规、规章制定程序，行政法规力争由政府法制机构组织起草，对涉及公民、法人或者其他组织权利义务的有关事项不得通过规范性文件越权规定，对部门间争议较大的立法事项应由决策机关引入第三方评估机制。

要明确地方立法权限和范围，禁止地方制发带有立法性质的国土空间整治政策文件。

要健全公众参与立法机制，拓宽公民参与立法途径，广泛吸收研究机构、企事业单位、行业协会、专家学者和社会公众参与起草国土空间整治法律法规草案和制定规章等立法工作，充分听取基层国土资源主管部门意见，建立健全土地整治立法公开征求意见和公众意见采纳情况反馈机制，完善国土空间整治立法项目征集和论证制度，广泛凝聚社会共识。

9.2.3.3　加强关键内容环节立法

国土空间整治涉及面广，技术性和实践性强，需要加强关键内容及其主要环节的立法工作。具体包括：

①在概念内涵上，要就其法律概念予以界定，明确其适用范围与重点领域；

②在行为主体上，要对整治工作的组织者、实施者以及相关利益主体进行明确；

③在组织管理上，要明确整治管理体制，包括管理机构和具体组织实施机构；

④在运作方式上，要原则规定各地可以根据实际情况选择或确定适宜的整治运作方式；

⑤在工作程序上，要对整治的一些关键步骤和重要环节予以规定；

⑥在资金保障上，要重视相关资金筹措的多元化和运作方式的市场化，规定各投资方特别是各级政府要建立稳定的资金筹措渠道；

⑦在权属调整上，要厘清整治产权主体、投资主体和监管主体三方之间的权利义务关系，明确权属调整的基本原则和工作内容等；

⑧在法律保障上，要规定行为人在相关管理、施工建设等活动中做出违法行为时应承担的公法或私法责任，以及出现纠纷时可以采取的解决途径等。

9.2.3.4　坚持立法和改革相衔接

国土空间整治领域的重大改革必须坚持在宪法和法律框架内进行，改革试点内容涉及或者突破法律规定的，必须按照法定程序取得授权。

在涉农资金整合成为大势所趋的背景下，要关注：

①如何发挥好整治的平台作用，聚合相关资金；

②如何建立激励机制，引导和鼓励社会资本参与整治工作；

③如何真正凸显整治的民生工程、惠民工程效应，建立健全公众参与机制，让广大群众全程、深度参与整治工作并从中直接获益；

④如何在目前政府以一己之力组织实施土地整治工作的背景下，创新组织实施模式，特别是在实施主体建设方式、监管模式等方面进行创新；

⑤如何加强建后管护,确保整治新增耕地或建成的高标准农田得到合理利用;

这些都是当前困扰各地规范推进国土空间整治工作的重大难题,也是各地亟须改革创新的重要领域。在此情况下,更应做好立法与改革衔接工作,要通过加强前期研究,推动国土空间整治法制建设,完善相关配套法规规章,保障改革创新稳步推进。

9.2.3.5　健全法律体系

努力建设以基本法为核心并辅以配套行政法规、部门规章和地方性法规、地方政府规章的系统化、体系化国土空间整治法律,并且配以一系列规范性政策文件和技术标准。

在法律层面,立足《宪法》第九条、第十条关于自然资源和土地的根本规定,在修订《土地管理法》时将"国土空间整治"列为专章,以法律条文形式原则规定国土空间整治的概念内涵、基本原则、行为主体、主要环节、组织管理、运作方式、资金保障、纠纷解决、责任追究等,努力将其建设成为国土空间整治的基本法。

在行政法规层面,制定出台具有中国特色的《土地整治条例》,对国土空间整治工作的主要内容和重大问题做出更加细化的专门性规定,并对诸如工作机制、工作程序、管理体制、中介机构、权属调整、公众参与等内容作出专章介绍。

在部门规章层面,对国土空间整治工作的关键内容分别做出面向实际操作的细化规定,如公众参与若干规定、权属调整指导意见、中介机构管理办法、监测监管实施细则等。

在地方层面,尚未制定地方性法规和地方政府规章的要结合上位法内容和地方特色加快制定具有地域特征的国土空间整治地方性法规和地方政府规章。已经制定出台类似法规和规章的,要根据上位法规定或形势变化及时修订。另外,管理部门要推进国土空间整治的规范化标准化建设,依法加强配套规范性政策文件和技术标准的立、改、废、释工作。

9.3　国土空间整治的运行监管建设

国土空间整治的运行监管系统是自然资源应用体系的重要组成部分,其采用信息化手段对国土空间整治项目进行全生命周期精细化管理,实现对整治项目的科学管理、精细整治,提升国土空间治理体系和治理能力的现代化水平(杜贵嵩,2021)。

9.3.1　建设思路

9.3.1.1　现状问题

"统一行使全民所有自然资源资产所有者职责,统一行使所有国土空间用途管制和生态保护修复职责",自然资源部"两统一"职责的确立,预示土地整治进入由局部分散开展阶段向全要素、全覆盖发展的国土空间整治阶段转变(陈美球等,2020)。与传统土地整治相比,国土空间整治的目标与对象更加多元化、路径更加系统化、手段更加复杂化。但长期以来,在履行土地整治相应职责时,各组成要素由不同部门机构进行管理,管理体制不健全、社会监管机制不完善、监测监控网络不统一,技术不足导致运行监管效率低下。

当前,国土空间整治的运行监管主要存在三大技术问题(李少帅等,2019):

①数据类型多样,整合难度较大。国土空间整治项目涉及面较广,包含国土、规划、矿

产、农业、环保等诸多领域,项目所需数据类型繁杂且难以获取,同时存在数据格式不统一、缺少统一的数据获取与信息监管手段等问题。

②现有系统单一,业务支撑不足。目前,部分省市已建设有国土空间基础信息平台、土地整治监管监测系统及矿务管理系统等信息化平台,但平台所支持的项目类型较少,信息系统间彼此孤立,无法联动,未形成统一的常态化管理应用系统,难以支撑国土空间整治业务。

③信息化水平低,业务关联分散,信息监管不足。由于国土空间整治项目的管理尚未实现自动化和信息化,缺乏相应的项目信息管理系统对国土空间整治项目进行全流程管理,项目建设的各项审核工作分散在不同部门之间,缺乏协同共享机制。各职能部门对项目全流程管理监管不足,难以对项目进行统一管理。同时各相关职能部门与专家组、公众之间缺乏相应的联动机制手段和有效的信息沟通交流,导致各方意见及资料难以及时反馈,管理效率低下。

9.3.1.2 建设需求

根据三方面问题,国土空间整治的运行监管系统建设需要满足三方面需求:

①运行监管系统能够对国土空间整治工程进行全生命周期的精细化管理(见图9.2)。

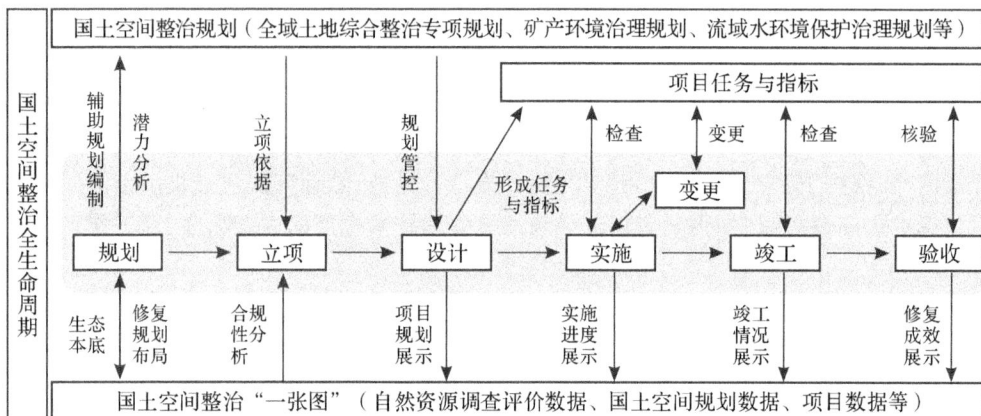

图9.2 国土空间整治全生命周期

②运行监管系统可以对国土空间整治所需的各类历史数据、监测数据、地理数据、政策沿革与科研成果进行全方面整合分析,并依托大数据、人工智能等手段,准确识别生态破坏病因,把握生态破坏的风险与成因,实现国土空间整治的精准施策。

③运行监管系统能够针对不同地区的生态特点解决信息交流媒介缺失问题,为各地整治治理提供辅助决策信息,以此来实现跨部门、多学科的数据共享与信息互通,提升信息化治理能力,为"数字化"政府的建设增砖添瓦。

9.3.1.3 系统构建思路

国土空间整治运行监管系统的核心内容由三大体系和七大功能组成(见图9.3)。具体来看,利用现有信息化基础,结合3S技术、物联网和计算机技术、大数据和人工智能技术,综合山水林田湖草监测的各类数据和生态修复项目业务管理数据,建设包括数据、指标及模型三大体系,提供监管"一张图"、潜力分析、规划管理、项目管理、监测预警、统计分析及绩效评估七大功能,实现对整治项目从规划、立项、规划设计、项目实施与变更、项目竣工验收的全生命周期精细化管理与监管监控一体化,让管理者对国土空间整治全过程了然于胸,为统筹实施开展山水林田湖草综合治理提供信息化支撑。

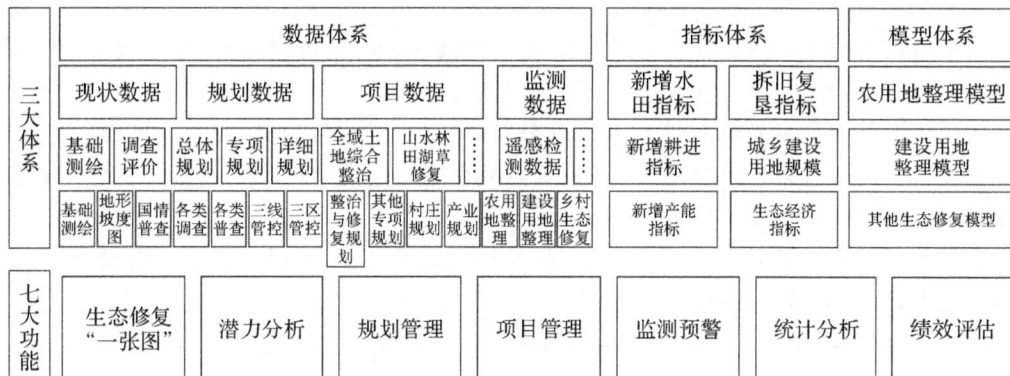

三大体系	数据体系				指标体系		模型体系
	现状数据	规划数据	项目数据	监测数据	新增水田指标	拆旧复垦指标	农用地整理模型
	基础测绘 / 调查评价	总体规划 / 专项规划 / 详细规划	全域土地综合整治 / 山水林田湖草修复 ⋮	遥感检测数据 ⋮	新增耕进指标	城乡建设用地规模	建设用地整理模型
	基础测绘 / 地形坡度图 / 国情普查	各类调查 / 各类普查	三线管控 / 三区管控	整治与修复规划 / 其他专项规划 / 村庄规划 / 产业规划 / 农用地整理 / 建设用地整理 / 乡村生态修复	新增产能指标	生态经济指标	其他生态修复模型
七大功能	生态修复"一张图"	潜力分析	规划管理	项目管理	监测预警	统计分析	绩效评估

图 9.3　国土空间整治运行监管系统内容构成

9.3.2　系统构成

9.3.2.1　总体框架

国土空间整治运行监管系统通过建立整治"一个库、一本账、一张图"(喻文承等,2020),厘清家底、明晰格局,对整治项目从立项、规划设计与预算、实施、竣工验收和后期管理进行全生命周期精细化管理、监管监控及信息共享。

(1)核心内容

打通数据壁垒。国土空间整治运行监管系统保障与国土空间整治相关的现状数据、规划数据、项目数据、监测数据等信息在各环节流通,破除长期存在的信息壁垒和数据孤岛问题,以数据来引导业务前后的衔接过程,通过数据共享的方式来增进业务之间的逻辑关联。

融合多元用户。国土空间整治运行监管系统打破国土空间整治的部门间隔、空间间隔、公众间隔,以及不同层级政府的等级间隔,最大限度地统筹政府部门、事业单位、科研机构和社会公众等治理主体,充分发挥不同治理主体的作用,在推进信息共享的同时推动多元主体共同参与国土空间整治工作,按照"山水林田湖草生命共同体"理念,构建全区域、全要素底板数据,为科学有效地进行国土空间整治工作奠定良好的数据基础。

精细化、数字化管理。国土空间整治运行监管系统对国土空间基础信息平台提供集成和调用接口,实现数据的动态接入,实现项目相关数据的实时共享、动态监测与实时动态监管;通过系统自动获取、保存的动态监测数据,对国土空间整治情况进行定期评价及发展预测,提高部门间、各层级政府间的协同治理效率,推动数字化政府的建设。

(2)架构设计

国土空间整治运行监管系统由用户层、应用层、平台层、数据层和基础层构成(见图9.4)。

①基础层由计算资源、软件资源和网络与安全资源等部分组成,为监管系统的正常运行提供基本保障;

②数据层是平台系统的基础,整治与修复数据库涉及现状数据、规划数据、管理数据、社会经济数据及项目数据。根据实际情况和需要,采用集中式的方式实现数据资源的整合和存储;

③平台层由国土空间基础信息平台构成,提供数据服务、功能服务、专题服务、数据管理、运维管理等,为国土空间整治监管系统提供基础支撑;

④应用层分为 B/S 端和 C/S 端两个部分,B/S 端主要包括浏览、规划管理、项目管理、监测预警、统计分析、综合评价、移动巡查、信息共享等功能模块,C/S 端主要包括数据整理、质检、入库等功能模块(高世昌等,2018);

⑤用户层包括政府部门、事业单位、科研机构和社会公众,根据不同用户需求和信息安全保密要求,开放不同等级的数据和功能。

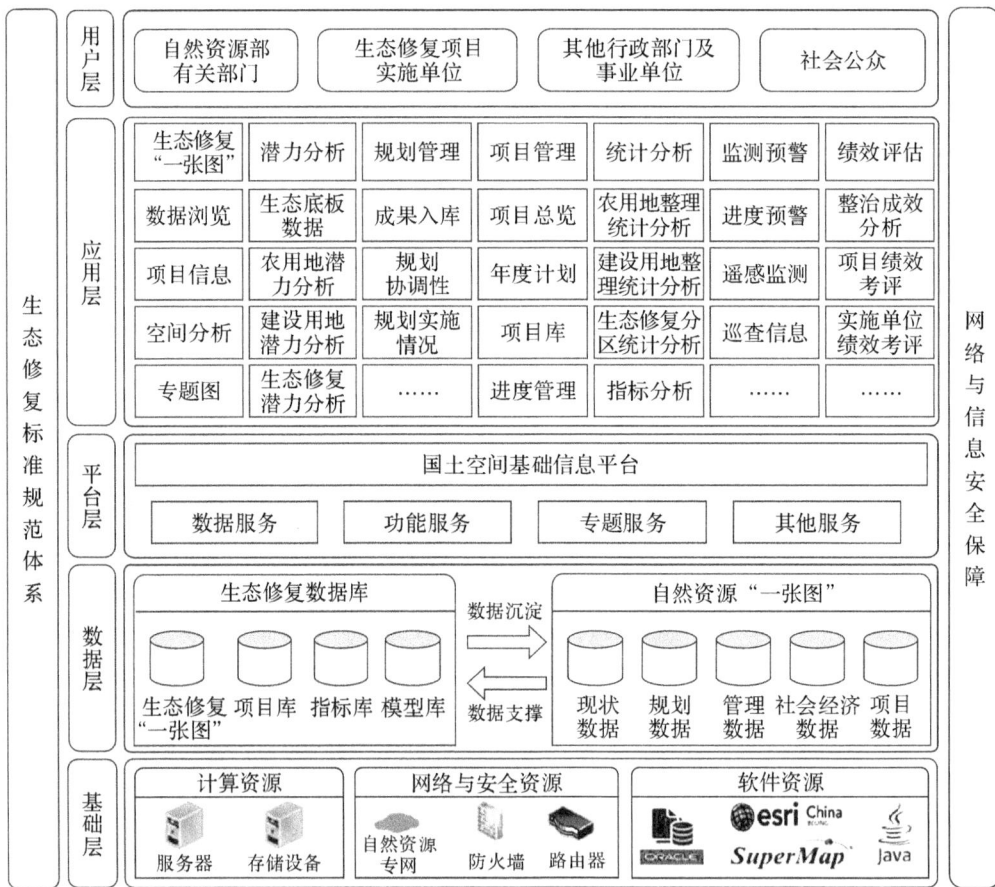

图 9.4 国土空间整治监管系统构架

9.3.2.2 体系设计

(1)数据体系

整合与国土空间整治相关的现状数据、规划数据和项目数据,形成整治"一张图"数据分级分类目录(见图 9.5)。基于统一的数据库标准,对多源异构数据进行采集汇总,经过数据清洗、处理、质检,按照物理分布、逻辑统一的技术路线和自然资源数据目录规范进行存储(王鹏等,2014),构建整治与修复数据库,包括数据采集、数据建库与管理及数据共享三个方面。

现状数据	基础测绘	电子地图
		遥感影像
		地形坡度图
		海岸线
		数字高程模型（DEM）
	资源调查	地理国情调查
		土地资源调查
		农业农村调查
		农村地籍调查
		耕地资源调查
		水资源调查
		自然保护地调查
		森林资源调查
		湿地资源调查
		草原资源调查
		矿产资源调查
		地质环境自然资源调查
		生态环境调查
	资源评价	耕地资源评价
		森林资源评价
		矿产资源评价
		水资源评价
		其他

规划数据	总体规划	"三线"管控
		"三区"管控
		空间规划
		土地利用规划
	专项规划	整治与修复规划
		其他专项规划
	详细规划	村庄规划
		产业规划
		道路交通规划
		给水工程规划
		电力工程规划
		其他详细规划

项目数据	实施项目	全域土地综合整治
		矿山综合生态修复工程
		山水林田湖草生态修复工程
		高标准农田建设
	历史项目	垦造水田
		拆旧复垦
		增减挂钩
		"三旧"改造
		矿山修复
		其他

图 9.5 数据体系目录

（2）指标体系

将国土空间整治项目的相关指标分为指标规划值、指标监测值和指标填报值三个部分。规划值即为项目设计中的指标要求,监测值则是项目区域内新增此类型地类图斑监测数据,填报值来源于项目验收填报数据。

（3）模型体系

以各种整治潜力分析、指标监测值分析为目标,通过相关算法构建包括分析模型和指标模型在内的可视化模型体系。基于模型体系,国土空间整治运行监管系统可以自动实现数据分析以及指标计算,并快速获取相应的分析结果和指标监测值。

9.3.2.3 功能模块

（1）"一张图"功能模块

通过收集、汇总与整治相关的现状数据、规划数据和项目数据等,从空间上展示生态本底、规划布局、项目实施进度和整治修复成效,为项目立项提供合规性分析,实现数据资源、项目全景、空间分析、图件输出、查询统计五个功能(崔海波等,2020)。

（2）潜力分析功能模块

通过采用可视化模型构建工具,结合各种生态修复潜力分析算法,构建相应的模型,提供农用地潜力分析、建设用地潜力分析等功能,以达到辅助国土空间整治规划编制的目的。

（3）规划管理功能模块

面向土地整治规划、矿产资源规划、水资源环境规划、生物多样性保护规划等相关整治的规划编制项目,对其进行全过程管理及成果管理。针对规划成果数据进行管理,如:通过建立国土空间整治项目标准,对下级规划或同级规划进行快速准确的在线审查工作;提供整治规划与城市规划、村庄规划、耕地保护等相关专项规划或详细规划之间的符合性分析,判断其是否符合相关专项规划或详细规划;展示关联项目实施情况,实时掌握规划要求的项目任务与各类指标完成情况。

(4)项目管理功能模块

根据《全国国土规划纲要(2016—2030年)》《全国土地整治规划(2016—2020年)》《矿山地质环境保护规定》《山水林田湖草生态保护修复工程指南(试行)》等相关要求,以当前国土空间整治的实际需求为导向,面向土地整治与土壤修复利用工程、矿山环境治理恢复工程、生态系统和生物多样性保护工程和流域水环境保护及治理工程等整治工程项目,研发包含项目总览、年度计划、进度管理等功能,以信息化手段实现相关整治工程从项目计划、申报、审批、实施、验收全过程的信息化管控,提升项目管理及协调能力。

(5)监测预警功能模块

从宏观、中观、微观三个层次对整治规划布局、规模、数据与实施情况进行监管,对项目进度进行把控,对生态保护违法事件进行巡查预警。基于实时接入的遥感数据和土壤、水质、矿山、气象等监测样点数据、视频监控数据,以重点监测的污染农用地、矿山、水源及林地为核心,建立大气、土壤、水质三维立体的动态监测指标体系,并展示整治前、施工期及竣工验收后的生态环境动态监测指标情况,以动态图表与大屏显示等可视化方式展示实时的监测指标数据,并根据监测指标模型实现预警。同时,针对工程项目监管的需要,实时接入工程项目计划、实施、资金及绩效评估等各类信息,实现对工程项目的全过程监测预警。

(6)统计分析功能模块

针对农用地整理、建设用地整理、乡村生态修复、招投标统计、分区统计提供区域项目数量、规模、投资及进度等多方面的统计信息,并从年份、区域、项目类型等多个维度进行统计分析,使政府及各相关职能部门能便捷快速地从多维度了解各区域项目总体情况和实施进度等信息。

(7)绩效评估功能模块

根据国土空间综合整治与生态修复项目实施前与项目验收后的现实需求,进行绩效评估,建立可行性分析和整治绩效综合分析两大功能应用。在项目实施前进行可行性分析,筛选最适宜生态修复的项目点;在项目验收后对监测指标数据进行多方位对比分析,如整治绩效分析、项目绩效考评、实施单位绩效考评。

9.3.3 关键技术

9.3.3.1 基于 Cesium 三维 GIS 可视化技术

基于 Cesium 三维 GIS 可视化开发组件,可以实现快速加载实景三维模型数据,并支持360°旋转,并支持量测距离、面积、体积等定量分析,还支持引入不同时期的生态修复成果,实现生态修复成果立体化监管(闫勇,2020)。

9.3.3.2 运用数字全景采集和展示技术

数字全景采集展示技术具有周期短、成本低、直观可视的特点,将360°数字全景影像与遥感影像相结合,并在生态修复工程不同时段采集数字全景影像,能快速收集过程信息并实现对比分析和定性监管(曹广强,2019)。

9.3.3.3　基于 Vue 实现 MVVM 架构模式

Vue 是一个轻巧、高性能、可组件化的 MVVM 库,支持跨平台前端开发架构。Vue 通过双向数据绑定把 View 层和 Model 层连接起来,通过对数据的操作就可以完成对页面视图的渲染,提升数据模型交互效率和前端展示性能(王鹏强,2019)。

9.3.3.4　基于 MySQL 数据库优化技术

MySQL 数据库支持跨平台、支持多种开发语言且较为轻便,是目前较为主流的数据,支持通过对分库、分区、分表等数据库优化技术,提升多源海量数据的存取效率(杜贵嵩,2021)。

9.3.3.5　基于 Echarts 数据可视化技术,提高数据易读性

Echarts 是纯 JavaScript 开源可视化前端图表库,支持快速构建静态和动态统计图表,通过配置数据源选择合适的呈现方式,相对于传统的统计图表,Echarts 更适合生态修复工程的进度、资金、绩效等指标的动态分析和展现(徐欣威,2019)。

9.4　国土空间整治的整体性治理建设

9.4.1　概念界定

9.4.1.1　整体性治理

整体性治理是一种政府处理公共事务的协同治理框架和运行模式。其在对政府公共服务割裂与管理碎片化现象的反思与修正基础上,以有效解决公共事务和满足公众整体需求为主要目标,以协调、整合、参与、信任、责任等策略方法,在不同治理层级、治理主体、公私部门等建立面向行政过程和目标的多重整合(谢微,2018)。

整体性治理的理论起点是政府治理面临的"棘手难题"与"碎片化"现象。"棘手难题"即政府治理面临的整合性问题。整体性治理认为,随着经济社会运转的复杂性不断增强以及公民复合性需求的增加,政府治理经常会面临大量整合性问题,这些问题超越传统官僚制的组织与功能分工,难以通过单一部门的努力加以解决(谭学良,2013)。

整体性治理认为"棘手难题"的产生根源和政府组织关系上的客观表现形式是"碎片化"状态。"碎片化"描述的是一种某一特定服务供给者数量庞杂、功能重叠、边界不清的状态。整体性治理更多从总体行政体系的角度认识"碎片化"现象,认为组织功能和关系趋向分裂(即碎片化的实践表象)的根源是整体系统中各子系统在目标、文化、结构、功能、运作等体制与机制方面相互分割、重复、冲突(罗思东,2005)。碎片化状态的持续存在阻碍着系统整体功能的发挥,也阻碍组织间有效协作的开展。

9.4.1.2　国土空间整治的整体性治理

在行政科层制下,以项目运作为主要特征的传统土地整治治理模式面临着低效、管理与服务碎片化等问题。其根源在于"管理主义"导向下过度专业化与分工导致的组织壁垒。同时,基于项目制配置资源的土地整治治理模式加剧了跨部门整合与配置资源的难度,而

"技术理性"主导的项目运作机制也不利于项目实施主体与其他利益相关方围绕项目开展协调合作。因此,土地整治相关的各级政府之间、政府各职能部门之间、政府与社会之间难以处理纵横复杂的协作关系。

针对上述国土空间整治的治理困境,整体性治理构建了一种基于协调、对话与合作的政府运行模式,针对国土空间整治中产生的公共行政碎片化问题,提供一系列可操作的方法和手段(刘林,2020)。

国土空间整治的整体性治理的定义是:政策制定者灵活使用整合、协调、合作、信任、责任等治理策略,通过治理层级、治理功能、公私部门和信息系统等方面的整合与协调,在国土空间整治各参与主体间形成畅通、高效、有序的协同治理格局,解决科层制与项目制双重体制约束下存在的土地整治"碎片化""不协同"等问题,实现公共服务整合性供给、提升国土空间整治的过程结果绩效。

国土空间整治的整体性治理过程中,根据"内、外、上、下"四个维度开展过程分类(Lin,2002):"内"是指在政府内部,特别是同一层级政府内部实现国土空间整治有关资金、人员、技术等资源的有效整合与合理配置;"外"是指政府与国土空间整治外部协作主体(主要是基层自治组织、农民个体等)之间实现有机配合,也即处理好政府与基层社会的协同关系;"上"是指层级制政府内部自上而下设定责任和激励,使得国土空间整治的整体性治理总目标在行政体制内部得以强化;"下"是就行政结果而言,国土空间整治应提供综合性、集成化、高质量的公共服务,从而真正满足公众需求。

9.4.2 政策目标

9.4.2.1 转变政府职能与重塑行政伦理

无论是国土空间整治还是整体性治理,政府在其中都发挥着主导性作用。政府推进改革的主动性与决心不仅是整体性治理的基础要素,更是改革过程能够持续深入进行的保障因素。政府职能向服务型转变,行政伦理向主动型转化,两者是整体性治理出现的行政伦理基础,需要在整体性改革中不断加以强化与巩固。

在转变职能方面,政府应始终以"满足人民生活需要"为改革的主导目标。基于这一主导目标,为了提供优质高效的无缝服务、充分满足公民多元需求,政府应不断增强公共行政参与者的服务意识和责任感以及对公共利益的认同感。例如,面对农村地区乡村振兴、生态美化、治理优化的迫切需求,各级政府应积极探索优化供给、提高效益的国土空间整治创新机制,以土地撬动农村发展。同时,政府转变职能要求地方政府增强自我革新的能力,充分认识到现有乡村公共服务供给的"碎片化"问题,并不断提升行政效率和治理能力。

在重塑行政伦理方面,整体性治理是组织内部治理力量的协调与优化。如果整体性治理改革遭到内部行政人员消极抵触甚至反对,那么协调与整合措施就难以有效实施。反之,行政人员的积极配合将会显著降低协调与整合过程中信息搜寻、谈判缔约、履约监管等环节的交易成本,促进整体性治理的高效开展。因此,培育和深化支持性的行政伦理与文化价值是整体性治理的重要政策目标。具体而言,在国土空间整治整体性治理改革中,应通过体制机制设计等手段,促使行政人员强化对于公共利益的认同、积极服务公众、积极务实合作,从而提升整体性运作的过程效率和结果绩效。

9.4.2.2　提高整治过程效率

整体性治理强调通过组织结构层面的整合运作、运作机制的效率改进和供给方式的优化等方式，达到消除政策间的矛盾和紧张、增加政策的效力、提高资源利用效率、增进不同利益主体的协作等目的。

政策制定者在治理过程中，应从政策创新和组织重构两方面开展整体性治理改革。在政策创新方面，整体性治理要求政策制定达到过程一致性，即在政策制定、执行、变迁、评估、反馈、调整全过程形成闭环，同时各参与主体也应按照一致性政策参与到整体性事务中，从而避免跨部门的政策割裂和交叉性事务的出现。在组织重构方面，整体性治理提出了协同合作、伙伴关系和有机团结为特征的组织创新要求，试图通过促进跨组织边界的资源共享、提升组织间协调和解决复杂事务的能力、塑造新的整体性行动主体出现等方面的努力，实现组织效能的提升。

在国土空间整治过程中，功能与目标趋于碎片化的各类行动主体（如各职能部门、基层组织、农民等），在面临合作需求时，伴随机会主义风险而来的信息阻隔、推诿扯皮、政策摩擦等都可能引致额外的成本。国土空间整治的整体性治理就是要通过协调规资、水利、生态环境、林业、农业农村等职能部门及基层组织和民众，优化政策实施流程和运作机制，整合人力、资金、物理资产等资源，能够有效地降低信息搜寻、谈判决策、监管履责等环节的交易成本，进而提高国土空间整治的过程效率。

9.4.2.3　提供综合、有效、群众满意的公共服务

从行政结果来看，整体性治理存在明确的结果预期，包括解决政府行政协同治理的"棘手难题"、满足人民生活需要等（黄滔，2010）。在国土空间整治中，上述两个目标可以归结为提高土地整治公共服务供给的综合化程度、有效性和群众满意度。为实现这一改革过程，政府应强化以公民需求为核心的制度设计和运行改革。

国土空间整治的整体性治理在结果维度上，应关注公共服务供给是否实现综合化效益、是否真正满足农民和地区发展需求。针对当前整治普遍存在的项目零碎化、时效性欠缺、工程质量差、供需不匹配等问题，国土空间整治的结果绩效可以从"一站式"服务供给的时效性、满意度等方面进行综合衡量。

"一站式"服务供给的时效性是整体性理论所倡导的"无缝服务"的体现，也是整体性治理的重要改革导向。国土空间整治的整体性治理应通过整治实现综合化的治理目标。这些目标主要靠政府主导的各类公共服务供给项目实现，对包括国土空间整治在内的乡村公共服务供给改革提出了更为细化的建设目标。在项目整合方面，国土空间整治转型应通过统筹安排与土地相关联的公共服务项目、优化组织体系和供给流程，摆脱单一部门单一项目"孤军奋战"的局面，追求整治的全面性和规模效益，提高公共服务供给的总体性和有效性。在项目落地方面，协调和动员多元主体，保障公共服务供给质量提升和供需匹配。

9.4.3　建设要素

9.4.3.1　协作组织

国土空间整治的整体性治理中，主要包括三种类型的协作关系：政府纵向协作关系、政府横向协作关系和基层多元主体协作关系。

（1）政府纵向协作关系组织

政府纵向协作指上级政府及其组成部门和各级地方政府及其组成部门之间的协作。

国土空间整治项目实践一般落实于区县层面，上级部门包括中央、省级等有关主管部门，地方政府包括区县本级、乡镇等政府。

国土空间整治按照国家监管、省级负总责、县级领导实施的要求实施部门合作。在顶层设计上，上级政府（及其组成部门）作为整治项目的发包方，将项目管理的一揽子权力发配到获得项目的地方政府，并对项目实施后续监管和验收，确保上级政府意志得以落实。在上级主管部门之下，各级地方政府在机构设置和职能分配上存在高度一致、"上下对口"的机构设置。行政体制的信息、资源、权威通过"条条专政"的纵向体系传递，推动下级部门按照上级意志执行和实施有关工作。依托这一上至中央、下达乡镇的纵向层级体系关系，政府内部构建了上级监管统筹与下级组织落实相结合项目运作机制。

目前，上下协作的项目运作机制仍然存在诸多问题。由于缺乏科学的权责划分和激励机制，地方政府往往缺乏严格执行上级项目要求的积极性，可能出现选择性、变通式执行等问题，通过"避让"或"借力"化解上级附加在项目上的纵向约束。"避让"指将整治工作演变为单纯自然资源部门的工作，使得整治整体性运作失去可能性。"借力"则指地方政府捆绑土地整治、农田水利、村庄建设等多方面项目资金，使其集中于一个有助于地方经济建设、打造政绩的重点项目。虽然一定程度上促进了资源的整体性使用，但是降低了政府项目运作的规范性和稳定性，破坏了项目固有的公益性质，也容易导致项目资源的非平衡配置，需要在协作关系组织中予以重视。

（2）政府横向部门协作关系组织

政府横向部门协作指同级政府及其组成部门之间的协作。

国土空间整治是包括农用地整理、农村建设用地整理、城镇工矿建设用地整理、土地复垦和土地生态整治等基本工作内容的综合体系。无论是基于机构设置还是功能分工，自然资源部门都是国土空间整治的主管部门。在整体性治理的要求下，国土空间整治工作需要对涉农、涉土的相关职能部门的项目资源加以整合，实现以国土空间整治"撬动"农村地区振兴发展的综合效益。这一任务是自然资源单一部门力不能及的，必须依赖于相关职能部门的有效协作。从现实情况看，协作部门主要包括水利、农业农村、生态环境、交通、财政、审计、纪检等。

目前，政府横向部门间的协作问题亟待解决。一方面，历史遗留问题阻碍整合推进国土空间整治，例如林业部门的图斑数据与国土部门难以统一，导致规划与方案的编制与实施存在困难。另一方面，职能交叉、信息区隔、推诿扯皮等问题导致行政过程效率不高，而且不同部门在农村地区的项目资源多头配置、重复投放，难以形成支撑农村地区长远发展的规模效应，也加重了基层政府和农民的工作负担。

（3）基层多元主体间协作关系组织

除了政府内部整体性运作，国土空间整治项目还面临着有效落地的挑战。

国土空间整治的整体性治理要求优化调整村庄土地利用结构和功能布局，需要调整农民承包的土地以及附属在土地之上的"权利"。因此，整治过程包含着复杂的利益调整，涉及村组集体、农民个体等不同行动主体的切身利益，也存在大量矛盾化解工作。

　　建立能够容纳基层组织、农民等社会主体的治理机制也是国土空间整治的整体性治理重要组成内容。村组集体是村庄利益重构和基层组织动员等基层治理工作的重要行动主体,是政府和农民之间建立整体性运作的"桥梁"。对上,村组可以对接政府组织和专业工程机构,通过合理的制度安排,建立基于某一项目的纵向协同工作机制,促进信息、人力、资金等资源在纵向之间有序流动和合理配置。对内,村组集体可以借助人情、内部协商等方式处理项目进村可能带来的农户纠纷,在一定程度上消解项目制"技术理性"对农村利益结构的冲击。同时,在整治覆盖范围大、事务繁杂的情况下,村组集体直接面对本区域分散的农民,能够大幅降低实施过程中的政策解读、信息传递、谈判决策、执行监管等成本,有效提升政策实施的过程效率。对于分散农民而言,国土空间整治整体性治理的主要目标就是建立农户之间、农户与集体、农户与政府的沟通与协商机制,实现共同参与和多元协商,促进政府与基层社会的良性互动。

9.4.3.2　政策方法

（1）整合的方法

　　整合的方法是主要方法,通过确立共同的组织结构或者合并相同功能单位,以贯彻预期的共同目标。具体而言,各级政府可以依据某一特定任务,将共同目标下的职能部门有关业务工作集中到一起,建立近距离的信息互通渠道、便捷的议事程序以及相对正式的组织关系和制度规范,以缓解由功能分化和组织区隔导致的管理与服务碎片化问题。

　　整合过程主要发生在具备一定边界的组织内部。在政府职能部门之间,依据一致性任务实施功能性整合,可以采用部门权责边界划分、功能主导的组织重构等方式,建立高位协调机制等。合理划分部门权责边界是进行部门协作的前提。

　　在国土空间整治的整体性治理目标下,包括规资在内的各职能部门的专业性质、工作任务各不相同。因此,需要制定和完善整合后组织的权力架构、组成成员的权责清单的制定,并且明确规定部门协作的内容、对象、程序、义务。在此基础上,基于功能的组织重构要求将分散在不同部门内部的具有相同功能的组织资源合并。在不改变原有专业分工的前提下,重新建立服务于某一特殊功能目标的相对独立的行动主体,如委员会、推进办公室等。通过循序渐进和灵活权变的功能性整合,可以在兼具专业分工和工作全局的情况下,取得更为灵活、积极且快捷高效的组织改革效果。

（2）协调的方法

　　协调的方法发生在更为广泛、利益取向更为多元的参与主体之间。

　　在国土空间整治的整体性治理中,政府与外部协作主体（如基层组织、私人部门、农民个体）、基层组织与分散农民个体等的协同治理,都难以通过组织或人员的整合实现协同治理。因此,需要更为灵活的协调策略,以实现更为广泛的社会建构作用。在通常情况下,协调方法不涉及组织、资源等的合并重组,而是通过制度设计和流程再造,在组织间建立信任关系、共享部分资源、加强控制和激励,推动参与者向彼此相嵌、相互信任与相互制约的方向发展。对于政府而言,协调机制可以应用于不同层级政府间的利益协调,也适用于在社会宏观制度和社会微观个体之间寻求平衡,进而促进政府与社会的良性互动。

　　国土空间整治参与主体间的协调制度比较丰富,如:政府内部跨部门的协作机制,联席会议、政府内部常见的高位协调机制,基于领导小组的协调等。在基层治理中,网格管理制度、分类控制、嵌入型监管、甄别性吸纳等,都可以作为推进不同主体协商合作的治理机制。

(3)信任的方法

土地整治领域的整体性治理涉及参与主体多样、利益关系复杂。无论是组织机构间的整合还是多元主体间的协调,有赖于不同主体间不同程度的信任联结,因此,培育和深化信任关系尤为重要。

与整合与协调的方法相比,信任的方法更像是整合与协调的支持和附属。支持性表现在:一个组织内部或者组织之间具备相互信任的关系,才有可能在组织结构、政策手段和目标等方面实现整合与协调。附属表现在:随着整合与协调机制的深入运作,组织与个体间又会基于环境反馈,强化或者弱化互相之间的信任关系。

信任关系的生成逻辑通常不是某一特定制度的产出,而是在外部制度环境下利益主体间长期互动的产物。因此,信任关系的构建不在于制度设计本身,而在于扩大和巩固有利于信任关系出现和深化的制度环境(罗家德,李智超,2012)。以认同为基础的信任更多表现为组织内部或不同主体,对某一公共利益产生共同愿景、共同价值取向、共同叙事,从而建立相互之间的信任关系。

9.4.3.3 治理领域

根据治理主体、治理过程和治理目标的不同,将国土空间整治整体性治理过程划分为政府内部的整体性治理、基层社会的整体性治理两个领域。

(1)政府内部领域

在政府内部领域,上下级政府围绕项目制,形成了配置公共服务资源的"委托—代理"关系。其中,上级政府通过项目发包向下配置专项资金。地方政府通过细化与分类上级政府的各项宏观工作,合理整合项目资源,并传递给下级政府。基层政府则根据上级政府(一般是县区政府)的政策和规划,指导并推动国土空间整治项目有序落实。因此,在国土空间整治项目制运作体系中,政府内部各层级和各部门起到了资源整合、有效配置等作用,在中央宏观意志到基层微观项目的转换中起到了关键性"中转",这是国土空间整治的整体性治理中的关键环节。

国土空间整治的整体性治理实践中,面临着行政科层制下的过度专业化和分工导致的部门壁垒、项目制运作体制下资源整合不足、"委托—代理"结构下地方参与项目制的激励不足等问题。这导致上级资源难以实现有效整合与配置、组织协作的制度运行成本高昂、上级对下级控制与约束不足等,不仅降低了行政流程的过程效率,更直接影响项目落地实施的结果绩效。

问题解决有赖于建立包括横、纵向行政组织的整合与协调体系。一方面,消解由政府部门过度分工和职能划分导致的公共服务供给过程"碎片化"问题。另一方面,解决行政科层制下由"条块分割"等问题导致的土地整治项目控制与激励不足的问题。

从治理方法上看,行政体制与行政实践共同阻碍着跨部门的有效合作(周志忍,2008)。因此,在国土空间整治中,政府应从组织结构创新、行政流程再造、支持性行政文化培育等方面,寻求迈向整体性治理的解决方案。通过转变政府职能、改革行政体制和权责分工、建立程序性的整合与协调机制,可以实现行政组织内部各部门、各层级间充分的利益表达和沟通协调,从实质上提升行政部门处理跨部门难题的能力。

（2）基层社会领域

国土空间整治项目"进村"环节面临的基层治理矛盾十分突出。虽然大部分农民期待着国家项目改变村庄面貌，但是在实施中村组集体的消极应付、部分农户"扯皮"等现象却屡见不鲜。

因为整治项目通常考虑的是一村、一乡甚至更大区域的总体利益，而项目在调整村庄土地权利关系时触及到的是一家一户的个体利益。当项目实施可能的收益难以覆盖自家实际面临的损失时，就会导致农户之间、农户和村组之间出现利益纠纷。特别是整体性治理要求下，整治项目希望通过整合配置各类涉农、涉土的项目资源，统筹提升农村生产、生活、生态空间，项目涉及更为复杂多样的村庄利益调整和再分配需求。因此，妥善处理自上而下的项目供给与基层分散农户对接的问题成为基层治理领域国土空间整治的整体性治理客观需求。

基层社会领域，政府的工作重心包括：地方政府构建有效的控制与激励手段，促使基层组织（主要是村组集体）成为土地整治项目落地的积极行动主体，使其发挥好组织和动员分散农民的功能。地方政府和基层自治组织要有效处理村庄利益重构和利益纠纷，在保证项目顺利落地实施的同时，还要保障农民在土地整治中的话语地位和参与能力。

9.4.4　实现路径

9.4.4.1　宏观层面：培育整体性治理的理念基础

（1）体制机制并重的改革策略

国土空间整治的整体性治理，必然会涉及政府部门协作的问题。在整治实践中，一个整治项目往往关联多个职能部门，需要整合十几个涉农项目。整治需要对分属不同部门的资金、人员、技术等资源进行有机整合和统筹管理。

从功能整合需求出发，国土空间整治的整体性治理改革面临着体制与机制改革的双重路径：通过部门重构、权责重塑等手段理顺综合性治理目标下的行政管理体制；在既有行政管理体制的基础上，通过协调、整合等协作策略实现增量改进。在国土空间整治的整体性治理过程中，政府应建立兼顾体制改革与机制改革的创新策略。

整治实践中，行政体制内部的权责分工是相对稳定的，部门边界并不能轻易改变与消除。整体性治理是在考虑行政体制约束的基础上，倡导在一致性目标下，通过多样性的治理方式和灵活权变的组织协调，以实现目标与手段一致。因此，要在改革稳定性、专业化分工与有效协同治理之间取得平衡，政府需在不轻易改变当前制度环境下，更加重视部门间协作配合机制的建立和完善。

针对国土空间整治的整体性治理中的具体难点，政府可以采取更为循序渐进和灵活权变的机制创新。在一致性目标下，政府通过开展功能性整合、组建灵活而独立的专门行动主体、拓宽跨部门协商的常态化议事渠道等整合与协调手段，在制度环境约束条件下取得更为灵活、积极且快捷高效的治理效能优化效果。

同时，国土空间整治的整体性治理不应忽视政府行政改革的总体规划和任务设计。与西方整体性治理的落脚点与理论起点不同，中国尚处于完善传统科层体制、推进新公共管理改革的阶段（谭学良，2014），尚未完成行政体制改革任务。因此，通过机制层面的协调与整合并不能完全达到政府改革的最优解。很多源自行政体制弊端的问题,如部门权责划分不合理、主责部门专业分工程度不足等,可以借助体制改革加以解决。

此外,政府部门应建立兼顾体制机制的改革策略,处理好体制机制改革的关系。一方面,体制改革的宏观设计应着眼于政府部门"碎片化"问题,通过体制改革促进国土空间整治事务的治理改进。另一方面,政府应加强机制改革的系统性,促使单一领域的改革创新向其他领域扩展,甚至形成"横向到边,纵向到底"的全方位、整体性政府改革策略。

(2)以信任为代表的支持性文化

加强信任文化建设,不仅是促进国土空间整治的整体性治理高效推进的重要价值保障,更是支撑其改革出现的主要因素。

信任关系的构建离不开"相互为利"和"相互认同"两大前提和基础,但是在政府和社会(特别是基层社会),信任联结的构建因实践场景的不同而存在区别。

在政府内部,专业分工和部门利益是组织发展趋于分割的原因。通过调整部门间利益格局,实现组织间共同的利益基础,可以弥合组织分歧、凝聚共同愿景、达到一致性改革目标。具体来看,在存在部门分工和部门利益的情况下,如果部门之间经常性出现单向协助,且缺乏相应的利益补偿等激励机制或外部监管等控制措施,协助双方无法建立互惠互利的利益关系,则提供协助一方很可能产生推诿卸责的动机,甚至加剧双方在政策目标与手段等方面的紧张关系。因此,在同级部门之间,可以通过增强互相协作的利益基础,形成部门间相互为利的信任格局。这一过程的实现可以通过充分的协商与斡旋,也可以是高位协调和规划的结果。在国土空间整治的整体性治理所涉部门中,规资部门作为主要业务部门,应积极寻求与潜在协作部门的共同目标和利益所在,积极为整治寻求目标或手段上的拓展,使其符合协作主体的部门利益。

在基层社会,以认同为基础的信任作为组织动员、弥合利益纠纷的价值保障,具有格外重要地位。群体间存在的共同信念能够显著降低成员间的机会主义行动(Lily and Lee,2002),并强化其互助意愿。通过强化分散农户对于公共事务的认同成为强化基层社会信任文化的重要手段。推动村内多元主体广泛参与公共事务,能够促使民众在实践教育中实现认知重塑和信任强化,有助于提升民众对公共事务和公共利益的认同感和集体意识,进而提升基层治理主体的公信力和治理效率(袁媛,2014)。因此,政府和村组集体应引导村民充分参与村庄公共事务,并在充分表达利益诉求的基础上,开展高效有序的民主协商。借此,增强农民对于公共利益的认同感,并在多元行动主体之间建立起基于共同愿景的信任关系。

9.4.4.2 微观层面:强化执行过程的整合与协商

(1)跨部门的资源整合机制

国土空间整治的整体性治理要求将土地、水利、交通等领域涉农、涉土的各项目资源加以整合,通过统筹管理实现合理配置。为了满足资源跨部门整合的需求,各级政府应建立相对固定的跨部门协作机制,增强应对跨部门资源配置的能力。

同一层级的协同治理主要目标是在综合性项目目标下,通过资源整合与协调配置,将国土空间整治所需的项目、资金、人力、技术等要素汇集成为相对独立的行动主体,从而在组织结构上实现公共服务无缝供给的基础。

为了实现上述目标,可以采用以下制度设计:

①通过部门联席会议、专题会商制度等,将涉及职能部门的领导集中协商,形成共同认可的工作制度和可供落实的执行方案。

②利用高位协调推进资源整合。由涉及职能部门的同一上级或本级党委、政府主要领导牵头,吸收涉及的各部门的主要领导,进而形成针对某一事务的资源整合与职责分工方案。

③专班制度。与部门联席会议、高位协调制度等相比,专班制度可能发挥取长补短的作用。一方面,专班制实现了以上两类制度的协商和指挥职能;另一方面,专班制还是面向执行的常设机构,协商(指挥)与执行的一体化,能够发挥更为全面的整合作用。

无论何种制度设计,由于很少涉及体制改革下的部门权责边界的重划,更多属于整合与协调下的机制创新,大都面临着"因事而设、事毕即废"的问题。跨部门整合机制应追求更为规范化、常态化和可持续的改革策略。结合体制与机制改革并重的策略,政府应通过完善法制建设理清职责权限的模糊地带,加强常态化的跨部门协作规章的建设。同时,无论当前的权责边界划分方案如何合理,其始终面临着不断变化的实践的挑战。因此,从机制创新角度设计必要的争议处理机制同样重要。

(2)纵向到底的组织协调机制

建立纵向到底的组织协调机制有助于将各级政府下辖部门协作的政策、制度、资源向下传递,破解国土空间整治项目落地中由"条块分割"、基层自治力量薄弱导致的推诿卸责、纠纷频发、治理成本高等问题。

为了实现自上而下的有效协调,常见的策略是在需要协作的各层级建立综合协调的组织机构(如工作专班),并通过常态化的协调管理手段(如报表制、督查制、档案管理等),在上下级间建立畅通的渠道,实现权威、信息、资源的上传下达。在国土空间整治中,在每一层级(包括村级)横向整合的基础上,建立一个常规化的综合协调机构是实现纵向协调的可行路径。在这种架构下,原本由规资"条线"处理的整治工作变为落实在每一层级的工作,从而减轻了"条块分割"对治理效率的影响。

在组织协调环节,上级政府的制度规范作用不可忽视,即在纵向协作系统中,上级政府通过制度、政策、机制建设,发挥顶层设计、政策协调与政策反馈,增强纵向到底的组织体系的规范性和稳定性。上级政府的制度规范作用要追求政策(目标)一致性,即通过将整体性治理的策略与思路融入土地整治政策的制定、执行、变迁、评估、反馈、调整全过程,并通过上下联动的组织体系使得上述环节形成闭环,从而实现在制度上对不同主体的激励与约束等目标,强化目标和行动的一致性。制度规范要在一致性目标下追求过程一致性,即在执行过程要约束各参与主体按照一致性政策参与到国土空间整治中,从而避免跨部门的政策割裂和交叉性事务的出现。

(3)项目落地环节的多元参与机制

国土空间整治的整体性治理进一步强化了基层治理主体与分散的农户有效对接的要求。在村组集体内部,通过多元参与有助于扩大对接农户的组织基础,延伸向下对接的路径。建立多元参与的协作机制是促进国土空间整治取得群众满意效果的重要手段。多元参与机制的建设侧重点在于对治理主体的发掘、对治理体系的重塑、对治理流程的优化。通过挖掘并整合村委会、基层党组织、网格化管理组织、以老人为代表的亲情关系网等组织资源,因地制宜构建基层治理的组织架构,并加强制度建设。这能够有效地将基层组织资源纳入村民自治的制度体系中,进而通过民主协商、充分协调、带头示范等协调手段,实现基层治理主体与分散农户的充分协调与有效对接。

为了实现有效、充分的协调,基层治理主体中应做到:

①建立有助于精细化管理与服务的协商体系,在集体和个体之间建立充分的利益表达、协商斡旋的渠道。

②积极转变组织功能定位,基层治理各参与主体必须转变角色定位,树立服务意识,以维护和增进公共利益为宗旨,努力扩展自身在社会中的组织基础。

③在集体内部探索建立有助于多主体互动、协商的公共事务治理方式,促进各方的平等表达和有效参与,从而弥合社会差异、减少利益冲突、培养村民对于公共利益的有效认同。

第10章　国土空间整治的公众参与

10.1　国土空间整治公众参与相关理论及研究综述

10.1.1　国内外公众参与相关理论概述

10.1.1.1　公众参与的概念

随着经济社会的不断发展,公民的民主意识不断增强,公众参与逐渐成为公民参与城市和乡村治理、维护自身权益的重要手段。对"公众参与"学界尚未形成统一的概念和界定。俞可平是较早研究公众参与的学者之一,他认为公众参与就是公众试图影响公共政策和公共生活的一切活动,包括投票、竞选、公决、结社、请愿、集会、抗议、游行、示威、反抗、宣传、动员、串联、检举、对话、辩论、协商、游说、听证、上访等(俞可平,2006)。贾西津则认为 20 世纪90 年代的全球治理变革实现了公众参与从民主选举向民主决策和民主管理的扩展,参与的客体也从政府的政策目标扩展到公共事务的结果目标,她将公众参与的范围从政治选举、影响政府决策的一切行为进一步明确到公共事务的民主治理(贾西津,2008)。蔡定剑则认为公众参与作为西方代议制民主补充形式的民主制度,既不应该包括选举等政治参与的内容,也不应该包括街头行动和个人、组织的维权行动,而是指公共权力在做出立法、制定公共政策、决定公共事务或进行公共治理时,由公共权力机构通过开放的途径从公众和利益相关的个人或组织获取信息,听取意见,并通过反馈互动对公共决策和治理行为产生影响的各种行为,强调决策者与受决策影响的利益相关人通过双向沟通和协商对话来决定公共事务(蔡定剑,2010)。王锡锌则从公众参与的目的出发,认为公众参与是在行政立法和决策过程中,政府等主体通过允许、鼓励利害关系人和一般公众,就立法和决策所涉及的与利益相关或者涉及公共利益的重大问题,通过提供信息、表达意见、阐述利益诉求等方式参与立法和决策过程,并进而提升行政立法和决策公正性、正当性和合理性的一些制度和机制(王锡锌,2007)。

10.1.1.2　国土空间整治议题下的公众参与

国土空间整治公众参与是公众参与在具体实践中的具体应用,其参与主体、参与对象、参与的内容、参与的方式和参与的目标则更加具体明确。高向军是研究公众参与国土空间整治比较早的学者,他认为国土空间整治公众参与是指在区域土地整治过程中充分调动项目区域内各个利益主体的积极性和主观能动性,深入国土空间整治中,以优化区域土地利用的合理配置,维护各个利益主体的既得利益,实现区域土地利用的可持续经营,保证区域内社会、经济、环境协调发展的过程(高向军,2002)。毕宇珠等则强调了公众参与是多元主体的利益博弈,认为国土空间整治中的公众参与是指国土空间整治项目区域内的各阶层、各相关利益群体对项目决策的介入过程,是地方政府、各职能部门与村民、相关领域专家之间的多项交流互动过程,是在利益博弈中调节各方矛盾的最佳方式(毕宇珠等,2009)。宇振荣则强调了公众参与的内容的全过程性,认为国土空间整治中公众参与是指在项目全过程中,政府及土地部门、群众等利益相关方广泛参与,通过相互协商,最后共同确认项目方案并参与项目实施及完成后的监督过程(宇振荣等,2012)。程明勇则强调国土空间整治公众参与的目的性,他认为公众参与国土空间整治是指有关利益群体对土地开发整理项目的介入过程,是国土空间整治项目的管理者与公众之间的双向交流与协调,有利于国土空间整治项目能够切实促进经济增长,为广大公众所接受,同时还能够兼顾生态环境的保护,最终确保土地项目的有效展开(程明勇,2015)。综合以上观点,可以初步总结出国土空间整治中的公众参与是政府、土地管理部门主导,专家、规划师及利益相关公众参与,以全面优化区域内各要素配置,维护利益主体既得利益,保障项目顺利推进,促进社会、经济、环境协调发展为目标,以国土空间整治全过程为参与内容的城乡治理理念和方式。

10.1.2　国外国土空间整治公众参与的相关理论及研究综述

10.1.2.1　国外公众参与规划主要理论及其演变

作为代议制民主的重要补充形式,公众参与在西方发达国家的研究和发展都相对较早。早在1947年,英国的《城乡规划法案》就规定了允许公众对城市规划发表意见和看法,但此时的公众参与的含义还比较模糊,公众参与也只是停留在"征询"公众意见的层次,实际上还是精英主导的建立在工具理性基础上的,坚信通过理性的功能分区和科学系统分析的蓝图可以全面预测、控制、管理城市社会的发展及人的行动的规划模式(龙元,2004)。

20世纪50年代中后期,开始出现了对理性主义进行反思的萌芽,"有限理性""渐进决策"等思想开始对传统的理性综合模式产生冲击。1961年,简·雅各布斯(Jane Jacobs)在其经典著作《美国大城市的死与生》中从生活者的角度对传统的单一功能的城市规划模式进行了批判,她认为城市是一个"复杂性的组织问题",而功能分区的僵化教条正是导致复杂性降低、活力丧失及非人性化现象的主要元凶,这极大地动摇了现代理性主义的正统性根基。同时期,多元主义思想开始在美国和欧洲等地兴起,Paul Davidoff基于多元主义理论的观点,提出了"倡导性规划理论"(又称"辩护性规划理论"),他认为城市规划中充满了以价值判断为基础的选择,一方面,规划师的活动带有自己的价值判断,不能代替公众进行选择;另一方面,在多元化的社会中不存在一个完整的、明确的公众利益,只有多元的价值判断和不同的"特别利益"(李小敏,2005),因此规划师需要正视社会价值的分歧,为不同群体的利益,尤其是社会弱势群体的利益进行代言和辩护,由此确定最终规划方案,以求得社会利益的协调分配。倡导性规划理论对公众参与城市规划的理论和方法进行了大胆的设想和实践,在政府、规划师和公众之间建立了桥梁,推进了美国社会公众参与的进程。

1969年,英国著名的"凯斯夫顿报告"着重探讨了新时期公众应如何参与城市规划,提出了诸如公众可以采用"社区论坛"的形式与地方规划机构建立联系,政府还可以通过任命"社区发展官员"的方式联络那些不倾向于公众参与的利益群体等与传统公众参与不同的方法和途径,这份报告被认为是公众参与城市规划的里程碑。同年,Arnstein提出了"市民参与的阶梯理论",她根据公众参与规划中决策权力的大小将公众参与规划的程度由低到高的划分为无参与、象征性参与和市民权利 3 个层次以及对应的 8 种形式(见表 10.1),并指出只有当所有的社会利益团体之间——包括地方政府、私人公司、邻里和社区非营利组织之间建立一种规划和决策的联合机制,市民意见才将真正起到作用,这不仅为界定规划中公众参与程度提供了重要的结构框架,也为公众参与城市规划指明了方向和路径(袁韶华等,2010)。

表 10.1　市民参与阶梯理论层级统计

层次	形式
市民权利	市民控制
	权利代表
	合作
象征性参与	政府退让
	征询意见
	提供信息
无参与	教育后执行
	执行操作

20 世纪七八十年代,在全球范围内掀起了一股治理模式的变革热潮,新公共运动、新社会运动此起彼伏,参与式民主理论、交往理论、协商民主理论、空间正义理论等相继问世,《马丘比丘宪章》明确提出"城市环境是人民创造的,城市规划必须建立在各专业设计人士、城市居民以及公众和政治领导人之间的系统地不断地互相协作配合的基础上",为公众参与规划的深入发展提供了重要的理论基础和方法指导。

参与式民主理论系统地阐述了参与式民主在政治生活和国家治理中的作用与实质,认为在公共生活中,受公共政策影响的所有公民有权对公共事务进行必要的讨论和协商,提出自己的意见和建议,从而最终影响公共政策,解决公共问题,这实际上强调了公民在政治生活和国家治理中的管理者地位,但由于现实原因,该理论在实践层面的经验不足。80 年代兴起的协商民主理论是参与式民主的新阶段(李琳等,2021),被视为一种决策和治理的机制,强调公民应在公共利益的导向下,通过对话、协商、讨论等平等民主的形式对公共事务达成共识并最终影响公共政策。由德国著名思想家 Habermas 提出的"交往理论"则主张真理不是一种外在于人类生活世界的超经验存在,而是人类经验之中的一种东西。他认为无论是科学真理、道德真理抑或是政治真理,都是理性的、自由的人所组成的共同体通过不断的交流、沟通、探索而终将获得的知识。因此,Habermas 强调共同体中的每一位成员都需要自由、平等参与讨论和对话,并承认团体中的每一个人都认识到终极真理或每一个人都完全同意的方案是不可得的进而相互包容,就可以达成共识,这进一步阐述了公众参与的法理基础和基本原则。David Harvey 等提出的空间正义理论则指出公正因时间、场所和个人而异,并不存在绝对的公正,呼吁维护公民包括弱势群体平等使用城市空间的权利并强调区域自治的重要价值。参与式民主理论、交往理论、协商民主理论和空间正义理论对公众参与的政治基础、必要性和参与机制进行了深入的探讨,从理论基础层面推动了公众参与的进一步发展。

20 世纪 90 年代,面对世界政治经济格局的动荡和日趋多元化、片段化、流动化的社会,一方面,公众对于政府的不信任和市场的怀疑加强了对于社会公共性的诉求,NPO(非营利性组织)、NGO(非政府组织)等市民组织、团体大量兴起,"市民社会"的创建成为人们关注的焦点,对政府及官僚系统的正统性产生了前所未有的挑战;另一方面,政府也认识到自身的局限性,开始尝试摆脱长久以来的公共利益代言人和决策人的角色,寻求与社会和市民组织的共同制定公共决策。在规划领域,传统政府和经验主导的科学理性规划开始让位于合作型动态规划,以人为本的价值观通过平衡各个人和团体的利益而得以实现。在此背景下,Sager 在"交往理论"的基础上提出了交往规划的理论观点,他认为参与决策的各种机构,包括政府部门、社区组织等在编制最终文件的过程中应该相互沟通、相互理解,并形成一定的共识。他强调规划师在其中应该不仅仅是政府或开发商的技术顾问和代言人,更应该是充当排解困难者(facilitators)、调解斡旋者(mediators)和解释者(interpreters)、综合协调者(synthesizers),寻求不同主体间的沟通、对话,对不同的价值观、生活方式和文化传统在空间上寻求解释,以求建立一种"政府—公众—开发商—规划师"的多边合作机制,进而推动协商和谈判,构建一个协同的城市规划纲领(孙施文等,2004)。交往规划理论的出现标志着西方国家的公众参与开始进入了成熟期,基本完成了从 20 世纪 60 年代的社会运动化向 90 年代的理论化方向的迈进(龙元,2004)。

进入 21 世纪以来,西方国家通过条例化和制度化以及决策机构的组织和工作程序保证了公众参与得到切实体现,西方学者关注的重点转向如何通过信息化的手段更加方便、深入地进行公众参与。Smyth 针对 Arnstein 的传统的公众参与 8 个阶梯,于 2001 年提出了包括在线讨论、网络调查、在线决策支持系统的电子参与阶梯(程琴,2005);Leitner 等确定了 PPGIS 的 6 种公众参与模式:家庭使用的 GIS、大学和社区之间的合作形式、在大学或者图书馆里的公众参与式 GIS、地图、网络地图服务、GIS 服务中心等;英国 Yorkshire Dales 国家公园建立了一个在线林地重建系统,用于重新规划林地,这是一个区域性的公众参与式 GIS 系统。

10.1.2.2　国外国土空间整治公众参与的相关研究综述

由于国外的公众参与城市规划的理论研究、法律法规、体制机制和平台组织建设相对较为成熟,国土空间整治公众参与的实践可以在已有理论和实践经验的基础上进行针对性的发展,因此,国外国土空间整治公众参与的研究多为基于实践的经验探讨,主要分为公众参与国土空间整治的现状及特点研究、对公众参与国土空间整治模式的研究以及关于公众参与国土空间整治项目效益的影响研究三个方面(郭秀婷,2018)。

(1)关于公众参与国土空间整治的现状及特点研究

Noort 通过对荷兰国土空间整治情况的研究后指出,荷兰实施国土空间整治取得成果的关键因素是在整治过程中充分重视土地所有者的利益需求,并积极协调土地所有者和社会公共利益之间的关系(Noort P,1987);Sorensen 通过对日本国土空间整治中资金来源、成本控制和利益分配的研究发现其国土空间整治能够取得良好成效的关键是让土地所有者能够积极参与进来(Sorensen A,2000);Nagamine 则认为日本的公众参与国土空间整治成效显著,是因为其在整治过程中组织各阶层成立的正规的委员会、洽谈资金和实施流程,吸引各阶层的公众通过出资、出力等方式参与到国土空间整治中(Noort P,1987)。

(2)对公众参与国土空间整治模式的研究

Lisec 对斯洛文尼亚地区国土空间整治情况进行调研后发现,土地所有者对项目的积极性是影响项目进度的关键因素,因此他认为应该充分尊重土地所有者的意见和诉求,不断改善和优化治理模式,提高国土空间整治的效率(Lisec,2014)。Sorensen 则强调只有充分了解项目当地的文化环境,制定一套针对性的、适合本地区文化环境的国土空间整治方案,才能达到使农民群众"一致满意"的效果(Sorensen A,2000)。Dijk 和 Tan 则通过对比分析中国和欧洲国家的国土空间整治情况后指出,中国在国土空间整治过程中缺乏有效的公众参与,并建议中国应该既立足本国国情又参考西方经验制定适合自己的公众参与模式(Van,2007;Tan 等,2009)。

(3)关于公众参与对国土空间整治项目效益的影响研究

国外学者普遍认为整治区域农民的参与程度和满意度是衡量国土空间整治是否成功的关键因素。Thapa 研究尼泊尔地区不同利益群体行为对国土空间整治的影响后指出可以在农民、社会精英和政府工作人员等利益相关者之间建立对话与沟通机制,从而最大程度地实现不同群体的利益诉求(Thapa,2008)。Demetriou 通过对塞普勒斯岛国土空间整治的研究发现,成本支出方和利益获得方不匹配是项目成本高的关键原因,他建议尽可能鼓励社会各阶层参与国土空间整治,并通过技术革新降低运营成本,从而提高项目收益(Demetriou,2012)。Haldrup 则基于社会治理的角度提出了协议治理模式,即通过让农民凭借自己的经验和能力参与到政府国土空间整治的项目管理中,从而增强项目的民主性和科学性,提高项目收益(Haldrup,2015)。

10.1.2.3　小　结

系统梳理国外国土空间整治公众参与相关理论和研究后可以发现,公众参与作为国外,尤其是西方代议制民主制度的重要补充形式,其发展和演变源于对理性综合模式批判,逐步完成了由精英主导规划向多主体协商、公众参与规划的转变,不仅加深了对于公众参与内涵的理解,更实现了小范围、浅层次、窄渠道的参与模式向大范围、深层次、多渠道参与模式的转变,形成了丰富理论成果和经验做法。聚焦到国土空间整治公众参与,除了运用已经成行的理论经验,学者也结合国土空间整治公众参与的特点,对于国土空间整治公众参与的模式、项目效益等内容进行了探讨,形成了诸如构建多方对话机制、成立多方代表委员会参与决策、多渠道筹集资金、倾听土地所有者意见、丰富公众参与技术方法等具有针对性的有益经验,具有一定的借鉴意义。同时,我们也应该看到西方国土空间整治公众参与的渠道和方式是基于其"土地私有制"的基本国情发展而来的,我国在学习借鉴过程中应该根据我国实际有选择地吸收和应用。

10.1.3　国内国土空间整治公众参与相关研究综述

10.1.3.1　主要研究类型及研究成果

我国关于国土空间整治公众参与的研究始于 20 世纪 90 年代,但是受制于当时的经济社会环境,公众参与国土空间整治的内容并未引起学界足够的重视,随着经济社会的不断发展和整治工作的不断推进,国土空间整治的内容越来越丰富,涉及的群众利益越来越多,同时,公众维护自身权益的意识也逐步增强,公众参与国土空间整治的问题逐渐引起了国内学者的注意,并在进入 21 世纪以来得到了快速的发展。我国目前关于公众参与国土空间整治的研究主要聚焦于我国公众参与国土空间整治的价值、现状及问题,公众参与国土空间整治的影响因素、公众参与国土空间整治的组织机制三个方面,并都形成了较为丰富的研究成果。

(1)公众参与国土空间整治的价值、现状及问题研究

我国学者普遍认为公众参与国土空间整治不仅有利于维护农民的合法权益,提高整治方案的科学性,同时也有助于监督国土空间整治项目的落实,降低交易成本,提高国土空间整治效益,提高公众对于国土空间整治方案的满意度,增强人民群众的幸福感和获得感(夏世茂,2021;洪土林等,2009;林建平等,2018;祁进贵,2015)。同时,赵建宁等也指出我国公众参与国土空间整治仍处于浅层次、小范围、被动式的起步阶段,存在法律制度缺失、参与机制不健全、参与方式单一、公众参与团体与平台匮乏、公众参与意识淡薄等多方面的问题(安丰军,2006,赵建宁等,2010,刘志坚等,2006)。针对我国公众参与国土空间整治的现状和问题,结合对国内外经验的借鉴,国内学者对改进和完善公众参与的制度,建立健全公众参与的机制提出了很多建议。罗明等指出我国应该积极学习德国国土空间整治的经验,加快推进公众参与的法治建设,抓紧实现国土空间整治整治公众参与的全程覆盖,同时积极构建政府农户共同责任机制,向涉及农户收集一定的项目建设资金以提高其责任意识,并努力健全公众参与培训机制,提升参与公众的素质,提高公众参与的积极性,使群众监督落到实处(罗明等,2013)。王瑷玲等则强调中国可借鉴美国公众参与国土空间整治的做法,加强对土地空间整治整治公众参与理论和方法的研究,同时建立健全公众参与法治制度,积极编制国土空间整治公众参与手册,采用多样化的技术手段切实加强公众对于国土空间整治的知情权、参与权和决策权(王瑷玲等,2017)。

(2)公众参与国土空间整治的影响因素研究

从我国公众参与国土空间整治的实践和研究来看,公众参与国土空间整治的主动性和积极性都相对较低,国内学者就此问题也开展了一定的研究。徐国柱通过对潍坊市农民参与国土空间整治的研究指出农民对国土空间整治的认识不足、相关法律法规的针对性不强、农民参与国土空间整治制度规范缺位以及管理体制不顺等是制约农民参与国土空间整治的主要因素(徐国柱,2008);汪文雄等则通过构建 Logistic 模型研究了农户参与国土空间整治后期管护意愿,发现户主文化程度、耕地面积、劳动力非农就业比例、项目后期管护认知程度、项目前期参与程度、后期管护资金来源、项目后期管护组织的健全程度、项目管护监督检查机制、项目后期管护的宣传等是影响农户参与土地整理项目后期管护意愿的显著性影响因素(汪文雄等,2010);杨钢桥等运用感知价值—行为意愿逻辑和有序回归分析模型对湖北省部分县市 390 份农户问卷进行了分析,发现农民对参与农地整理项目的感知价值是影响其参与意愿的决定性因素,并指出农民对农地管理项目的认知、地方政府对农地整理政策宣传的重视度、村民的整治身份、参与是否有报酬对农民的参与意愿有显著的正影响(杨钢桥等,2014)。吴九兴等则基于湖北省 5 个县区 7 个农地整理项目农民参与问卷调查数据,利用计划行为理论和结构方程模型构建了农地整理项目农民参与行为的理论模型,发现农民

参与意愿的差异主要受农民个体心理、农民家庭情况、农民整体意愿及农民文化程度等因素的影响(吴九兴等,2014)。朱迪则基于演化博弈理论对政府、社会公众和矿山企业在国土空间整治中博弈关系探讨并构建了演化博弈模型,研究结果表明公众参与国土空间整治不仅可以促进相关企业积极完成相关整治要求,也可以促使政府更加积极地进行监管,提升各方参与国土空间整治的活跃水平。同时,他进一步以马斯洛需求层次理论和计划行为理论为指导,以公众参与国土空间整治的意愿为研究对象,构建了包括"公众需求、行为态度、主观规范、知觉行为控制"4 个影响因素在内的公众参与国土空间整治的结构方程模型,指出公众的自身的需求、公众对于参与废弃矿山土地复垦行为的态度、公众受他人的影响程度等对其参与国土空间整治的意愿都具有正向影响,但是公众所具备的专业技能、知识储备和信息获取能力等的缺失,是抑制公众参与国土空间整治意愿的主要因素。此外,他还运用系统动力学的相关理论与方法建立模型进行仿真分析,探讨了矿山土地复垦公众参与的驱动路径,他进一步指出了解公众需求是提供公众参与国土空间整治水平的重要驱动因素,而政府的有效领导和合理的组织保障也是推进公众参与最迅速有力的手段(朱迪,2021)。

(3)公众参与国土空间整治的组织机制研究

完善的组织机制是公众深层次、全周期、主动参与国土空间整治的重要前提和基础,我国学者对此问题的研究主要聚焦于参与的对象、参与的阶段和参与的方式三方面的问题。

在参与对象方面,张弘等基于利益相关者理论将国土空间整治中利益相关对象分为政府机构、相关企业、咨询机构和受影响的农民四个群体,并指出各主体间利益既存在矛盾又有一定的共荣性,利益及权利分配的不合理会造成多主体发生纠纷乃至冲突(张弘等,2013);王利敏等则基于利益相关者理论进行了更为深入的划分,其运用米切尔评分法把土地整治公众参与主体划分为确定型、预期性及潜在型三种利益主体,并指出预期性利益主体主要包含国土空间整治咨询规划设计单位、工程实施单及监理单位等国土空间整治中介组织和国土空间整治专家学者及技术人员,此类群体主要表现为对国土空间整治内容本身无任何利益诉求,其基本权益主要来自自我能力的实现;确定型利益相关者主要包含地方政府及相关部门、项目区农村集体经济组织、地方政府及其相关部门官员、项目村干部以及项目区农民等权益与国土空间整治的项目内容和顺利实施高度关联的公众参与核心主体,潜在型利益主体则是其他对项目感兴趣的个体(王利敏等,2015)。石峡等则探讨了社会资本在土地整治中的概念、内涵和实现途径,他认为社会资本不仅是农民之间合作的基础,也是建立和优化土地整治公众参与机制的充分必要条件(石峡等,2014)。

在参与阶段方面,学者普遍认为应该建设全周期的公众参与国土空间整治制度,鲍海君等设计了公众参与国土空间整治各阶段的机制框架,指出在国土空间整治规划设计草案准备阶段应向公众公布,在方案形成阶段应充分开展意愿调查,在设计方案初步完成阶段开展公众评议,在设计成果完成审查阶段召开公众听证会,在设计过程完成阶段开展公众展示会,在实施阶段积极引导公众监督(鲍海君等,2004);苏向荣基于参与式发展理论提出了"自下而上"与"自上而下"相结合的参与式国土空间整治框架,他指出在准备工作阶段应该通过广播、贴公告、散发国土空间整治材料等形式公布国土空间整治规划的有关内容;在收集和处理公众意见阶段应该充分对公众进行参与式培训,并通过访谈关键人物、踏勘走访、公众意愿调查(开放式研讨会和问卷调查等)和部门意见汇总相结合的方式充分了解公众的诉求,并在此基础上提出初步的规划方案;在设计成果的审查与完善阶段,则应组织主管部门、设计人员、当地基层干部和群众代表讨论项目可行性、协调利益冲突、保证符合规范和发展要求,并在此基础上召开更广泛的听证会。在项目过审后需进一步开展认可度调查,根据认可度结果讨论项目是否仍需进一步改进,最后再进行项目的公示即可(苏向荣,2011)。

在参与方式方面,柴西龙等指出我国公众参与中经常使用的座谈咨询和调查问卷等方式虽然简单易行,但是形式过于单一且结果不具有代表性(柴西龙等,2005);于潇远基于集体行动逻辑理论认为在缺乏激励的情况下,被动参与到国土空间政治中的农户个人没有动力积极表达自身的利益主张,而希望更有能力的人能够替代自己发言,从而通过搭便车来解决自己的问题,他强调应该通过组织化参与的方式建立利益代表机制将分散的利益予以整合,从而高效、集中的表达利益诉求,克服集体行动存在的弊端(于潇远,2021)。周熙等则建议借鉴中国台湾自办农地重划的组织方法和"耕保协会"的实践经验,在项目中构建"会员大会"和"监督小组"等农民参与施工监督的组织(周熙等,2016)。但承龙认为公众参与的方式主要有代表参与的会议式、民意参与的问卷式、舆论参与的媒体式和全民公决的投票式 4 种(但承龙,2002);韩勇则认为除了传统的新闻媒介,可以成立顾问委员会、确定关键人物、举办公众培训会、橱窗展示调查和征求意见表以及个别访问等形式丰富参与渠道(韩勇,2005)。黄海清等则提出应该加强信息技术在我国公众参与国土空间整治中应用(黄海清等,2004),蔡葵等就 GIS 等技术在公众参与国土空间整治中的应用进行了尝试和探索(丁偕等,2006;马焕成等,2002;蔡葵等,2001)。

10.1.3.2 小 结

经过以上梳理可以发现,国土空间整治公众参与具有维护农民利益、降低交易成本、提高方案科学性等显著优势,有利于国土空间整治项目的落实,增强民众满意度。我国国土空间公众参与仍处在浅层次、小范围、被动式的起步阶段,但相关问题引起国内学者的关注和重视,学者并对国土空间整治公众参与的影响因素和组织机制等内容开展了较为深入的研究。综合已有研究成果来看,制约国土空间整治公众参与主要有三个方面的原因:一是多方沟通的协调机制不完善、参与方式单一、参与平台匮乏是制约农民公众参与的重要因素;二是相关法律法规不健全,农民的合法权益未得到有效保护;三是农民对于土地整治的重要性认识不足,相关专业知识缺乏,导致其参与的意识不强,积极性低。据此,学者认为我国应该构建深层次、全周期、多渠道的公众参与机制,积极构建包括政府、专家、企业和农民等多方沟通协调的平台,建立从前期调研、中期设计到后期实施全周期的公众参与机制,并采用橱窗展示、问卷调查、人物访谈、村民大会、听证会、协调会以及 GIS 等信息化技术的运用相结合的多元参与渠道,保障农民的参与意愿。同时,通过积极加强普法和科普教育,加强农民参与的积极性和主动性。

10.2　国土空间整治公众参与现状与问题

10.2.1　国土空间整治中公众参与的现状

城市规划对城市发展进行刚性控制,塑造了城市空间基本格局。20 世纪 70 年代以来,西方发达国家加速了城市化进程,建设活动在资本驱动下趋向于关注资本聚集而忽视了人文关怀。随着社会矛盾的加剧,西方发达国家出现了空间隔离、空间阶层化、空间情感消逝等问题并引发一系列亟待缓解的危机。近年来,我国也经历了城市化的高速发展时期。如何有效掌控其规模和速度,避免西方国家的危机在我国重演,在国土空间整治中保证公众参与的有效实施具有重要意义。为了平衡空间合理利用与城市发展之间的矛盾,我国开展了国土空间规划体系改革,旨在将城市规划与其他具有空间规划属性的不同规划融入国土空间规划体系。

参与指让人们有能力影响和参加和自身息息相关的决策和行为,对公共机构来说,参与是让公众的意见得到倾听和考虑,并通过公开和透明的方式达成最终决议。国土空间整治的公众参与是基层民主在国土空间整治工作中的具体体现,从国土空间规划的发展历程来看,各国国土空间规划都将城市规划作为起点。我国城市化进程由高速发展迈向高质量发展阶段,城市规划由增量规划向存量规划转型。自然资源部于 2018 年成立,承担建立国土空间规划体系并监督实施的历史使命。中央全面深化改革委员会于 2019 年审议通过了《关于建立国土空间规划体系并监督实施空间规划体系意见》,明确到 2020 年,基本建立国土空间规划体系,逐步建立“多规合一”的法规政策体系和技术标准体系;到2025 年,健全国土空间规划法规政策和技术标准体系。该意见的出台标志着城市规划迈入空间规划时代。

在国土空间规划时代,公众参与的重要性将进一步得到凸显,公众参与作为规划权运行的程序控制装置,对空间权与规划权之间的张力起到平衡作用。

10.2.1.1　公众参与国土空间整治的背景

我国的总体性社会结构在新中国成立初期对社会生活和资源分配实行全面控制(杨保军等,2020),计划经济对于城市规划具有控制性,城市发展和建设取决于国家计划的安排,城市规划体现了较强的职权主义色彩,而缺乏面向公众的参与制度(武廷海,2020)。其后的发展至今,公众参与在城市规划中逐步强化,主要可以分为制度初步形成、制度发展和制度整合三个阶段。

1978—2006 年是制度初步形成阶段。改革开放以来,我国的社会结构由总体性社会向分化性社会转变,形成了多元利益格局(孙忆敏等,2008)。经济改革的背景下,随着投资领域的多元化,土地变成了可流转的“商品”,城市规划由政策规制走向了法律规制。多元利益诉求浮出水面,个人利益和社会利益开始萌芽。进入市场经济时代后,个人的主体性逐渐脱离集体而得到彰显,城市规划制定过程的公开化、民主化、法治化为社会所需。在这样的社会背景下,1980 年全国城市规划工作会议修订了《城市规划编制审批暂行办法》,提出“编制城市规划要听取人民群众的意见”,这是公众参与精神在城市规划立法中的首次体现。然而,1980 年《城市规划编制审批暂行办法》中闪烁的公众参与精神却没有被我国城市规划领域的第一部基本法律——1989 年颁布的《城市规划法》所吸收,其仅在第二十八条简略地规定了城市规划的审批后公布。由于没有法定的参与程序,政府部门及专家群体在规划决策过程中往往不主动听取公众意见。2005 年建设部发布的《城市规划编制办法》在一定程度上弥补了城市规划中公众参与的制度缺漏。总体而言,这一阶段是城市规划中公众参与制度的初步形成阶段,其制度具有公众参与法律地位较低、行政主导公众参与、缺乏法定参与途径和程序的特征(陈越峰,2009)。

2007—2017 年是制度发展阶段。2007 年党的十七大报告在社会主义民主制度建设中明确了公众参与的地位,标志着公众参与开始得到国家制度层面上的重视。党的十七大报告指出,要坚定不移发展社会主义民主政治,健全民主制度,丰富民主形式,拓宽民主渠道,完善决策信息和智力支持系统,增强决策透明度和公众参与度,制定与群众利益密切相关的法律法规和公共政策原则上要公开听取意见。党的十七大报告中提出保障人民的"知情权、参与权、表达权、监督权"四权,勾勒出公众参与的权利基础,为公众参与制度的发展开辟了制度空间。因此,2007年被王锡锌先生称为"公众参与元年"(王锡锌,2008)。2007年以来,国家立法层面和地方立法层面的城市规划公众参与制度均有一定发展。

在国家立法层面,2007年《城乡规划法》将公众参与制度正式纳入城市规划基本法律,公众参与在城市规划中的地位得到提升和立法确认。《城乡规划法》延续了《城市规划编制办法》确立的分层次公众参与框架,并在此基础上进行了一定的修改(汪洋,2020)。在地方立法层面,我国各大城市相继建立了城市规划委员会制度。城市规划委员会的建立和运作为城市规划公众参与制度提供了新的制度资源。以香港城市规划委员会制度为模板,深圳市人民政府率先设立了城市规划委员会(陈越峰,2009)。根据深圳市人大立法的授权,深圳城市规划委员会对于城市总体规划享有审议权,对于相当于控制性详细规划的法定图则享有最终决策权。目前我国大部分城市的规划委员会属于咨询协调型机构或法定审议型机构,仅具备审议和协调功能,只有深圳市城市规划委员是法定决策型(刘涛,2018)。通过城市规划委员会的建立,地方实践中的公众参与模式逐渐由行政主导型向公众协作模式升级。2016年,国家层面明确提出全面推行城市规划委员会制度,这意味着城市规划委员会的地方经验将被国家立法吸收,城市规划中公众参与制度将更加完善。

2018年至今是制度整合阶段。为了解决自然资源所有者不到位、空间规划重叠等问题,2018年第十三届全国人民代表大会表决通过了国务院机构改革方案,将住建部的城乡规划管理职责划归自然资源部,由自然资源部负责建立国土空间规划体系并监督实施,标志着我国经济发展进入以生态文明为主导的新发展阶段,城市规划由以土地财政为导向的物质建设规划向立体空间规划转变,城市规划权扩张,公众参与的地位将更加得到凸显。2019年中央全面深化改革委员会审议通过的空间规划体系意见中提到"坚持上下结合、社会协同,完善公众参与制度",这意味着融入空间规划体系的城市规划,将不再是传统的"自上而下"的行政主导型参与模式,而是"自上而下"与"自下而上"相结合的公众协作型参与模式。2020年自然资源部发布的《市级国土空间总体规划编制指南(试行)》中提到,市级国土空间规划编制应当坚持"党委领导、政府组织、部门协同、专家领衔、公众参与"的工作方式,贯彻落实"人民城市人民建,人民城市为人民"理念,坚持"开门编规划,建立全流程、多渠道的公众参与与社会协同机制"。这意味着,国土空间规划时代城市层级总体规划的公众参与将提前到规划编制阶段,公众参与城市规划行政过程的空间将大大得到扩展。

总之,城市规划与建设的公众参与制度经历"1978年至2006年的制度初步形成阶段、2007年至2017年的制度发展阶段,2018年至今的制度整合阶段",形成了以《城乡规划法》为主干,以地方性法规和规章为支撑的制度体系。总体来说,《城乡规划法》对公众参与制度的规定比较原则,可操作性较低,难以应对国土空间规划时代的要求。虽然地方性法规和规章对城市规划的公众参与制度进行了细化和创新,为充实和完善城市规划公众参与制度提供了创新性制度资源,但由于地域发展的不平衡性,地方性规划公众参与制度参差不齐,难以形成合力。在国土空间规划体系改革的背景下,目前已出台的指导意见和部门规章有升级公众参与模式、扩展公众参与空间的意旨,但没有构建公众参与的具体规则。城市规划权的扩张将可能进一步对城市空间中的权利利益形成挤压,需要构建与城市空间国土规划体系相适应的公众参与制度,对城市规划权的运行进行适当的程序控制。

10.2.1.2　国外公众参与国土空间整治的现状

20 世纪 60 年代以来,伴随经济危机和城市建设激发的社会矛盾,正义概念的空间化演进趋势逐渐形成,为城市更新中的正义与民主打下了坚实的理论基础。亨利·列斐伏尔(Henri Lefebvre)、戴维·哈维(David Harvey)和爱德华·苏贾(Edward W. Soja)等提出"空间正义"的价值主张(孙全胜,2017),呼吁维护公民包括弱势群体平等使用城市空间的权利并强调区域自治的重要价值(孙全胜,2017;Lefebverh,1991)。90 年代后期,空间正义理论在都市研究和规划领域产生了重大影响。在城市更新过程中,对"空间正义"的追求主要是指在城市空间重塑过程中提高公共空间的可达性、包容性等环境品质,从而在提升城市活力的同时,赋予广大民众公平享受空间资源的权利。

20 世纪 70 年代,卡罗尔·佩特曼(Carole Pateman)提出"参与式民主理论"(participatory democracy)(卢瑾,2013),强调"参与"在民主中的核心作用,呼吁为公民创造对公共事务直接参与的机遇,但由于现实原因,该理论在实践层面的经验不足。80 年代兴起的协商民主(deliberative democracy)是参与式民主的新阶段,公民会议、愿景工作坊和协商民意调查等形式的发展,为城市更新中的公众参与提供了可借鉴的模式和方法。这些理论成为之后城市更新的基础。

在实践层面,美国最早对公众参与制度作出规定,在 1969 年制定《国家环境政策法》,规定联邦政府的一切部门应将其指定的环境影响评价和意见书向社会公布。联合国环境规划署在 1978 年提出的环境影响评价基本程序中,明确提出了公众参与的问题。此后,公众参与作为环境保护的一项基本原则逐渐得到国际社会的广泛认可。受环境保护运动的推动,公众参与作为可持续发展的重要基础之一,越发受到重视。

20 世纪 60 年代以后,公众参与受到社会各界的重视,各项规划逐渐从政府本位向公众本位转变。国外土地整治领域开始注重公众参与,以德国、荷兰和日本比较典型。德国重视农村发展过程中的公众参与,认为公众的积极参与和广泛支持是农村发展目标能够最终得以实现的关键。德国是现代土地整治的发源地,在其乡村土地整治中,产权调整、田块合并、公共设施规划的编制、村镇改造规划的制定和实施及相关补偿措施的制定都引入了公众参与机制,追求"有限的政府权力与有效的公众责任"相结合。荷兰则是世界上较早开展土地整治的国家之一。二战后,荷兰开始了较大规模的土地整治,始终坚持农场主和当地居民的个人利益与社会利益相协调。从荷兰土地整治演变的轨迹中,可以发现土地整治利益分配密切相关的个人和团体是决定土地整治项目的启动、规划和实施最为重要的力量,并在工作中不断充实完善法律、法规和制度。在完善过程中,"土地整治项目必须获得当地大多数人的支持"这一原则不会改变。日本非常注重健全土地整治有关的法律制度,其《耕地整理法》历经多次修改,不断完善土地整治过程中的公众参与。目前,《耕地整理法》明确规定:在耕地整理实施之前,必须获得相关人员的同意。

从理论到实践,国外公众参与土地整治有以下特点:一是公众参与的社会认可度较高;二是公众参与群体广泛;三是公众参与贯穿土地整治全过程;四是公众参与有法律保障。

10.2.1.3　国内公众参与国土空间整治的现状

在我国,关于公众参与国土空间整治的相关法律规定尚在完善,可以参考的法律文件有《中华人民共和国土地管理法》《中华人民共和国土地管理法实施条例》等。这些参考文件中有少数规定,如"国家鼓励土地整理。县、乡(镇)人民政府应当组织农村集体经济组织,按照土地利用总体规划,对田、水、路、林、村综合整治,提高耕地质量,增加有效耕地面积,改善农业生产条件和生态环境","地方各级人民政府应当采取措施,按照土地利用总体规划推进土地整理",但缺少针对公众参与的明确法律规定。

就实践过程而言,国土空间整治是一项极具技术性、系统性和复杂性的工作,包括立项阶段、规划设计阶段、实施阶段、验收阶段、后期运营阶段等。在我国,这些过程的公众参与深度都尚且不足。比如在规划设计审批阶段,对成果的审查基本上由专家、学者和管理人员进行,对公众的开放性和公平性不足,其利益分配也欠缺平衡性。总体来说,我国公众参与国土空间整治尚处于起步阶段,公众参与还未成为必备环节,也缺乏明确且完善的法律法规予以制度保证。整治过程中公众的参与对象往往不具有足够的代表性,所涉及各方利益主体没有得到充分体现,公众意见也未能及时反映给规划部门。主要有参与形式有限、缺乏法律保障、参与机制匮乏、缺乏相应团体和平台的问题。

国内国土空间整治的公众参与具有参与主体多元、过程具有动态性和开放性、参与内容具有广泛性和复杂性的特点。国内学者对公众参与国土空间整治项目的相关研究主要集中在描述其现状和问题、参与方式和途径、影响因素等方面。对于参与程度的评价、参与模式的比较、参与绩效的考量、参与机制的设计、参与立法的建立等方面研究还不够深入,有待进一步探讨。

10.2.2　国土空间整治当中公众参与的趋势和启示

10.2.2.1　公众参与国土空间整治的现状问题

目前,我国城市规划体系正逐步由《城乡规划法》中确立的体系向国土空间规划体系过渡。《城乡规划法》中的公众参与现行制度在知情权、主体资格确认等方面存在诸多问题,《国土空间规划法》中的国土规划公众参与制度在继承旧法制度基础的同时,应革除旧制度的弊端,吸收新的制度资源,构建完善的参与制度。

(1)公众的知情权保障制度不完善

公众参与国土空间整治的前提是充分获取城市规划的制定与修改相关信息。以规划公示制度保障参与主体的知情权的制度在执行时存在很多现实问题(桂萍,2017)。首先,现行规则没有详细规定行政机关履行公告义务的法定方式以及不履行公告义务的法律后果,这意味着信息公开方式和程度均取决于行政机关的意愿,导致公众的知情权缺乏根本保障(王唯山,2020)。其次,目前缺乏对于公众主动获取规划信息的相关规定,公众只能作为被动接收者而缺乏主动获取信息从而参与规划的途径。由于城市总体规划影响范围较大,利益关系人较难确定,采取公示的方法可以在最低限度上满足不特定多数人的知情权。然而,对于影响范围较小,如对利害关系人相对确定的城市详细规划的制定与修改仍然采取这一公示方式,不仅难以确保利害关系人知情并参与,也远远落后于信息化时代的参与需求。由于缺乏关于法定公示方式的规定,对于公众参与存在抵触心理的行政机关倾向于形式化公示,回避公众参与程序,而法院也往往不会审查行政机关是否在实质意义上满足了利害关系人的知情权。实践表明,规划的公示制度无法满足公众获取城市规划信息的实际需求,阻碍了公众的进一步参与。

（2）公众参与的主体资格确认制度不完善

随着国土空间规划体系的建立,利益相关主体的有效参与将为国土空间规划提供重要的合法性基础,其制度亟待利益主体识别规则的构建(邹兵,2013)。公众参与的核心和难点问题在于如何将真正利益相关主体从宽泛的"公众"定义中界定出来。缺乏利益主体识别机制会造成公众参与的泛化,相关规定未有任何解释说明,实践中需要各地行政机关自行把握参与主体范围。以四川省达州市大竹 ZP022 号地块规划调整听证会为例,其参与主体的产生方式为:凡符合条件的,按报名先后顺序确定听证参加人员及旁听人员,最后确定人大代表 3 人、政协委员 3 人、社区代表 3 人、专家 3 人、群众代表 3 人、法律代表 2 人、旁听人员 10 人。这一过程表现出相当的任意性,没有体现出利益相关主题的参与。而宁波市奉化区轨道交通站点周边区域控制性详细规划修编(金海路站,FH26-03-21a)等地块规划局部调整中,其参与主体的产生方式为:根据报名情况,由公开推举产生。已成立社区的区域,由每个社区居委会自行推举 2 名代表;未成立社区的区域,由报名的购房人员推举 2 名代表。如未进行上述推举的,则由区自然资源和规划局组织抽签决定。这一过程则体现了较为详细的利益主体识别规则。

（3）公众参与的相关法律不健全

现行的公众参与国土空间整治模式为行政主导参与模式。在此种参与模式中,行政机关既是公众参与程序的启动主体,又是规划决策权的实际享有者,居于公众参与的核心地位,而参与主体始终处于边缘地位,缺乏主动参与途径,仅能被动地接受行政主体的召集与安排,从而导致参与空间有限,参与效力不足,难以实质地影响规划决策的形成。《城乡规划法》中三次提到公众参与的启动,分别是报送审批前启动、控制性详细规划修改中启动(对修改的必要性论证)、修建性详细规划的修改中启动。由此可见,无论是在城市总体规划还是城市详细规划中,公众参与的空间都被限制在草案编制完成后、决策前阶段,理论上公众在城市详细规划的修改中有参与到草案编制阶段的机会,但也无法参与到城市详细规划的决策阶段。现行《城乡规划法》中公众参与的法律效力较低,公众参与结果能够对规划决策起到的影响十分微弱,决策机关是否采纳公众参与结果完全取决于其意愿,且无须对公众说明理由,公众参与的程序控制功能不能得到有效发挥,这是公众参与形式化的根本原因。

（4）正式的公众参与程序未建立

听证是在规划编制主体组织下对利益相关主体进行陈述、质询、申辩的公众参与途径,为利益相关人提供了与行政机关主体进行平等协商谈判的平台。《城乡规划法》中仅粗略规定了可以采取听证会的形式来听取公众意见,但并未对其内涵进行解释。由于缺乏中央层面的行政程序法统一立法和规划听证的专门立法,实践中规划听证程序主要由地方城市规划行政部门个别制定,缺乏统一的程序架构。首先,在规划听证的启动条件方面,现行法没有规定满足什么样的条件时应当启动规划听证。因此,是否启动规划听证或是其他非正式参与程序就完全在于行政机关的衡量。其次,在规划听证的启动模式方面,现行法中仅规定了依职权启动听证模式,而没有规定依申请听证模式,因此利害关系人实际上并不享有申请听证的法定权利。最后,在规划听证的内容方面,我国目前尚缺乏中央立法层面的规划听证会的组织架构和议事规则。规划听证是规划中的正式公众参与程序,是利益相关主体进行利益表达的途径和协商谈判的准司法平台,其价值在于保证最低限度的公正。缺乏规划听证程序的公众参与制度难以保障最低限度公正的实现。

10.2.2.2　公众参与国土空间整治的发展趋势

(1)构建具有开放性的国土空间规划行政主体:规划委员会

规划决策机制的封闭是阻碍公众参与实质化的核心原因,我国各地通过设置城市规划委员会对规划决策机制进行一定的改革,使集体决策代替传统的行政机关单方决策(刘丹等,2007)。2016年中共中央、国务院印发《关于进一步加强城市规划建设管理工作的若干意见》中指出要全面推行城市规划委员会制度,但截至目前我国城市规划委员会制度尚缺乏中央层面的统一立法,地方性法规对城市规划委员会的规定参差不齐,城市规划委员会的地位与职权规定不一,制约着城市规划委员会制度的进一步发展。在国土空间规划改革的背景下,通过国土空间规划法立法在全国推广,建立规划委员会制度有助于促进公众参与的发展。首先,应明确规划委员会的法定地位,将集中于政府的规划决策权向由政府人员、专家代表、公众代表组成的城市规划委员会转移,真正使得公众参与规划决策达到参与阶梯理论中的"权力转移型参与"的层级,实现公众和政府的协作式参与。其次,应向公众开放部分规委会会议。会议公开是政府信息公开的重要组成部分,公开部分城市规划委员会会议有助于进一步提升规划透明度。我国香港特别行政区在其《城市规划修订条例》中规定规划委员会必须将自身和下属委员会的所有会议向公众开放,符合资格的公民可以旁听,也可以申请查阅会议记录和决定摘要(陈咏熙,2012)。香港的这一做法取得了良好的成效,很大程度提升了城市规划决策的透明度和公众的参与热情,具有一定的借鉴意义。

(2)进一步完善知情权保障制度

知情权保障制度是城市规划中公众参与制度的前提性制度,应进一步完善知情权保障制度,从根本上保障公众的知情权。在增加获取规划信息的法定途径的基础上,还需进一步增加规划法定公开内容。规划公示是公众知情权保障制度的核心制度,是公众参与的前提和基础。总体规划和专项规划范围内的利益相关主体是居住于城市空间的不特定多数人,范围广阔,较难确定,为了兼顾效率与公正,总体规划应以公示为主,公示的方式不局限于在政府信息网站和当地主要新闻媒体公示,也可以结合实际在规划展览馆、微信公众号、政府网站、相关媒体、建设项目现场等公示公布;详细规划区域内的利益相关主体相对比较确定,应当告知其所在区域的详细规划的制定与修改计划,并告知其参与时间、方式、地点和享有的权利。而城市规划的选择性公示导致公众获取规划信息不充分、不全面。国土空间规划时代,规划权扩展,规划强制性更加凸显。因此,国土空间规划应明确法定公开内容包括规划范围、规划文本的主要内容、主要规划图纸和技术指标等。建筑密度、建筑高度、容积率、绿化率、楼间距等对于居民会产生重大利益影响的强制性内容应当重点公开,并由规划部门负责解释说明,回应公众质询。

(3)完善参与主体资格制度

完善参与主体的资格制度,需构建"上下结合"的利益主体识别机制和利益组织化参与机制。实质化的公众参与是有利益相关人的参与,目前我国规划公众参与制度尚缺乏利益主体识别机制,未加以区别的"公众"参与导致参与的泛化。城市规划不同于传统的维持秩序的最低限度行政规制的行为,而包含了综合多元利益形成公共利益的特性,应通过一定的方法将特定主体的利益从公共利益中区分出来。利益相关主体和非利益相关主体具有不同的参与基础,参与基础的不同导致了他们各自的主张和立场并不相同。利益相关主体不仅具有参与资格,还在其程序性权利受到侵害时享有原告资格,而利益非相关主体则不享有原告资格。

(4)构建利益组织化参与机制

在奥尔森看来,组织的实质之一就在于它提供了某种不可分的普遍利益,共同的利益目标是个人组成集团的原因。城市规划中所涉及的利益多元复杂,参与主体较多,可以起到统筹协调各参与方、建立沟通平台、促进参与主体充分协商的功能。从各国城市规划公众参与制度的立法来看,一般允许非政府组织为城市规划中合法的参与主体,起到推动城市规划的作用。美国社区规划中的非政府组织包括"住房与规划理事会""市民咨询委员会""特别目的规划组"等,在政府和公众之间起到中介协调作用。日本城市规划中也允许"社区建设协议会""城市建设 NPO"等利益组织作为市民参与提供技术咨询、信息提供等帮助。国外立法经验中,确立城市规划中利益组织的参与资格的方式具有借鉴意义。

(5)提升公众参与法律地位

规划中的公众参与模式是行政主导参与模式,城市规划行政机关始终居于主导地位,存在公众参与程序的法律地位较低,公众参与被排除在规划编制和决策之外,参与空间狭窄,参与程序规则缺乏,内容空洞,公众参与的法律效力较低等问题,难以实质性地影响规划决策。在国土空间规划的公众参与中,应提升法律规定的地位,扩展公众参与空间,构建正式程序与非正式程序相结合的参与规则,提升公众参与的法律效力。现行城市规划公众参与制度将公众参与的空间限定在草案的编制完成后,报送审批前,在增量规划时代可以在一定程度上保证规划草案编制的高效完成。然而存量规划时代,规划草案编制完成即意味着利益分配格局基本形成,公众即便在报送审批前参与也难以对城市规划决策的最终形成提出实质性意见,导致公众参与效果非常有限(肖军,2020)。2020 年自然资源部发布的《市级国土空间规划编制指南(试行)》提到坚持开门做规划,建立"全流程、多渠道的公众参与和社会协同机制",这说明国土空间规划时代将更加重视公众参与。本书认为,国土空间规划法中应当确立城市规划的全过程参与,扩展公众参与的空间,使公众能够有效影响规划决策。

(6)构建正式程序与非正式程序相结合的参与规则

我国公众参与包括听证会、论证会、座谈会、问卷调查等多种多样的形式,其中听证会具有准司法性质的正式程序;论证会、座谈会、问卷调查等则是非正式程序。国土空间规划是具有广阔裁量空间的阶段性行政过程,在参与程序选择上,并非选择效力最高的正式程序就够达到理想的参与效果,而应结合城市规划的不同阶段,通过正式程序和非正式程序的组合,实现公众参与的阶梯性跃升(苏宇,2019)。公众参与的正式程序是具有法律效果的程序,规划领域的公众参与正式程序一般是指规划听证。非正式程序则是指城市规划过程中通过非正式途径征求意见的程序,由行政机关单方征集意见,公众意见仅作为参考,不产生法律效果,行政机关没有采纳的义务。公众参与非正式程序主要有座谈会、公众评论、论证会等多种形式,实践中还有问卷调查、工作坊等灵活多样的形式。国土空间规划体系中应当构建公众参与的正式程序与非正式程序相结合的参与机制,根据规划不同环节的需要选择采用正式程序还是非正式程序。对利益相关人有重大影响的规划编制阶段,应当赋予利益关系人规划听证权,对于利益关系人申请启动规划听证的,行政机关应当举行听证会。

(7)构建独立的参与救济机制

在城市规划调整利益格局日益复杂的今天,仅仅依靠司法救济渠道难以满足利益关系人的权利救济需要,城市规划对利益关系人造成的侵害常常陷入救济无门的尴尬境地。本书建议构建独立的参与救济机制,通过建立规划申诉机制、设立规划裁决机构的方式,从行政系统内部对公众参与权及其他受到城市规划影响的权利提供救济。由于规划的行政过程是连续的、动态的复数行政行为的集合,每一个阶段行政行为的做出都有可能对公众的权利和利益产生影响,因此有必要建立规划申诉机制,以实现权利的过程性救济。我国香港特别行政区规划管理体系建立之初,规划申诉制度就同时建立起来,逐步成为公众参与城市规划的重要渠道,使得香港城市规划从精英决策的技术工具演变为利益协商的重要平台。根据香港《城市规划条例》的经验,任何人都可以在为期 2 个月的图则展示期内,针对草图或核准图的任何修改向委员会作出申诉。此外,由于行政诉讼和行政复议受案范围的严格限制,实践中绝大部分城市规划被排除在行政救济的大门之外。无论是通过行政救济还是信访都难以对生效的城市规划进行有效监督,对公众受到的权利和利益损害难起到实质性的救济作用。因此,应在规划行政系统内部设立独立的裁决机构,专门负责受理城市规划侵权案件。规划裁决机构虽然是行政系统内部机构,但其兼具准司法机关性质,通过对受案范围的突破,从根本上实现对城市规划的监督和权利的救济。

10.3 国土空间整治公众参与相关技术方法

10.3.1 国土空间整治公众参与的组织机制

公众参与是国土空间整治方案及相关规划措施实际施行过程中,确定项目顺利开展的核心内容(刘佳燕等,2021),也是规划中平衡各方利益的重要手段。在近几年的规划实践当中,国内外学者、城乡规划从业人员也发现,规划组织与编制也应该从精英决策的单边模式转变为多元利益主体决策的多边模式(张文茹等,2022;严金明等,2022;李娜等,2021);故而国土空间整治公众参与的组织机制需要进行多元利益主体视角下的重新梳理。

厘清新视角下的组织机制,首先需要弄清组织机制的客体有哪些。根据国土空间整治规划项目实践经验(潜莎娅,2015),参与规划项目中的利益主体主要分为以下五类:村民(村庄自组织)、地方政府、开发公司、规划师、村庄规划委员会(NPO)。

10.3.1.1 村民(村庄自治组织)

村民是血缘纽带强烈、利益关系复杂的群体,相较于城市里的社会公众,村民群相对来说数量较少,拥有承包的土地和独门独院的房屋,相互之间信息传递迅速,联系紧密,对事件反应敏感,通常以小群体的形式发出自己的意见,因而村民的主体的形象更为实体化。在传统规划中,村民通常处于较为弱势的地位,容易出现土地被不合理征用等情况。

村庄的自治组织形式多样,包括村民委员会(以下简称村委会)、村监督委员会、经济合作社等。村委会是最广泛存在的村庄自治组织,几乎每个村都设置了村委会,是管理村庄各项公共事务的机构,也经常负责组织村民活动、带领村民发展公共事业、协调村民矛盾、协助维护社会治安、促进农村生产、管理村集体财产等各种工作,对村民会议或者村民代表会议负责。村监督委员会负责对村务管理执行情况进行监督,主动收集并受理村民的意见建议。经济合作社则是乡村较为普遍的村集体经济法人的组织,村集体成立经济合作社,注册法人公司,筹集资金,用于村庄的开发建设。

10.3.1.2　地方政府

地方政府是一个内涵相对不明确的权力机构,从字面上看是中央政府以外的政府,在实际运用中,根据行文背景,指的是与村庄规划建设关系密切的一级或者多级上级政府,通常是县或镇一级政府,也可同时包括县和镇政府。

同时,地方政府也是指规划主管部门和国土、农业、建设等与规划建设相关的各个部门共同组成的部门联合概念。在现代中国政府的权力分配中,中央与地方的整体发展模式是"代理型发展主义",地方政府扮演了代理式的谋利型政权经营者角色(杨志军,2013)。

10.3.1.3　开发公司

开发公司是参与美丽乡村开发建设的利益实体,建设村庄的同时追求一定的利益回报。开发公司参与村庄开发建设的过程也是追求利益的过程,因此开发公司对利益非常敏感,当村庄开发利益期望很小的时候,往往不会参与到开发中来。而利益空间很大的时候,开发公司可能会非常积极。资本逐利是天性,在这个过程中,重要的是有可以制约资本过度逐利的外力来平衡。

参与国土空间整治项目的开发公司有多种类型的所有制情况,可以是国企、民企、中外合资企业。国企通常与地方政府有较密切的关系,涉及较大规模的开发,地方政府的投融资平台公司也是国有企业的一种,是地方政府专门为某开发项目所成立的投融资公司。国企逐利的性质较淡,往往是为了社会经济发展目标而参与开发。民企是参与乡村开发的主力,大大促进了乡村开发的进程。中外合资企业参与的数量较少,作为开发的补充。

10.3.1.4　规划师

规划师具备专业的规划知识和职业技能,负责具体的规划工作事宜,是平衡多元主体之间利益的关键性角色。规划师是实际规划方案的设计者,面对不同利益主体的利益诉求,需要坚持从整体效益和可持续发展的角度出发,做出公平合理的规划决断,尽力平衡各方的利益。这需要规划师具备公平公正的价值观和坚定的职业操守。因而规划师是关键性的角色。

规划师从立项之后的基础调研开始,一直到规划实施建设,从头到尾参与到村庄规划建设当中,同时充当设计工作者和专业顾问。规划师需要有突破专业壁垒的精神,以通俗浅显的语言,解答疑惑,宣传专业知识。规划师也同样需要有效的沟通协调能力。这些都给规划师提出了要求,规划师应当不断地从多方面提升自己的水平。

10.3.1.5　村庄规划委员会

村庄规划委员会是为推进美丽乡村规划和更新建设设置的专门机构,具有非营利组织的特性,在美丽乡村更新全过程中起到联系、协调、监督的作用。

村庄规划委员会原先并不存在于乡村相关的组织中,这个概念来源于国外的非营利组织。非营利组织的前提假设是政府—企业—社会三部门的分工、独立,因而它是民间的、独立运作的、有一套自身的运作规则、经营管理理念的组织形态,是公共治理结构中的行为主体之一。

　　村庄规划委员会由村民、开发公司和地方政府三方人员共同组成,从这个层面上来说,村庄规划委员会有利益集团介入,也有政府的背景,不能算是完全严格意义上的非营利组织,但是它具有非营利组织的地位,不挂在任何一个主体下面,而是能够独立于存在,因而具有非营利组织的作用。在目前的现实条件下,非营利组织的运转需要资金,一个能够实现运转和协调作用的组织才具有现实的意义,因而虽然在成分上不严格,但是在某个层面上,引入利益团体的设计具有它的合理性。村民、开发公司和地方政府三方人员可以起到相互协调和制衡的作用,让村庄规划委员会不会屈就于某一势力之下。村庄规划委员会的联系、协调、监督作用至关重要,是不可或缺的主体之一。

　　上述五类利益主体中,地方政府、开发公司和村民是最重要的三角利益关系主体,相互之间联系紧密,各有需求。地方政府谋求区域层面的社会经济发展,追求政府业绩,也考虑经济社会发展带来的税收收益,以及由此提高的公共基础设施建设程度。开发公司作为利益实体,追求一定程度的投资回报。村民希望实现自身生活条件和经济状况的改善。综上所述,规划公众参与的组织机制,可以分为村民、地方政府、开发公司分别作为主导的三种类型(潜莎娅,2015),如表10.2所示。

表 10.2　国土空间整治公众参与三种主导类型对比

多元主体参与模式	地方政府主导	村庄自治组织主导	开发公司主导
主导方	地方政府或政府投融资平台公司	村庄自治组织法人或其注册公司	开发公司
主导方职能	统领全局建设	村庄建设和运营	村庄建设和运营
协导方职能	村民参与和协助 开发公司参与项目建设 规划师方案设计和技术指导 村庄规划委员会监督协调	地方政府提供资金和制定政策 开发公司协助建设 规划师方案设计和技术指导 村庄规划委员会监督协调	地方政府制定政策和监督建设 村民参与 规划师方案设计和技术指导 村庄规划委员会监督协调
模式特点	政府投入,统一规划开发 注重综合效益,风险低	村庄自负盈亏,自主性强 开发规模限制较大	市场化程度高,资金来源广泛 利益分配较为敏感
利益诉求	村民——生活条件和经济状况改善;开发公司——获得投资回报 地方政府——区域发展和政府业绩体现;规划公司——公平公正的利益分配 村庄规划委员会——顺利推进更新建设		

(1)村民主导的公众参与(自下而上,从内到外)

　　主导方是村庄自治组织法人或其注册公司(见图10.1)。村庄自治组织中最普遍的是村委会,通常由村委会牵头集资和成立注册公司,负责村庄的建设和运营。地方政府、开发公司、规划师和村庄规划委员会是协导方,地方政府为村庄建设提供一定量的资金补助,并制定相关的政策,保证村民的权益,也同样要监管他们的开发行为;开发公司处于协助村庄建设的地位,有的村庄更新建设活动全权由村庄自身完成,没有开发公司参与进来。规划师从事方案设计和实施阶段的技术指导,村庄规划委员会负责监督协调的工作。这种模式下村庄自负盈亏,自主性很强,然而村庄有限的投资规模,限制了村庄的开发规模。

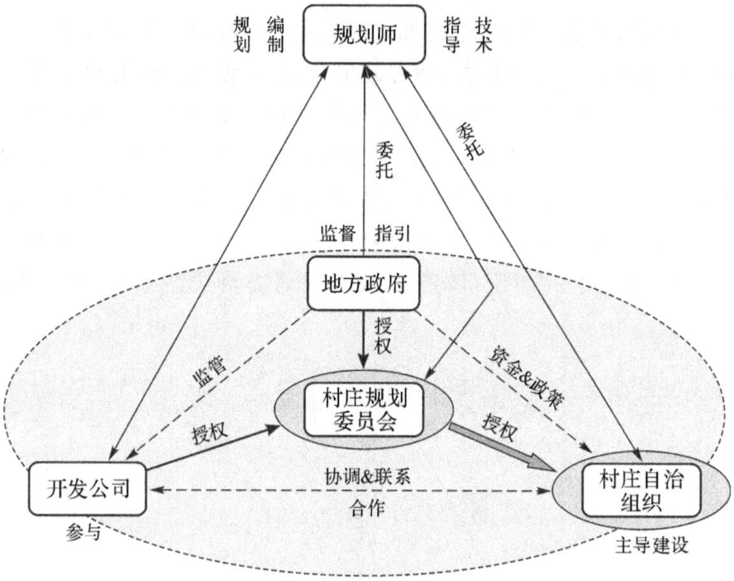

图 10.1　村庄自治组织主导的多元主体关系

(2)地方政府主导的公众参与(自上而下,从内到外)

地方政府或政府投融资平台公司是主导方,负责统领全局建设活动(见图 10.2)。村民、开发公司、规划师和村庄规划委员会是协导方,村民参与和协助村庄更新建设;开发公司参与其中的一些项目的建设;规划师从事方案设计和实施阶段的技术指导,需要为开发建设的整体利益考虑,追求公平公正的规划原则;村庄规划委员会负责监督协调的工作。这个参与模式是政府投入资金,进行统一的规划和开发,注重综合效益,而且风险较低。

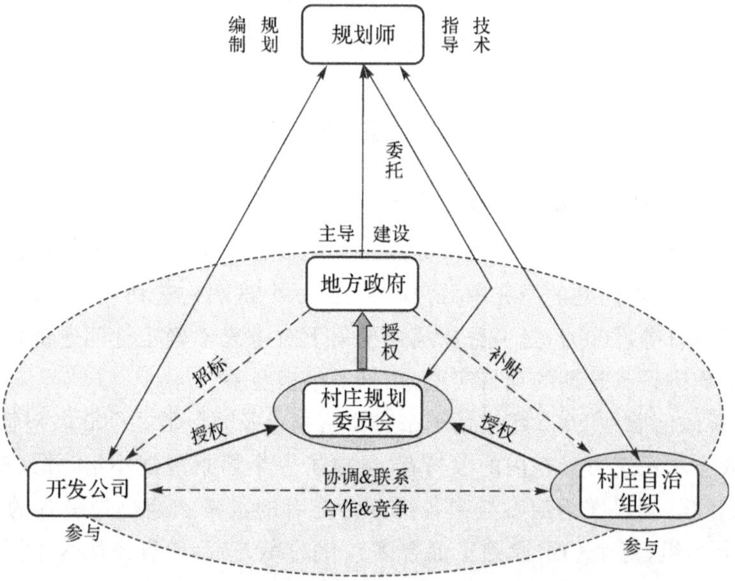

图 10.2　地方政府主导的多元主体关系

(3)开发商主导的公众参与(自上而下,从外到内)

主导方是开发公司,负责村庄的建设和建设后的整体运营(见图10.3)。地方政府、村民、规划师和村庄规划委员会是协导方,地方政府制定一系列的政策约束开发公司的行为,并对建设活动进行监督管理;村民参与开发公司的建设活动当中;规划师从事方案设计和实施阶段的技术指导,而且对于公平公正的规划原则的坚持尤为重要,既要为委托方获取他们应有的收益,也要维护村民的利益,作用十分关键;村庄规划委员会负责监督协调的工作。这种模式市场化程度高,资金来源广泛,开发效率较高,但利益分配较为敏感,开发公司和村民之间比较容易产生利益上的纠纷,政府和村庄规划委员会的监管和协调具有很强的重要性。

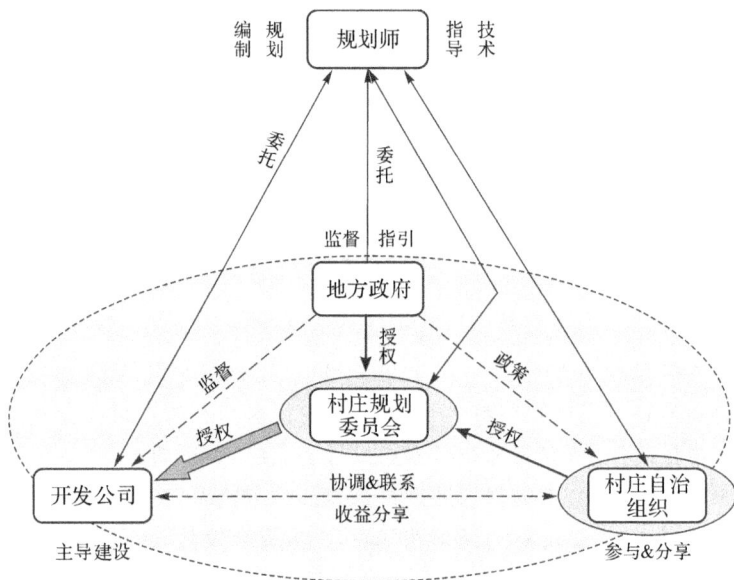

图 10.3　开发公司主导的多元主体关系

10.3.2　国土空间整治公众参与的推进方法

10.3.2.1　前中期:情景规划公众参与

情景规划的产生源于人们对未来世界的非确定性特征的深入理解(刘佳燕等,2021,王睿,2007)。在对于城市问题的研究中,情景规划是一个试图构造切实可行的未来城市发展模式的进程(丁成日等,2006),是一种从规划视角下对未来不确定性问题的解决尝试,在美国、日本等国家均进行了长期的项目实践,积累了诸多经验。

美国华盛顿政府曾在2005年邀请了来自华盛顿市及郊区的共300名包括公众代表、商界领袖、环保人士和民选官员在内的参与者,组成了一个情景规划小组,并通过他们所在区域的人口加权计算,确保在活动参与中各部分参与者的数量和地位是平等的。300名参与者划分为30个小组,每个小组原则上混合多样化的参与者,代表该地区不同的利益团体。在一天时间内,这30组需要各自形成一个城市增长方案,考虑如何在华盛顿地区分配未来20年内预测增长的200万新增居民和160万新增就业单位,并在空间上初步确定这些增长量的分布。

2006 年,巴尔的摩 ULI 组织了首次马里兰州现实反馈活动,在活动规模和组织方面更加详尽和合理。马里兰州 RC 组织方共有 100 多人,负责活动的推进和开展,在马里兰的四个分区分别组织 1000 名参与者对马里兰州的未来发展方向和空间分布,资源、环境影响等进行参与式情景规划(章征涛等,2015)。

日本在探寻规划公众参与情景规划技术时,认为需要结合现实与虚拟的场景,双管齐下来解决规划设计的问题,并以社区规划为切入点,建立了一套社区规划设计模拟的基本流程(见图 10.4);采用了建立游戏制度的方式(佐藤滋,2015),设立模拟场景,邀请规划相关利益主体或者大范围的代表型人士(公众代表、商界领袖、环保人士等)参加,形成多样化的规划成果参与者,根据不同的场景形成不同的空间增长方案(模拟就业、收入、环境的变化),以此(即用民众喜闻乐见的方式)调动公众参与积极性同时推进规划的全面性与合理性。

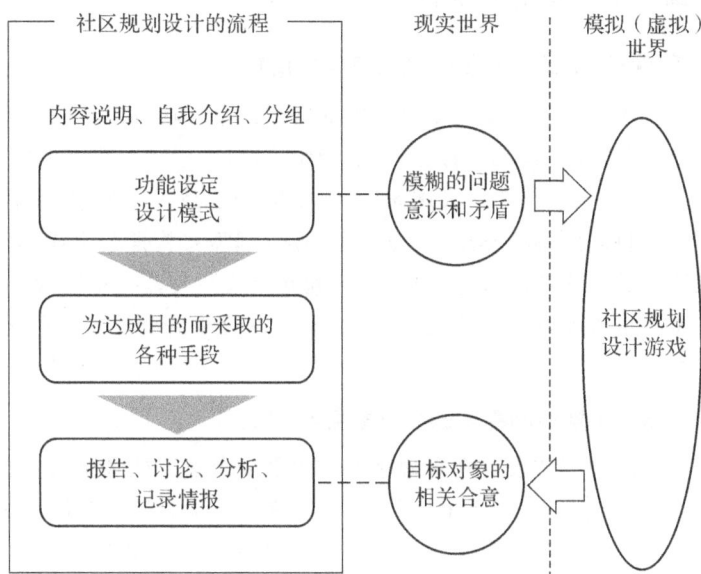

图 10.4　社区规划设计模拟的基本流程

10.3.2.2　后期:多轮循环互动流程

在实际的规划编制与实施过程中,即便是多元利益主体合作商议,也无法仅通过一次座谈会就将所有生活诉求上的细节表述清楚(刘达等,2018),如果仅仅是线性的规划公众参与流程,无法做到充分地表现各个利益主体诉求,所以需要通过建设过程中出现的实际情况变化,适当调整规划方案,以适应新的发展诉求,这种方法可以推进规划落地的有效性。

公众参与多轮循环主要体现在规划的方案阶段、公示阶段与实施阶段这三个层面(见图10.5),在第一轮方案编制完成进入实施阶段时,需要施行规划师驻场制度,进行跟踪服务,随时收集其他利益主体对于规划内容的各类反馈,再将反馈内容转换为规划语言,代入第二次方案修改阶段,在新的一轮方案完善工作完成之后,再投入下一个循环当中,通过这种短期动态更新的方式,保证规划内容的时效性与落地性。

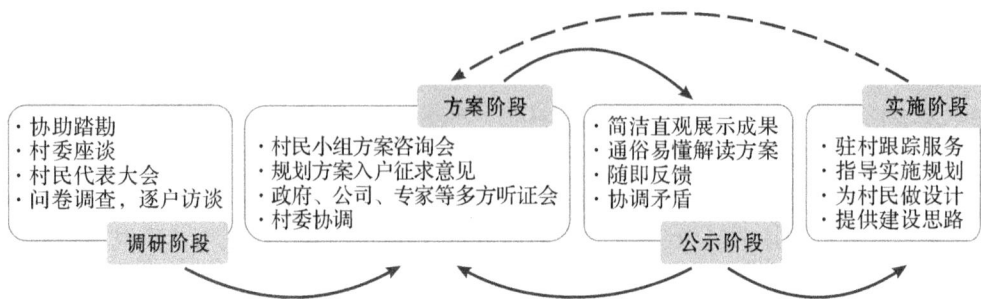

图 10.5　多轮循环示意

资料来源:肖婧(2021)。

10.3.3　国土空间整治公众参与的辅助技术

10.3.3.1　前期:现状调研需要的公众参与辅助技术

公众参与的首要步骤就是收集规划范围内的基础信息,包括居民现状、产业现状与居住环境现状等;而在规划实践中,以对当地居民的调研为例,由于缺乏统一的问卷调查范式,或者是调查手段"工具箱",致使往往一天调研下来,未能获取到有效数据,或者所获得的数据无法对其他类似的项目起到参考作用;应对这个问题,则需要构建公众参与现状调研的"核心模板",明确该阶段具体该获取哪些数据,调查问卷应该涉及哪些问题,如何展开公众参与工作坊等问题。本书也以实际案例为切入点,对国土空间整治全规划流程所涉及的公众参与内容进行了汇总。

10.3.3.2　中期:规划编制需要的公众参与辅助技术

诸多使规划相关利益主体投入规划编制工作的手段当中,"社区游戏"(见图 10.6)在当前的环境下属于一种民众较为"喜闻乐见"的形式。在社区游戏中,各个利益主体扮演不同的具体角色,代入具体建设/运营场景,通过一种多人策略图版游戏模拟社区规划全过程,保证规划设计/运营方案的落地性、科学性与可行性。

10.3.3.3　后期:汇总整理需要的公众参与辅助技术

一个多轮循环公众参与流程下的规划设计项目,必然会有其成功之处与待改进之处,故需要一个信息收集系统,在公众参与初始阶段开始到结束的过程中,对其中的信息进行收集与归类,便于在这一轮的公众参与工作坊结束之时对整个过程的评估。

故需要建立一个公众参与的信息平台,该平台将具备并验证三大功能(黄杉,2020):第一,向没有直接参加社区规划的人群广泛传播社区规划的进展和决策,整合情境案例合意形成的资源;第二,向构成微观主体群的新成员和其他利益博弈主体传播规划合意达成的思考方法和灵感,为情境案例合意形成的可持续发展打下坚实的基础;第三,对公众参与工作坊评估人员提供有效数据,协助其对该轮的公众参与活动进行有效评估。

信息平台数据划分为"事前信息—公众参与工作坊举办前的信息准备""事中信息—公众参与工作坊举办过程中产生的信息""事后信息—公众参与工作坊的成果总结信息"和"公

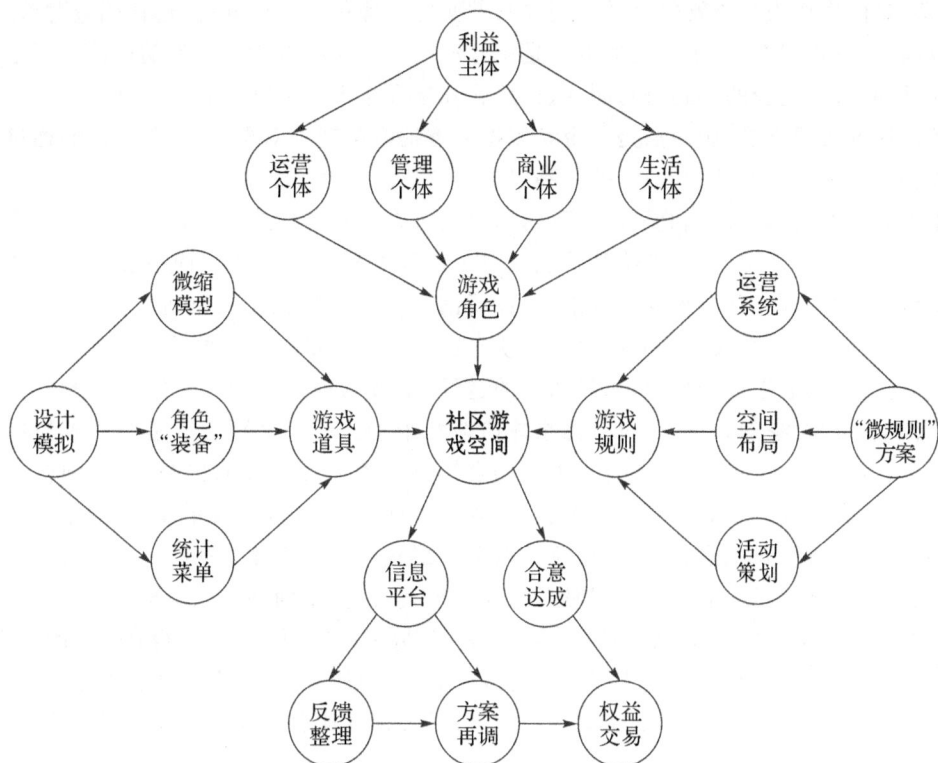

图 10.6　社区游戏结构

资料来源：黄杉（2020）。

众参与工作坊的信息数据库"四个部分进行分析整理,结合第一阶段规划决策情境案例,进一步分析公众参与城乡规划决策的选择过程的信息传递影响机制及其程度。

10.4　案例：安徽省宣城市泾县榔桥镇全域土地综合整治公众参与

10.4.1　公众参与方法

本次项目公众参与的方法主要包括实地调查法、问卷统计法、访谈法等综合使用,形成公众参与结果。

实地调查法的实践方法：实地调查法一般指实地调研。实地调研是相对于案头调研而言的,是对在实地进行市场调研活动的统称。在一些情况下,案头调研无法满足调研目的,收集资料不够及时准确时,就需要适时地进行实地调研来解决问题,取得第一手的资料和情报,使调研工作有效顺利地开展。所谓实地调研,就是指对第一手资料的调查活动。

问卷统计法的实践方法：问卷法是调查者运用统一设计的问卷,利用书面回答的方式,向被调查者了解情况、收集信息的方法。问卷法是社会调查中最常用的资料收集方法,常用于大规模的抽样调查活动。可以由专人或邮寄方式发放问卷供被调查者回答,也可以通过报纸、杂志、网络作为载体发放问卷。问卷法的实施步骤包括设计问卷、选择调查对象、分发与回收问卷、审查问卷,其中问卷的设计是调查成功最重要的保障。问卷的设计实际也就是问卷问题的设计,问卷的问题有封闭式、开放式和半开半闭式三种形式。

访谈法的实践方法:访谈法是调查者依据调查提纲与调查对象进行直接交谈,通过收集语言资料来认知公众心理的方法,是一种口头交流式的调查方法。

根据研究的对象、目的和要求的不同,访谈法可以有多种形式。从访问的结构性来分有结构性访谈或控制性访谈、无结构性访谈或自由访谈两种。结构性访谈一般事先要准备好访谈提纲和主要问题,甚至把问题标准化,在谈话过程中严格按照提纲进行提问;无结构性访谈则由访问者通过与被访问者的自由交谈来达到访问的目的。这要求访问者有丰富的经验,能够通过有效的手段来控制、引导访问的过程,使被调查者能围绕主题充分发表自己的意见。根据访谈对象的数量,可以分为集体访谈和个别访谈。个别访谈是访谈者与单个被调查者进行访谈。在涉及隐私或有外人在场会影响回答的真实性的情况下,个别访谈的效果比较好,有利于双方建立相互信任的关系,排除干扰,减少从众心理的压力,便于收集真实可靠的资料。集体访谈法的形式类似于座谈会的形式。参加集体访谈的人数确定上要注意参与代表的层次性和全面性。集体访谈的效率比较高,能更全面地反映情况。但这种方式适用于调查某些带有普遍性的问题,对某些比较敏感和隐私的问题一般难以得到真实的回答。

在本次实践过程中,交叉使用以上三类方法,以实地调查法、问卷统计法为主,访谈法为辅。综合使用以上方法可以避免错漏相应信息,最大程度地保障居民意愿被充分认知了解。

10.4.2 公众参与过程

10.4.2.1 方案编制前

本次规划首先以图上比较法综合判断需要进行整治提升的对应地块,内业判断完成后进行第一次实地勘察(见图10.7)。第一次实地勘察过程中,通过实地调查法,在以生态效益优先、耕地质量提升、人居环境改善为目标的基础上进行相应的调研,并形成初步的地块情况汇总表。

图 10.7 调查过程中的信息采集照片

形成地块情况汇总表后按照建设用地复垦、其他后备潜力用地垦造、其他复垦用地垦造、高标准农田建设与生态环境保护等工作次序进行分类汇总。比对地籍后,形成预整治范围的地块与所有人、权益人的统计对照表,并以本表为工作基础,对相应所有人、权益人开展问卷统计法与访谈。

10.4.2.2　初步方案编制

本次规划中,在形成统计对照表后,首先会同乡镇政府及村集体组织领导人,邀请各村民代表集中召开村民代表大会,在会上对本次规划的背景、目标、建设计划、政策条件和方案实施后的愿景进行宣讲,使当地居民可以充分地了解到本次规划与建设的意义与对当地生态环境保护、民生经济发展的益处(见图 10.8)。同时听取居民和代表的初步意见,对当前生产生活中居民遇到的问题、需求进行初步的统计与沟通。本次会后,浙江大学建筑设计研究院会同村集体组织领导人向参与本次会议的居民与代表发放调查问卷与项目统计表。其中,调查问卷主要包括被统计居民的户内组成情况、经济现状、生活情况及其他内容,并在后续中收集统计;项目统计表则主要包括居民提出的希望修建的道路、水利、耕保、生活及其他相应设施的情况,按照分组、分项统计项目名称、建设内容及规模与预估资金等基础信息。

图 10.8　村民代表大会召开记录

在村民代表大会后,规划单位委托乡镇政府及村集体组织领导人进行首轮的初步摸排,向相应所有人、权益人进行初步的意愿调查并形成汇总反馈意见,并在反馈意见收集后进行第二次实地勘察。

在实地踏勘过程中,从多个角度对本地居民进行面对面访谈,倾听居民面临的问题和对规划范围内发展的设想与建议,访谈对象主要为范围内村两委等相关负责人、乡贤、游客和其他当地村民等。同时,向对应的所有人、权益人进行进一步的政策讲解,争取与所有人、权益人达成一致意见,并发放相应的问卷调查表。问卷调查表的设计聚焦于村民家庭主要收入来源、房屋建设情况、居住与安置需求、公共配套设施是否满足、产业发展的愿望、村庄环境还有哪些不足、迫切需要解决的问题、村庄发展好的领域、村庄发展建设的建议等 9 个方面,旨在问计于民,深入了解设计范围内的发展现状,明晰保护困境和发展诉求,使本规划实用、好用,并在此基础上形成第一批村民意愿书及包括汇总材料在内等相应文件。

10.4.2.3 方案深化阶段

在前述收集资料的基础上进行相应的方案编制后,召开第二次村民代表大会。在会上主要对初步方案进行讲解,并听取乡镇政府、村组织、村民代表及其他居民的意见与建议,并对本轮编制过程中提出的疑问进行解答。在本次会后,为保障方案编制的合理性与公众参与的充分性,规划单位委托乡镇政府及村集体组织领导人进行第二轮摸排,在此基础上开展村民确认表格调查,尤其是对需要拆迁安置的所有居民均发放了同意拆迁意向书,确保村民的知情权和决定权不受干扰,保障后续项目的进行与实施。

在本次调研与编制工作过程中,由于居民对政策和愿景的了解具有动态深入的过程,部分居民的意愿有出现反复的可能。作为编制单位,一是要充分讲解规划情况和愿景,充分考虑居民的合理诉求与愿望,尽可能在编制过程中既能展现作为规划专业人员的预见性与指导性,又能较好地将居民对当下生产生活的意见与需求在方案中得以良好的表现;二是要充分尊重居民的选择权,在有搬迁、提升需求的尽可能满足的同时,尊重部分居民希望生活稳定的愿望。在编制过程中,作为规划编制人员要有耐心、有恒心,面对两轮甚至多轮调研与沟通工作的情况下能够坚持目标与底线,完成具体工作任务。

10.4.2.4 方案定稿阶段

在居民意愿充分了解、方案深化编制完成后,需要再次召开村民意见代表大会,通过村民代表大会的审议后方可正式上报。在正式上报过程中,调研过程的材料、调查问卷材料与签署的意见表材料均需要作为附件上报递交(见图10.9)。与此同时,正式成果文件还需要在镇村两级进行公示。

＿＿＿＿村＿＿＿＿同意拆迁意向书				
产权资料	产权人姓名		门牌号	
	户口内人数		户口联系电话	
	房屋结构		房屋总层数	
	房屋主体建筑面积		附房建筑面积	
安置意愿	异地安置		一次性货币补偿	其他
	村内安置	镇区安置		
备注				
填写日期:		户主签名:		

图 10.9　同意拆迁意向书范例

10.4.3　规划结果

经过本次全域土地综合整治后,主要目标完成规划范围内新增耕地面积 75.2786 公顷,新增耕地面积占原有耕地面积的 8.0%;永久基本农田增加面积占调整永久基本农田面积的 5.3%;整治后建设用地面积 176.7860 公顷(见图 10.10)。

图 10.10　规划方案公示时记录

同时完成耕地目标:整治前耕地 945.5430 公顷、平均耕地质量等别 7.4 等、总共 380 块,永久基本农田 826.9323 公顷、平均耕地质量等别 7.4 等、总共 221 块;整治后耕地 1020.8216 公顷、平均耕地质量等别 7.4 等、总共 419 块,永久基本农田 827.8241 公顷、平均耕地质量等别 7.4 等、总共 126 块。

建设用地目标:整治前建设用地面积 180.6738 公顷,整治后建设用地面积 176.7860 公顷、人均村庄建设用地面积 209 平方米,其中拆旧复垦 19.4605 公顷,拟建新用地 15.5692 公顷(其中用于农民建房 7.8647 公顷、基础设施建设 0.3038 公顷、新产业新业态发展 7.4007 公顷),盘活存量用地 5.7570 公顷(其中用于基础设施建设 3.3593 公顷、新产业新业态发展 2.3977 公顷)。

同时实施农用地整理项目 3 个、整理规模 185.5489 公顷,建设用地整理项目 2 个、整理规模 35.0297 公顷,乡村生态保护修复项目 4 个、修复区域 200 公顷,乡村历史文化保护项目 1 个,产业布局和引入项目 5 个。其中 2021 年开工项目 11 个;2022 年开工项目 16 个、验收项目 9 个;2023 年开工项目 1 个、验收项目 19 个。

第11章 国土空间全域综合整治的经典案例

11.1 浙江全域土地综合整治

11.1.1 磐安县尖山镇塘田村等4村全域土地综合整治与生态修复工程实施方案

尖山镇位于磐安县东北部,地处金华、台州、绍兴3市交界处,项目区位于尖山镇,距离集镇仅10公里,涉及塘田村、榧里村、横路村和三联村4个行政村,区域总面积1309.78公顷,各村对外交通网基本完善,呈现村村通的交通格局。项目区居民点周边山体较多,村落范围较小,人均村庄建设用地面积为86.19平方米,人均建设用地面积偏小。人文历史资源丰富,区域内分布有利国寺、赵氏宗祠、周氏宗祠、威镇庙、郭口桥等,乌石古民宅散落各村。项目区现状商业、医疗、教育等服务设施主要依托集镇设施。近年来,项目区以土地整治为基础,古村落历史文化旅游为契机,务实推进新农村各项建设。项目区主导产业仍为第一产业,主要是水稻和茶叶种植,第三产业有所发展,主要是古村落文化旅游。

问题分析:道路不完善;缺少公共服务设施配套;村庄环境有待提升;耕地质量仍有提升空间。

必要性分析:村里领导班子战斗力强;整治潜力大;旅游开发形式转型的新探索;项目实施的过程,也是进行生态环境的整治、保护和建设的过程。

11.1.1.1 目标定位

以"村在云端,房在树中,人在花中"的新农村面貌为蓝图,以生态农业为基础,古村落文化民俗旅游为契机,助推村级经济发展,农旅结合,借力发展,建设环境优美、设施齐全的康养乐活型村落。

(1)总体目标

落实永久基本农田保护责任,配套耕地保护补偿政策,探索生态景观型整治模式,实现耕地保护的精准性、主动性和可持续性;完善农村宅基地退出机制,推动农村人口集聚,促进土地节约集约利用,加快推进农村土地综合整治与美丽乡村建设,改善村庄环境,提升居住品质。

(2)耕地保护目标

耕地补充量:到实施期末,通过宜耕后备资源开发,增加耕地面积89.38公顷。

永久基本农田保护:实施期末,永久基本农田保护面积为 290.43 公顷。

永久基本农田整备区面积:实施期末,永久基本农田整备区面积为 18.13 公顷。

(3)村庄建设目标

存量盘活:实施期末,利用存量建设用地完善公共服务设施配套 0.12 公顷。

建新:实施期末,新增建设用地 0.52 公顷。

拆旧:实施期末,建设用地整理面积为 0.68 公顷。

(4)生态保护与修复工程目标

实施期内完成多处山塘及其沿线景观整治,河道治理等工程。践行"绿水青山就是金山银山"的发展理念,加强区域内生态建设和环境保护力度,坚持污染防治和生态保护并举的原则,深化生态修复和环境综合治理工作,促进土地资源、森林资源、水资源的可持续利用。

11.1.1.2　功能分区

依托村内道路,统筹布局村域范围内生态、农业和建设空间,引导全域形成系统合理的空间布局,形成"一轴、九区"的空间结构。

一轴:依托村内公路形成村庄发展轴,串联主要功能区。

九区:九个分区依资源和地势而分,主要包括四大功能区类型,分别为山林涵养区、粮食生产区、台地旅游区、生态居住区,以满足村庄未来发展的需要。生态居住区为区域主要建设发展空间,配套居住及公共服务功能;台地旅游区为区域主要的农旅发展空间,以旅游景区及其相关配套为主;粮食生产区为区域内主要农业空间,村域内主要耕地及低丘缓坡后备资源分布其间,是粮油作物及经济作物的主要种植区;山林涵养区为区域内主要生态空间,是以生态林地为主的区域,担负维护和改善生态环境,调节气候、涵养水源、美化环境、保持生物多样性等多种功能。

以资源统筹为原则,结合项目区内资源分布特点及重点整治内容,划分整治分区,并进行分类引导。

土地整治区:对土地进行合理开发,加强农田基础设施建设,改善农田生态环境,提升耕地质量,提高粮食产量,保障国家粮食安全。

台地旅游区:是水下孔景区及其配套设施的主要分布区,大力推进台地旅游,完善旅游配套设施,打造"乌石小镇,云上尖山"的旅游品牌。

生态涵养区:以生态保护为主,限制开发建设,禁止垦造耕地;对生态已造成破坏的土地开展生态修复工程,形成村域绿地生态保护屏障,保证森林覆盖率,形成乡村生态氧吧。

环境提升区:以环境景观提升为主,增加村庄绿化,美化村庄环境。

公建配套区:增加公共与基础设施建设,拆除违章建筑,进行村庄环境整治。

古村落保护区:美化村庄面貌,改善村庄生态环境,保护古民居,发展民俗旅游。

11.1.1.3　项目安排

(1)土地整治项目

项目区土地整治项目为磐安县尖山镇塘田畈土地整治项目,主要有旱地改水田、耕地质量提升和宜耕后备资源开发项目,整治范围 203.41 公顷,其中宜耕后备资源开发 89.38 公顷,旱地改水田面积为 71.23 公顷,耕地质量提升面积为 42.80 公顷。项目已于 2018 年 3

月经磐安县土地整治工作领导小组批准立项,并已充分征得农业、林业、环保、水利以及国土部门意见,同时为美化田园景观,移除土地整治项目区内坟墓893座,目前已完成坟墓搬迁工作。

土地开发措施:土地平整工程;灌溉排水工程;田间道路工程。

耕地质量提升措施:基础工程措施;地力培肥措施。

(2)人居环境提升项目

结合现状资源配置情况,从村民实际需求及现状人居环境提升要求出发,开展工程整治内容主要包括建设用地整治、公共服务设施建设、基础设施建设、宜居休闲景观建设等。

通过对村庄内闲置或低效利用存量建设用地的梳理,区分再利用方向,分别开展建设用地复垦、边角地和宅间绿化等,提高土地利用效率的同时,多角度提升村内居住环境、扩展公共活动空间,完善配套设施,为村民带来更舒适、宜居的生活场所,为乡村文化旅游提供基础,构建多功能的农村新型社区。

(3)生态修复项目

实地踏勘发现项目区生态环境良好,但部分区域景观欠佳,拟进行村域生态环境修复。三联村培香自然村正在进行"十美整洁村"建设,对村庄太平塘进行综合整治。横路村部分河段需要进行河道整治。塘田村村内池塘环境不佳,需要进行池塘环境综合整治。

11.1.2　平湖市农业经济开发区(广陈镇)龙萌村杨树港全域土地综合整治示范项目(2018—2020 年)

11.1.2.1　项目区概况

(1)项目区总况

本项目位于平湖市广陈镇龙萌村西部,东临杨树港、西至六里塘、北与上海市金山区廊下镇接壤、南靠广陈镇港中村,项目区域总面积1342亩,共涉及西浜、水圩、北埭廊、姚家浜、钥匙浜和东长浜等6个自然村,涉及搬迁农户75户,其中34户涉及村庄点已纳入2017年农村土地综合整治项目复垦区。此外,53户涉及村庄点于2017年刚完成整体验收。本项目所在广陈镇坚持农业发展,提出"田园小镇—水墨广陈"发展策略,突出"绿产业"、"美环境"和"慢生活";项目涉及龙萌村为省级美丽宜居示范村,是2017年新设立平湖农业经济开发区重要组成部分,也涵盖被定位为中国第一农镇的春风江南小镇,同时也是春风江南小镇的重要配套区。总体而言,本项目区位优势得天独厚,与周边产业定位和功能布局相契合。

(2)项目区土地利用现状

根据2017年土地利用变更调查数据,结合已验收土地整治新增耕地等各类审批信息,区域土地总面积89.50公顷。其中,农用地79.49公顷,占土地总面积的88.82%;建设用地5.73公顷,占6.40%;未利用地4.28公顷,占4.78%。

农用地:耕地74.77公顷(包括已验收但2017年土地利用变更调查尚未变更为耕地的3.44公顷),占农用地面积的94.06%,其中水田70.68公顷,占农用地面积的94.53%;园地1.45公顷,占农用地面积的1.82%;沟渠和农村道路等其他农用地3.27公顷,占农用地面积的 4.11%,不存在设施农用地。

建设用地:建设用地均为村庄用地,其中 2.17 公顷已纳入 2017 年农村土地综合整治项目拆旧区。

未利用地:均为水域用地。

(3)已开展各类土地整治项目情况

项目区内目前已开展标准农田建设项目 1 个,为 2001 年平湖市广陈镇土地整理项目,建成标准农田 74.16 公顷;已验收农村土地综合整治项目拆旧区 4 个,涉及验收复垦地块 3.44 公顷;另涉及新立项未验收农村土地综合整治项目拆旧区 1 个,面积 2.17 公顷,为 2017 年新立项平湖市广陈镇龙萌村农村土地综合整治项目。此外,不涉及任何高标准农田建设等其他各类土地整治项目,也不涉及已建粮食生产功能区。

(4)各类规划情况

①土地利用总体规划。根据《平湖市广陈镇土地利用总体规划(2006—2020 年)2014 调整完善版》,项目区内涉及永久基本农田 35.68 公顷、一般农田 37.19 公顷,规划安排建设用地 1.09 公顷,均为存量建设用地(其中水工建筑用地 0.97 公顷、村庄用地 0.12 公顷),不涉及安排各类新增建设用地。根据目前正在编制的《广陈镇龙萌村土地利用规划(2018—2030 年)》,项目区位于村级土地利用规划划定的优质粮油生产区、特色蔬果采摘区和水乡花海体验区,总体主导用途方向为农业经营,结合考虑"农旅+"发展。

②环境功能区划。根据《平湖市环境功能区划》,本项目位于农产品环境保障区,该区域总体以农产品保障为主,严格按有关法律法规加强耕地、永久基本农田和粮食生产功能区保护。

③建设规划。根据《平湖市广陈镇城镇总体规划修编(2014—2030)》,项目所在区域位于北部康健疗养区,重点将依托春风江南小镇,打造"养、旅、农"复合型特色区域。根据《平湖市村庄布点规划》,本项目区域涉及村庄点均为撤并村落。

④其他相关规划。根据《平湖市粮食生产功能区建设规划(2010—2018 年)(修编)》该区域未安排粮食生产功能区建设;根据《平湖市水系调整规划》,该区域总体未进行水系调整安排;根据平湖市现代农业经济开发区相关产业规划及战略定位,本项目位于农业可持续发展示范园,打造"互联网+农业""农业+健康""农业+旅游""农业+文创"等新业态、新模式。

(5)土地利用特征及存在的问题

①耕地占比相对较高,破碎化现象有待治理。项目区内耕地占比达 83.55%,规模相对较大;但与此同时仍存在耕地、永久基本农田的碎片化现象,现状耕地片块平均规模仅为 0.58 公顷,耕地内部尚有 5 亩以下零星图斑 19 个,占比 14.96%;现状划定 8 片永久基本农田片块中 4 片片块面积在 5 亩以下,都有待整治期内加强整治,推进耕地、永久基本农田的连片化。

②耕地质量相对较好,生态环境整治有待加强。"十二五"以来,项目区内涉及各类土地整治项目 6 个,土地整治基础相对较好,其中项目区 80% 以上区域已实施土地整理,建成标准农田,耕地质量等别均为 4 等,耕地质量水平总体较高。但项目区内现状生态环境相对较差,存在水脉不通、内外水系较差等水环境问题,也存在化肥和农药等过度使用导致土壤条

件较差等问题。

③农业配套设施不完善,不能满足农业适度规模经营需求。项目区作为典型的江南水乡平原,水系发达、路网密布,但总体农业服务设施配套用地占比较低,项目区内目前无设施农业等配套用地,难以有效满足今后农业适度规模经营配套需求。

④建设用地布局较零散,集约节约利用水平有待提升。农村居民点多依水而建,在6个自然村沿河呈带状分布,布局较为分散,多为2~3户形成单个村庄图斑,单个布点图斑平均规模仅1.49亩;户均用地0.95亩,人均用地148平方米,远超相关用地标准。布局零散并且集约节约利用水平不高。

11.1.2.2 区域发展定位和整治目标

(1)区域发展定位

项目区将全力推进乡村振兴战略,按照建设"富裕美丽、和谐幸福的现代化'金平湖'"的总体要求,深度挖掘农用地、水域、建设用地三大类用地的自然、经济、文化属性,拓展土地利用功能,探求三者之间互动发展的空间功能模式,实现项目区"产业兴旺、生态宜居、乡风文明、治理有效、生活富裕",建设产乡融合发展格局下的"水墨广陈—乡趣龙萌",突出"绿产业""美环境"和"慢生活"。

①绿产业。以促进区域多元经济发展,增加农业生态产品和服务供给,壮大村集体经济,提高居民收入为目标,促进农业规模化经营,大力发展区域特色经济,做大做强现有草莓、西甜瓜等农业种植主打产业;延伸农业产业链,大力发展以"互联网+农业""农业+健康""农业+旅游""农业+文创"等新业态、新模式,将项目区打造成为农业科技和农业互动为主的特色农业示范区。

②美环境。以建设高品质的生活、生产环境为目标,优化区域生产、生活、生态空间格局,大力推进水系优化及河道清淤、乡村林网修复等生态环境整治修复工程,完善项目区道路等基础设施,构建农业循环经济,对畜禽养殖粪污及农产品残余物等进行资源化利用,形成良好的生态环境。

③慢生活。以提升农民精神风貌,不断提高乡村社会文明程度为目标,加强农村思想道德和公共文化建设,充分挖掘龙萌历史人文底蕴,进一步丰富稻草文化等江南耕读文化,开展移风易俗行动,构建乡村治理新体系,形成充满活力、和谐有序、村稳民安的乡村新风貌。

(2)总体整治目标

龙萌村杨树港全域土地综合整治示范项目以助推乡村振兴战略实施,促进乡村产业兴旺、生态宜居目标实现,最大限度满足公众对美好生活的追求为引领,优化项目区生产、生活、生态空间格局,促进项目区生产空间集约高效、生活空间宜居适度、生态空间舒适优美的空间格局形成,给子孙后代留下天蓝、地绿、水净的美好家园。通过推进龙萌村杨树港全域土地综合整治示范项目,具体实现以下目标:

①按照控制总量、盘活存量、加大流量的总体原则,优化项目区空间开发利用格局,完善基础设施配套,高效配置土地资源,提高土地资源配置效率,保障农村一、二、三产业融合发展用地需求。

②按照数量、质量、生态、空间四位一体的保护原则,加强耕地碎片化整治,提高耕地连片度及质量,通过土地流转有效促进耕地连片化,为农业适度规模经营奠定空间基础,促进

现代农业发展。

③按照优化、集聚、减量的原则,优化农村居民点布局,加强农村建设用地碎片化整治,引导农户搬迁集聚至新社区,通过完善配套新社区行政、教育、医疗、文体、公共交通等公共服务设施及电力、通信、燃气、生活污水、垃圾处理等基础设施,促进公共服务设施均等化。

④按照宜居、宜业、宜游的原则,加强生态环境整治修复,结合"五水共治"工程,开展河道清淤,改善水质;结合"四边三化"工程,开展路边、水边、田边、村边的复绿行动;大力开展"五气共治",推进秸秆禁烧等重点大气污染防治工作,打赢蓝天保卫战;采用植物或微生物修复等技术,实施土壤污染修复。

11.1.2.3　具体整治方案

(1)空间格局优化方案

以龙萌村整体功能分区划分为依托,构建形成"一轴三区"的总体空间格局。"一轴"为沿南北向园三路打造的区域产业配送轴;"三区"为将项目区总体划分形成优质粮油生产区、特色蔬果采摘区和水乡花海体验区等三片特色农业功能分区。

(2)用地结构优化方案

①总体优化方向:通过全域土地综合整治,全面优化项目区用地结构,农用地、建设用地和未利用地(均为河流水面)三者比例结构由 88.8∶6.4∶4.8 优化到 94.1∶1.1∶4.8,较整治前,农用地和未利用地分别增加 4.71 公顷、0.05 公顷,建设用地相应减少 4.76 公顷,实现建设用地规模减量化目标。

②农用地调整方向:农用地中,重点优化调整耕地占比,特别是水田占比,并配套相应设施农业用地,保障区域农业生产配套,提高粮食生产保障能力。

③建设用地调整方向:项目区内建设用地除水工建筑用地保留现状 0.97 公顷,其余4.76 公顷村庄用地全部整治退出(不含 3.44 公顷已验收农村土地综合整治项目拆旧区)。

④未利用地调整方向:未利用地均为水域,总体保持面积稳定,略有增加(0.05 公顷),主要为河道整治、河道疏浚等适度增加。

(3)交通基础设施整治方案

项目区总体形成二级交通基础设施。其中一级为"一纵一横"体系网络,分别为南北向园三路以及横向龙桥路,用以串联项目区内各功能片区、及与项目区加强产业配套输送等;其中龙桥路西起环线支路,东至龙丰路,也是沟通项目区与新社区龙萌社区的主要道路。二级为现有农村道路形成的项目区外围环线农村道路(绿道)、项目区内 6 条横向及 1 条纵向田间道,用以划分项目区内耕作田块分布。

(4)耕地与永久基本农田整治方案

通过推进全域土地综合整治,以功能分区为依托,实现项目区耕地集中连片,适时探索永久基本农田布局优化,构建形成 3 片永久基本农田连片集中分布区,将项目区打造为平湖市全面展示农业产业发展成果的千亩田,构建"948"耕地与永久基本农田保护格局。其中永久基本农田连片集中分布区分布位于园三路以西、园三路以东特色果蔬采摘区南北两侧;"948"分别指耕地占农用地比重、永久基本农田占耕地比重、高标准农田占永久基本农田比重分别为 96%、45%和 80%。

（5）居民点集聚整治方案

对西浜、水圩、北埭廊、姚家浜、钥匙浜和东长浜等 6 个自然村内 4.76 公顷村庄用地，按村庄布点规划逐步引导整治退出，共涉及搬迁农户 75 户，其中 34 户 2.17 公顷已纳入 2017 年度立项平湖市广陈镇龙萌村农村土地综合整治项目。

（6）产业及配套设施用地整治方案

首先，围绕项目区土地利用现状和产业特点，依托功能分区，按"农业＋"发展、产业融合配套要求，构建形成四大特色农业片区，分别为优质粮油生产、特色花卉种植、高科技草莓种植和春田瓜瓜体验区等。其中优质粮油生产广泛分布于项目区，主要位于园三路西侧，园三路以东园二路南侧、农垦一路北侧区域，区内种植作物总体以粮油作物为主，绝大部分以水稻种植为主；特色花卉种植位于项目区东北部，总体承接上海花卉产业转移；高科技草莓种植和春田瓜瓜体验区则为项目核心区，位于园三路以东、杨树港以西、园二路以北以及农垦一路以南区域。其次，推进农业适度规模经营。最后，促进产业融合发展。

（7）水系优化和田间灌排设施整治方案

突出"水墨广陈"定位，以现有六里塘、杨树港等水系为基础，梳理现状水系，整合灌溉水渠，以六里塘、杨树港外围环线水系为基础，向内辐射，增强项目区水网的系统性，以维系江南水乡村庄风貌。

①水系优化整治内容：充分利用现状水系，总体按满足区域防洪排涝需求，保持现状水系稳定，对项目区北侧河滨适当整治疏浚，新增河流水面 0.05 公顷，体现江南水网平原水乡特色。

②田间灌溉基础设施整治：总体按项目区以灌溉设计保证率 95％、渠系水利用系数不低于 0.9、灌溉水利用系数不低于 0.8、管道使用年限不低于 20 年等标准进行设计优化，项目区水源设置总体取自项目区周边河道，灌溉管网布置以满足今后土地流转、推进规模化经营需要，总体按水稻田进行大田块规划设计。水利设施总体利用现状，同时在项目区南侧河滨附近及农垦四路附近河滨等新建排涝泵站和闸。

③田间排水设施布局整治：总体采用生态治理技术的沟渠，以控制面源污染。本着"因地制宜，生态降解"的理念，充分利用现有的自然资源条件，通过对现有排水沟渠的生态改造和功能强化，或额外建设生态工程，利用物理、化学和生物的联合作用，研究对污染物（主要是氮磷）进行强化净化和深度处理，探讨生态拦截沟渠有效拦截、净化农田污染物的效率，实现污染物中氮磷等的减量化排放或最大化去除。

（8）生态环境整治修复方案

总体布局框架：全域总体以水网平原农田、交通绿网廊道为主体，以主干水系和管线绿化工程为依托，构建网格状生态空间格局，形成"田成方、路成框、水成网、绿绕庄"的水乡田园景观风貌格局。

11.1.2.4　功能分区整治引导

（1）大力建设优质粮油生产区

以稻米与雪菜、油菜花、香草等交替轮作为主，探索生态农业新模式，建立高产粮油示范区为目标。以全域土地整治为平台，推进高标准农田建设，实施建设用地复垦、垦造耕地、

"旱改水"等子项目工程,提高区域耕地质量和连片程度;采取建设良田、应用良种、推广良法、配套良机、推行良制"五良"配套综合措施,因地制宜发展水稻、油菜等经济型粮油作物,依托龙头企业,发展稻米和油菜籽精深加工和营销,开发精品粮油,提高粮食生产效益。整治实施后,该功能分区内可新建高标准农田 20.95 公顷、新增耕地 3.52 公顷(其中 1.63 公顷已于 2017 年立项)、实施旱地改水田 1.13 公顷。

(2)稳步打造特色蔬果采摘区

以现代科技为依托,通过高科技种植草莓及特色西甜瓜,打造集农产品种植、采摘、体验为一体的现代特色"农业＋"基地为目标。通过引进高效栽培、采后处理、品质改良等先进实用技术,密切与农科教合作,提升农业发展的科技水平,提高资源利用效率。适度推进高标准农田建设,推进功能分区内零碎非耕地图斑整治退出。整治实施后,该功能分区内可新建高标准农田 7.55 公顷、可新增耕地 2.19 公顷(其中 0.54 公顷已于 2017 年立项)、实施旱地改水田 0.44 公顷。

(3)合理布局水乡花海体验区

以发展特色鲜切花种植为主,承接上海花卉产业转移,与项目区外周边区域相连打造花海水乡 4A 级景区为目标。依托全域土地综合整治平台,推进区内耕地集中连片,零散村庄点和耕地内部非耕地零星图斑逐步引导整治退出。打造形成囊括鲜切花生产、花卉食品加工、干花制作、花卉工艺品展示、花卉休闲旅游等多种业态的花卉全产业链。整治实施后,该功能分区内可新增耕地 0.65 公顷、实施旱地改水田 1.63 公顷。

11.1.3　瓶窑镇崇化村全域土地综合整治与生态修复工程概念规划

本次"瓶窑镇崇化村全域土地综合整治与生态修复工程概念规划"具有三点重要性质:①在充分衔接瓶窑镇已有的总体规划、土地规划、专项规划等各上位规划及相关规划基础上,以土地为抓手,以田园为立足点,所形成的规划方案。②本规划性质为概念性规划,高屋建瓴定位、统筹规划蓝图,主要为后续农村全域土地综合整治各专项规划明确方向,最终将以村土地利用规划落实用地保障。③本规划重在推动项目落地,保证可行性,而非"墙上挂挂"。通过本次农村全域土地综合整治,对崇化村土地资源进行通盘梳理,为各项目落地提供基础条件。

本次规划原则:①多方共赢原则。通过对土地利用、农田景观、民居风貌、道路交通等方面整治,不仅改善村庄居住环境,同时产生经济效益使农民受益,真正做到"打破经济发展与环境保护的两难困境"。②切实可行原则。对接上位规划、遵循土地政策要求,因地制宜、因势利导对规划地块进行全域土地综合整治,在保持资金平衡的同时,使整治效益最大化。③问题导向原则。本次规划始终坚持从解决问题入手,包括但不限于农民建房、设施配套、美丽经济发展等方面,通过对问题的逐一解决,使规划对村庄发展更具有实际指导意义。④肌理延续原则。延续原乡村庄肌理,摒弃大拆大建的方式,通过零星整活、区域自我平衡,打造美丽经济风景线,让人们"记得住乡愁"。⑤全域整合原则。从崇化村整体角度出发,通盘考虑、全域整合,划分片区发展,加强村与村之间的合作交流,形成优势互补,产生"1＋1＞2"的合力。

本次规划思路:一期打基础——农田垦造、土地整理;道路梳理;河道疏浚;部分建筑拆除。二期见成效——景观风貌提升;配套设施建设;建筑立面改造;产业调整升级。

11.1.3.1 现 状

(1)区位分析

瓶窑镇位于杭州市西北郊,余杭区中部,距杭州市中心区约18公里,是瓶窑组团未来发展的中心区域。北和东紧邻良渚街道,南与未来科技城相连,西接径山镇,东临良渚镇,瓶窑镇是杭州市的西北门户,交通四通八达。104国道、04省道、207省道、杭长高速以及宣杭铁路横纵交错,交通十分便捷。

崇化村位于瓶窑镇南部,杭长高速瓶窑互通以北,南接瓶窑镇区,目前已建成祥盛家园、南北乐章、柳郡苑、桂花溪园等小区,南毗未来科技城,东临凤都村,西纳东苕溪、磨盘滩湿地。

(2)土地利用现状

全域整治范围内总面积7.13平方公里(10702.32亩),扣除城镇扩展边界后农村全域整治范围面积5.91平方公里(8864.83亩),农用地6431.09亩,其中耕地5068.19亩,耕地质量等级为7等,可调整耕地97.20亩,一般基本农田2920.64亩,占耕地比例为54.42%,高标准农田600.81亩。建设用地总面积1399.77亩,其中村庄建设用地852.31亩,人均村庄建设用地121平方米/人。未利用地1033.98亩,其中河流水面753.13亩。

项目区总面积10702.32亩,整治区域涉及1个行政村,即崇化村。项目区农用地6751.14亩(耕地5366.92亩),建设用地2879.15亩(村庄1829.79亩),未利用地1072.03亩。

(3)产业发展现状

瓶窑是闻名遐迩的良渚文化腹地。它群山翠绿,土地肥沃,河道纵横,物产丰富。蚕茧、水稻、竹笋、茶叶、花果、水产等农副产品远近驰名。工业方面,已形成以纺织服装、文教印刷、机械五金和农产品加工为特色的工业体系。

崇化村产业结构以农业为主,种植水稻、瓜果,兼有水产养殖、家禽生态圈养。村委注重发展都市农业、生态农业,引导村民发展效益农业,经济稳步发展。

(4)村庄建设现状

聚落形态:居民点分布较为分散,多为沿路沿河,除北侧新建小区为行列式排布,其余居民点均为散落式布局。

现状建筑:整体风格形式多样,新旧不一。大部分民居为2~3层,现代风格,砖混结构,既有平屋顶也有坡屋顶,立面为白色涂料粉刷或彩色面砖装饰。部分村落有少量传统建筑。

(5)道路交通现状

对外道路:瓶仓大道自基地东部南北向穿越,南接杭长高速,北连京福线(104国道)和瓶窑镇区。

内部道路:分为主干路、次干路、支路、慢行道四个层级,主干路主要为苕溪南路、前程路,次干路主要为溪东路、X233县道等,支路多为村道,均已硬化,可达性较好,但宽度不足,通行能力较差,慢行道主要沿苕溪而设。

（6）自然环境现状

地形地貌：瓶窑镇域处于浙西丘陵山地与杭嘉湖平原的过渡地带，东苕溪以东水网平原、滩涂平原几经沧桑，从公元前 5 世纪起，随文明进步而逐步开拓，形成如今地貌。崇化村基地内部地势较为平坦，除嵩山高 33 米，其余高程均在 2～3 米。

河流水系：崇化村地处水网平原，东苕溪、北苕溪交汇于规划地块外北侧；北湖滞洪区位于规划地块外西侧，是东苕溪防洪工程的重要组成部分；规划地块内的连具塘港、东苕溪、磨盘滩湿地是瓶窑镇小城镇的重要景观资源。

（7）现状小结及解决方法

①景观特色：水网湿地、生态田园。规划地块拥有水网平原和生态湿地的典型组合，西部磨盘滩湿地是瓶窑镇小城镇的重要景观资源，地块内部有连片的生态农业种植田园，各居民点面田而居，生态环境优美。

②产业特色：生态农业效益佳。崇化村以水稻、瓜果、水产养殖、家禽生态圈养为产业特色，近年来效益农业态势良好，农民增收明显。

小结：依托现状优良的自然资源，利用生态农业优势，建设全域土地整治示范村庄。

③存在问题：村庄居民点存在零星散落现象，需要集聚以加强土地集约利用效率；现有配套设施无法完全满足日益发展的村庄需要，存在设施老化、道路较窄等情况，有待完善提升；村庄现状以农业为主，虽有一定基础，但发展阶段较为初级，且产业结构单一，产品附加值相对较低。

④解决方法：通过全域土地整治，规整零星土地，使农田连片，建设用地集聚集约，解决农民住房问题、设施建设问题；以全域统筹发展角度，打造特色鲜明，产业兴旺的新农村，一、三产业联动发展，将"绿水青山"化为"金山银山"，打造生态永续发展经济模式。

11.1.3.2　总体规划

对接相关规划，规划形成"一带一廊、一轴三区"的空间结构。

一带：中央生态带；基地位于良渚文化遗址—大径山的生态廊道上，新规划建设的中央水脉将形成生态景观与文脉沟通的生态景观带。

一廊：苕溪生态廊；苕溪东北接良渚遗址、京杭运河，西南至北湖、南湖，是余杭区内的最重要的水系通廊之一，也是未来苕溪—运河旅游的重要纽带。

一轴：镇区功能联系轴；瓶仓大道北接瓶窑镇区，南连未来科技城，镇区功能依托此轴向周边延伸。

三区

磨盘滩湿地生态区：北湖泄洪区的组成部分，兼具生态保护和景观休闲功能。

宜居型产业社区：主要为瓶窑镇区南部建成区及崇化村南侧预留集聚安置区，以科创产业发展结合城镇居住为主要功能。

生态田园发展区：以东西两片基本农田区域为主，通过全域土地综合整治，提升土地质量，打造秀美的景观风貌，发展农业种植和生态休闲功能。

11.1.3.3　土地整治规划

设计内容主要为土地平整工程、灌溉与排水工程、田间道路工程、农田防护与生态环境保持工程(见图 11.1)。通过上述四项整治工程,达到完善项目区内的水利设施,合理配置灌排系统,增强农田水利设施,节约水资源,打造现代都市田园型农业公园,实现生态效益和社会效益二者统一,适应现代农业生产和经营方式,完善田间道路系统的目标。

整治原则:不唯指标、重视生态;解决耕地和基本农田"碎片化";耕地基本农田进一步集中连片。

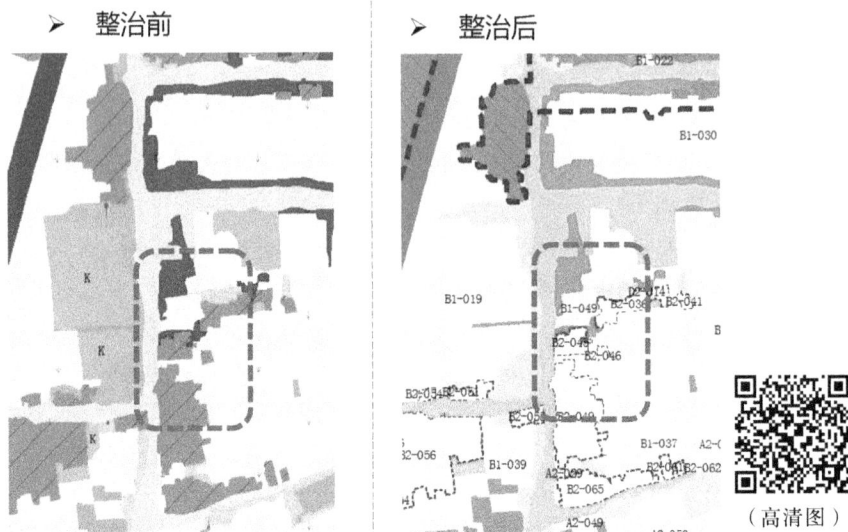

图 11.1　土地整治规划前后对比

(1)土地平整工程

①条田设计应根据耕作机械工作效率、田块平整度、灌溉均匀度以及排水畅通度等因素确定耕作田块的长度,一般为 60～120 米;宽度应根据渠道的布置形式,一般为 30～50 米,同时还应满足农业机械耕作要求。

②单块田面平整度在建设过程中高差控制在 10 厘米以内,平整后坡度应满足灌水要求。

③格田的设计以南北走向为主,部分不规则地块可调整,应保证灌排通畅,长度视条田的宽度而定,并设置田埂,田埂用土修筑。

④填方与挖方平衡,填挖同时进行,减少重复倒运,选择恰当的调配方向和运输路线;合理保留表层耕作土,土方的调配应考虑近期施工与后期利用相结合。

(2)灌溉与排水工程

灌溉与排水工程中涉及的各种建筑物设施均要符合相关的技术规范。建筑物的结构形式应根据工程特点、作用的运行要求,结合当地建筑材料来源和施工条件因地制宜选定;尽量充分利用原有的灌排水系,对于各种可代替性单项工程的选择应充分考虑因地制宜和经济合理的原则。主要的技术要求有:灌溉保证率、灌水率、设计流量及渠道断面的设计,渠道横断面结合"实用、安全、稳定、经济、合理、美观"等因素来设计(见图 11.2)。

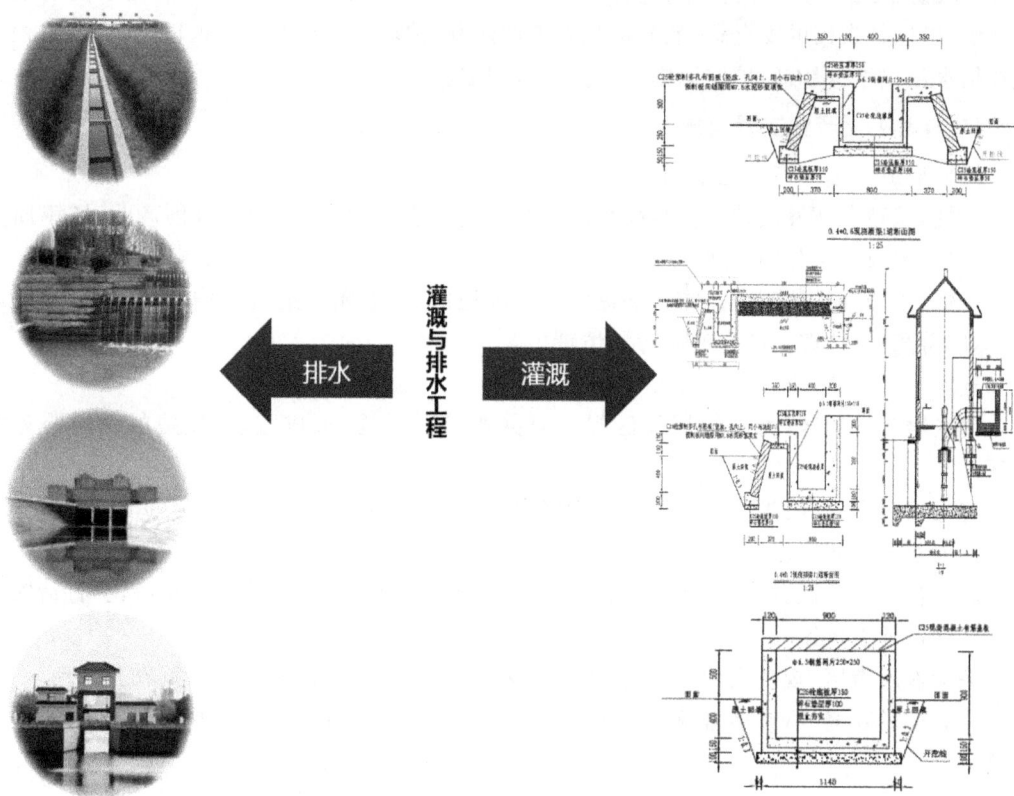

图 11.2　灌溉与排水工程设计示意

（3）田间道路工程

①路线设计：路线的设计中对田间道的平、纵、横三个面应进行综合设计，保证路线整体协调，做到平面顺适、纵坡均衡、横面合理；田间道转弯半径、视距等技术指标应满足 DB33/T440 的要求。

②路基设计：路基设计应根据其使用要求和当地的自然条件并结合施工方案进行设计，既应有足够的强度和稳定性，又要经济合理；高度应使路肩边缘高出路基两侧地面积水高度，同时与排水工程相结合，满足路基排水要求。

③路基填料：应因地制宜、就地取材。

④路面设计：路面应具有良好的稳定性和强度，表面应满足平整、抗滑和排水要求；路面两侧可做块石或砼路肩；路面基层宜采用泥结碎石、碎石、砂砾石、矿渣等填筑。

（4）农田防护与生态环境保持工程

农田防护林网：为了保证农业生产稳产、高产，在农田周围营造具有一定宽度、结构、走向、间距的林带，通过林带对气流、温度、水分、土壤等环境因子的影响，来改善农田小气候，减轻和防御各种农业自然灾害，创造有利于农作物生长发育的环境，并能对人民生活提供多种效益以及生态环境保持；设计参数主要包括林带间距、走向、断面结构及树种的选择；林带之间距离的大小应以林带发挥最大防护效能、便于机械耕种为原则。

岸坡防护工程:岸坡防护工程主要布置在河流、西沟、沟谷有滑坡和横向侵蚀的崩塌危险地段,以保护农田的安全;一般分护基和护坡两种,护坡工程设在枯水位以上,护基工程应设在枯水位以下;岸坡防护的原则是先护基再护坡。

11.1.3.4 产业发展规划

规划形成一轴一带五区格局。

一轴:城镇产业发展轴。作为联系瓶窑和仓前的重要通道,沿线以科创产业、城镇商务发展为主,形成城镇化的产业发展轴。

一带:生态观光休闲带。结合磨盘滩生态湿地区,沿苕溪打造观光休闲带,形成湿地观光、休闲游憩、康体健身结合的旅游风情带。

五区

镇区服务发展区:为周边居住区提供公共服务业设施,形成宜居、便捷的镇区服务发展区。

美丽田园宜居区:崇化村南侧规划为集聚安置区,依托周边田园景观,打造环境优美、村风和谐的美丽田园宜居区。

农事耕读体验区:结合田园资源、依托居住集聚人气优势,融入耕读文化特色,打造农事体验活动产业发展区。

高标农示范区:规模农业集聚地,提高产区建设标准,构建高标农田示范农业基地。

生态湿地观光区:以磨盘滩湿地的景观为基底,结合周边村庄,形成生态湿地的观光游线。

11.1.3.5 道路交通规划

(1)对外道路

瓶仓大道自基地东部南北向穿越,南接杭长高速,北连京福线(104 国道)和瓶窑镇区。

(2)内部道路

村庄道路(主次干路、支路):由主要道路枝状向各村延伸,尽可能环通路网,增强地块对外通达性。

慢行道路:主要为沿苕溪漫步道,与绿化带、苕溪河道相映成趣,展现阡陌田园、悠悠河水、窑韵风情。

停车设施:规划地块停车设施基本沿主要道路设置,根据各村情况可结合小广场、文化礼堂等周边空地设置,建议以生态停车场为主。

11.1.3.6 生态修复规划

具体如表 11.1 所示。

表 11.1 种植带分类及说明

种植带分类	枯水位入水 5~10 米	枯水位陆向 5~8 米	陆向 7~10 米
组成	水生植物种植带种植挺水植物、沉水植物、漂浮植物,如荷花、香蒲、黄菖蒲、花叶芦竹、睡莲、水葱等	湿生植物种植带种植耐水性强的水缘湿生植物,如美人蕉、石菖蒲、马蹄莲等	岸际陆生植物带种植具有一定耐水能力的多年生植物,如萱草、二月兰、见月草、麦冬、紫薇、垂柳等

续表

种植带分类	枯水位入水 5～10 米	枯水位陆向 5～8 米	陆向 7～10 米
功能	稳定河床,水生、底栖动物栖息	两栖动物栖息,滨水区水土保持、净化水体	陆地区水源涵养,提高生物多样性
	水生生物保护带		
		水质净化缓冲带	

（1）分类整治

①坑塘水面:通过对坑塘水面实施疏浚拓宽、清淤与截污、饮水与排水等措施改善水质,恢复坑塘水面蓄水排水、抗洪抗旱、农田灌溉调节等功能,有效防治地下水污染,保障村民生活饮水安全。在保障结构安全、环境安全、满足使用功能的前提下,增设亲水栈道、亲水看台、平台等亲水空间。

②沟渠河溪:主要为东苕溪,清除沟渠河溪垃圾杂物,实施底泥清淤、坡岸修整、水体置换及绿化等一系列措施,基本消除水体黑臭,恢复沟渠河溪蓄排水能力,实现环境整洁美观。针对景观类沟渠河溪还将提高治理标准,结合实际条件栽种观赏性水生植物,实施生态护坡,形成良好的生态景观效果。

③生活用水设施:控制水源上游生活污水排放,通过整合现有的管道排水设施将这些污水收集统一排入市政管道,禁止未经处理达标的污水排入水源水系。

（2）净化水质

将原本河淤、坎塌、水污、绿少的水系进行清理,沿河种植水生植物形成滨水廊道,对河道、湿地进行生态恢复与重建,通过海绵城市措施,建设生态河道、雨水花园、生态湿地等,以提升区域内水环境自净能力及防洪排涝能力。

①生态缓冲带。生态缓冲带是在河道与陆地、农田交界的一定区域内建设"乔－灌－草"的立体植物带,费用低廉、维护方便、截污高效,一方面可控制水土流失,另一方面利用缓冲带植物的吸附和分解作用,减缓污染物进入河道。

②生态护坡护岸。生态护坡护岸是指利用植物或者植物与土木工程相结合,对河道坡面进行防护的一种河道护坡形式,是集景观、生态和蓄水防洪功能为一体的复合岸线,强化堤岸的陆生生态系统,减小地表径流等面源污染对水体的影响。

③生态基、人工浮岛与水下森林。生态基、人工浮岛与水下森林均是为水体打造多样性、良性循环的自然水生生态系统,使水体拥有自净能力,微生物、动植物等自然生长,持续吸收降解水体污染物,长久维护水治理效果。

（3）优化水岸

①垂直挡墙驳岸。临建设用地河流及水流速度较大的主干河流采用垂直挡墙驳岸。因其亲水性较差,不宜过多采用。

②生态砌块景观挡土墙驳岸。其是加筋土挡土结构的一种形式,这种结构是一种新型的拟重力式结构,它主要依靠挡土块块体、反滤土工布包裹、分层铺设土工格栅和填土夯实。通过土工格栅和锚固钢连接构成的复合体自重来抵抗动静荷载,可结合爬藤类植物绿化,达到稳定的作用。

③自然生态驳岸。溪流沿线形成可渗透的界面,利于滞洪补枯、调节水位。可将滨水区植物与岸际植物连为一体,形成一个完整的滨水生态系统,利于增强水体的自净作用。

④滨水田园景观。塑造田野、山林、水畔植物等组合而成的多层次景观,营造一定的空间感,配合田园上的景观小品,以田间道路串联,展现多姿多彩的滨水田园风光(见图11.3)。

图 11.3　滨水田园景观用地类型示意

⑤规模化现代田园景观。实现区域化布局、规模化种植、标准化生产和产业化经营,打造规模适度、整齐划一的农田景观,充分展现都市型现代农业风貌。

⑥社区化宜居田园。对现状农田进行整治处理,集中布置,统一管理;体现"四季农田"、"有机农田"理念,增加区域的休憩停留空间,丰富区域的景观功能,营造生态宜居田园环境。

⑦田野绿化设计。种植基调树种为香樟、无患子、马尾松、香椿树;主要观花树种为桃树、梨树、梅树、石榴树等;其他树种为银杏、红枫、含笑、乌桕、黄山栾树、桑树、合欢、桂花、悬铃木、枫香、湿地松、水杉等;灌木地被类为映山红、冬青、大花六道、金银花、粉花绣线菊、大花萱草、紫云英、覆盆子。种植农田植物为水稻、向日葵、油菜、玉米、小麦、棉花、番薯等。

⑧湿地绿化设计。《浙江桐庐南堡省级湿地公园总体规划(2015—2020)》中的生态保育区和恢复重建区,实施湿地生态系统修复工程,积极地进行人工生态修复以抵御外来生物的无序侵入。岸边带是水—陆的过渡和缓冲地带,需兼顾丰水期、枯水期的水位动态变化,利用木桩、竹笼、卵石等天然材料修建岸堤,种植草坪或灌木,重新建立土壤、生物、水体之间的生态关系。

⑨滨水绿化设计。苕溪及其他水系沿线地区,亲水性条件好,可适当引入滨水游憩活动的景观设施,植物配置注重与山、水的层次关系,滨水活动区岸线景观与湿地修复区岸线景观相互联系,形成完整的滨水景观风貌带。

11.2　全国其他地方的全域土地综合整治

11.2.1　安徽省宣城市泾县榔桥全域土地综合整治

试点区域位于榔桥镇东南面,包括黄田村、双河村和涌溪村 3 个行政村,国土空间总面积 7566.36 公顷。其中黄田村为特色保护类村庄,双河村和涌溪村为集聚提升类村庄。

榔桥镇东与汀溪乡相接,南与旌德县三溪镇相邻,西与茂林镇、黄村镇相依,北与泾川镇相连,总面积为 331 平方公里。试点区域位于榔桥镇,泾县东南部,205 国道南北方向穿越全境,距离泾县城区 25 公里,与宣城市直线距离 60 公里,与旌德县相距 20 公里。

试点区域内 3 个行政村共有居民 2547 户,人口 7030 人。耕地总面积 14183 亩,人均耕地面积 2 亩。2020 年经济总收入 4848 万元,农村年人均纯收入 17015 元,主要来自农业。试点区域对外交通便利,距镇区 205 国道 4 公里,国家三级标准公路从 205 国道直通项目区;京福高铁从村外经过,火车站距县城 30 公里。试点区域内耕地基本以水田为主,现状主要种植水稻等作物,旱地主要种植蔬菜等。项目区内水系分布丰富,固体废弃物的成分复杂。整治区内以涌溪村的茶文化最为有名。整治区域内还有黄子山、榔桥河、凤子河、马冲河等自然景观。

存在的问题:耕地碎片化,部分抛荒;空间布局无序化,部分农村宅基地布局零散;土地资源利用低效化;生态质量退化。

在推进试点区域乡村振兴、三产融合发展、改善人居环境中,面临着如下问题:村庄建设待优化;基础设施待完善;产业发展待升级;生态环境待改善。

11.2.1.1　可行性分析及评估

(1)空间布局优化

依据榔桥镇国土空间规划、村庄规划、永久基本农田调整方案,按照"整治后耕地和永久基本农田面积不减少、质量不降低、布局更集中连片、生态有改善"的原则优化耕地和永久基本农田布局。按照"整治后建设用地总量不增加,实现规划减量化;盘活存量建设用地,提高土地集约利用水平"的原则优化村庄建设用地布局。按照"不突破生态保护红线、不破坏乡村风貌和历史文脉"的原则严守生态保护红线和历史文脉。

(2)土地综合整治

①农用地整理。整治区域内农用地 7267.10 公顷(含耕地 945.54 公顷、园地 319.77 公顷、林地 5846.30 公顷、其他农用地 155.49 公顷)。耕地及永久基本农田主要分布于黄田村、双河村,整体情况呈西多东少、西聚东稀的分布。

通过从三调数据中提取耕地及其周边零星的园地、林地、其他农用地等图斑,与坡度图、建设用地管制区等叠加分析,形成调查底图,进行外业调查,分析补充耕地的潜力。根据调查摸底,村内仍有土地整治潜力,还可开展包括宜耕后备资源开发、耕地质量提升等专项整治,有一定的资源空间整合潜力。

宜耕后备资源开发潜力——试点区域内有低效利用的、零星的、且与现状耕地连片的园地约有 45 公顷、其他草地约 4 公顷,可通过垦造工程开发为耕地;田间坑塘水面可开发补充为耕地的约 17 公顷;位于连片耕地中间的碎片化林地约 6 公顷,可通过整理调整为耕地,总计可开发的耕地后备资源潜力约 72 公顷。

耕地质量提升——试点区域内有旱地 110 公顷,其中地势平坦、有水源保障且与周边耕地连片的约 45 公顷,具备质量提升的潜力,可通过实施旱地改水田工程,建设成为水田。

②建设用地整理。整治区域内建设用地 180.67 公顷,其中村庄建设用地 151.22 公顷(农村宅基地 137.37 公顷,其他村庄建设用地 13.43 公顷),人均村庄建设用地 220 平方米,根据安徽省人均村庄建设用地 115 平方米的标准测算,理论上可缩减建设用地 57.19 公顷(不包含历史文化保护范围内的村庄建设用地)。

2018 年 9 月,浙江"千村示范、万村整治"工程获联合国"地球卫士奖"。习近平总书记多次做出重要批示,要求结合农村人居环境整治三年行动计划和乡村振兴战略实施,进一步推广浙江好的经验做法,建设好生态宜居的美丽乡村[①]。2019 年 3 月,习近平总书记做出重要批示:"浙江'千村示范、万村整治'工程起步早、方向准、成效好,不仅对全国有示范作用,在国际上也得到认可。要深入总结经验,指导督促各地朝着既定目标,持续发力,久久为功,不断谱写美丽中国建设的新篇章。[②]

根据黄田、双河和涌溪 3 村村庄规划确定的农村居民点体系,未来规划村庄集聚区以外的宅基地均需逐步退出,引导农民建房至村庄集聚区以内,按照规划方案测算,需复垦村庄建设用地约 84 公顷,通过集中安置建设后,可减少建设用地规模约 27 公顷。

③耕地和永久基本农田保护。试点区域内耕地 945.54 公顷,主要分布于试点区域的西部。耕地总量由实施前的 945.54 公顷增加至 998.77 公顷,新增耕地 53.23 公顷。通过宜耕后备资源开发新增耕地 39.58 公顷,建设用地复垦新增耕地 19.46 公顷,旱地改造新增水田 4.30 公顷,可提升耕地质量等级规模 100 公顷。

④乡村整体生态保护修复。整治区域内林地 5846.30 公顷,自然保护用地 118.59 公顷(含湿地 38.53 公顷、陆地水域 52.61 公顷,其他自然保留地 27.45 公顷)。项目实施后除 1 亩以下零星碎片化的林地以及河滩未利用地略有减少,生态用地保持基本稳定。因农田林网的建设、道路整治和路旁绿化建设均将产生新的线性林地,在地类统计时仍按原地类核算,因此整治后林地面积尚未予以体现。

(3)权属调整可行性分析

整治区域内土地权属清晰无争议。本次全域整治项目地块不涉及权属的调整。

11.2.1.2 目标任务

(1)目标任务

试点目标任务。通过全域土地综合整治的实施,对试点区域国土空间进行全面优化,对

---

① 新华社. 建设好生态宜居的美丽乡村——习近平总书记对"千村示范、万村整治"工程的重要指示在浙江引起热烈反响[EB/OL]. (2018-04-25)[2022-09-21]. http://www.gov.cn/xinwen/2018-04/25/content_5285799.htm.

② 新华社. 中共中央办公厅 国务院办公厅转发《中央农办、农业农村部、国家发展改革委关于深入学习浙江"千村示范、万村整治"工程经验扎实推进农村人居环境整治工作的报告》[EB/OL]. (2019-03-06)[2022-09-21]. http://www.gov.cn/xinwen/2019-03/06/content_5371291.htm.

资源要素进行再配置。实现耕地、永久基本农田数量、质量双提升，布局更加集中连片，规模化效应更显现；建设空间更加集聚，要素集约利用水平更高；产业集聚效应更突出，农村经济水平有所提高；自然资源本底更稳固，生态环境更优美；人居环境更优化，各类基础设施更完备。

建设目标任务。农用地整理 144.07 公顷，建设用地整理 33.46 公顷；生态修复 200 公顷；新增耕地面积 53.23 公顷，占原有耕地面积的 5.6%；新增永久基本农田面积 0.89 公顷，占调整永久基本农田面积的 5.3%；提质改造 4.30 公顷，提升耕地质量 0.1 等；整治后建设用地总面积 175.26 公顷、村庄建设用地 145.80 公顷，整治前建设用地总面积 180.67 公顷、村庄建设用地 151.22 公顷，节余城乡建设用地指标 5.42 公顷。

（2）试点制度建设

①建立领导挂帅、专家联审、部门协同、政策激励、督察考核、强化宣传引导的工作机制，切实做到"齐心协力下好一盘棋"，确保高效推动试点各项工作落地。

②优化涉农投资体制机制，有效整合各部门各类涉农资金；建立健全农业信贷担保体系，充分发挥现代农业龙头企业社会作用，引入社会资本积极投身乡村振兴事业。

③实行项目法人责任制，对项目的建设资金、建设工期、工程质量、生产安全等进行严格管理。政府部门、乡镇人民政府依法对项目进行监督、协调和管理。

④完善工程进度与质量管理措施，建立工程进度管理专班，严格工序控制管理，倒排计划优化工序；健全质量管理组织机构，制定工程质量管理实施细则，严格执行检查制度，定期召开质量管理例会，落实考核制度，保证施工质量管理优质。

（3）试点特色及预期效果

特点特色。本试点以全域土地综合整治为平台和实施载体，整合现有土地资源、历史文化资源、特色农业资源和自然生态资源，围绕黄田历史文化名村和涌溪火青茗茶两大"IP"进行三产融合的深度谋划，在现有资源的基础上、强化地区产业优势的同时，将分散、局限的资源串联起来，将有限的流量引导、串联起来，打造榔桥镇围绕生态、人文主题的乡村产业建设。

预期成效。①经济效益。通过全域土地综合整治，盘活土地资源，可产生指标经济收益，提高农业产出效益，促进土地增值，为政府部门增加收入。通过宜耕后备资源开发项目、旱地改水田和建设用地复垦项目实施，产生耕地占补平衡指标和城乡建设用地增减挂钩节余指标，预计两项指标交易可为泾县财政创造收益约 10745 万元；通过引入涌溪火青茶产业、黄田历史文旅产业等项目，为政府提供利税至少 1500 万元/年。②社会效益。通过全域土地综合整治各项工程建设，能有效改善农村生产、生活、生态条件，促进农业增效、农民增收、农村发展，推进城乡融合发展。通过引入各类新产业新业态，做大做强榔桥镇大农业产业，提供就业岗位至少 500 个，吸引农村剩余劳动力就业，稳定和增加农民收入。③生态效益。通过对山水林田的系统性保护与生态修复、绿色基础设施的建设、村庄人居环境的整治，不断提升项目区生态系统稳定性，促进社会、经济、环境相互协调发展。

11.2.2　江苏省常州市金坛区朱林镇黄金等村全域土地综合整治试点项目

本项目实施范围位于朱林镇，地处茅山革命老区。扬溧高速、常合高速、茅山旅游大道穿境而过。项目区涉及朱林镇黄金村、红旗圩村、龙溪村 3 个行政村。项目区总面积 2486.9294 公顷(3.7 万亩)。

11.2.2.1 现 状

(1)土地利用现状

根据 2018 年土地利用现状变更调查成果,项目区耕地面积为 1016.4418 公顷,园地面积为 209.1454 公顷,林地面积为 11.3243 公顷,草地面积为 4.6933 公顷,交通运输用地面积为 244.1511 公顷,水域及水利设施用地面积为 669.7877 公顷,其他土地面积为 22.3952 公顷,城镇村及工矿用地面积为 308.9906 公顷。

(2)永久基本农田现状

项目区域内永久基本农田面积为 1068.14 公顷(其中耕地面积为 713.0378 公顷,占 66.75%,可调整地类面积为 355.1064 公顷,占 33.25%),其中黄金村 321.41 公顷、红旗圩村 375.58 公顷,龙溪村 371.16 公顷。

(3)现状基础设施条件

①排灌系统设施状况:水源主要为薛埠河、薛埠北河、西洋圩河及区内河道;灌溉系统基本完善,田间灌溉渠道以防渗渠道为主。排水系统主要位于圩区,圩区外围均建有满足排涝需求的排涝站,目前存在问题主要是部分沟道淤积不畅。

②道路交通系统设施状况:对外交通主要为扬溧高速、沪武高速;干线公路包括 S340、茅山旅游大道、X204;田间道路为连接村庄的道路或村庄门口的道路,道路通达率较高。路面宽在 2.5~4.0 米,能满足农民出庄进地的要求。田间道路跨越河流建有现状桥梁及涵洞。

③电力设施状况:项目区内输电设施供电能力已满足区内生产生活的需要。电力线路架设和供电安全都符合要求。但由于新修泵站,需架设配套低压线路。

④公共服务设施状况:项目涉及的三个行政村中心村村庄设施配套较完善,健身广场、文化活动中心等均有配置。现有 7 个自然村已配备小型污水处理设施。已建立"村收集—垃圾转运站转运—镇处理"的垃圾收运模式,并开始实施垃圾分类收集。项目区公共交通道路体系基本完善,部分道路需结合农场规划建设。

(4)村庄建设情况分析

集聚提升类村庄:包含黄金村高家圩、溪北村,龙溪村庄基村、屯山村,红旗圩村徐家圩、东圻村 6 个自然村。实施过人居环境改造工程,村庄环境较优美,设施配套较齐全。

搬迁撤并类村庄:其余为搬迁撤并类及其他一般类村庄。现状有部分自然村分布较散,个别自然村较偏僻,村内建筑主要为住宅。房屋风貌主要是传统江南民宅。房屋质量基本可分为三类:一类为近年修建,房屋质量较好;二类为 80—90 年代建造,房屋质量一般;三类为建成年限较长或简易房,房屋质量较差。

(5)生态环境现状分析

生态环境基地较好。项目区位于水网圩区,水域面积较大,占整个项目区的面积的 25.24%,项目区生态基底良好,河流水系连通程度较高,局部河道淤积严重。项目区具备天然的生态廊道,植被主要以杉木、黑松、樟木及农业植被为主,项目区林地面积占总面积的 0.46%。

生态系统完整性欠缺。由于扬溧高速、常合高速、茅山旅游大道及南沿江高铁的纵横分部,一定程度上割裂了项目区生态系统的完整性,相关部门做了一些改善工作,如道路两侧种植林网,薛埠北河在红旗村境内通过水系调整与区域格网化河流联通等。

(6)限制因素分析

①项目区土地利用率较高,但集约高效利用程度还不够。项目区农业生产已基本实现机械化,但是局部田块较细碎或基础配套设施不足,影响机械化作业。通过本项目,对细碎田块结合周边坑塘统一平整,不但有效提高耕地数量,还能减小细碎图斑数。

②项目区建设用地分布较散,部分居民点交通不便。对于分布零散的居民点,在征求权利人意见并取得同意的情况下,进行统一搬迁,迁到新民居进行安置,既改善了农民生活条件,又对建设用地空间布局进行了优化。

③项目区生态基底良好,水系基本畅通,部分水系受道路、宅基地隔断,需建立长效机制维护农村生活空间的整洁美丽。

11.2.2.2　项目区整治内容

(1)农用地整治

具体如表 11.2 所示。

表 11.2　耕地占补平衡补充耕地项目

(单位:公顷)

类别名称	子项目名称	整治前		整治后			用于指标平衡的占用耕地面积	项目区实际新增耕地面积
		农用地		农用地				
		坑塘水面	沟渠	合计	耕地	其他农用地		
补充耕地项目	2021 年度常州市金坛区朱林镇红旗圩村耕地占补平衡补充耕地项目(一)	6.7625		6.7625	6.7625			6.7625
	2021 年度常州市金坛区朱林镇红旗圩村耕地占补平衡补充耕地项目(二)	2.0592		2.0592	2.0592			2.0592
	2021 年度常州市金坛区朱林镇龙溪村耕地占补平衡补充耕地项目	16.8847		16.8847	16.5192	0.3655		16.5192
	2022 年度常州市金坛区朱林镇黄金村耕地占补平衡补充耕地项目(一)	9.9311	0.3929	10.3240	9.7731	0.5509	0.3151	9.4580
	2022 年度常州市金坛区朱林镇黄金村耕地占补平衡补充耕地项目(二)	2.9031		2.9031	2.9031			2.9031
	小计	38.5406	0.3929	38.9335	38.0171	0.9164	0.3151	37.7020

高标准农田建设区为黄金村整村。主要分为两个方面:土地平整工程、灌溉与排水工程(见表 11.3)。

表 11.3　高标准农田项目

项目名称	各子项工程		数量
高标准农田建设项目	土地平整	田面平整/万 m³	4.55
		表土剥离/万 m³	2.92
	灌溉与排水工程	灌溉泵站/座	2
		重建排涝站/座	1
		生态防渗渠/m	2111
		清淤沟道/m	10686
		过路涵洞/座	15
		渡槽/座	1

（2）建设用地整治

具体如表 11.4 所示。

新增建设用地：结合生态农场建设，将黄金村扬溧高速以西的部分撤并类村庄及红旗圩、龙溪基础设施缺乏的自然村向中心村集聚，拟在黄金村、龙溪村新增居住用地各一处，占用建设用地共计 4.6800 公顷（70.3 亩）。

新增邻里中心用地：在黄金村建设一处邻里中心，主要功能包括农业生产配套、农旅休闲配套、生活商业配套等，用地规模 1.3333 公顷（20 亩）。

表 11.4　城乡建设用地增减挂钩项目

（单位：公顷）

类别名称	子项目名称	整治前		整治后			计划竣工时间	用于指标平衡的占用耕地面积	项目区实际新增耕地面积
		建设用地		农用地					
		合计	农村宅基地	合计	耕地	其他农用地			
城乡建设用地增减挂钩复垦项目	2021 年度金坛区朱林镇红旗圩村城乡建设用地增减挂钩项目（一）	1.0264	1.0264	1.0264	1.0264		2021.12		1.0264
	2021 年度金坛区朱林镇红旗圩村城乡建设用地增减挂钩项目（二）	1.1471	1.1471	1.1471	1.1471		2021.12		1.1471
	2021 年度金坛区朱林镇龙溪村城乡建设用地增减挂钩项目	0.6568	0.6568	0.6568	0.6568		2021.12	1.9867	1.3299
	2022 年度金坛区朱林镇黄金村城乡建设用地增减挂钩项目（一）	1.1598	1.1598	1.1598	1.1598		2022.12	1.0333	0.1265

续表

类别名称	子项目名称	整治前		整治后			计划竣工时间	用于指标平衡的占用耕地面积	项目区实际新增耕地面积
		建设用地		农用地					
		合计	农村宅基地	合计	耕地	其他农用地			
城乡建设用地增减挂钩复垦项目	2022 年度金坛区朱林镇黄金村城乡建设用地增减挂钩项目(二)	1.0439	1.0439	1.0439	1.0439		2022.12	1.0000	0.0439
	2022 年度金坛区朱林镇黄金村城乡建设用地增减挂钩项目(三)	2.7502	2.7502	2.7502	2.7358	0.0144	2022.12	2.0000	0.7358
	小计	7.7842	7.7842	7.7842	7.7698	0.0144		6.0200	1.7499

（3）生态保护修复

五星内河扬溧高速以东 2.4 千米,红旗圩中心村委南侧 0.7 千米,及庄基自然村大沟 0.27 千米进行清淤,杨五桥自然村东西沟 0.37 千米清淤,共计清淤土方 3.98 万立方米。对红旗圩中心河村委南至茅山大道 0.7 千米地段、五星内河扬溧高速以东段 2.4 千米及庄基自然村 0.27 千米沟道进行生态护砌,采用自锁式植生型挡墙防护。另外对项目区内河支河进行清淤长度 6.95 千米,疏浚土方 7.31 万立方米。

生态廊道在生态上具有重要的调节作用,植物的选择在不违背河道的循环规律基础上,以乡土植物为主体,适当丰富品种以增加植物群落的生态抗性。对红旗圩中心河村委南至茅山大道 0.7 千米地段河岸种植垂柳、红叶石楠等树种。五星河尾段及庄基大沟河(沟)岸种植垂柳,香樟、紫薇等。下层以自然式手法点缀草灌植被,地被花草可选择金鸡菊、二月兰等,将其延伸至路边,与片区植被相衔接,形成绿树成荫、自然和谐的立体景观带。

（4）公共空间治理

项目区所在的黄金村将原经营状态不良的陶土厂进行盘活利用,建设成如今的稻米粗加工基地,将农民闲置的建设用地进行租用,建成如今的稻米烘干房,有效促进了该村软米事业的发展。红旗圩村将废弃的工业地块进行复耕,并流转给承包人,增加了集体收入,实现低效土地的再利用。龙溪村将关停的不利于生态环境可持续发展的石灰窑、石子场进行复耕并流转,既增加了集体收入,又对周边环境进行了有效改善。

根据金坛全域美丽乡村发展规划,黄金村的高家圩为拟建示范村;红旗圩的东垡、龙溪的庄基为拟建宜居村。本项目对这三个自然村人居环境进行进一步提升。规划高家圩村庄屋前绿化,庄基自然村拟建宜居村,在现有基础上进行村庄内节点提升,对损毁水泥道路进行重建,对东垡自然村山墙裸露的水泥墙面、红砖墙面进行统一粉刷,颜色以白、浅暖灰为主,对配有围墙院落的农户实现庭院绿化建设,并打造亲水平台一处等工程。另外黄金、红旗圩、龙溪村入村节点结合本项目进行提升。

根据农场规划,有一纵二横一联四条主要内部道路经过项目区。由于项目线位尚不稳定,本项目根据已有资料对经过项目区部分道路涉及占用永久基本农田进行调整,具体道路建设工程不纳入本项目投资。

（5）永久基本农田布局优化

调出基本情况：通过建设用地整理，项目区拟拆迁部分位置偏远、布局散乱、交通不便、房屋老旧、基础设施配套缺乏的农村居民点。拆迁农户将集中搬迁安置于交通便利、生态宜居、配套完善、建筑标准较高的新村。同时配套服务于农村一、二、三产融合的农业生产设施等用地。通过以上分析，新建黄金村、龙溪村安置小区、产业用地、规划道路用地将占用部分永久基本农田，故项目进行永久基本农田布局调整确有必要。项目区拟调出永久基本农田面积为 22.6242 公顷（339.3630 亩），全部位于城镇周边范围线之外。

调入基本情况：项目区拟调入永久基本农田总面积 23.8349 公顷，大于拟调出面积22.6242 公顷，即大于拟调出面积 1.2107 公顷，占调整永久基本农田面积的 5.35%。拟调入地块均通过土地整治新增耕地调入，全部为坑塘水面与沟渠填埋获得，调入后与现状永久基本农田集中连片。

通过以上建设措施，把项目区建成农田集中连片、建设用地集中集聚、空间形态集约高效的美丽国土新格局。

11.2.3 河南省鲁山县梁洼镇郎坟村全域国土综合整治项目国土空间规划（郎坟村多合一）

11.2.3.1 村庄综合现状分析

郎坟村位于平顶山市鲁山县梁洼镇中部，距离平顶山市 53 公里，距离鲁山县城 15 公里，属于丘陵地区。村域北侧为北郎店和南朗店、西侧为张相公村和段店村，南侧为鹁鸽吴村，东侧为八里坪村。村域东部为梁洼镇至鲁山县城主要通道 028 县道，交通便利，位置优越。

资源特色——土地潜力较大。郎坟村由于多年发展采矿业，形成多处废弃矿坑，造成土地资源浪费，此次国土综合整治，将充分挖掘郎坟村土地资源潜力，整合资源，发展农业及旅游产业。

发展利好——平台水库北干渠工程、南水北调工程。昭平台水库北干渠从镇域南部流过，并与大浪河相连，北干渠水源充足、水质良好，可以很大程度解决镇域饮用水及灌溉问题。

同时，大浪河为规划南水北调工程线路，此项工程将对沿线地区居民饮水带来极大便利。郎坟村以该工程为依托，不仅可以解决饮用水源问题，还能发展集生态观光、运动休闲为一体的旅游业。

（1）问题总结

①村庄现状布局分散，需要加以集聚以加强土地集约利用率；

②现有配套设施无法满足村庄日益发展的需要，存在设施老化、道路较窄等问题，有待改善提升；

③村庄现状以农业和采矿为主，农业基础薄弱、矿业后劲不足，需要有新的产业带动发展；

（2）对策研究

①通过全域国土综合整治，规整零星土地，使农田连片，建设用地集聚集约，解决农民住

房问题,提高公共设施服务水平。

②从全域统筹角度,打造特色鲜明、产业兴旺的新农村,一、二、三产业融合发展,将"绿水青山"化为"金山银山",探索生态永续发展经济模式。

11.2.3.2　规划目标与定位

科学合理地编制规划,营造设施完善、村容整洁、环境优美的村庄环境,打造宜居、宜业、宜游的田园美丽乡村;

把乡村振兴建设规划与经济社会发展规划、农业和旅游业发展规划、文化特色产业相衔接,有序推进,做到开发与保护结合;

构建农村一、二、三产业融合发展体系,实施休闲农业和乡村旅游精品工程,打造设施完备、功能多样的田园综合体;

通过村土地利用规划,调整优化村庄用地布局,有效利用农村零星分散的存量建设用地;预留部分规划建设用地指标用于单独选址的农业设施和休闲旅游设施等建设。

规划主要控制指标包括耕地保有量、基本农田保护面积、建设用地规模、人均村庄建设用地等指标。规划保护生态环境安全的前提下,通过土地开发整理项目,提升土地利用节约集约化水平,使各类用地规模符合规划主要控制指标要求。倡导生态环境、人类居住与经济增长和谐共赢,为产业发展、农民生活、游客休闲提供生态适宜的乡村环境。围绕国土综合整治,打造兼具宜居社区、农业发展与旅游开发功能的生态型田园社区。

11.2.3.3　土地利用规划

按照数量、质量、生态、空间四位一体的保护原则,推动农用地整理、建设用地复垦项目的实施,加强耕地碎片化整治,在增加有效耕地面积的同时,提高耕地连片度,推动耕地布局优化调整,为农业适度规模奠定空间基础,促进现代农业发展。

村域内现状零星耕地、永久基本农田周边的农用地、可通过土地开发整理复垦形成新增耕地的土地,应纳入基本农田整备区,作为基本农田占用补划和动态优化的潜力地块。到规划期末,规划纳入永久基本农田整备区面积达到 86.37 公顷。

11.2.3.4　国土综合整治与生态修复

机遇:土地整治已经上升为国家层面的战略部署,成为保发展、保红线、促转变、惠民生的重要抓手和基础平台;土地整治作为河南省加强国家重要粮食生产基地建设、推进新型农村社区建设和城乡统筹发展的基本途径;土地整治已经成为梁洼镇解决矿山污染、保障村民耕地需求、促进建设用地集中集聚,保障村庄建设需求,提高土地利用效率的重要切入点。

挑战:水资源短缺;项目区土壤贫瘠;矿山复垦利用难度大;村民搬迁安置难度大。

11.2.3.5　产业发展规划

(1)村域产业发展

以土地整治、生态修复为契机,以高标准农田建设、大浪河生态修复、矿山整治等项目为依托,大力发展现代农业和旅游业,提升村庄环境和产业品质,建设区域全域国土整治带动农村产业发展示范区。

规划形成"一轴、一带、四区"的产业发展格局:

一轴:社区产业发展轴。规划形成连接段店社区、郎坟村田园综合体、028 县道沿线产业的发展轴线。

一带:生态观光休闲带。结合大浪及周边林地、打造观光休闲带,形成生态观光、休闲游憩、康体健身结合的旅游风情带。

四区

生态观光区:以大浪河依托,结合周边林地及田园景观,形成生态观光游览区域。

高标农田示范区:规模农业集聚地,提高产区建设标准,构建高标农田示范农业基地。

美丽田园宜居区:依托周边田园景观、打造环境优美、设施齐全、村风和谐的美丽田园宜居区。

农事耕读体验区:结合田园资源、依托居住集聚人气优势,融入农耕文化特色、打造郎坟村田园综合体,借助鲁山县博物馆、展示宣传农耕文化。

(2)村域旅游发展

具体如图11.4所示。

区域协调策略:平顶山市—鲁山县—梁洼镇—郎坟村

平顶山市:全力推动全域旅游,推进城市旅游主体功能区、鲁山生态旅游主体功能区、舞叶休闲全域旅游主体功能区、宝郏文化旅游主体功能区建设,以四个主体功能区的建设作为全域旅游的发展基础,在全市范围内以乡村旅游为依托,开发建设一批特色旅游片区,并创建一批全域旅游示范乡镇,推荐鲁山县、舞钢市在3年内成为全国全域旅游示范区,加快形成市、县、乡三级全域旅游体系(详见《平顶山市全域旅游发展三年行动计划(2017—2019)》)。

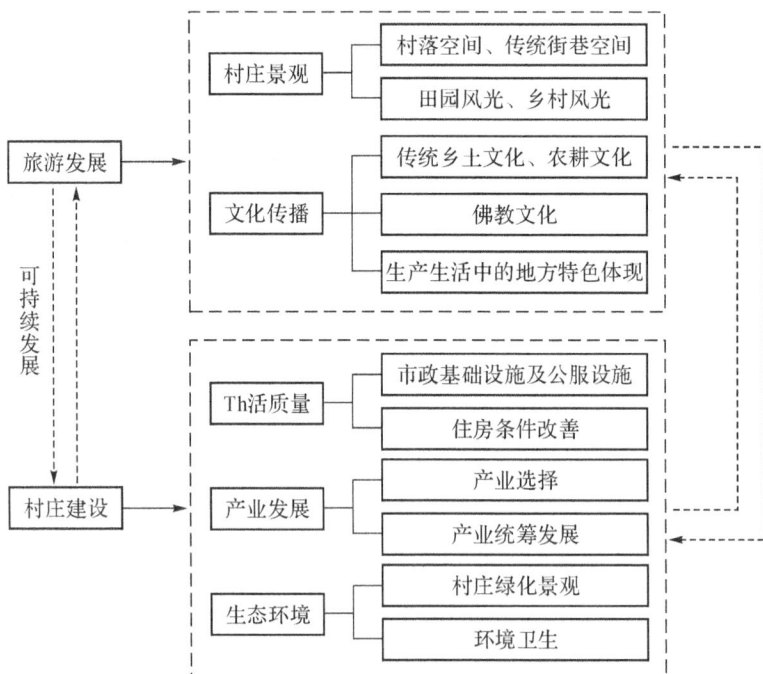

图 11.4　旅游规划思路

鲁山县:通过升级旅游产品体系和高品质旅游服务体系,将鲁山县打造成"全省著名、全国示范、国际知名"的全域生态文化旅游目的地(详见《河南省平顶山市鲁山县全域旅游总体规划(2018—2035)》)。

梁洼镇:以梁洼镇全域国土综合整治为契机,以镇域丰富的历史文化资源为依托,以全域生态旅游的视角和高度,将梁洼镇打造为区域独具特色的现代特色农业、历史文化体验为主题的文化休闲体验型旅游目的地。

郎坟村:田园游＋生态游＋文化游。

(3)大数据助力乡村振兴及产业发展

基层与管理:实现对乡村人、物、财等多元素管理,提升智慧农业领域信息化管理水平,为精准经营运维及决策分析提供辅助支持。

人与生产要素:为农业生产提供产前、产中、产后全周期智慧化服务。包括:精准化生产、病虫害预警、质量溯源服务、市场与价格预测等。

人与服务:打通农业全产业链,提供信息咨询、农资对接、农业社会化、乡村旅游康养、产权交易等服务。

11.2.3.6　村庄居民点规划

规划形成"一带、一轴、三区"的空间结构。

一带:沿河生态带。规划昭平台北干渠工程、南水北调工程,结合现状大浪河,形成贯穿郎坟村的水系,兼具饮用水源、生态、景观光功能,结合该水系,打造沿河生态景观带。

一轴:社区发展轴。规划西南连接段店社区,东北连接梁洼镇区,形成集聚发展的社区发展轴线。

三区

生态功能保护区:主要为沿大浪河周边湿地及林地的保护区域,兼顾生态保护和景观休闲功能。

宜居型产业社区:主要为郎坟村居民安置区。

生态田园发展区:以南北两片基本农田区域为主,通过土地综合整治,提升土地质量,营造秀美的景观风貌,发展农业种植和生态休闲,打造郎坟村田园综合体。

11.2.3.7　基础设施规划

①生活给水:规划水源为昭平台水库统一供水,现状梁洼镇水厂位于八里坪田庄村。

②污水设施:排水体制采用雨污分流排放体制。

③电力设施规划:规划电源主要来自梁洼镇变电站(35KV),规划电力线路主要沿S234、X001、郎坟一路布置。采用架空方式敷设。

④通信设施规划:规划通信线路引自梁洼镇电信所,沿 S234、S001、郎坟一路架空设置通信线路。

⑤垃圾处理:规划设置 3 处集中式垃圾收集点;规划布置约 50 个垃圾箱,垃圾经垃圾收集点统一收集后,统一送至乡镇垃圾中转站。

⑥综合防灾规划:防洪。河洪主要分布在大浪河沿岸地区,规划对大浪河进行河道整治,提高暴雨时的行洪泄洪能力。消防规划:根据《建筑设计防火规范》(GB50016—2014)及《农村防火规范》的有关规定,配置小型消防设备,设置消防水池及消防通道。防震。结合村内道路设置逃生和消防通道,利用空闲地,设出应急避难场所,将学校、晒谷场等公共设施作为避难疏散场所。

参考文献

[1] Demetriou D, Stillwell J, See L. Land consolidation in Cyprus: Why is an integrated planning and decision support system required? [J]. Land Use Policy, 2012, 29(12): 131-142.

[2] Dijk T V. Complications for traditional land consolidation in Central Europe[J]. Geoforum, 2007, 38(3): 505-511.

[3] Forman R, Godron M. Landscape Ecology[M]. New York: John Wiley & Sons, 1986.

[4] Forman, Richard T T. Landscape Mosaics: The Ecology of Landscapes and Regions [M]. Cambridge: Cambridge University Press, 1995.

[5] Haldrup, Otto N. Agreement based land consolidation: In perspective of new modes of governance[J]. Land Use Policy, 2015(46): 163-177.

[6] Jansky L, IvesJ D, Furuyashiki K, et al. Global mountain research for sustainable development[J]. Global Environmental Change, 2002, 12(3): 231-239.

[7] Lefebvre H. TheProduction of Space[M]. Oxford: Blackwell Publishing, 1991.

[8] Lily, Lee, Tsai. Cadres, temple and lineage institutions, and governance in rural China [J]. China Journal, 2002(48): 1-27.

[9] Ling T. DeliveringJoined-up government in the UK: Dimensions, issues and problems [J]. Public Administration, 2002, 80(4): 615-642.

[10] Lisec A, Primoi T, Ferlan M, et al. Land owners' perception of land consolidation and their satisfaction with the results - Slovenian experiences[J]. Land Use Policy, 2014(38): 550-563.

[11] Ma H, et al. Complexity of ecological restoration in China[J]. Ecological Engineering, 2013, 52(3): 75-78.

[12] Noort P. Landconsolidation in the Netherlands[J]. Land Use Policy, 1987, 4(1): 11-13.

[13] Pickett S, Cadenasso M L. Landscape ecology: Spatial heterogeneity in ecological systems[J]. Science, 1995, 269(5222): 331-334.

[14] Rong T, Beckmann V, Berg L V D, et al. Governing farmland conversion: Comparing China with the Netherlands and Germany[J]. Land Use Policy, 2009, 26(4): 961-974.

[15] Society for Ecological Restoration International (SER). The SER Primer on Ecological Restoration [EB/OL]. https://www.ser-rrc.org/resource/the-ser-international-primer-on/.

[16] Sorensen A. Conflict, consensus or consent：Implications of Japanese land readjustment practice for developing countries[J]. Habitat International, 2000, 24(1)：51-73.

[17] Thapa G B, NiroulaG S. Alternative options of land consolidation in the mountains of epal：An analysisbased on stakeholders' opinions[J]. Land Use Policy, 2008, 25(3)：338-350.

[18] Wu J, Loucks O. From balance of nature to hierarchical patch dynamics：A paradigm shift in ecology[J]. Quarterly Review of Biology,1995,70(4)：439-466.

[19] Xie H, Zhang Y, Duan K. Evolutionary overview of urban expansion based on bibliometric analysis in web of science from 1990 to 2019[J]. Habitat International, 2020,95(2)：102100.

[20] 安丰军. 我国村庄整理中的公众参与研究[D]. 苏州：苏州大学，2006.

[21] 安徽网. 安徽首批计划实施21个全域土地综合整治试点项目涉及合肥这些地方[EB/OL]. （2021-11-09）[2021-12-21]. https://baijiahao. baidu. com/s? id = 171591074397 0254332& wfr＝spider&for＝pc.

[22] 安拴霞，田毅. 黄土丘陵土石山区土地综合整治分区研究[J]. 中国人口·资源与环境，2018, 28(S2)：21-24.

[23] 安拴霞. 大清河流域国土空间综合整治分区研究[D].北京：中国地质大学，2019.

[24] 包颖，王三，刘秀华. 丘陵区农村居民点时空格局演变及其整治分析——以重庆市北碚区为例[J]. 西南大学学报(自然科学版)，2017, 39(8)：108-115.

[25] 鲍海君，吴次芳，贾化民. 土地整理规划中公众参与机制的设计与应用[J]. 华中农业大学学报(社会科学版)，2004(1)：43-46.

[26] 北京市规划和自然资源委员会大兴分局自然资源保护科.大兴分局积极推进全域土地综合整治试点工作,实施方案编制取得阶段性进展[EB/OL].（2021-07-16）[2021-12-23]. http://ghzrzyw. beijing. gov. cn/zhengwuxinxi/gzdt/dx/202107/t20210716 _ 2437968. html.

[27] 贝塔朗菲. 一般系统论[M].北京：社会科学文献出版社，1987.

[28] 毕宇珠，李乃康，王敬. 良好的规划始于倾听——从中德合作梓潼村项目看土地整理规划的公众参与[J]. 中国土地，2009(3)：38-41.

[29] 自然资源部,农业农村部. 关于加强和改进永久基本农田保护工作的通知[EB/OL].（2019-01-05）[2022-01-15]. http://gi. mnr. gov. cn/202004/t20200423_2509496. html.

[30] 蔡定剑. 中国公众参与的问题与前景[J]. 民主与科学，2010(5)：26-29.

[31] 蔡葵，朱彤，戴聪. 基于PRA和GIS的农村社区土地利用规划模式探讨[J]. 云南地理环境研究，2001(2)：69-77.

[32] 曹永峰.水乡平原美丽乡村建设可持续发展研究[J].湖州师范学院学报，2018(1)：46-52.

[33] 曹宇，王嘉怡，李国煜.国土空间生态修复：概念思辨与理论认知[J]. 中国土地科学，2019,33(7)：1-10.

[34] 曹智，李裕瑞，陈玉福.城乡融合背景下乡村转型与可持续发展路径探析[J].地理学报,2019,74(12)：2560-2571.

[35] 曾繁云,李正,李清斌,等.对国土空间综合整治与生态修复的思考——以巴马瑶族自治县盘阳河流域为例[J].南方国土资源,2019(11):65-67.

[36] 柴西龙,孔令辉,海热提.涂尔逊.建设项目环境影响评价公众参与模式研究[J].中国人口·资源与环境,2005(6):118-121.

[37] 陈昌笃.论地生态学[J].生态学报,1986(4):289-294.

[38] 陈催城.山体整治工程技术浅析[J].中华建设,2007(4):68-69.

[39] 陈方全.倡导性规划理论及其启示[J].学习月刊,2007(24):35-36.

[40] 陈建.土地宜机化整治是丘陵山区农业现代化的必由之路[J].贵州农机化,2019(1):4-10.

[41] 陈俊杰,洪亮平.改革开放以来国土综合整治内涵演进与阶段划分研究——基于"经济-政策"双元作用机制的解释[C]//中国城市规划学会编.面向高质量发展的空间治理——2020中国城市规划年会论文集(11城乡治理与政策研究),2021:93-102.

[42] 陈凯.全域土地综合整治的现实困境及政策思考——以广东省为例[J].中国国土资源经济,2021,34(10):44-49,54.

[43] 陈美球,洪士林.国土空间生态修复内涵剖析[J].中国土地,2020(6):23-25.

[44] 陈锡文.中国农业发展形势及面临的挑战[J].农业经济,2015(1):3-7.

[45] 陈艳,张品汉,陈慧.矿山废弃地分析及生态环境修复技术研究进展[J].皮革制作与环保科技,2021,2(16):128-129.

[46] 陈咏熙.回避法定知情权的开放政府——香港特区政府信息公开制度评析[J].宪政与行政法治论,2012(6):91-127

[47] 陈越峰.我国城市规划正当性证成机制:合作决策与权力分享——以深圳市城市规划委员会为对象的分析[J].行政法论丛,2009(12):380-405.

[48] 成金华,尤喆."山水林田湖草是生命共同体"原则的科学内涵与实践路径[J].中国人口·资源与环境,2019,29(2):1-6.

[49] 程功,吴左宾.县域国土综合整治与生态修复框架及实践[J].规划师,2020,36(17):35-40.

[50] 程明勇.公众参与土地整理项目研究[J].物流工程与管理,2015(10):137-138.

[51] 程琴,郝晋珉,张富刚,等.土地利用总体规划的公众参与研究[J].农村经济,2005(7):45-48.

[52] 程蓉.15分钟社区生活圈的空间治理对策[J].规划师,2018,34(5):115-121.

[53] 程素珍,张怡婧,颜东旭.济南市钢城区某废弃矿山生态修复治理研究[J].安徽农学通报,2021,27(10):139-142.

[54] 川观新闻.四川全面推进全域土地综合整治41个试点乡镇名单公布[EB/OL](2021-06-30)[2022-01-02].http://sc.people.com.cn/n2/2021/0630/c379470-34800539.html.

[55] 崔海波,曾山山,陈光辉,等."数据治理"的转型:长沙市"一张图"实施监督信息系统建设的实践探索[J].规划师,2020(4):78-84.

[56] 但承龙.可持继土地利用规划理论与方法研究[D].南京:南京农业大学,2002.

[57] 邓伟,戴尔阜,贾仰文,等.山地水土要素时空耦合特征、效应及其调控[J].山地学报,2015,33(5):513-520.

[58] 邓伟,南希,时振钦,等. 中国山区国土空间特性与区域发展[J]. 自然杂志, 2018, 40(1): 17-24.

[59] 邓伟,熊永兰,赵纪东,等. 国际山地研究计划的启示[J]. 山地学报, 2013, 31(3): 377-384.

[60] 邓伟,张继飞,时振钦,等. 山区国土空间解析及其优化概念模型与理论框架[J]. 山地学报, 2017, 35(2): 121-128.

[61] 丁成日,宋彦,张扬.北京市总体规划修编的技术支持:方案规划应用实例[J].城市发展研究,2006(3):117-126.

[62] 丁明懋、余作岳、彭少麟.热带亚热带退化生态系统植被恢复生态学研究[M].广州:广东科学技术出版社,1996.

[63] 丁偕,李满春. 基于 GIS 的土地利用规划公众参与研究[J]. 现代测绘, 2006(3): 7-10.

[64] 樊家龙.煤炭城市空间结构演化的理论与实证研究[D].芜湖:安徽师范大学,2007.

[65] 樊杰,王强,周侃,等. 我国山地城镇化空间组织模式初探[J]. 城市规划, 2013, 37(5): 9-15.

[66] 樊杰.地域功能-结构的空间组织途径——对国土空间规划实施主体功能区战略的讨论[J].地理研究,2019,38(10):2373-2387.

[67] 樊彦国,张维康. 基于 GIS 的农用地整治潜力测算方法与实现——以烟台市福山区为例[J]. 山西农业科学, 2015, 43(7): 908-911.

[68] 范业婷,金晓斌,张晓琳,等.乡村重构视角下全域土地综合整治的机制解析与案例研究[J].中国土地科学,2021,35(4):109-118.

[69] 范兆轶,刘莉.国外流域水环境综合治理经验及启示[J].环境与可持续发展,2013,38(1):81-84.

[70] 封志明,潘明麒,张晶. 中国国土综合整治区划研究[J]. 自然资源学报, 2006(1): 45-54.

[71] 冯靖仪,李晓晖,代欣召,等.资源型城市国土空间生态修复规划思路与方法研究——以榆林市为例[C]//中国城市规划学会编.面向高质量发展的空间治理——2021中国城市规划年会论文集.2021:500-508.

[72] 付凯,杨朝现,侯俊国,等. 西南丘陵区农村居民点整治潜力测算及优先度评价[J]. 中国农学通报, 2013, 29(23): 76-81.

[73] 付梅臣,曾晖,张宏杰,等.资源枯竭矿区土地复垦与生态重建技术[J].科技导报,2009,27(17):38-43.

[74] 傅伯杰.国土空间生态修复亟待把握的几个要点[J].中国科学院院刊,2021,36(1):64-69.

[75] 甘藏春. 社会转型与中国土地管理制度改革[M].北京:中国发展出版社,2014.

[76] 甘云燕.基于国土资源的大数据应用分析[J].西部资源,2015(5):35-37.

[77] 高佳莉.乡村振兴背景下基于全域土地综合整治的村庄建设发展规划[D].杭州:浙江大学,2019.

[78] 高世昌,苗利梅,肖文.国土空间生态修复工程的技术创新问题[J].中国土地,2018

(8):32-34.

[79] 高世昌.国土空间生态修复的理论与方法[J].土地整治,2018(12):40-43.

[80] 高向军.论土地整理项目的科学管理[J].资源·产业,2002(5):5-8.

[81] 公众参与和中国新公共运动的兴起[M].北京:中国法制出版社,2008.

[82] 共产党员网.习近平:决胜全面建成小康社会夺取新时代中国特色社会主义伟大胜利——在中国共产党第十九次全国代表大会上的报告[EB/OL].(2017-10-18)[2022-01-21].https://www.12371.cn/2017/10/27/ARTI1509103656574313.shtml.

[83] 桂萍.公众参与重大行政决策的类型化分析[J].时代法学,2017,15(1):44-53.

[84] 郭熙,黄俊,马文娜.鄱阳湖滨湖平原区土地整治工程模式研究[J].中国农业资源与区划,2014(35):103-107.

[85] 郭秀婷.新型城镇化背景下土地整治中农民参与研究[D].泰安:山东农业大学,2018.

[86] 郭增跃.山西省林地逆转成因及整治对策[J].内蒙古林业调查设计,2019,42(3):73-75.

[87] 国土资源部.全国土地整治规划(2016—2020年)[EB/OL].(2017-02-20)[2022-01-05].https://www.ndrc.gov.cn/fggz/fzzlgh/gjjzxgh/201705/t20170517_1196769.html?code=&state=123.

[88] 国土资源部土地整治中心.中国土地整治相关法律法规文件汇编[M].北京:中国大地出版社,2014.

[89] 国务院.国务院关于授权和委托用地审批权的决定[EB/OL].(2020-03-12)[2022-01-05].http://www.gov.cn/zhengce/content/2020-03-12/content_5490385.htm.

[90] 国务院.国务院关于印发全国国土规划纲要(2016—2030年)的通知[EB/OL].(2017-02-04)[2022-01-05].http://www.gov.cn/zhengce/content/2017-02-04/content_5165309.htm.

[91] 国务院.国务院关于印发全国主体功能区规划的通知[EB/OL].(2022-03-23)[2022-05-07].http://www.gov.cn/zwgk/2011-06/08/content_1879180.htm.

[92] 过广华,李红举.略谈我国土地整治标准化建设问题[J].中国土地,2017(3):50-52.

[93] 韩博,金晓斌,孙瑞,等.新时期国土综合整治分类体系初探[J].中国土地科学,2019,33(8):79-88.

[94] 韩博,金晓斌,顾铮鸣,等.乡村振兴目标下的国土整治研究进展及关键问题[J].自然资源学报,2021,36(12):3007-3030.

[95] 韩勇.市(地)级土地利用总体规划实施体系研究[D].武汉:华中农业大学,2005.

[96] 郝庆,封志明,赵丹丹,等.自然资源治理的若干新问题与研究新趋势[J].经济地理,2019,39(6):1-6.

[97] 何凡,王向东,尹婧.秦巴山区坡耕地整治模式及水土保持效益分析[J].南水北调与水利科技,2010,8(5):125-128.

[98] 何梅,方勇.新时期国土综合整治规划体系初探[J].中国土地,2021(3):30-32.

[99] 何振嘉.残次林地土地整治项目实施探究[J].国土资源情报,2020(6):39-44.

[100] 何正强.社会网络视角下改造型社区公共空间有效性评价研究[D].广州:华南理工

大学,2014.

[101] 洪土林,王艳华. 公众参与土地整治的必要性[J]. 河北农业科学,2009(11)：111-112.

[102] 侯长定,柯凡,侯易辰. 云南高原湖泊山区小流域水环境治理对策[J]. 环境科学导刊,2021,40(1)：12-16.

[103] 胡剑. 基于流域治理理念的国土空间总体规划策略研究——以栖霞市为例[C]//中国城市规划学会编. 面向高质量发展的空间治理——2021 中国城市规划年会论文集. 2021：298-305.

[104] 环境保护部. 2014 年中国环境状况公报[R]. 北京：环境保护部,2015.

[105] 黄海清,吕永成. 信息技术在土地规划公众参与中的应用探讨[C]//广西青年学术年会编. 第三届广西青年学术年会论文集(自然科学篇). 南宁：广西人民出版社,2004：68-71.

[106] 黄慧明,龙闹,李晓晖,吴婕. 国土空间规划背景下广州城市湿地生态修复策略研究[J]. 规划师,2020,36(17)：20-25.

[107] 黄晶晶. 生态文明背景下土地整治模式探索——以福建省古田县为例[J]. 安徽农业科学,2019,47(6)：206-210.

[108] 黄乐,许贵林,杨杪薇. 巴马盘阳河流域国土综合整治与生态修复和产业发展耦合研究[J]. 南方国土资源,2020(12)：22-27.

[109] 黄杉,朱云辰,翁智伟. 基于设计模拟工作坊的城市规划决策合意达成研究[M]. 杭州：浙江大学出版社,2020.

[110] 黄滔. 整体性治理制度化策略研究[J]. 行政与法,2010(2)：1-4.

[111] 黄细花,卫泽斌,郭晓方,等. 套种和化学淋洗联合技术修复重金属污染土壤[J]. 环境科学,2010,31(12)：3067-3074.

[112] 黄艺,蔡佳亮,郑维爽,等. 流域水生态功能分区以及区划方法的研究进展[J]. 生态学杂志,2009,28(3)：542-548.

[113] 黄永. 乐清市承包地三权分置探索实践与思考[J]. 温州农业科技,2018(4)：13-16.

[114] 贾梦婷. 街子河流域川水型传统乡村聚落空间格局研究[D]. 西安：西安建筑科技大学,2018.

[115] 贾西津. 中国公民参与——案例与模式[M]. 北京：社会科学文献出版社,2008.

[116] 江苏省分行. 江苏省分行 4.4 亿元率先支持全省首单全域土地综合整治项目[EB/OL]. (2021-03-30.)[2022-01-05]. http://www.js.xinhuanet.com/2021-03-30/c_1127274812.htm.

[117] 江西省自然资源厅. 江西省自然资源厅关于印发《江西省探索利用市场化方式推进矿山生态修复实施办法》的通知[EB/OL]. (2020-03-10)[2022-01-05]. http://bnr.jiangxi.gov.cn/art/2020/3/10/art_29166_3113551.html.

[118] 江西省自然资源厅. 江西省自然资源厅与国家开发银行江西省分行签署生态修复框架合作协议[EB/OL]. (2020-01-09)[2022-01-05]. http://www.jiangxi.gov.cn/art/2020/1/9/art_5127_1388035.html.

[119] 姜月华,倪化勇,周权平,等. 长江经济带生态修复示范关键技术及其应用[J]. 中国地

质,2021,48(5):1305-1333.

[120] 金贵,邓祥征,张倩,等.武汉城市圈国土空间综合功能分区[J].地理研究,2017,36(3):541-552.

[121] 金晓斌.本期聚焦:全域土地综合整治[J].现代城市研究,2021(3):1.

[122] 九派新闻.高质量推进全域土地整治萧山区为乡村振兴构建美丽新格局[EB/OL].(2021-12-06)[2022-01-05].https://baijiahao.baidu.com/s?id=1718394185078729694&wfr=spider&for=pc.

[123] 孔凡婕,刘文平.流域国土空间生态修复规划编制的思考[J].中国土地,2020(6):19-22.

[124] 李风,杨平,邱琦,等.乡村"蝶变"开新局[N].中国自然资源报,2021-10-21(1).

[125] 李葛.国土空间规划中综合整治与生态修复的路径探索[J].科技创新与应用,2021(6):67-69.

[126] 李红举,曲保德.全域土地综合整治的实践与思考[J].中国土地,2020(6):37-39.

[127] 李纪,鲁成树,王琰珲.丘陵山区农用地整治综合潜力评价指标体系及应用研究[J].安徽农业科学,2018,46(7):10-12.

[128] 李琳,陈泳.空间正义视角下城市更新中的公众参与和空间重构[J].住宅科技,2021,41(2):21-26.

[129] 李明辉.国外土地整理立法及对中国的启示[J].世界农业,2011(11):43-45.

[130] 李娜,刘建平.乡村空间治理的现实逻辑、困境及路径探索[J].规划师,2021,37(24):46-53.

[131] 李荣,王兴平.煤矿城市安徽淮南的空间发展战略思考[J].规划师,2005(10):96-98.

[132] 李荣.从煤矿城市到山水城市[D].南京:东南大学,2004.

[133] 李少帅,高世昌,李红举.国土空间生态修复智慧平台的实现路径[J].中国土地,2019(12):38-40.

[134] 李向,胡业翠,郑新奇,等.生态文明理念下我国农村国土综合整治分区及实施路径[J].中国农业大学学报,2020,25(12):161-172.

[135] 李向阳,王晗,廖华春.东江流域国土江河综合整治对策与措施研究[J].人民珠江,2015,36(1):6-8.

[136] 李向阳,王康.东江流域综合整治思路研究[J].水利发展研究,2015,15(1):42-45.

[137] 李小敏.城市规划及旧城更新中的公众参与[J].城市问题,2005(3):46-50.

[138] 李小云,杨宇,刘毅.中国人地关系的历史演变过程及影响机制[J].地理研究,2018,37(8):1495-1514.

[139] 李亚菊.国土空间规划视角下的玛纳斯河流域空间结构研究[D].乌鲁木齐:新疆师范大学,2020.

[140] 李阳.基于生态修复背景下的国土综合整治分析[J].华北自然资源,2021(1):109-110.

[141] 李云燕,赵万民.山地城市空间适灾研究:问题、思路与理论框架[J].城市发展研究,2017,24(2):54-62.

[142] 李云燕.西南山地城市空间适灾理论与方法研究[D].重庆:重庆大学,2014.

[143] 李忠万. 对新时期防御山地灾害工作的几点思考[J]. 中国防汛抗旱，2007(5)：45-46.

[144] 李宗善，杨磊，王国梁，等. 黄土高原水土流失治理现状、问题及对策[J]. 生态学报，2019，39(20)：7398-7409.

[145] 梁建飞，陈松林. 环境约束下的福建省城市建设用地利用效率及驱动因素[J]. 自然资源学报，2020，35(12)：2862-2874.

[146] 林建平，邓爱珍，赵小敏，等. 公众参与度对土地整治项目规划方案满意度的影响分析[J]. 中国土地科学，2018(6)：54-60.

[147] 林维晟，吴海泉，胡家朋，等. 生物酶生态修复重金属污染土壤[J]. 环境工程学报，2015，9(12)：6147-6153.

[148] 林文棋，刘丽，吴纳维，等. 流域视角下 CA 模型在国土空间规划中的应用——以河南省黄河流域国土空间规划为例[J]. 上海城市规划，2021，3(3)：34-41.

[149] 林勇刚，张孝成，王锐，等. 西南丘陵山区县域农用地整治潜力研究——以重庆市合川区为例[J]. 国土资源科技管理，2013，30(2)：15-23.

[150] 凌昊平，王虎，郑倩. 资源枯竭型城市转型发展的矿山地质环境问题研究——以江苏徐州市贾汪区为例[J]. 能源环境保护，2014，28(6)：53-55.

[151] 刘达，郭炎，祝莹，等. 集体行动视角下的社区规划辨析与实践[J]. 规划师，2018，34(2)：42-47.

[152] 刘大鹏. 基于近自然设计的河流生态修复技术研究[D]. 长春：东北师范大学，2010.

[153] 刘丹，唐绍均. 论我国城市规划的审批决策以及城市规划委员会的重构[J]. 社会科学辑刊，2007(5)：90-93.

[154] 刘恩熙，王倩娜，罗言云. 山地小城镇多尺度雨洪管理研究——以彭州市为例[J]. 风景园林，2021，28(7)：83-89.

[155] 刘佳燕，邓翔宇. 北京基层空间治理的创新实践——责任规划师制度与社区规划行动策略[J]. 国际城市规划，2021，36(6)：40-47.

[156] 刘黎明，杨琳，李振鹏. 中国乡村城市化过程中的景观生态学问题与对策研究[J]. 生态环境，2006(1)：202-206.

[157] 刘林. 土地整治整体性治理的实现路径：理论框架与案例研究[D]. 杭州：浙江大学，2020.

[158] 刘敏，李满春，黄秋昊，等. 基于 GIS 与 FAHP 的城镇建设用地整治潜力评价——以常州市武进区为例[J]. 江西农业大学学报，2013，35(6)：1318-1324.

[159] 刘涛. 产业转型背景下金昌城市形态的演变与发展[D]. 西安：西安建筑科技大学，2007.

[160] 刘涛. 关于全面推行城市规划委员会制度的思考[C]//中国城市规划学会、杭州市人民政府. 共享与品质——2018 中国城市规划年会论文集(14 规划实施与管理). 北京：中国建筑工业出版社，2018：9.

[161] 刘伟，倪燕翎. 湖北省中小型资源枯竭型矿区的国土整治研究——以湖北省松宜矿区为例[J]. 城市地理，2014(18)：91-93.

[162] 刘晓晴. 我国生态型土地整治模式探讨[J]. 安徽农业科学，2017(1)：46-52.

[163] 刘新卫,杨华珂.中国土地整治法律体系建设研究[J].农林经济管理学报,2017,16(5):660-666.

[164] 刘新卫,郧文聚.规范公权运行补足市场短板——建言土地整治法治建设[N].国土资源报,2014-12-12(6).

[165] 刘彦随,刘玉,陈玉福.中国地域多功能性评价及其决策机制[J].地理学报,2011,66(10):1379-1389.

[166] 刘彦随.中国乡村振兴规划的基础理论与方法论[J].地理学报,2020,75(6):1120-1133.

[167] 刘艳婷.生态化国土整治项目的绩效评价研究[D].南昌:江西农业大学,2020.

[168] 刘永强.乡村振兴背景下土地整治模式与生态导向转型——以浙江省为例[J].中国土地科学,2021,21(1):56-58.

[169] 刘咏梅,李谦,符海月,等.3S技术在衔接主体功能区规划与土地利用管理中的应用[J].长江流域资源与环境,2009,18(11):1003-1007.

[170] 刘悦忻."以人为本"的村庄规划理念探索及其实践——以北京市大兴区朱脑村为例[J].中国土地科学,2020,21(1):56-58.

[171] 刘志坚,欧名豪.土地利用规划公众参与缺失的成因分析[J].南京农业大学学报(社会科学版),2006(3):7-12.

[172] 龙花楼,张英男,屠爽爽.论土地整治与乡村振兴[J].地理学报,2018,73(10):1837-1849.

[173] 龙花楼.论土地整治与乡村空间重构[J].地理学报,2013,68(8):1019-1028.

[174] 龙腾,孙彦伟,马佳.国内外土地整治技术标准研究分析及对上海的借鉴思考[J].上海农业学报,2020,36(4):132-137.

[175] 龙元.交往型规划与公众参与[J].城市规划,2004(1):73-78.

[176] 卢丹梅,李易燃,赵建华.全域土地综合整治视角下的乡村高质量发展空间路径研究——以云浮市镇安镇西安村为例[J].城市发展研究,2021,28(11):3-9.

[177] 卢瑾.西方参与式民主理论发展研究[M].北京:人民出版社,2013.

[178] 鲁成树,孙旭海.城乡统筹背景下土地整治模式与政策选择研究[J].安徽师范大学学报,2014(1):88-90.

[179] 罗家德,李智超.乡村社区自组织治理的信任机制初探——以一个村民经济合作组织为例[J].管理世界,2012(10):83-93,106.

[180] 罗明,于恩逸,周妍,等.山水林田湖草生态保护修复试点工程布局及技术策略[J].生态学报,2019,39(23):8692-8701.

[181] 罗明,周同,张丽佳.中德土地整治公众参与比较研究[J].中国土地,2013(5):59-61.

[182] 罗思东.美国地方政府体制的"碎片化"评析[J].经济社会体制比较,2005(4):106-110.

[183] 闾海,张飞.全域土地综合整治视角下国土空间规划应对策略研究——以江苏省建湖县高作镇为例[J].规划师,2021,37(7):36-44.

[184] 马焕成,蔡葵,刘伟平,等.采用MIGIS和PRA进行哈尼族贫困地区的村落规划[J].林业经济问题,2002(2):66-69.

[185] 马继良.土地工程技术在城镇土地生态整治中的应用[J].黑龙江科学,2019(10): 150-151.

[186] 马世骏.现代生态学透视[M].北京:科学出版社,1990.

[187] 梅江,李振宇.生态中国视域下国土空间规划的综合整治与生态修复体系建设[J].农村经济与科技,2021(32):18-20.

[188] 梅坤.国土综合整治与生态保护修复策略探讨[J].南方农业,2022(2):226-228.

[189] 孟洁然.人工引导下的湿地公园生态修复[J].花卉,2019(14):287-288.

[190] 明庆忠.山地人地关系协调优化的系统性基础研究——山地高梯度效应研究[J].云南师范大学学报(哲学社会科学版),2008(2):4-10.

[191] 缪丽,周艳平.国土综合整治与生态保护修复机制研究[J].现代农业科技,2020(16): 264-266.

[192] 宁纯子.丘陵山区土地整治规划及设计研究[D].南昌:江西财经大学,2014.

[193] 欧阳竹,邓祥征,孙志刚,等.面向国民经济主战场的区域农业研究[J].地理学报,2020,75(12):2636-2654.

[194] 彭建,李冰,董建权,等.论国土空间生态修复基本逻辑[J].中国土地科学,2020,34(5):18-26.

[195] 彭建,吕丹娜,张甜,等.山水林田湖草生态保护修复的系统性认知[J].生态学报,2019,39(23):8755-8762.

[196] 祁进贵.基于公众参与的青海省土地整治模式研究[J].安徽农业科学,2015(13): 317-318.

[197] 钱学森.论系统工程[M].上海:上海交通大学出版社,2007.

[198] 潜莎娅,黄杉,华晨.基于多元主体参与的美丽乡村更新模式研究——以浙江省乐清市下山头村为例[J].城市规划,2016,40(4):85-92.

[199] 潜莎娅.基于多元主体参与的美丽乡村更新建设模式研究[D].杭州:浙江大学,2015.

[200] 强丹阳.重庆市乡村国土空间综合整治分区案例研究[D].重庆:重庆师范大学,2020.

[201] 闻海,张飞.全域土地综合整治视角下国土空间规划应对策略研究——以江苏省建湖县高作镇为例[J].规划师,2021,37(7):36-44.

[202] 任彬彬,周建国.地方政府河长制政策工具模型:选择偏好与优化路径——基于扎根理论的政策文本实证研究[J].中南大学学报(社会科学版),2021,27(6):145-157.

[203] 任佳.刍议中国农村土地整理的立法价值[J].中国土地,2013(3):16-18.

[204] 任敏."河长制":一个中国政府流域治理跨部门协同的样本研究[J].北京行政学院学报,2015(3):25-31.

[205] 上海市规划和自然资源局.关于上海市 2020 年全域土地综合整治试点名单的公示[EB/OL].(2020-10-22)[2022-01-05].https://ghzyj.sh.gov.cn/qtgs/20201022/1ecc465891b94e0ba64e78ce470a1f79.html.

[206] 邵承斌,汪春燕,陈英,等.植物与蚯蚓联合修复蒽和镉污染土壤的研究[J].三峡生态环境监测,2016,1(2):31-38.

[207] 生态修复司.《自然资源部关于探索利用市场化方式推进矿山生态修复的意见》政策

解读[EB/OL]．(2019-12-24)[2022-01-05]． http：//www. mnr. gov. cn/dt/ywbb/
201912/t20191224_2491371. html.

[208] 省政府办公厅.浙江省人民政府办公厅关于实施全域土地综合整治与生态修复工程
的意见[EB/OL]．(2018-08-15)[2022-01-05]． http：//www. zj. gov. cn/art/2018/8/
15/art_1229017139_56644. html,2018-08-15.

[209] 石峡,朱道林,张军连. 土地整治公众参与机制中的社会资本及其作用[J]. 中国土地
科学,2014,28(4):84-90.

[210] 史宇微.山地丘陵区土地利用冲突识别与优化协调研究[D]. 重庆:西南大学,2021.

[211] 宋飏.矿业城市空间结构演变过程与机理研究[D].长春:东北师范大学,2008.

[212] 宋永永,薛东前,夏四友,等.近40a黄河流域国土空间格局变化特征与形成机理[J].
地理研究,2021,40(5):1445-1463.

[213] 苏向荣.参与式农村土地综合整治新模式研究[D]. 长沙:湖南大学,2011.

[214] 苏宇.走向理由之治:行政说明理由制度之透视[M].北京:中国法制出版社,2019.

[215] 孙路,马增辉,张露. 山地丘陵区空心村研究现状与趋势[J]. 农村经济与科技,
2017, 28(18): 171-172.

[216] 孙全胜.列斐伏尔"空间生产"的理论形态研究[M]. 北京:中国社会科学出版
社,2017.

[217] 孙施文,殷悦. 西方城市规划中公众参与的理论基础及其发展[J]. 国外城市规划,
2004(1): 14, 15-20.

[218] 孙彦伟,陈桂钦,陈雪初.上海土地整治生态工程规划设计标准的编制及解读[J].中
国标准化,2020(6):130-134.

[219] 孙彦伟,龙腾,顾守柏.国土综合整治背景下上海土地整治工程建设标准编制解析
[J]. 农业工程学报,2018,34(11):7.

[220] 孙忆敏,赵民. 从《城市规划法》到《城乡规划法》的历时性解读——经济社会背景与规
划法制[J].上海城市规划,2008(2):55-60.

[221] 孙毅,郭建斌,党普兴,刘艳辉. 湿地生态系统修复理论及技术[J]. 内蒙古林业科技,
2007(3):33-35,38.

[222] 谭学良.我国县域公共就业服务的碎片化及其整体性治理[D].武汉:华中师范大
学,2014.

[223] 谭学良. 政府协同三维要素:问题与改革路径——基于整体性治理视角的分析[J].国
家行政学院学报,2013(6):101-105.

[224] 汤怀志,郧文聚,孔凡婕,等. 国土空间治理视角下的土地整治与生态修复研究[J]. 规
划师,2020, 36(17):5-12.

[225] 唐常春.流域主体功能区划方法与指标体系构建——以长江流域为例[J].地理研究,
2011,30(12):2173-2185.

[226] 唐笑.金昌市主城区扩展特征与影响因素研究[D].兰州:西北师范大学,2017.

[227] 田莉,夏菁. 土地发展权与国土空间规划:治理逻辑、政策工具与实践应用[J].城市
规划学刊,2021(6): 12-19.

[228] 汪文雄,杨钢桥,李进涛. 农户参与农地整理项目后期管护意愿的影响因素研究[J].

中国土地科学,2010,24(3):42-47.

[229] 汪洋.地下空间物权类型的再体系化"卡-梅框架"视野下的建设用地使用权、地役权与相邻关系[J].中外法学,2020,32(5):1377-1399.

[230] 王瑗玲,M. W. Binford,张圣武.美国公众参与理论与实践及其对中国土地整治的借鉴[J].地域研究与开发,2017(6):128-132.

[231] 王洪翠,戴乙,罗阳.滦河流域国土江河综合整治总体方案[J].水资源开发与管理,2017(12):67-70.

[232] 王佳鞡,伍世代,王强,等.南方山地丘陵区资源环境承载能力监测预警技术方法探讨——以福建省为例[J].地理科学,2019,39(5):847-856.

[233] 王婕,魏朝富,刘卫平,等.基于"三生"视角的山地丘陵区土地整治功能分区——以重庆市綦江区为例[J].地域研究与开发,2018,37(3):155-159.

[234] 王军,应凌霄,钟莉娜.新时代国土整治与生态修复转型思考[J].自然资源学报,2020,35(1):26-36.

[235] 王军,钟莉娜.中国土地整治文献分析与研究进展[J].中国土地科学,2016,30(4):88-97.

[236] 王俊,陆宏芳.恢复生态学的理论与研究进展[J].生态学报,2014,34(15):4117-4124.

[237] 王力国.生态和谐的山地城市空间格局规划研究[D].重庆:重庆大学,2016.

[238] 王利敏,李淑杰.土地整治公众参与主体权益偏差分析——基于利益相关者理论[J].安徽师范大学学报(人文社会科学版),2015,43(6):724-729.

[239] 王鹏,袁晓辉,李苗裔.面向城市规划编制的大数据类型及应用方式研究[J].规划师,2014(8):25-31.

[240] 王琦.新乡贤融入乡村治理体系的历史逻辑、现实逻辑与理论逻辑[J].东南大学学报(哲学社会科学版),2021,23(S2):59-63.

[241] 王启轩,任婕.我国流域国土空间规划制度构建的若干探讨——基于国际经验的启示[J].城市规划,2021,45(2):65-72.

[242] 王睿.基于情景规划的城市总体规划编制方法研究[D].武汉:华中科技大学,2007.

[243] 王思义.基于生态系统服务价值理论的土地整治生态效益评价[D].武汉:华中师范大学,2013.

[244] 任海,龙花楼.论土地整治与乡村空间重构[J].地理学报,2013,68(8):1019-1028.

[245] 王威,贾文涛.生态文明理念下的国土综合整治与生态保护修复[J].中国土地,2019(5):29-31.

[246] 王威,胡业翠.改革开放以来我国国土整治历程回顾与新构想[J].自然资源学报,2020,35(1):53-67.

[247] 王唯山.国土空间规划体系中的规划理论发展与行业变革[J].规划师,2020,36(13):10-14.

[248] 王锡锌.公众参与和行政过程——一个理念和制度分析的框架[M].北京:中国民主法治出版社,2007.

[249] 王锡锌.参与失衡与管制俘获的解决:分散利益组织化[J].广东行政学院学报,2008,

20(6):5-10.

[250] 王夏晖,何军,饶胜,等.山水林田湖草生态保护修复思路与实践[J].环境保护,2018,46(Z1):17-20.

[251] 王小杰.深圳市城市规划区内山体缺口综合整治方法研究[J].中国农村水利水电,2015(3):76-78.

[252] 王一波.生态文明建设背景下的大河流域国土空间用途规划[J].测绘通报,2021(8):135-139.

[253] 王义民,高军波,颜俊.论淮河流域城镇体系空间结构的演变[J].信阳师范学院学报(自然科学版),2013,26(2):254-258.

[254] 王勇,李广斌.市民社会涌动下小城镇规划编制中的公众参与[J].城市规划,2005(7):57-62.

[255] 王玉,林彬,王建军,等.危中寻机,协同应变:煤炭资源型城市的国土空间治理探索——以河南省永城市为例[C]//中国城市规划学会编.面向高质量发展的空间治理——2021中国城市规划年会论文集(20总体规划).2021:544-556.

[256] 韦俊敏.基于系统工程方法的土地整治项目综合监测研究[D].南宁:广西师范学院,2015.

[257] 韦羡侠,林庆超,莫仁斌.高质量发展理念下的流域生态保护修复思路——以广西漓江流域的相关实践为例[J].中国土地,2020(8):29-31.

[258] 魏超.基于生态文明理念的国土空间利用协调发展研究[D].北京:中国地质大学,2019.

[259] 温福林.低空无人机航空摄影测量技术在国土综合整治规划设计中的运用[J].软件,2021(42):150-152,162.

[260] 邬建国.景观生态学——概念与理论[J].生态学杂志,2000(1):42-52.

[261] 吴昌乒.苍南县住宅电梯安全协同监管问题与优化对策研究[D].上海:上海师范大学,2021.

[262] 吴传钧.人地关系地域系统的理论研究及调控[J].云南师范大学学报(哲学社会科学版),2008(2):1-3.

[263] 吴次芳,叶艳妹,吴宇哲,等.国土空间规划[M].北京:地质出版社,2019.

[264] 吴次芳,肖武,曹宇,等.国土空间生态修复[M].北京:地质出版社,2019.

[265] 吴次芳.全球土地2018:热点与前沿[M].北京:地质出版社,2020.

[266] 吴健生,王仰麟,张小飞,等.景观生态学在国土空间治理中的应用[J].自然资源学报,2020,35(1):14-25.

[267] 吴靖雪,张希,李鑫.矿山废弃地生态修复模式与技术研究[J].现代商贸工业,2015,36(7):83-84.

[268] 吴九兴,杨钢桥.农地整理项目农民参与行为的机理研究[J].中国人口·资源与环境,2014,24(2):102-110.

[269] 吴箐,汪金武.完善我国流域生态补偿制度的思考——以东江流域为例[J].生态环境学报,2010,19(3):751-756.

[270] 五色金土.全域土地综合整治规划之——建设用地整治潜力调查思考[EB/OL].(2021-

11-29)[2022-01-05]. https://mp. weixin. qq. com/s/VWRC5mIMYLXILtwjXteTjA.

[271] 武廷海. 中国城市规划的历史与未来[J]. 人民论坛·学术前沿,2020(4):65-72.

[272] 习剑平. 行政立法中组织化利益表达的困境与对策[J]. 天津法学,2016,32(3): 57-62.

[273] 夏方舟,杨雨濛,严金明. 中国国土综合整治近 40 年内涵研究综述:阶段演进与发 展变化[J]. 中国土地科学, 2018, 32(5):78-85.

[274] 夏方舟,严金明,刘建生. 农村居民点重构治理路径模式的研究[J]. 农业工程学报, 2014,30(3):215-222.

[275] 夏世茂. 全域土地综合整治公众参与的现状及对策分析[J]. 农村经济与科技, 2021,32(16):3.

[276] 咸宁日报. 全域土地综合整治试点名单公布咸宁两乡镇入选[EB/OL]. (2021-03-02) [2022-01-05]. http://www. xianning. gov. cn/xwzx/xnyw/202103/t20210302_2279919. shtml.

[277] 萧山日报. "全域土地整治"为未来乡村构建美丽新格局[EB/OL]. (2021-10-31)[2022- 01-05]. https://www. hangzhou2022. cn/hzhyn/hlhz/202110/t20211031_40685. shtml.

[278] 潇湘晨报. 浙江 42 个全域土地综合整治试点获批![EB/OL]. (2021-01-13)[2022-01- 05]. https://baijiahao. baidu. com/s? id=1688786658633834463&wfr=spider&for=pc.

[279] 肖婧,王希嘉. 基于自组织理论的乡村规划公众参与机制研究[C]//中国城市规划学 会编. 面向高质量发展的空间治理——2020 中国城市规划年会论文集(16 乡村规 划). 2021:857-867.

[280] 肖军. 日本城市规划法研究[M]. 上海:上海社会科学院出版社,2020.

[281] 谢计平. 矿山废弃地分析及生态环境修复技术研究进展[J]. 环境保护与循环经济, 2017,37(6):41-45,53.

[282] 谢微. 整体性治理的核心思想与应用机制研究[D]. 长春:吉林大学,2018.

[283] 新华社. 中共中央 国务院关于加快推进生态文明建设的意见[EB/OL]. (2015-05- 05)[2022-01-05] http://www. gov. cn/xinwen/2015-05/05/content_2857363. htm.

[284] 新华社. 中共中央 国务院关于实施乡村振兴战略的意见[EB/OL]. (2018-02-04) [2022-01-05]. http://www. gov. cn/zhengce/2018-02/04/content_5263807. htm.

[285] 新华社. 中共中央 国务院印发《乡村振兴战略规划(2018—2022 年)》[EB/OL]. (2018- 09-26)[2022-01-05]. http://www. gov. cn/zhengce/2018-09/26/content_5325534. htm.

[286] 新华社. 中共中央办公厅 国务院办公厅印发《关于建立健全生态产品价值实现机制 的意见》[EB/OL]. (2021-04-26)[2021-01-05]. http://www. gov. cn/zhengce/2021- 04/26/content_5602763. htm.

[287] 新华社. 中共中央办公厅 国务院办公厅转发《中央农办、农业农村部、国家发展改革 委关于深入学习浙江"千村示范、万村整治"工程经验扎实推进农村人居环境整治工 作的报告》[EB/OL]. (2019-03-06)[2022-01-15]. http://www. gov. cn/xinwen/ 2019-03/06/content_5371291. htm.

[288] 新华社. 习近平总书记在河南考察[N]. 人民日报,2014- 05-12(A01).

[289] 新华社. 中共中央就当前经济形势和下半年经济工作召开党外人士座谈会[N]. 人民

日报,2014-07-3(0A01).

[290] 信桂新,杨朝现,魏朝富,等. 人地协调的土地整治模式与实践[J]农业工程学报,2015,31(19):262-275.

[291] 徐国柱. 农民参与土地整理研究[D]. 北京:中国农业科学院,2008.

[292] 徐嵩,王鹤,孔维东. 防灾视角下基于MCR模型的山地生态安全格局优化研究——以京津冀山区为例[J]. 灾害学,2021,36(2):118-123.

[293] 徐友宁,何芳,陈社斌,等.矿山环境地质问题特点及类型划分[J].西北地质,2003(36):19-25.

[294] 薛滨.我国湖泊与湿地的现状和保护对策[J].科学,2021,73(3):1-4,69.

[295] 严金明,夏方舟.国土综合整治研究[M].北京:中国人民大学出版社,2019.

[296] 严金明,董立宽.全面提高国土资源利用效率:战略背景、理论支撑与路径选择[J].公共管理与政策评论,2022,11(1):120-130.

[297] 严金明,刘杰.关于土地利用规划本质、功能和战略导向的思考[J].中国土地科学,2012,26(2):4-9.

[298] 严金明,王晓莉,夏方舟.重塑自然资源管理新格局:目标定位、价值导向与战略选择[J].中国土地科学,2018,32(4):1-7.

[299] 严金明,夏方舟,李强.中国土地综合整治战略顶层设计[J].农业工程学报,2012,28(14):1-9.

[300] 严金明,夏方舟,马梅.中国土地整治转型发展战略导向研究[J].中国土地科学,2016,30(2):3-10.

[301] 严金明,张雨榴. 新时期国土综合整治的内涵辨析与功能定位[M]//中华人民共和国国土资源部土地整治中心.中国土地整治发展研究报告(No.4). 北京:社会科学文献出版社,2017:126-136.

[302] 杨保军,郑德高,汪科,等.城市规划70年的回顾与展望[J].城市规划,2020,44(1):14-23.

[303] 杨斌.生态文明背景下国土空间利用效率研究[D].武汉:中国地质大学,2021.

[304] 杨钢桥,龚晓晨,吴九兴,等. 基于感知价值的农民参与农地整理项目意愿影响因素研究[J]. 华中农业大学学报(社会科学版),2014(4):105-111.

[305] 杨桂山,马荣华,张路,等.中国湖泊现状及面临的重大问题与保护策略[J].湖泊科学,2010,22(6):799-810.

[306] 杨军,李晓庆,杨熙.全域土地综合整治规划思路与探索[J].国土资源情报,2021(4):31-36.

[307] 杨俊,黄贤金,王占岐,等.新时代中国城市土地集约利用若干问题的再认识[J].中国土地科学,2020,34(11):31-37.

[308] 杨俊.新型城镇化背景下建设用地集约利用研究[D].武汉:中国地质大学,2015.

[309] 杨磊,郧文聚,李晨.高度城镇化地区全域土地综合整治的实践与思考[J].中国土地.2019(11):32-33.

[310] 杨忍,刘芮彤.农村全域土地综合整治与国土空间生态修复:衔接与融合[J].现代城市研究,2021(3):23-32.

[311] 杨伟. 基于区域特色模式的重庆市农村土地整治潜力评价研究[D]. 重庆:西南大学,2013.

[312] 杨鑫怡,胡婷婷. 全面开展乡村全域土地综合整治与生态修复:打造乡村振兴"南得样板"田[J]. 浙江国土资源,2020(7):49-51.

[313] 杨永峰,袁军,张晓云. 我国流域湿地治理与规划研究——以济南小清河流域为例[J]. 林业资源管理,2015(4):18-23.

[314] 杨志军. 中央与地方,国家与社会,推进国家治理现代化的双重维度[J]. 甘肃行政学院学报,2013(6):12-20.

[315] 叶宗达,贺斐,江凡,等. 国土空间生态修复下流域废弃矿山土地整治与产业布设研究——以桂林漓江流域为例[J]. 矿产与地质,2021,35(4):781-785.

[316] 尹向东,刘涛. 空间规划语境下国土整治与生态修复的思考[J]. 中国土地,2020(7):31-33.

[317] 于沣玉. 国土综合整治与生态修复研究的重难点与问题[J]. 智能城市,2021,7(17):114-115.

[318] 于海波. 县域国土空间综合整治分区研究[D]. 西安:长安大学,2019.

[319] 于泓. DaVidoff 的倡导性城市规划理论[J]. 国外城市规划,2000(1):30-33,43.

[320] 于潇远. 城市规划中的公众参与制度研究[D]. 北京:中国人民公安大学,2021.

[321] 于雪,濮励杰,许艳,等. 1980—2010 年江苏沿海城市土地利用变化及其与环境因子关系分析——以东台市为例[J]. 长江流域资源与环境,2016,25(4):537-543.

[322] 余建忠,董翊明,田园,胡正. 基于自然资源整合的浙江省全域土地综合整治路径研究[J]. 规划师,2021,37(22):17-23.

[323] 俞可平. 公众参与的几个理论问题[N]. 学习时报,2006-12-18.

[324] 宇振荣,刘文平,郧文聚. 土地整治:加强公众参与促转型[J]. 中国土地,2012(8):12-14.

[325] 喻文承,李晓惮,高娜,等. 北京国土空间规划"一张图"建设实践[J]. 规划师,2020,(2):59-64.

[326] 袁韶华,雷灵琰,翟鸣元. 城市规划中公众参与理论的文献综述[J]. 经济师,2010(3):45-47.

[327] 袁源,赵小风,赵雲泰,等. 国土空间规划体系下村庄规划编制的分级谋划与纵向传导研究[J]. 城市规划学刊,2020(6):43-48.

[328] 袁媛. 我国农村基本公共服务供给制度变迁中的政府行为研究[J]. 农业经问题,2014,35(11):51-57.

[329] 岳健,穆桂金,杨发相,等. 关于流域问题的讨论[J]. 干旱区地理,2005(6):775-780.

[330] 岳小松,邓京虎. 浅析全域土地综合整治试点政策[J]. 国土与自然资源研究,2020(6):27-29.

[331] 郧文聚,宇振荣. 中国农村土地整治生态景观建设策略[J]. 农业工程学报,2011,27(4):1-6.

[332] 臧英斐,张城. 智慧整治:智能时代国土整治新模式[J]. 农村经济与科技,2021(32):12-14.

[333] 臧玉珠,刘彦随,杨园园. 山区县域土地利用格局变化及其地形梯度效应——以井冈山市为例[J]. 自然资源学报,2019,34(7):1391-1404.

[334] 张佰发,苗长虹. 黄河流域土地利用时空格局演变及驱动力[J]. 资源科学,2020,42(3):460-473.

[335] 张贵友. 乡村振兴背景下"空心村"治理对策研究——基于安徽省的调查[J]. 江淮论坛,2019(5):37-42.

[336] 张海军,王勇,牛赓. 国土空间规划中的国土综合整治和生态修复框架研究[C]//中国城市规划学会编. 面向高质量发展的空间治理——2020中国城市规划年会论文集(20总体规划).2021:756-761.

[337] 张海琳. 甘肃省泾川县国土综合整治与生态修复策略探讨[J]. 居舍,2020(34):179-180.

[338] 张弘,白中科,王金满,等. 矿山土地复垦公众参与内在机制及其利益相关者分析[J]. 中国土地科学,2013(8):81-86.

[339] 张继丹,杨培峰,王尊. 国土综合整治下山体生态修复格局的构建——以威远县为例[J]. 2021:7.

[340] 张侃,杨青,宋晗. 国土空间规划中综合整治与生态修复机制探讨[C]//中国城市规划学会编. 活力城乡 美好人居——2019中国城市规划年会论文集(08城市生态规划).2019:165-171.

[341] 张莉. 国土空间规划下的流域生态规划思考[J]. 景观设计学,2019,7(4):77-87.

[342] 张露. 山地丘陵区空心村整治技术内涵及整治技术集成系统介绍[J]. 数据挖掘,2018,8(2):63-73.

[343] 张卫. 安徽省城市水生态治理模式探讨[J]. 水利发展研究,2020,20(6):32-35.

[344] 张文茹. 城市消极空间改造中的公众参与机制研究——以上海市社区微更新计划为例[J]. 重庆建筑,2022,21(1):8-10.

[345] 张学军,陈剑. 基于整体性思维的城市地质灾害综合治理探究——以梧州市区为例[J]. 生态经济,2014,30(4):161-164.

[346] 张迅,潘伯娟. 欠发达山区土地整治对策探讨——以贵州省为例[J]. 农村经济与科技,2017,28(13):43-44.

[347] 张以红. 潭江流域城乡聚落发展及其形态研究[D]. 广州:华南理工大学,2011.

[348] 章家恩,徐琪. 恢复生态学研究的一些基本问题探讨[J]. 应用生态学报,1999(1):111-115.

[349] 章征涛,宋彦,阿纳博·查克拉博蒂. 公众参与式情景规划的组织和实践——基于美国公众参与规划的经验及对我国规划参与的启示[J]. 国际城市规划,2015,30(5):47-51.

[350] 赵建宁,洪土林. 我国土地整治公众参与现状分析[J]. 江西农业学报,2010,22(4):204-206.

[351] 赵建强,汪林旺,朱秀鑫,等. 重点生态功能区土地整治潜力调查评价方法研究——以浙江省开化县为例[J]. 上海国土资源,2019,40(1):55-58.

[352] 赵炜. 乌江流域人居环境建设研究[D]. 重庆:重庆大学,2005.

[353] 赵长明，阳利永. 基于 SWOT 分析的云南省土地整治策略研究[J]. 安徽农业科学，2013，41(8)：3675-3677.

[354] 浙江大学建筑设计研究院有限公司. 泾县椰桥镇黄田村、双河村、涌溪村全域土地综合整治试点项目[R]. 2021.

[355] 浙江省自然资源厅国土空间生态修复处. 浙江开启乡村全域土地综合整治与生态修复 2.0 版新征程[J]. 浙江国土资源，2021(11)：4.

[356] 浙江省国土资源厅. 浙江省保护耕地和全域土地综合整治与生态修复领导小组办公室关于印发《全域土地综合整治与生态修复工程三年行动计划（2018—2020 年）》的通知[EB/OL]. (2018-10-22)[2022-01-05]. http://zrzyt. zj. gov. cn/art/2018/10/22/art_1292469_25398485. html.

[357] 浙江省国土资源厅. 自然资源部全力支持浙江开展全域土地综合整治助推乡村振兴[EB/OL]. (2018-07-03)[2022-01-05]. http://zrzyt. zj. gov. cn/art/2018/7/3/art_1289955_19040473. html.

[358] 浙江省人民政府办公厅. 关于加强湿地保护修复工作的实施意见[J]. 浙江省人民政府公报，2018(4)：18-22.

[359] 浙江省自然资源厅. 关于公开征求《关于高质量推进乡村全域土地综合整治与生态修复工作的意见（征求意见稿）》意见的通告[EB/OL]. (2021-04-23)[2022-01-17]. http://zrzyt. zj. gov. cn/art/2021/4/23/art_1289924_58938433. html.

[360] 郑财贵，张孝成，牛德利，等. 丘陵山区城镇低效用地挖潜技术研究[R]. 重庆：重庆市国土资源和房屋勘测规划院，2017.

[361] 郑丛旭，贺斐. 基于乡村振兴战略的全域土地综合整治实践与探索：以广西北流市新好镇河村为例[J]. 南方国土资源，2020(10)：47-54.

[362] 中共中央编写组. 中华人民共和国国民经济和社会发展第十三个五年规划纲要[M]. 北京：人民出版社，2016.

[363] 中共中央文献研究室. 习近平关于社会主义生态文明建设论述摘编[M]. 北京：中央文献出版社，2017.

[364] 中国国土规划. 市县国土空间开发保护和现状评估 先行先试探索分享（第一期）[EB/OL]. (2019-08-02)[2022-01-05]. https://mp. weixin. qq. com/s/5mBTCpBTog_LCm7mdFO-Ow.

[365] 中国国土空间规划. 广东省：推进全域土地综合整治试点[EB/OL]. (2021-05-25)[2022-01-15]. https://mp. weixin. qq. com/s/kYj3xtscQU2UHy7yLRu3Ig.

[366] 周建，张凤荣，张佰林，等. 规模效应、生态安全、限制因素耦合的农用地整治研究——以天津市蓟县为例[J]. 资源科学，2014，36(4)：758-765.

[367] 周敏凯. 新时期我国政府社会管理若干问题理论思考[J]. 学习与探索，2006(5)：54-57，237.

[368] 周鹏. 太行山区国土空间格局优化与功能提升路径研究[D]. 成都：中国科学院大学，2020.

[369] 周熙，马智民. 土地整治中公众参与及其监管机制研究进展和展望[J]. 西部大开发（土地开发工程研究），2016(3)：20-26.

[370] 周小平,柴铎.新型城镇化背景下城市土地整治内涵更新及模式重构[J].理论探讨,2018(6):27-29.

[371] 周学红.嘉陵江流域人居环境建设研究[D].重庆:重庆大学,2012.

[372] 周元豫,肖婧,雷旭升.风景名胜地区矿山国土整治与生态修复探索——以张家界市为例[C]//中国城市规划学会编.面向高质量发展的空间治理——2021中国城市规划年会论文集(08城市生态规划).2021:413-421.

[373] 周远波.全域土地综合整治若干问题思考[J].中国土地,2020(1):4-7.

[374] 周志强,赵宏燕,王洪涛.辽宁资源型城市转型创新发展研究[J].辽宁经济,2021(1):32-44.

[375] 周志忍.整体政府与跨部门协同——《公共管理经典与前沿译丛》首发系列序[J].中国行政管理,2008(9):127-128.

[376] 周子康,刘殿锋.基于多元国土空间整治情景模拟的生态系统服务功能分区[J].农业工程学报,2021,37(22):262-270.

[377] 朱程远,王竹,钱振澜.多维视角下的村落"基本单元"辨析——基于杭嘉湖平原水乡村落的研究[J].建筑与文化,2019(10):200-203.

[378] 朱迪.废弃矿山土地复垦的公众参与意愿与驱动路径研究[D].赣州:江西理工大学,2021.

[379] 朱光旭,郭庆军,杨俊兴,等.淋洗剂对多金属污染尾矿土壤的修复效应及技术研究[J].环境科学,2013,34(9):3690-3696.

[380] 朱海华,陈柳钦.城市更新中的公共治理研究——以深圳市为例[J].中国名城,2021,35(11):21-30.

[381] 朱江,詹浩,杨箐丛.流域治理视角下的国土空间规划探讨——以大理白族自治州国土空间规划为例[J].规划师,2020,36(19):34-39.

[382] 朱训.中国矿业城市在转型中前进[N].中国矿业报,2012-05-08(A01).

[383] 自然资源部.自然资源部关于开展全域土地综合整治试点工作的通知[EB/OL].(2019-12-10)[2022-01-15].http://www.gov.cn/zhengce/zhengceku/2019-12/18/content_5462127.htm.

[384] 自然资源部.自然资源部关于探索利用市场化方式推进矿山生态修复的意见[EB/OL].(2019-12-24)[2022-01-15].http://gi.mnr.gov.cn/201912/t20191224_2491370.html.

[385] 自然资源部办公厅.自然资源部办公厅关于进一步做好全域土地综合整治试点有关准备工作的通知[EB/OL].(2020-09-27)[2022-01-15].http://gi.mnr.gov.cn/202009/t20200929_2563151.html.

[386] 自然资源部办公厅.自然资源部办公厅关于印发全域土地综合整治试点名单的通知[EB/OL].(2021-01-04)[2022-01-15].https://nanxian.rednet.cn/content/2021/02/05/8980929.html.

[387] 自然资源部国土空间修复司.自然资源部国土空间生态修复司关于印发《全域土地综合整治试点实施要点(试行)》的函[EB/OL].(2020-06-30)[2022-01-15].https://www.guoturen.com/guihua-35.html.

[388] 邹兵.增量规划、存量规划与政策规划[J].城市规划,2013,37(2):35-37,55.

[389] 佐藤滋,黄杉,吴骏,等.社区规划的设计模拟[M].杭州:浙江大学出版社,2015.

[390] 张健,路文海,宋文婷,等.我国海岸带生态保护和修复政策研究[J].国土资源情报,2021(4):18-25.

[391] 冯士笮,李凤歧,李少菁.海洋科学导论[M].北京:高等教育出版社,1999.

[392] 2019年中国海洋生态环境状况公报[R].中华人民共和国生态环境部,2020.

[393] 周同,任佳,孙春蕾,等.国外土地整理法制建设经验借鉴[J].中国土地,2014(1):35-37.

[394] 杜贵崟,邓剑峰.国土空间生态修复监管信息系统设计与实现[J].测绘通报,2021(S2):271-275.

[395] 闫勇,李彪,杨化超,等.基于Cesium框架的智慧矿山三维可视化应用平台搭建[J].矿山测量,2020,48(6):106-109.

[396] 曹广强,冯在梅,弥永宏,等.基于全景图的数字三维实景实现[J].测绘标准化,2019,35(3):40-42.

[397] 王鹏强.基于Vue的MVVM框架的研究与分析[J].电脑知识与技术,2019,15(11):97-98,100.

[398] 徐欣威.基于ECharts的科技统计数据可视化设计与实现[J].天津科技,2019,46(3):66-70.